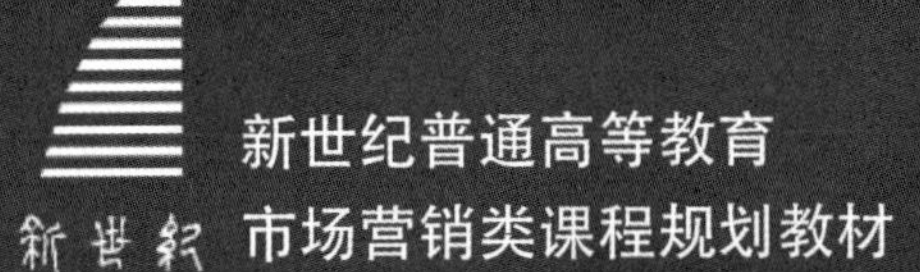

新世纪普通高等教育
市场营销类课程规划教材

微课版

广告理论与实务

（第三版）

GUANGGAO LILUN YU SHIWU

总主编 郭国庆
主 编 郭龙建 戴 勇

大连理工大学出版社

图书在版编目(CIP)数据

广告理论与实务 / 郭龙建，戴勇主编. -- 3 版. -- 大连 ：大连理工大学出版社，2022.8
新世纪普通高等教育市场营销类课程规划教材
ISBN 978-7-5685-3824-4

Ⅰ. ①广… Ⅱ. ①郭… ②戴… Ⅲ. ①广告学－高等学校－教材 Ⅳ. ①F713.80

中国版本图书馆 CIP 数据核字(2022)第 092569 号

大连理工大学出版社出版
地址:大连市软件园路 80 号　邮政编码:116023
发行:0411-84708842　邮购:0411-84708943　传真:0411-84701466
E-mail:dutp@dutp.cn　URL:https://www.dutp.cn
大连永盛印业有限公司印刷　　大连理工大学出版社发行

幅面尺寸:185mm×260mm　印张:17.5　字数:426 千字
2015 年 1 月第 1 版　　2022 年 8 月第 3 版
2022 年 8 月第 1 次印刷

责任编辑:王晓历　　责任校对:孙兴乐
封面设计:对岸书影

ISBN 978-7-5685-3824-4　　定　价:55.80 元

新世纪普通高等教育市场营销类课程规划教材编审委员会

申文青　广州大学松田学院
史保金　河南科技学院
孙晓红　渤海大学
陶化冶　山东工商学院
王　鹏　山东财经大学
王素梅　长江师范学院
王伟芳　北京石油化工学院
王伟娅　东北财经大学
吴国庆　河南科技学院
姚　飞　天津工业大学
伊　铭　上海商学院
于国庆　大连艺术学院
于　宁　东北财经大学
张德南　大连交通大学
赵瑞琴　河北农业大学
郑　红　北京第二外国语学院
郑锐洪　天津工业大学
朱德明　三峡大学
朱捍华　上海金融学院

前言

Preface

受惠于经济的高速发展，广告业在我国也得到了迅猛发展，最新统计数据表明，我国广告业市场总体规模已跃居世界第二位，全国广告经营单位和广告从业人员的数量也在与日俱增。量的增长只是广告发展的一个方面，在规模发展到一定阶段的时候，对质的追求也就成了必然，尤其在现阶段，我国经济处于对内转型、对外拓展的发展时期，如何全面提升我国广告的整体运作水平就显得尤为重要。

在这样的背景下，为了适应21世纪营销和广告人才的培养，本教材主要从营销的角度，在考虑广告在营销中的角色、地位和作用的基础上，系统地介绍了现代广告的理论和实践问题。

本教材主要突出了以下几个方面：

1.营销视角。广告的研究视角通常有三个：传播的角度、设计的角度和营销的角度。从传播的角度看，广告是信息传播的一种形式，强调的是从影响传播效果的各种因素对广告进行解剖和分析。从设计的角度看，则主要研究的是广告的形式美，遵循美学的基本原则和理论。本教材是从营销的角度，在营销的框架下对广告进行审视，以消费者导向为基本出发点，将广告看成营销组合的一部分，更多地考虑如何进行广告运作、广告策划、广告管理以及广告如何和其他的营销策略相互协调与配合。

2.内容全面。因为本教材是一本系统介绍广告的书，所以在内容的编排上，主要目的在于通过阅读与学习，读者能够对广告的整个运作过程以及在运作过程中可能涉及的具体工作有所了解，因此更注重知识的系统性、整体性以及各知识点之间的相互关系。全书共设广告基础、广告战略与决策、广告信息策略、广告媒介策略和广告组织与管理五篇，每篇又针对具体内容展开。

3.案例本土化。无论是理论还是实践，我国的广告业与发达国家相比，都还存在一定的差距。但随着广告业的高速发展，近年来在我国也涌现出了很多非常好的广告案例，相较国外案例，本土的案例则显得更亲切，更符合中国特有的文化与社会背景。因此，本教材尝试着在选择案例以及例证时，都尽可能地选择了本土化的案例。

4.注重实践性。广告是一门应用型学科，学习的目的不仅在于对理论的掌握，更重要的是能在掌握相关理论的基础上，有更深入的实践，这就要求读者不仅要读，还要尝试着去做。因此，本教材在内容上注重理论与实践的关系，每章都用“思考与练习”总结理论内容，用“实训项目”引导读者逐步认识、理解广告，并在此基础上熟悉广告的操作。

本教材随文提供视频微课供学生即时扫描二维码进行观看，实现了教材的数字化、信息化、立体化，增强了学生学习的自主性与自由性，将课堂教学与课下学习紧密结合，力图为广大读者提供更为全面且多样化的教材配套服务。

为响应教育部全面推进高等学校课程思政建设工作的要求，本教材融入思政目标元素，逐步培养学生正确的思政意识，树立肩负建设国家的重任，从而实现全员、全过程、全方位育人。学生树立爱国主义情感，能够更积极地学习科学知识，立志成为社会主义事业的建设者和接班人。

本教材由江苏大学郭龙建、戴勇任主编，江苏大学张莹参与了编写。具体编写分工如下：郭龙建编写第一篇、第二篇；戴勇编写第三篇和第四篇；张莹编写第五篇。全书由戴勇统稿并定稿。

在编写本教材的过程中，编者参考、引用和改编了国内外出版物中的相关资料以及网络资源，在此表示深深的谢意！相关著作权人看到本教材后，请与出版社联系，出版社将按照相关法律的规定支付稿酬。

限于水平，书中仍有疏漏和不妥之处，敬请专家和读者批评指正，以使教材日臻完善。

编　者

2022 年 8 月

所有意见和建议请发往：dutpbk@163.com
欢迎访问高教数字化服务平台：https://www.dutp.cn/hep/
联系电话：0411-84708445　84708462

目录

第一篇　广告基础

第二篇　广告战略与决策

第三篇　广告信息策略

第四篇　广告媒介策略

第五篇　广告组织与管理

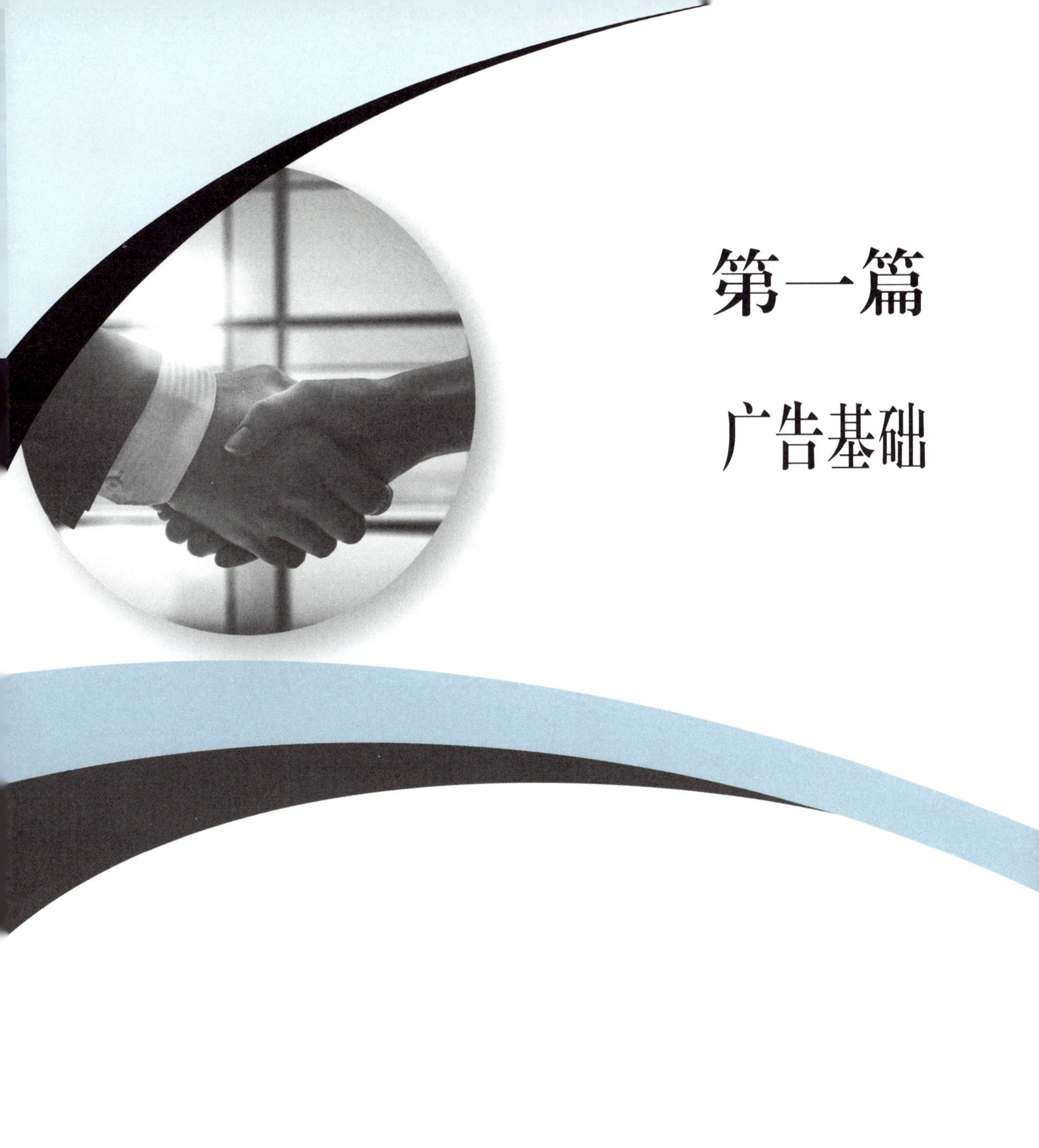

第一篇

广告基础

第一章 广告概述

学习目标

知识目标

- 理解广告的内涵
- 熟悉广告的构成要素
- 了解从不同角度对广告的分类
- 理解广告的作用

能力目标

- 能举例说明广告与宣传、新闻及公共关系之间的异同
- 能区分商业广告和非商业广告
- 能根据具体广告的特点判断商业广告的类别
- 在认识广告负面效应的基础上，建立健康的广告观

思政目标

（健康的广告观与精神文明建设）通过对“广告的负面效应”的学习与实训项目，让学生深刻认识虚假广告、低格调广告及一般商品广告对我国社会主义文明建设有可能产生的负面影响，帮助学生建立健康、负责任的广告观；通过小案例的阅读，让学生了解广告（公益广告）在社会主义精神文明建设中的作用。

案例导入

名人一顾 增值十倍

据《战国策·燕策二》记载：“人有卖骏马者，比三旦立市，人莫知之。往见伯乐曰：‘臣有骏马，欲卖之，比三旦立于市，人莫与言。愿子还而视之，去而顾之，臣请献一朝之贾。’伯乐乃还而视之，去而顾之。一旦而马价十倍。”这段话可译为：有卖千里马的人，连续三天站在集市上卖马，人们不知道他卖的是千里马。这个人就去拜见伯乐，说：“我有骏马想要卖，连续三天站在集市上，没有人和我谈生意。希望您环绕着马看它，离开的时候再回头看看它，我会付你一天的价钱。”伯乐就环绕着马看它，离开的时候还回头看它。一天之内骏马的价格涨了十倍。

问题：

（1）为什么卖马者要请伯乐到集市上相他的骏马？

（2）为什么在伯乐相马之后，骏马的价格涨了十倍？

第一节 广告的概念

美国前总统罗斯福曾说过:“不做总统,就做广告人。”这句话让很多人对广告充满了向往,也让很多人对广告充满了好奇。那么,究竟什么是广告,竟然成为一个总统的第二职业选择?广告对于不同的人有着不同的含义:经营者认为广告是促进销售的一种营销手段;媒介认为广告是其维持生存和发展的主要经营业务;广告公司则认为广告就是对概念进行的创造性表达;学者认为广告是一种信息传播行为,是一种社会文化现象;消费者则可能认为广告就是一个企业介绍自己、推介自身产品的作品。

一、广告的定义

广告是商品经济的产物。其定义随着时代的变迁、商品生产和交换的发展而不断演变。同时,由于各国商品经济的发达程度以及学者对广告研究视野的不同,人们对广告含义的认识也不尽相同。因此,我们也无法给出一个统一的、被一致公认的广告定义。以下是从不同角度列举的几个对广告典型的定义。

美国市场营销协会(American Marketing Association,AMA)对广告的定义是:广告是由明确的广告主以付费的方式,采用非人际传播的形式对商品、服务或创意等进行的单方面的展示和推荐。

英国《简明不列颠百科全书》对广告的定义是:广告是传播信息的一种方式,其目的在于推销商品、劳务,影响舆论,博得广告者所希望的其他反应。广告信息通过政治支持,推进一种事业或使用各种宣传工具,包括报纸、杂志、电视、无线电广播、张贴广告及直接邮送等,传递给它想要吸引的观众或听众。广告不同于其他信息传递形式,它必须由刊登广告者付给传播信息的媒介一定的报酬。

我国《辞海》对广告的定义是:广告是向公众介绍商品、报道服务内容或文娱节目等的一种宣传方式。一般通过报刊、电台、电视台、招贴、电影、幻灯、橱窗布置、商品陈列等形式来进行。

唐忠朴等人在《实用广告学》一书中将广告定义为:广告是一种宣传方式,它通过一定的媒体,把有关商品、服务的知识或情报有计划地传递给人们,其目的在于扩大销售、影响舆论。

我国台湾地区学者樊志育认为,广告是广告信息中明示的广告主,将商品、劳务或特定的观念,为了使其对广告主采取有利的行为,所做的非个人的有费用的传播。

广告的最主要特征究竟是准确传递信息,还是说服购买的争论一直存在,且未有定论。因此,本书认为,对广告的定义只是一个起点,我们应从各个层面对广告进行系统的认识。

二、对广告定义的分析

对广告的不同定义反映了人们对广告特点和性质的不同认识。为了更准确地把握广告的实质,我们可以从以下四个角度对广告进行分析。

(一)广告有狭义和广义之分

对广告定义的差异还有一个很重要的原因,那就是广告运作范畴的界定不同。广告最初的产生和繁荣主要在商业领域，它首先被人们看作是市场营销的一种手段。随着社会经济的发展，尤其是广告赖以生存的大众传播媒介的丰富和其对社会生活渗透力和影响力的增强，人们对广告进行认识和运用，从单纯的商业领域迅速拓展到整个经济、文化甚至政治领域，仅仅从商业角度对广告进行定义已经不能完全概括广告的全部内容。因此，在认识广告时，必须分清狭义的广告和广义的广告。

狭义的广告是指营利性广告，或称经济广告或商业广告，这种广告是特定的经济性组织为了达到某种经济目的而传播的与促进商品或服务销售有关的经济信息，如报刊、电台和电视台的广告节目以及招贴、幻灯、橱窗布置和商品陈列等。

广义的广告则包括营利性广告和非营利性广告。非营利性广告一般分为两类：一类是某特定的非经济性组织为了其自身的非经济利益而做的广告，如政府公告、政府形象广告、西方国家的竞选广告、学校的招生广告、军队的征兵公告、个人的遗失启事和征婚启事等；另一类则是公益广告，无论公益广告的运作主体是非经济性组织（如政府、社会团体），还是经济性组织（如某个企业），由于其传递的信息或是以为公众谋利益或提高福利待遇为目的，或是以阐明某一组织对社会的功能和责任为目的，其内容不涉及具体的商品或劳务。因此，本书认为所有的公益广告都不属于狭义广告的范畴。鉴于本课程的特点，如不做特别说明，本书以后提及的广告均指狭义的广告。

（二）广告是一种说服性传播

有时，我们会简单地把广告定义为"广而告之"，但实际上，广告并不只是一个告之的过程，广告的根本目的还是说服，在于通过信息的传递，促使广告受众产生广告主所期望的态度、观念、行为甚至生活方式的转变。与之相对的如告示、通知等信息传播方式，仅仅在于准确无误地将信息传递给信息接收者，而不关注信息接收者在接收信息之后的反应。随着信息时代的到来，过多的社会资讯给大众带来了很大的负担，一股对资讯的反挫力也在逐步形成，人们对广告越来越持有漠然甚至是怀疑的态度，他们不愿受广告的支配。在这种情况下，广告运作首先要打动观众的心，才有可能影响和说服观众，这就需要广告运作应有明确的目标，有的放矢；可以挖掘贴近生活的素材，巧妙地唤起观众的共鸣，或者借助幽默的表达来增强感染力等。

（三）广告是一种大众传播

从传播角度来看，广告是一种大众传播，这有别于日常生活中的人际传播和群体传播。广告的传播对象是社会大众，其传播通常需要借助于报纸、电视、杂志等大众传播媒介来完成，因此，其传播过程是由点到面的。一则广告的受众最多可达几亿人次，也正因为如此，广告传播的信息量相对较少。从营销角度来看，广告作为促销工具的一种，为了做好营销传播，必须将广告与人员推销、营业推广等其他促销工具结合使用。借助于广告，可以使得营销传播具有一定的广度，同时，借助于人员推销、营业推广等可以满足营销传播深度的要求。

（四）广告是需要付费的

美国市场营销协会和中国台湾地区学者樊志育在广告的定义中都强调了广告的付费性。广告的发布需要向媒介支付相应的媒介费用。一般来说，一个组织或个人只要具备了刊登广告的条件，交了广告费就可以在媒介上做广告了。由于是通过支付费用进行的信息发布，广告发布的内容以及发布时间主要由广告主决定，因此，商业广告发布在一定程度上具有可控性强和可信度较低的特点。尼尔森《2015 年全球广告信任度调查报告》显示：有

83%的消费者完全或很相信朋友和家人的推荐,70%的消费者完全或很相信品牌网站广告,66%的消费者完全或很相信其他消费者在网上发布的评论,63%的消费者完全或很信任电视广告,60%的消费者完全或很信任报纸广告,58%的消费者完全或很信任杂志广告,48%的消费者完全或很信任网络视频广告,47%的消费者完全或很信任搜索引擎广告,42%的消费者完全或很信任网络横幅广告,36%的消费者完全或很信任手机消息广告。广告信任度虽然较历史有一定的提升,但某些形式的广告信任度仍然不到50%。从营销传播角度来看,除了规范广告自身行为之外,一定程度上仍需要借助于公共关系或整合营销传播等其他手段,以提高企业营销传播的可信度。

三、广告的要素

从以上广告的定义及对定义的分析,可以概括出每一项完整的广告运作均会涉及的七个要素。

(一)广告主

任何广告都必须明确广告信息的发起者。广告主是广告活动的主体,是广告内容的决定者。具体而言,广告主是指为销售自身商品、服务或观念而出资委托他人策划、设计、制作、发布广告的社会经济组织、团体或个人。各种类型的工业企业、商业企业或服务业企业甚至个人都有可能成为广告主。除此之外,政府组织和非政府组织(NGO)也可采取不同的方式做广告。如我国近年来兴起的城市广告、2008年北京奥运会的系列广告、2016年G20杭州峰会系列广告都是给大众留下深刻印象的政府组织广告。1989年以来中国青少年发展基金会围绕希望工程进行的以劝募为目标的非政府组织广告也在我国形成了极大的影响,截至2020年年底,希望工程累计募集捐款达175.8亿元人民币,资助农村家庭经济困难学生(包括小学生、中学生、大学生)逾639.7万名,建设希望小学20 593所。

(二)广告代理

广告主虽然是广告的发起者和内容决定者,但在现行广告经营机制中,广告活动则主要是由广告代理公司具体执行的。在广告活动中,广告代理方(广告公司)接受广告被代理方(广告主、广告媒介)的委托,在其授予的权限内开展相关活动。广告主委托广告公司进行广告调查、广告策划、广告创意与制作、广告实施与发布、广告效果测定;广告媒介通过广告公司承接广告业务,广告代理则处于中介的位置,发挥主导作用,实行双重代理、双向服务。广告代理制是国际通行的广告经营运作机制,广告业现代化的主要标志之一就是广告代理公司在整个产业结构中处于中心地位。

(三)广告信息

广告信息是广告所要传递给广告受众的内容。商业广告的广告信息一般包括商品信息、服务信息、形象信息和观念信息等。商品信息包括产品的性能、质量、产地、功效、价格、购买渠道等;服务信息是与服务产品提供商已有或者新推出的各种服务有关的信息,如旅游、餐饮、娱乐、金融、保险、交通等行业的经营项目;形象信息则是为了提升企业整体的知名度、美誉度和信誉度,向公众传递的企业实力、社会责任感和使命感等方面的信息;观念信息是企业向公众提倡或灌输的某种观念和意见,其目的在于试图引导或转变公众的看法,影响公众的态度和行为,从而建立一种有利于企业销售的消费观念。

(四)广告媒介

广告信息的传递要借助于一定的媒介来实现。广告媒介是广告信息传播的途径,在广告主和广告受众之间发挥媒介和桥梁的作用。可供利用的广告媒介名目繁多,其中最主要的广告媒介就是被称为现代四大传媒的报纸、杂志、广播和电视,人们可以从这四大媒介中看到或听到大量的广告信息。随着网络技术的出现及发展,近年来,互联网也逐步成长为继四大传媒之后的又一重要的广告媒介。除此之外,如户外媒介(路牌、墙体、交通工具等)、直邮、小礼品、购物袋、商品目录、工商名录、传单等都是日常生活中常见的广告媒介。可以说,一切可成为少数人向多数人进行信息传递的物质或工具都有可能成为广告媒介。

(五)广告受众

广告受众是广告信息的接受者,是广告信息传播的对象。广告受众可以是广告主所要推广产品的消费者,可以是广告主的服务对象,也可以是广告所要传达观念的接受者。在理解广告受众时,需要注意媒介受众和广告主目标受众的区别,媒介受众是指广告通过媒介所能接触到的人群,而广告主目标受众则是广告主依据其营销策略和广告目标而选定的诉求对象。站在广告主的角度,广告受众的概念应指向广告主目标受众这一层面。在广告运作时,我们应尽可能追求媒介受众和广告主目标受众在数量和特征上的一致性。

(六)广告费用

广告费用是从事广告运作所需支付的费用。在广告运作过程中,从广告调查到广告策划、从媒介购买到广告制作、从广告发布到效果评估,每一个阶段都需要一定的经费。广告主支付广告费用,其最终目的是为了扩大商品销售,获取更多的利润。因此,在广告运作时,要对广告过程进行有效的管理、对广告预算进行有效的编制,有计划地进行广告活动,以获取最佳的广告经济效益。

(七)广告效果

广告效果是广告运作给广告主所带来的作用或影响。狭义的广告效果是指广告所获得的经济效益,也就是广告带来的销售效果。广义的广告效果则是指广告目标的实现程度,是广告信息传播过程引起的直接或间接变化的总和,它包括广告的认知效果、心理效果和销售效果。如果将广告效果看成是广告运作的产出,那么在评价广告效果时,我们还应该结合广告费用,从投入产出比的角度,考虑广告运作的整体经济效益。

基于以上的分析,我们可以从要素角度给广告下一个狭义的定义:广告就是广告主通过支付广告费用,委托广告代理,将广告信息借助于广告媒介传递给广告受众,以取得一定的广告效果的一系列活动。

四、广告与宣传、新闻和公共关系

广告作为一种信息传播活动,往往与宣传、公共关系和新闻等概念有着一定的相似性,但实际上,它们之间是有区别的。为了深化对广告本质的认识,这里有必要探讨一下广告与这几个概念之间的关系。

(一)广告与宣传

日常生活中,人们经常将广告与宣传相提并论,或将广告称为“广告宣传”,或认为广告就是一种宣传活动,可见这两者之间关系十分密切。从总体上讲,广告活动和宣传活动都是通过大众传播媒介传输某种信息的活动,它们对受众都产生着一定的影响。但是广告活动和一般宣传活动并不能等同起来，它们之间还存在着差别。

首先，广告更侧重于商业性，以传播理念或销售商品为目的，为广告主服务，更多的是传达经济方面的信息，多属于经济范畴；而宣传则侧重于某一事物的一个侧面，侧重于启发、教育、鼓励，以便激发受众的积极性，通常是宣讲、提倡一种思想或观点，多属于意识形态的范畴。

其次，广告是有偿的，广告主必须向广告经营者支付一定的广告费，并把广告费当作广告活动的前提条件；而一般宣传活动有有偿的，也有无偿的，并不要求所有的宣传人都支付宣传费，也不要求所有的宣传稿件都要作者付费，只是对部分宣传人或作者提出付费的要求。

再次，广告的发布时间、版面等都是由广告主提出的，并按照时间价格、版面价格付费；而一般的宣传活动，发布时间一般是由媒体决定的。

最后，广告为达到说服的目的，必须以商品或服务的基本属性为前提，并在一定法规的严格限制下真实准确地进行传播；而宣传则是为了具有强烈的鼓动性和灌输性，其选用的一些素材可以有针对性地进行取舍、艺术加工和渲染，虽然广告也允许适度的创意与夸张，但宣传在信息的取舍和加工上比广告有更大的自由度。

（二）广告与新闻

广告与新闻有着千丝万缕的联系，它们都是利用大众传媒将信息传递给受众的信息传播活动，都要求所传播的信息具有准确性与真实性。但广告与新闻在性质和表现形式等方面也存在着显著的区别。

首先，广告是有偿的，而新闻是无偿的。一般来说，一个单位或个人只要具备了刊登广告的条件，只要支付了广告费用，就可以在媒介上做广告了；而新闻则是免费的传播，被报道对象不应向媒体支付任何费用，它通常是由记者采访，经过编辑修改和审定之后发布的。

其次，新闻是对“新近发生事实的报道”，具有时效性，一般不会重复报道；而广告为达到目的，则必须多次重复刊播，在受众那里实现累积效应，加深受众对广告的印象。

再次，新闻强调时间、地点、人物、事件的起因、经过、结果这六大要素，具有高度的真实性，不允许有任何的主观想象、臆断和艺术化的夸张；而广告在保证传播内容真实的基础上，可以适度地进行一些艺术化的处理，以烘托气氛，感染消费者的情绪。

由于新闻具有无偿性、高度的真实性和第三者立场带来的客观性，因此其可信度比广告高得多。为了增强广告的可信度，近年来，广告新闻化的现象时有出现，即用新闻的手法来刊登广告信息，用新闻的语言来陈述广告信息，用新闻的形式来表现广告信息。有些报刊文章采用新闻的标题和电头，并以记者的身份进行叙事，表面上看是一篇新闻，但细看内容，则是不折不扣的广告。为了维护新闻报道在群众中的声誉，保护消费者的合法利益，任何新闻收费和以新闻名义招揽广告的现象都应该杜绝。

（三）广告与公共关系

公共关系是社会组织有目的、有计划地运用传播手段协调公众关系、影响公众舆论、塑造组织形象的传播管理活动。从营销角度来看，广告和公共关系都属于促销工具，两者之间联系密切，又各有特点。

首先，从直接目的上看，广告的直接目的在于推销某种产品或服务，为此，广告力图吸引消费者注意，引起消费者的兴趣，提高其购买欲望，最终促使消费者产生购买行为；而公共关系工作的目标则在于塑造组织的整体形象，协调组织的内部关系，促进外部公众对组织的了解，从而为组织的整体运行建立良好的基础。相比较而言，广告的目的更多是短期的，而公共关系则更顾及长远利益。

其次，从传播方式上看，广告是一种单向的大众传播，这种方式在保证广告由点及面的传播效率的同时，广告与广告受众之间存在较强的时空距离；而公共关系则根据工作对象的不同，采用从人际传播到群体传播再到大众传播等不同的传播方式，且公共关系传播更多强调的是面对面传播和双向沟通。如果把广告比喻成品牌的空中轰炸，那么公共关系就好比是品牌地面推进部队中的先锋。公共关系能够与目标对象面对面地进行信息传递与沟通，这种面对面的接触大大消除了品牌与目标对象之间沟通的障碍，提升了沟通的效果。

再次，从传播效果上看，随着整个广告产业的发展，消费水平的升级、消费心理的成熟及层出不穷的虚假广告，致使广告传播的公信力下降问题日趋严峻。从某种意义上说，消费者已经对广告形成了一定程度上的“免疫力”，对于广告的态度，否定多于肯定，负面多于正面。与此同时，公共关系在公信力方面则展现出极大的优越性，公共关系所采取的方式多为消费者所喜闻乐见的，公共关系公众有机会近距离接触到品牌，深入内部了解到品牌更多的信息，间接地消除了信息传递不对称的弊病。这种信息接收度的加强，使得消费者有机会更深入地了解品牌，也使得消费者对品牌广告传播的敌意得到适当的缓解。

从以上的分析可见，广告和公共关系作为促销手段而言，有着极强的互补性。广告传播的优势是公共关系所无法取代的，同时，广告传播的劣势也日愈明显。在广告传播过程中，若能注意与公共关系的协同传播，可以有效弥补单一广告传播的种种缺陷，促进品牌传播效应最大化，达到品牌传播的根本目的。公共关系与广告的协同传播，越来越成为提升广告传播效果的关键所在。

第二节　广告的分类

根据不同的需要和标准，可以将广告划分为不同的类别。对广告类别的划分并没有绝对的界限，主要是为了提供一个切入的角度，以便更好地发挥广告的功效，更有效地制定广告策略，从而正确地选择和使用广告媒介。以下介绍一些较为常见的广告分类标准。

一、按性质分类

从性质的角度，可以将广告分为商业广告和非商业广告两类。非商业广告又包括社会广告、文化广告、政治广告、公益广告等。我们通常所说的广告，基本上是指商业广告。商业广告的概念前面已有论述，此处仅就非商业广告做简要介绍。

(1)社会广告。社会广告是指向社会提供福利、服务等方面的广告，如招聘、征婚、医疗、挂失等方面的广告。

(2)文化广告。文化广告是指传播教育、科学、文学、艺术、新闻出版、卫生等各项科学文化事业信息的广告。

(3)政治广告。政治广告是由政府、政党、候选人及各种政治团体直接向受众传输完全符合传播者意愿的政治讯息，欲影响其政治态度或行为的广告。

(4)公益广告。公益广告是指以与社会公共利益有关的主题为主要内容,侧重于诱导与说服的一种广告形式,一般不具有赢利目的。

2013年11月,一场旨在杜绝"舌尖上的浪费",倡导将盘中餐吃光、喝净、带走的"光盘行动"在全国兴起,并得到许多民众、餐饮业、公益组织的热烈响应。

在这场至今仍持续深入的全国性行动中,公益广告在影响大众观念、改变大众行为上发挥了重要的作用。在百度中以"光盘行动"+"公益广告"为关键词进行搜索,返回网页搜索结果约2 770 000条,返回图片搜索结果约3 190张(2021年11月数据)。这些公益广告的发布者包括政府机构、各企事业单位、各类非政府组织、社会一般民众和普通在校学生;发布的途径包括报纸、电视、杂志等传统媒介,路牌、交通等户外媒介,网页、微博、微信等网络媒介;发布的形式包括平面广告、视频广告、宣传手册等。现如今,文明用餐已逐渐成为社会新风尚,"光盘"也逐渐成为全社会的一种习惯、一种行为和一种美德。

二、按目的分类

制订广告计划的前提是明确广告目的,从而做到有的放矢。根据广告目的可以将广告分为需求广告和销售广告:需求广告是广告主体为了自身的某种需求而做的广告,如原材料需求广告、招标广告等;销售广告则是以销售企业产品为目的而对消费者所做的广告。我们一般所说的广告都是指销售广告。按照不同的目的,销售广告又可以分为商品广告、观念广告、品牌广告、企业广告等类别。

(1)商品广告。商品广告通过向目标受众介绍有关商品信息,突出商品的特性,以引起目标受众和潜在消费者的关注。

(2)观念广告。观念广告是指以建立、改变某种消费观念和消费习惯为目的的广告。观念广告有助于企业获得长远利益。

(3)品牌广告。品牌广告是指以树立产品的品牌形象,提高品牌的市场占有率为直接目的,突出传播品牌的个性以塑造品牌良好形象的广告。品牌广告不直接介绍产品,而是以品牌作为传播的重心,从而为铺设经销渠道、促进该品牌下的产品的销售起到很好的配合效果。

(4)企业广告。企业广告又称企业形象广告,是以树立企业形象、传递企业理念、提高企业知名度为直接目的的广告。企业广告侧重于传播企业的信念、宗旨或企业的历史、发展状况、经营情况等信息,以改善和促进企业与公众的关系,增强企业的知名度和美誉度。

三、按传播对象分类

各个不同的主体对象在商品的流通和消费过程中所处的地位和发挥的作用是不同的。为配合企业的市场营销策略,广告信息的传播也要针对不同的受众采用不同的策略。依据广告所指向的传播对象，可以将广告划分为工业企业广告、经销商广告、消费者广告、专业广告等类别。

1. 工业企业广告

工业企业广告又称为生产资料广告，主要是向工业企业传播有关原材料、机械器材、零配件等生产资料的信息，常在专业杂志或专用媒介上发布。

2. 经销商广告

经销商广告是以经销商为传播对象的广告。它以获取大宗交易的订单为目的，向相关的进出口商、批发商、零售商、经销商提供样本、商品目录等商品信息，比较注重在专业贸易杂志上刊登广告。

3. 消费者广告

消费者广告的传播对象直接指向商品的最终消费者，是由商品生产者或是经销商向消费者传播其商品的广告。这也是我们最常见的一种广告类型。

4. 专业广告

专业广告主要针对职业团体或专业人士。他们由于专业身份、社会地位的特殊性和权威性，对社会消费行为具有一定的影响力，是购买决策的倡议者、影响者和鼓动者，如医生、美容师、建筑设计人员等。此类广告多介绍专业产品，选择专业媒介发布。

四、按传播范围分类

根据营销目标和市场区域的不同，广告传播的范围也有很大的不同。按照广告媒介的信息传播范围，可以将广告分为国际性广告、全国性广告和地区性广告等。

1. 国际性广告

国际性广告又称为全球性广告，是广告主为实现国际营销目标，通过国际跨国传播媒介或者国外目标市场的传播媒介策划实施的广告活动。它在媒介选择和广告的制作技巧上都较能针对目标市场的受众心理特点和需求，是争取国外消费者，使产品迅速进入国际市场和开拓国际市场必不可少的手段。

2. 全国性广告

全国性广告即面向全国受众而选择全国性的大众传播媒介的广告。这种广告的覆盖区域大、受众人数多、影响范围广、广告媒介费用高，较适用于地区差异小、通用性强、销量大的产品。全国性广告的受众地域跨度大，广告应注意不同地区受众的接受特点。

3. 地区性广告

地区性广告多是为配合企业的市场营销策略而限定在某一地区传播的广告，具体可分为地方性广告和区域性广告。

(1)地方性广告是为了配合密集型市场营销策略的实施，广告多采用地方报纸、电台、电视台、路牌等地方性的传播媒介，来促使受众使用或购买其产品。地方性广告常见于生活消费品的广告，以联合广告的形式，由企业和零售商店共同分担广告费用。

(2)区域性广告是限定在国内一定区域，如华南地区、华北地区或是在某个省份开展的广告活动。开展区域性广告的产品往往是地区选择性或是区域性需求较强的产品。它是差异性市场营销策略的一个主要组成部分。

五、按媒介形式分类

按广告媒介的物理性质进行分类是较常使用的一种广告分类方法。使用不同的媒介，广告就具有不同的特点。在实践中，选用何种媒介作为广告载体是制定广告媒介策略所要考虑的一个核心内容。传统的媒介划分是将传播性质、传播方式较接近的广告媒介归为一类。因此，一般分为以下七类广告：

1. 印刷媒介广告

印刷媒介广告即刊登于报纸、杂志、招贴、海报、宣传单、包装等媒介上的广告。

2. 电子媒介广告

电子媒介广告是以电子媒介（如广播、电视、电影等）为传播载体的广告。

3. 户外媒介广告

户外媒介广告是利用路牌、交通工具、霓虹灯等户外媒介所做的广告，以及利用热气球、飞艇甚至云层等作为媒介的空中广告。

4. 直邮广告

直邮广告通过邮寄途径将传单、商品目录、订购单、产品信息等形式的广告直接传递给特定的组织或个人。

5. 销售现场广告

销售现场广告又称为售点广告或 POP 广告，就是在商场或展销会等场所，通过实物展示、演示等方式进行广告信息的传播。销售现场广告包括橱窗展示、商品陈列、模特表演、彩旗、条幅、展板等形式。

6. 数字互联媒介广告

数字互联媒介广告是利用互联网作为传播载体的新兴广告形式之一，具有针对性、互动性强，传播范围广，反馈迅捷等特点，发展前景广阔。

7. 其他媒介广告

其他媒介广告是指利用新闻发布会、体育活动、年历、各种文娱活动等形式而开展的广告。

以上这几种根据媒介来划分广告的方法较为传统。当今整合营销时代可以以整合营销传播的观点，针对目标受众的活动区域和范围，将广告分为家中媒介广告（如报纸、电视、杂志、直邮等媒介形式的广告）、途中媒介广告（如路牌、交通、霓虹灯等媒介形式的广告）、购买地点媒介广告等。随着科学技术水平的不断提高与发展，媒介的开发和使用也在日新月异地变化着，新兴媒介不断进入人们的视野，成为广告形式日益丰富的“催化剂”。

六、按表达方式分类

广告的诉求方式就是广告的表现策略，即解决广告的表达方式——“怎么说”的问题。它是广告所要传达的重点，包含着“对谁说”和“说什么”两个方面的内容。通过借用适当的广告表达方式来激发消费者的潜在需要，促使其产生相应的行为，以取得广告者所预期的效果。可以将广告分为理性诉求广告和感性诉求广告两大类。

1. 理性诉求广告

广告通常采用摆事实、讲道理的方式，通过向广告受众提供信息，展示或介绍有关的广告物，有理有据地论证接受该广告信息能带给受众的好处，使受众理性思考、权衡利弊后被说服而最终采取行动。如家庭耐用品广告、房地产广告较多采用理性诉求的方式。

2. 感性诉求广告

广告采用感性的表现形式，以人们的喜、怒、哀、乐等情绪，以亲情、友情、爱情以及道德感、群体感等情感为基础，对受众诉之以情，激发人们对真善美的向往并使之移情于广告物，从而在受众的心智中占有一席之地，使受众对广告物产生好感，最终产生相应的行为变化。如日用品广告、食品广告、公益广告等常采用这种感性诉求的方式。

以上是对广告最常见的一些分类，除此之外，还有很多其他的分类标准。如根据商品的市场生命周期将广告分为开拓期广告、竞争期广告和维持期广告；按表现形式将广告分为文字广告、图片广告、表演广告等。

第三节 广告的作用

广告总是生存在与之相适应的社会环境中，成为社会系统的有机组成部分。在接受社会运行机制的约束时，广告对社会系统的各个方面也产生了很大的影响。如今广告的力量正随着经济的发展在日益增强，逐渐引领生活消费的潮流。

一、广告的正面功能

（一）经济功能

现阶段，广告已经成为信息产业的一大支柱，全球各地的绝大部分媒介都是以出售广告版面和广告时间为其经济收入的主要来源。除此之外，广告的作用还体现在沟通产销的整体经济活动过程中，广告的信息流通时刻与经济活动联系在一起，促进产品销售和经济发展，有助于社会生产与商品流通的良性循环，加速商品流通和资金周转，提高社会生产活动的效率，为社会创造更多的财富。它能有效地促进产品销售，同时又能指导生产，对企业发展有不可估量的作用。

1. 沟通市场关系

众所周知，企业的产品与消费者的购买与消费在时间、空间上都存在着距离。一方面，有了广告特别是及时性传播的广告，各式各样的产品都可以通过广告向消费者告知。通过广告，企业可以向消费者传递有关产品或服务的性能、特点、价格、购买方式及使用方法等基本信息，也可以将企业新产品的开发、产品的升级改进、产品或企业的更名、产品价格的变动优惠措施、包装的变化及有利于企业营销的各种信息及时地传达给消费者。这就在企业与消费者之间架起了一座桥梁，缩短了产品流通的时间，加速了产品的周转，开辟了新的销售区域。借助广告，企业的营销手段和产品的销售都可以及时畅通地进行。

另一方面，广告还可以帮助企业完成与消费者之间的心理沟通。广告并不局限于对产品的简单介绍，同时，还灌输了一种需求欲的潜意识。广告在注意、兴趣、欲求、记忆、行动等不同的层面与消费者进行沟通，通过这一系列的刺激转化，以保证企业与消费者在消费结构、消费观念和消费行为上的一致性。

2. 塑造品牌形象

“一声叫卖，十里来客”“不卖牛排、只卖嗞嗞声”等广告界经典广告语已经充分说明品牌形象在推动企业发展中的重要作用，而品牌的塑造重任很大程度上则担负在广告肩上。特别是在新产品刚上市时，都需要伴随着一声声的“大喊大叫”。通过广告，产品的有关信息就可以告之受众，以引起他们的选择性注意和接触，增强他们对产品有意无意地了解，从而在他们的脑海中形成对该产品的初期印象。

在占有一定市场份额后，要继续保持和有所发展比前期更有难度。这是因为在市场经济条件下，一种新产品上市销售成功后，马上会有许多厂家也跟着生产这种产品，市场上马上会出现诸多同类产品。此外，在现代科技迅猛发展的情况下，各企业产品的质量差距较小。在这种情况下，广告是企业将商品特性的信息告知消费者的最佳选择。

在市场经济中，很多产品如果连续发布广告，其销售量就会持续增长，而当广告一旦停止，其销售量就会不断下降，无数的案例已充分表明广告在产品竞争中的重要作用。企业要处于不败之地，就需要利用好广告的力量，通过广告传播自己产品的特色，树立品牌形象，让越来越多的消费者信任这一品牌、忠实于这一品牌。品牌的形成不是一朝一夕的事情，需要广告的长期支持和巩固。在有了产品品牌后，产品就有了更高层次的卖点，即可产生更大的经济效益。

（二）消费者功能

对于消费者来说，广告的功能主要体现在两个方面：其一是认知功能，消费者通过广告了解到更多的产品信息；其二是引导功能，消费者通过广告有选择地接触、购买广告产品，从而引导自己的消费行为和生活方式。

1. 认知功能

美国前总统罗斯福对广告的认知教育功能给予了充分的肯定。他说，若不是由广告来传播高水平的知识，过去半个世纪各阶层人民现代文明的普遍提高是不可能的。可见，广告的认知教育功能对于普及基本生活常识具有重要的作用。

认知功能的直接作用是帮助消费者辨认、识别产品或劳务的差异性。反过来，产品或劳务的差异性策略又决定了广告传播必须具有个性，应突出各类产品或劳务的不同特性与优点，以增强人们实现购买决策的决断能力。

由于经常性地接触广告，受众心里开始有了对广告的心理审美倾向。广告通过掌握消费者心理活动来激发人们的感情，使之对广告所宣传的产品、劳务产生付诸购买行动的意识。人们的心理包括人们的思想、感情的内在活动，如感觉、知觉、思维、情绪等。在人类的生产、生活中，由于人们的社会地位、信仰、习俗、职业、性别、年龄以及个性、气质、能力、爱好等的不同，必然表现出不同的消费需求心理。广告在向市场诉求认知时，就必须掌握一定时期目标市场主要购买对象的需求特点，通过广告的语言、文字、画面产生视觉导向，引起消费者的共鸣。

从信息的认知到心理习惯上的认同，都是广告强势宣传影响的结果。选择性认知是选择性接触的必要前提，只有让消费者尽可能地了解到广告产品信息，才能使消费者做出相应的选择性购买行为。

2. 引导功能

一般，人们认识商品有三种渠道：一是消费者亲身体验而获得的商品信息；二是通过亲朋好友的介绍而了解到的商品信息;三是通过广告了解到的商品信息。如今的广告遍布大街小巷,已经成为人们获得商品信息的主要来源。在广告中,包含了产品的性能、用途、特点、价格以及如何使用、维护等信息。这实际上无形中让消费者提高了对该产品的认知程度。通过这种认知,消费者可以知晓如何购买商品和使用商品,并在内心深处产生一种购买的心理标尺。

广告的传播往往不是一两次就结束的,而是长期、有序地进行传播。广告通过反复的品牌介绍,尤其是对商品质量的介绍(这种次数上的增加也同时有效地增加了消费者对这一品牌的认知程度),从而产生一种认牌消费的心理,影响认牌消费的最终行为。同时,广告不断地对产品的功能和作用进行一系列的示范,也不时勾起消费者的购买欲望。

广告所提供的基本商品信息逐渐成为消费者购买商品时的重要参考依据。现在市场上有什么商品、同类商品中又有哪些品牌、在什么地方卖、以什么价格卖、什么时候会打折或者优惠……这些都是消费者决定购买所不可缺少的必要信息。这也要求在发布广告信息时,必须尽可能充分地提供商品的基本信息,以满足消费者在后期购买中的信息需要,从而更好地引导他们有针对性地消费。

另外,广告还通过创造流行时尚,引导消费者行为。流行时尚具有新意性、规模性、一时性、琐碎性的特点。

(三)社会文化塑造功能

可以说,自从有了广告,人们的生活面貌变得焕然一新。报纸广告让读者在阅读时可以偶尔停留下来观赏房地产广告的舒适,电视广告可以丰富人们对产品的形象认识,户外广告更是让人们感受到一种时尚的氛围。在现代城市里,广告随处可见,它已经成为人们生活中不可缺少的有机组成部分了。

1. 美化和协调外部环境

路边的招牌广告、公交车身广告、礼品广告还有赞助广告等一系列的广告形式让广告处处在、时时有。它们以各种形式交相辉映,美化了市容环境,优化了城市形象,使城市充满了现代化气息。那些先进的技术、材料、装备让广告变得更加栩栩如生、形象逼真。科学性和艺术性兼备的广告本身常常就是一件件令人赏心悦目的艺术品。

当醒目的街头广告牌、美丽的霓虹灯与一个城市古老的文明结合在一起的时候,当那些单调的围墙被贴上广告画的时候,当广告衫上印上广告图案和广告语的时候,广告已经名副其实地走入现代文明生活。如今广告的发达程度已经成为一个城市乃至一个国家发展水平的重要标志。它大大地充实了人类的消费能力,为人们建立了一个改善衣、食、住、行的目标,一定程度上影响和塑造了一个新的消费生活环境。

2. 培养高尚的心理环境

在塑造外部广告环境的同时,广告也营造了一个心理环境。那些优美的广告歌、动人的广告诗、绚丽的广告画以及精彩的广告词,无不给人以艺术上的享受,使人们可以陶冶在美好的文化艺术海洋之中。广告把人们带进了一个丰富多彩的世界,创造了前所未有的广告文化氛围。

广告总是传递某种产品信息或诉诸理性和情感,让人们不断地改变着对商品的看法和观念,影响着他们的消费行为。不同的广告商品按照自己的营销主张在广告中体现了不同的个性特征。它们当中,有时尚的、理性的、前卫的,也有狂野的、自由的,这一系列差异化的个性主张吸引着不同年龄、职业的消费者，从而在他们心中形成独特的消费印象和消费理念。广告直接引导着消费潮流，从而不断地改变着人们的生活方式、思维方式和行为方式。

对于优秀的广告来说，它们弘扬的是高尚的人格、情操、道德、品质等。特别是一些公益广告，它们直接反映全社会的优秀美德，提倡新型的价值标准。它们能够更直接地鼓舞人们朝着健康、积极的生活方式不断追求进步，在相当程度上有助于形成良好的社会道德风尚，形成真善美的生活风气，营造出一种更加文明、优越的精神态势。

二、广告的负面效应

由于受社会各种复杂因素的制约，广告必然也有其不足的地方。它通过潜移默化、逐层深入的方式对受众、消费者的生活理念和生活方式产生影响。广告每次推出的新观念、新方式总是带着尝试的态度去打开市场，这必然伴随着积极和消极的双面性。其中，有让人陶醉的真善美的优秀广告，也有一味追求刺激性、感官性的低俗广告。从广告主及广告制作人员来看，由于受人员素质的限制，制作出来的广告一方面为了迎合广告主的营销策略，另一方面由于创意水平的限制，难免会出现粗制滥造的情况。一些广告主为了在销售上获得更大的利润，更是不择手段地采用欺骗性虚假广告对商品进行虚夸。这是导致某些广告影响极坏的主要原因。再者，对于受众、消费者来讲，由于受文化教育水平、民族心理、价值观念、宗教信仰、风俗习惯等因素的影响，同样的广告对不同的国家和地区可能会产生截然相反的广告效果。

从现阶段的广告运作情况来看，广告主要存在着以下局限性：

(1)从广告主的运作策略来看，他们在选择广告刊播时，一般只是从自身效益和广告主利益出发，较少甚至没有考虑到受众的心理感受和实际利益关系。因此，在选择广告刊播时，基本处于一厢情愿的状态，而不是照顾到多边利益。另一方面，在混用媒介中，广告也只是纯粹地为做广告而做广告，而没有注意到与其他非广告内容的协调。这对于引导受众阅读、消费以及后期的广告效果，无形当中可能会产生“误读”等不良反应。许多人可能会因此而形成反感心理，导致广告效力的降低。

(2)从广告内容来看，某些广告主为了获得更大的经济利益，不是从制作精良的广告出发，而是故意发布虚假广告，传播不正确的广告信息。《中华人民共和国广告法》第四条明确规定：广告不得含有虚假或者引人误解的内容，不得欺骗、误导消费者。广告主应当对广告内容的真实性负责。但是不少制作人员还是利润至上，损害消费者利益，有意夸大商品功效，误导消费者购买。

(3)从文化观念来看，低格调的广告易污染整个社会文化环境。某些广告创意以陈腐的封建思想观念为切入点，宣传的是与现代社会美好品德格格不入的腐朽观念。如崇洋之风、媚外之气等。这些陈腐、低格调的广告严重污染了社会的清洁环境，给社会文化抹上了污点，形成了不良的社会风气。

(4)从广告效果来看，容易导致私欲主义的过度膨胀。琳琅满目的商品广告信息堆积在消费者面前本身就是对消费欲的挑战，人们面对如此纷繁的商品种类已然不知如何购买，在这个时候，广告为了加强自身的吸引力，对信息以及广告制作中的刺激性更是大加渲染，无疑强化了消费者对各种原本不怎么需要的商品的占有欲，形成了过度膨胀的消费理念。特别是对于正在成长的少年儿童来说，他们从小就生活在广告的海洋之中，许多消费观的形成大大依赖于广告的诱导，他们所追求的许多商品已远远超出实际生活的需要和家庭的承受能力，这对于儿童以后的健康消费生活理念的形成是极为不利的。

广告的局限性问题不仅仅是它本身的问题，因为广告已经成为社会生活的有机组成部分，已经在现代社会中在相当程度上影响和左右着人们的消费观念和消费行为。只有建立一种健康的、负责任的广告观，让广告做到社会效益与经济效益的优化组合，才能真正使广告有利于物质文明和精神文明建设，有利于社会的协调发展。

本章小结

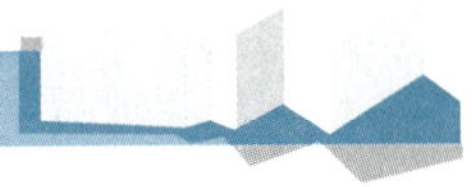

本章主要从概念、类别和作用的角度对广告进行了简要的介绍。

1. 概念方面。定义并不是认识广告的最好办法，本书在列举几个相关定义的基础上，为把握广告的实质，从四个方面对广告的内涵进行了分析：

(1)广告有广义和狭义之分，狭义的广告是指商业广告，而广义的广告则包含商业广告和其他所有的非商业广告。

(2)与信息性传播不同，广告并不是简单的“广而告之”的过程，而应该是一个说服性传播的过程。

(3)从传播角度看，广告是一种大众传播，而不是人际沟通和群体传播。

(4)广告是需要付费的，付费这一特性使得广告在可控性增强的同时，可信度则有所降低。

要素分析也是理解某一概念、内涵的常用方法，广告的要素一般包括：广告主、广告代理、广告信息、广告媒介、广告受众、广告费用和广告效果，而广告就是广告主通过支付广告费用，委托广告代理，将广告信息借助于广告媒介传递给广告受众，以取得一定的广告效果的一系列活动。

此外，认识广告内涵的方法是概念辨析，通过把广告与宣传、新闻和公共关系的概念进行比较，我们可以更加准确地了解广告的边界，并进一步地理解广告的内涵。

2. 类别方面。广告从不同的角度划分，可以有不同的类型。本书从性质、目的、传播对象、传播范围、媒介形式、表达方式等角度对广告的类型进行了分析。

3. 广告的作用体现在正反两方面。从正面看，广告具有沟通市场关系、塑造品牌形象的经济功能，帮助消费者认知和引导消费者的功能，以及社会文化的塑造功能。从负面看，虚假广告、低格调广告的存在及广告对负面价值观的引导，一定程度上对消费者、企业、市场及社会产生了负面的效果。

思考与练习

一、名词解释

广告　商业广告　广告主　广告代理　公益广告

扫码领取
- 配套微课视频
- 阅读测试题
- 广告学公开课

二、选择题

1. 特定的经济性组织为了达到某种经济目的而传播的与促进商品或服务销售有关的经济信息的广告是

( )。

A. 商业广告　　B. 非商业广告　　C. 观念广告　　D. 公益广告

2. 从传播角度看，广告是一种( )。

A. 人际传播　　B. 大众传播　　C. 群体传播　　D. 小众传播

3. 与非付费信息相比，广告具有的特点是( )。

A. 可控性强、可信度高　　B. 可控性强、可信度低

C. 可控性弱、可信度高　　D. 可控性弱、可信度高

4. 广告活动的主体是( )。

A. 广告主　　B. 广告受众　　C. 广告媒介　　D. 广告信息

5. 在信息的取舍和加工上( )。

A. 广告比宣传有更大的自由度　　B. 宣传比广告有更大的自由度

C. 新闻比广告有更大的自由度　　D. 广告比宣传和新闻的自由度都要大

6. 以与社会公共利益有关的主题为主要内容，侧重于诱导与说服的广告是( )。

A. 社会广告　　B. 文化广告　　C. 政治广告　　D. 公益广告

7. 以建立、改变某种消费观念和消费习惯为目的的广告是( )。

A. 商品广告　　B. 观念广告　　C. 品牌广告　　D. 企业广告

8. 以获取大宗交易的订单为目的，向相关的进出口商、批发商、零售商、经销商提供样本、商品目录等商品信息的广告是( )。

A. 工业企业广告　　B. 经销商广告　　C. 消费者广告　　D. 专业广告

9. 在商场或展销会等场所，通过实物展示、演示等方式发布的广告是( )。

A. 直邮广告　　B. 户外广告　　C. 销售现场广告　　D. 印刷广告

三、简答题

1. 结合实际谈谈你对广告的认识。

2. 简述广告的构成要素。

3. 简述广告与公共关系的区别与联系。

4. 简述广告的经济功能。

5. 简述广告的社会文化塑造功能。

实训项目

1. 实训名称：广告负面效应的调查。

2. 实训目的：通过调查与研究，加深学生对广告负面效应的感性认识。

3. 实训要求：

(1)每 3～4 个人组成一个小组。

(2)在了解广告负面效应相关知识的基础上，收集 20 条可能会引起负面效应的广告。

(3)仔细观看、阅读每则广告，分析其负面效应。

(4)撰写一份总结报告。

第二章 广告发展史

学习目标

知识目标

- 了解世界广告发展的基本概况、现状及趋势
- 了解我国广告的起源与发展概况
- 了解广告发展过程中常见的几种形式
- 熟悉我国广告的现状及发展趋势
- 理解行业监管对广告行业发展的意义

能力目标

- 能明确区分广告历史沿革的几个重要阶段
- 能分析印刷、广播、电视等技术的出现对广告发展的影响
- 能结合广告的发展历史分析广告的内在发展规律

思政目标

(法制观念)通过知识拓展,促使学生去了解《中华人民共和国广告法》,增强学生法制观念、法律意识;课后的实训练习,让学生通过自己的调查、分析与总结,提升学生对广告监管的感性认知,让学生深刻领会广告监管的意义,并帮助学生在以后工作过程中养成遵纪守法、规范广告活动的习惯。

案例导入

我国最早的雕版印刷广告

据考证,我国现存最早的平面印刷广告是"济南刘家功夫针铺"的雕版印刷广告,印制于北宋时期,比西方印刷广告早三百多年。这则广告上面刻有"济南刘家功夫针铺"的字样,中间是一只正在捣药的白兔,商标两旁写着"认门前白兔儿为记",下面刻有:"收买上等钢条造功夫细针,不误宅院使用,客转为贩,别有加饶。请记白兔。"画面布局合理,构图严谨,借神话传说为商标图案。从广告设计的角度出发,这则广告图文并茂,文字简练,商标、标题、引导、正文的基本要素一应俱全,可以说是相当完整的古代平面广告作品。

问题:

(1)从广告的角度,试述这则广告的出现说明了什么?

(2)在你印象中,还有哪些古代的广告形式?

第一节　世界广告发展简史

一、世界广告发展概况

广告在世界各国的产生和发展都有着共同的规律，它们都是随着商品的产生而产生，随着科技的发展而发展的，科技的进步所带来的传播手段的革新对广告的发展产生了巨大的推动作用。同时，一定的社会制度和社会发展水平也对广告的发展产生了制约。

在 20 世纪 80 年代信息革命发生之前，依据广告技术发展的水平，可以把广告的发展分为三个时期：一是从远古时代到 1450 年谷登堡发明活字版印刷的原始广告时期。这一时期的广告只能是手工抄写，数量有限，传播也有限。二是 1450—1850 年的早期印刷广告时期。这一时期由于报纸、杂志尚未成为大众化工具，因此，广告的范围很有限，早期广告代理业的出现促使广告开始专业化。三是从 19 世纪中叶至 20 世纪 70 年代的广告大发展时期。这一时期报纸、杂志的大量发行推动了广告媒介的大众化，电讯电器技术的发明和发展使得广告走向成熟化，专业性广告公司的大量出现进一步推动了广告的专业化与行业化。

（一）原始广告时期

原始广告产生于与现代社会经济基础、社会结构和传播媒介完全不同的环境当中，受历史条件的限制，其理论与实践都是比较偶然、随机、粗糙和不成体系的。

据考证，现存最早的文字广告是一张约公元前 1550 年至公元前 1080 年间，一名奴隶主为悬赏缉拿逃奴，写在羊皮纸上的广告，该文物是在埃及尼罗河畔的古城底比斯发现的，现存于英国博物馆，其内容如下：

奴隶谢姆（Sham）从织布店主人哈布处逃走，坦诚善良的市民们，请协助按布告所说将其带回。他身高 5 英尺 2 英寸（约 1.57 米），面红目褐，有告知其下落者，奉送金环一只，将其带回店者，愿奉送金环一副。

——能按您的愿望织出最好布料的织布师哈布

在古希腊、古罗马时期，一些沿海城市的商业也比较发达，广告已有叫卖、陈列、音响、文图、诗歌和商店招牌等多种形式，在内容上有推销商品的经济广告、文艺演出、寻人启事等，还有用于竞选的政治广告。例如，古罗马商人为了引起人们的注意，在墙壁上刷上商品广告，或者由奴隶们写好挂牌，悬挂在全城固定的地点。出租广告也很常见，有一则广告写道："在阿里奥·鲍连街区，业主克恩·阿累尼乌斯·尼基都斯·梅乌有店面和房屋出租，二楼的公寓皇帝也会合意。从 7 月 1 日起出租，可与梅乌的奴仆普里姆斯接洽。"此外，标牌广告也很常见。据考证，商店的标牌广告起源于公元前 5 世纪至公元前 2 世纪的以色列、庞贝、古希腊和古罗马。在古罗马，人们用一个正在喝酒的士兵图案表示酒店，而用一头骡子拉磨表示面包房。招牌和标记把不同的行业划分开来，使人一目了然。

在古雅典，曾经流行类似四行诗形式的广告，如有这样一则推销化妆品的广告，可称为最早的广告艺术表现。

为了两眸晶莹，也为了面颊绯红，
为了人老珠不黄，也为了合理的价钱，
每个在行的女人都会——
购买埃斯克里普托制造的化妆品。

公元前 79 年，庞贝古城被爆发的苏维威火山吞没，1738 年对庞贝古城的挖掘向现代人展示了 2 000 多年前庞贝古城的生活状况。在约 1 平方公里的庞贝古城遗址上，出现了大量古代广告活动的痕迹。招牌广告、图画广告、文字广告等随处可见：酒店外面挂着常青藤、牛奶店外面画着奶牛、面包房外画有骡子拉磨磨面、茶馆外则画有一把水壶。据统计，在庞贝城墙上的广告有 1 600 多处。

随着西欧城市的兴起，大约在公元 900 年时，欧洲各国开始盛行传报员沿街传报新闻，这些传报员也被商人雇佣，在市集上传告商品的优越性和价格，招揽顾客。公元 1141 年，在法国出现了一支由 12 人组成的叫卖组织，得到国王路易七世的特许，在大街小巷进行叫卖活动，他们与酒店签订协议，在酒店里吹着角笛，招揽顾客。

中世纪时期，伦敦开始盛行商标广告。商标广告是由最初的实物广告发展而来的一种象征性的商业标志，一只手臂挥锤表示金银器作坊，三只鸽子和一只节杖表示纺线厂，一条蛇缠绕在高脚杯上表示药店。后来，商人或工匠在出售的商品上签刻姓名，这一方式成为文字商标的起源。

（二）早期印刷广告时期

德国人谷登堡促进了传播媒介的巨大发展，印刷媒介及报刊的陆续出现很大程度上改善了广告传播途径的单一化，人类的广告活动由原始时期的口头、实物、招牌、标识、文字时代步入印刷广告时代。

1475 年，英国人威廉·卡克斯顿在英国开办了一家印刷所，印出了第一本法译英的小说集和推销该书的广告。此后，印刷业逐渐在欧洲大陆的其他国家得以发展。

16 世纪，欧洲在经历了文艺复兴的洗礼之后，资本主义经济进一步发展，美洲大陆的发现，环球航行的成功和殖民化运动的兴起，使生产和消费都成为具有世界色彩的事物。也就是在这一时期，出现了现代形式的广告媒介——报纸。

1609 年，印刷报纸的诞生与推广促使了广告的进一步发展。1621 年，第一份英文报纸《每周新闻》在伦敦出版。在这一年的报纸里，载有一份书籍广告。1704 年，美国的第一份报纸《波士顿新闻报》创刊，在其创刊号上刊发了一份广告，这是美国的第一份报纸广告。到 1830 年，美国已有报纸 1 200 种，其中 65 种为日报。英国在 1837 年有报纸 400 多种，刊出广告 8 万余条。但是，在这一时期，由于经济原因，报纸的发行量很小，作为传播媒介，远远未达到大众化，因而，报纸广告的影响面很小。

在发行报纸的同时，杂志也陆续出现。世界上最早的杂志是创刊于 1731 年的英国杂志《绅士杂志》。10 年后，美国的费城有两种杂志创刊。1830 年，海尔夫人在费城创办《哥台妇女书》杂志，成为美国妇女杂志的先驱。1844 年，美国的《南方信使》杂志开始出现杂志广告。同一时期的 1706 年，德国人阿洛依斯·重菲尔德发明了石印，开创了印制五彩缤纷的招贴广告的历史。

这一时期，广告代理店也开始出现，1841 年，美国人沃尔尼·B. 帕尔默在费城建立了一家脱离媒体的独立的广告代办处，这被公认为是美国，也是世界上最早的广告代理店。专业广告代理业的出现与日益繁荣进一步推动了广告的发展。

(三)广告大发展时期

1.报纸、杂志大众化

工业革命给纸质媒介的发展带来了巨大的影响,各国报业相继进入以廉价报纸为代表的近代报刊大众化时期。

1850—1911年,世界上有影响力的报纸相继创刊,包括英国的《泰晤士报》和《每日邮报》、美国的《纽约时报》、日本的《读卖新闻》和《朝日新闻》以及法国的《镜报》等。在当时,所有报纸的主要收入来源都是广告,工厂、企业也利用这一媒介来推销产品。

19世纪末,一些大众化媒介刊物的出现,也为这一时期的广告发展提供了便利条件。1883年创刊的《妇女家庭杂志》,在1900年发行量达100万份,可见大众化媒介的发展速度之快。

2.电讯电器技术的出现与发展

美国商业广播电台创立于1920年,1926年出现了全国性的广播电台之后,广播电台便成为前所未有的主要广告媒介,1928年美国无线电广播广告的费用达到1 050万美元。当时,全世界只有57个国家有广播电台,听众达7 500万人,并以平均10%的年增长速度增长。收音机的千人拥有率,美国为50台,英国为37台,德国为22台。

1936年,英国出现了世界上第一家电视台,1939年美国开始创建电视台,1941年6月正式开始做商业电视广告。在经历第二次世界大战的停滞期后,电视台的发展突飞猛进。到1965年,美国有726家电视台,其中578家是商业电视台;90%的家庭拥有电视机,电视广告的收入占现代四大媒介广告总收入的60%。与此同时,广播广告的影响开始下降,据统计,至1986年,广播广告的收入仅占美国四大媒介广告收入的6%。

3.其他广告形式的出现

1853年,在发明摄影不到数年的时间里,纽约的《每日论坛报》第一次用照片为一家帽子店做广告。从此,广告就开始利用摄影艺术作为其技术手段。

世界上第一个霓虹灯广告是由法国的克拉特安装在巴黎皇宫上的,以后逐步扩大到法属殖民地和英属殖民地,1923年进入美国。霓虹灯广告的普及在20世纪30年代,进入20世纪60年代,霓虹灯广告的形式日益多样,把夜晚打扮得五彩缤纷。

这一时期的户外广告也得到了进一步的发展与繁荣,1870年,户外广告的收入占商业广告的30%,到了20世纪初,由于汽车的数量不断增加,户外广告的重要性也进一步提高。

4.广告公司的发展

19世纪60年代,真正具有现代广告公司特征的广告代理公司开始出现。1869年,年仅21岁的弗朗西斯·W.艾尔在费城成立了艾尔父子广告公司。该公司不仅从事报纸广告的媒介代理业务,而且还向客户提供文案撰写、广告设计与制作、媒介建议和安排等方面的业务,甚至还开展市场调查,为客户提供广告所需的资料。

1879年,艾尔父子广告公司为一家生产打谷机的企业制定了媒介计划表,并事先从政府取得了有关谷物生产的资料,使客户的媒介投放更切实际;1884年,该公司为某香烟企业提供了一套广告活动方案;1888年,该公司聘用专职广告撰写人员,并于1890年组建文案部门,成为当时广告业的先导。这些活动的开展,已完全不同于早期的媒介代理,而是向为客户提供专业、全面的服务方向发展。

19 世纪末和 20 世纪上半叶，广告公司数量不断增加，服务功能不断完善，服务领域不断扩大，并在国际范围内得到了极大的发展。在美国，洛德暨托马斯广告公司（Lord & Thomas）、智威汤逊（JWT）广告公司、扬·罗必凯广告公司（Young & Rubicam）、BBDO 广告公司、李奥·贝纳广告公司、麦肯广告公司、本顿·鲍尔斯广告公司、奥美广告公司、DDB 广告公司（Doyle Dane Bernbach）、达彼思广告公司（Ted Bates）等也相继出现。1880 年，日本第一家广告代理店“空气堂组”在东京开业，随后“弘报堂”“广告社”“三成社”“正喜路社”纷纷出现。1895 年 10 月，“博报堂”正式开业。1901 年 7 月，“日本广告株式会社”成立。

在广告公司的专业水平和经营管理水平均大有改进的同时，政府部门也开始设立专职管理机构从事广告管理，通过立法管理等形式规范和约束广告公司的行为，规定广告业的发展方向。

5. 广告理论研究

19 世纪末，西方已有人开始进行广告理论的初步研究。美国人路易斯于 1898 年提出了 AIDA 法则，认为一个广告要引人注目并取得预期效果，在广告程序中必须达到引起注意（Attention）、产生兴趣（Interest）、培养欲望（Desire）和促成行为（Action）这样一个逐级实现的过程。在 AIDA 法则的基础上，后来他又加入了记忆（Memory），形成 AIDAM。这是人们从理论上探索和总结广告规律的开始。

1901 年，美国西北大学心理学家瓦尔特·斯科特在芝加哥的一次集会上，首次提出了要把现代广告活动和工作的实践发展成为科学。1903 年，在他编著的《广告原理》一书中，第一次把广告当作一种学术理论来探讨。1908 年，斯科特又撰写了《广告心理学》一书，首次运用心理学的基本原理分析了消费者的接受心理，开始了对广告理论的较为系统的探索。此外，1902～1905 年，美国的宾夕法尼亚大学、加州大学、密西根大学的经济系都开始讲授有关广告学方面的课程。上述研究和理论探讨，可以说是世界广告学研究的开端，为广告理论的形成打下了基础。

二、世界广告业的现状与发展趋势

新的广告时代开始于 20 世纪 80 年代中期，整合营销传播成为广告业的核心价值所在。广告传播要求科学地使用各种形式的传播方式，以统一的目标和统一的传播形象，传递一致的产品信息，实现与消费者的双向沟通，迅速树立产品品牌在消费者心目中的地位，建立品牌与消费者长期密切的关系，有效达到产品销售的目的。

从全球广告市场规模看，世界广告研究中心（WARC）数据显示，截至 2019 年年底，全球市场广告支出增长至历史峰值的 6 206 亿美元，较 2018 年增长约 2.5%，低于预期。受全球新冠肺炎疫情的影响，2020 年全球广告支出下降 10.2% 至 5 573 亿美元，下降额约为 634 亿美元。从广告投放总量上看，美国、中国和日本仍继续保持世界三大广告市场的地位，美国仍然是全球主要的广告市场贡献国，为全球贡献了约 2 200 亿美元，占全球比重的 26.11%，中国市场不仅从总量看是全球的第二大市场（支出总额约 1 455 亿美元，占全球比重 17.35%），而且还是近十年来发展速度最快的市场，从 2010 年至 2019 年增长了 127.7%，年均复合增长率超过排名第二的印度 7.9%，达到 8.6%，可以预测，美国和中国仍然会是未来若干年内广告支出增长最多的两个国家。全球主要广告市场发展趋势，见表 2-1。

表 2-1　全球主要广告市场发展趋势(单位:百万美元)

	国别	2019 年(百万美元)	2019 增长(%)	2019 较 2010 增长(%)	2010—2019 年复合年均增长率	占全球比重(%)	2020 增长预测(%)
1	美国	218 915	4.7	52.8	4.3	26.11	−4.1
2	中国	145 486	5.2	127.7	8.6	17.35	−3.5
3	日本	46 376	3.8	33.9	3.0	5.53	−14.5
4	英国	34 920	7.1	72.6	5.6	4.16	−14.8
5	印度	30 919	10.1	114.1	7.9	3.69	−26.0
6	德国	30 244	0.5	31.7	2.8	3.61	−10.6
7	巴西	26 326	6.4	39.0	3.3	3.14	−28.2
8	俄罗斯	23 699	3.7	65.2	5.1	2.83	−8.1
9	印尼	19 589	8.6	57.3	4.6	2.34	−4.2
10	法国	19 067	3.9	36.5	3.2	2.27	−17.3

数据来源:2019 年世界广告研究中心(WARC)全球广告趋势调查报告

在市场结构方面,全球广告行业正在经历由计算机技术、网络技术和数字技术所带来的历史性改变。互联网广告自 20 世纪 90 年代起步以来,就持续快速增长,2017 年市场份额已超越电视成为全球较大的广告媒体,而传统媒介的比重则在持续的降低。Zenith 发布的相关报告显示,2020 年网络广告的市场份额达到 44.70%,明显超过了电视的 31.20%,社交媒体广告和在线视频广告成了近年来推动网络广告持续发展的增长点,世界广告研究中心(WARC)报告,2020 年社交媒体广告支出保持 9.8%的增长,在线视频广告支出增长率为 5%,表现极为抢眼。

与网络广告的增长相比,几乎所有的传统媒体都呈现出负增长趋势。随着传播媒介的受众越来越习惯于数字化的信息传播方式,报纸、杂志等纸质媒体受网络的冲击最为明显,尽管全球媒体消费呈上升趋势,但自 2011 年以来,消费者花在印刷出版物上的时间几乎减少了一半,这表明数字化继续侵蚀着这个曾经占主导地位的空间。到 2020 年,报纸、杂志的广告份额已不足 10%,分别为 7.3%和 3.8%,且未来仍可能持续下滑;户外广告由于与互联网广告和电视广告不构成直接冲突,受网络广告崛起的冲击较小;院线媒体受网络媒体冲击较小甚至还有所增长,其份额从 2016 年的 0.60%,增长至 2020 年的 0.90%。2018 年和 2020 年全球广告结构示意图如图 2-1 所示。

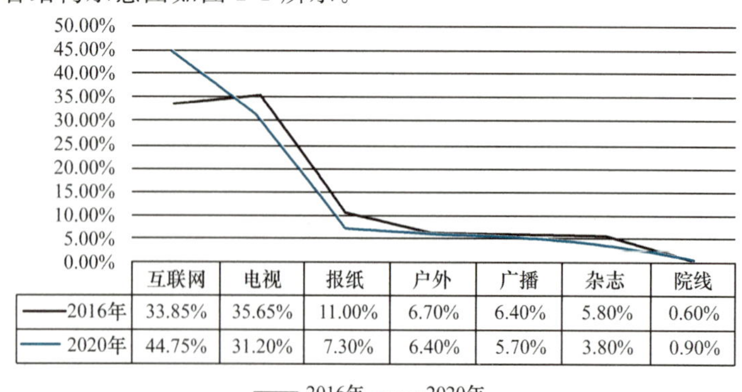

图 2-1　2016 年和 2020 年全球广告结构示意图

从广告业自身的发展情况来看，目前在世界广告业普遍呈现这样几大发展趋势：

1. 广告活动的全球化倾向

随着经济的全球化、信息传播的全球化以及全球范围内多元文化的并存、共生与交流，使得当今世界的跨文化交流和跨文化传播达到了前所未有的地步。在这样一个大的全球背景下，任何国家的、民族的、地域的或本土的传播都不再是一个孤立的局部问题。广告业作为全球化程度很高的行业，作为跨国企业与目标市场对话的主要方式以及企业开拓全球市场、塑造国际品牌的主要工具，其全球化的趋势是历史的必然，也是我们必须面对的现实。

2. 信息技术对广告业的渗透

随着电子技术、信息技术及网络技术的大规模发展与应用，其对广告业的渗透也给广告业的发展带来了深远的影响，使广告活动朝着为广告主提供完善的信息服务的方向发展，为生产企业在市场调查、产品设计、生产和销售以及售后服务等方面提供全面的咨询服务，并帮助企业进行决策分析。而这种发展倾向的总的体现，就是广告活动的整体策划技术及整合营销传播技术的出现与推广。

3. 广告媒介的多样化促使广告形式不断创新

现代广告不仅有利用直接媒介传播的广告，如电视广告、广播广告、印刷刊物广告和邮寄广告等，而且衍生出许多新的广告形式，如实物馈赠等。展览会、博览会和各种具有广泛影响的集会也成为广告主与消费者沟通的常见渠道。网络媒介的发展与壮大也给现代广告的发展提供了更多的可能性。定向传播、分众传播形式的出现进一步提高了现代广告的传播效率。

4. 现代广告日益注重广告的效果测定和信息反馈

以 AC 尼尔森为代表的市场研究公司，采用各种科学的调查方法和调查技术，对广告前及广告后的市场情况进行调查，向客户提供市场动态、消费者行为、传统和新兴媒介监测及分析，帮助客户了解竞争环境，发掘新的机遇和提升市场及销售行动的成效和利润，从而为开展更为有效的广告活动提供科学依据。

5. 广告管理日趋严格

随着广告对社会影响的日益深远，为规范广告行业，使其健康发展，各国政府通过立法，或通过行业协会的自律行为，对广告加强管理。以美国为例，其广告管理的主要机构是联邦贸易委员会，其主要职责是制定广告管理规章并负责监督实施，调查处理消费者对广告的控告，召开听证会，处理虚假不实和不公平的广告等。而美国广告的审查主要是通过行业自律体系来完成，美国广告的自律体系主要分为全国广告业自律机构、地方广告业自律机构、行业自律委员会和消费者组织。其中，负责审查的是全国广告业自律机构，即广告审查理事会，其下设两个广告管理部门：一个是全国广告部（NAD），另一个是全国广告审查委员会（NARB）。NAD 负责监视、监听各种全国性的广告，并受理来自消费者、品牌竞争者等的申诉。如在解决申诉中找不到满意的解决方案，NAD 便将案件交给 NARB。NARB 主要是在 NAD 调节无效的情况下，负责仲裁经过 NAD 调查和调节上诉的案件。两个部门相互配合，再加上地方广告业自律机构的有效支持，使得美国的广告审查工作非常完善，能够有力地避免和打击违法广告。

第二节　中国广告发展简史

一、中国广告的起源与发展

社会第一次生产大分工，大约发生在原始社会的晚期，距今约 4 000～10 000 年的新石器时代。随着生产分工的深化，生产的物质品类逐渐增多，剩余产品也随之增多，物质交换活动日趋频繁，交换品的种类和地域也不断扩大。为了把用来交换的产品交换出去，就必须把产品陈列于市场，同时，为了吸引他人，势必需要叫喊等。奴隶社会时期，我国便出现了农业、手工业与商业的分工，行商阶层开始出现。随着商业的发展，商品交换日趋频繁和广泛，开始出现城市和集市。从中国的古典文学作品中，可以看到对商业活动的描述。如《易经·系辞》记载："神农氏作，列廛于国，日中为市，致天下之民，聚天下之物，交易而退，各得其所。"《卫风·氓》中，更有"氓之蚩蚩，抱布贸丝"等对商业活动进行直观描述的诗句。这些都从一定程度上反映了原始社会晚期和奴隶社会时期的商业发展情况和原始的商品销售形式，物品展示和叫卖是最早的广告形式。

春秋时期，即公元前 770 年至公元前 476 年，我国社会开始发生并完成了从奴隶社会向封建社会的过渡转变。在这一时期，商人阶层开始分化，分为行商和坐贾。行商是走村串寨进行沿途买卖的商人，坐贾是有一定场所、招徕他人来买卖东西的商人。在这一时期，人们开始把陈列于市的实物悬挂在货摊上以招人注意。这样，就在实物陈列的基础上，演变和发展成了招牌、幌子等广告形式。如《晏子春秋》中就有这样的描述："君使服于内，犹悬牛首于门而卖马肉于内也。"这句话就足以证明，至少当时已存在幌子这样的广告形式。

秦始皇统一中国之后从秦到隋的 800 年间(公元前 221 年至公元 618 年)，由于封建统治阶级对土地的改革和新的税收政策的实施，社会生产力较春秋战国时期又有了一定程度的发展。秦始皇采取的中央集权制度和统一度量衡、统一文字的措施，以及汉代长期落实的"休养生息"政策，在客观上为商业的发展创造了有利的条件。

西汉的"文景之治"时期，城市进一步发展。这一时期，洛阳成为闻名于世的大都会，店铺很多。店铺在当时被称为"市楼"，门口有一人负责接待顾客，所采取的广告形式有口头广告、实物陈列等。尤其是幌子，这时已多为固定店铺所采用，如酒旗、垆等。垆作为店铺幌子的原始形式，出现在两汉时期，为以后的店铺装饰起了开创作用。《史记·司马相如列传》中就有关于西汉时司马相如的有关记载："相如置一酒舍沽酒，而令文君当垆。"

公元 400 年以后，北魏始尚文治，商业出现一个时期的繁荣。据史书记载，当时的洛阳，市东有"通商""达货"二里大市，"舟车所通，人迹所履，莫不商贩也"。另有延酤、治卷二里，"里之人多以酿酒为业"，"河东人刘白堕者，善酿酒，季夏盛暑，以罂贮酒，暴日中一旬，酒味不动，饮之为美"。在这里，刘白堕的曝晒酒于太阳之下，无疑是一个实物示范广告，因而使"京师朝贵出郡远相馈赠，逾以千里"。

公元 581 年，隋朝统一中国，城市商业已初具规模。史书记载隋炀帝时，"天下之舟船，集于通济桥东，常有万余艘，填满河路。商贾贸易车马，填塞于市。诸善酋长入朝者，常请于东市交易，炀帝许之，先命整顿市肆。檐宇如一，咸设纬帐，珍货充集，人物货盛。卖菜者，籍以龙须席，胡客或过酒食店，悉令邀延就座，醉饱而散，不取其直。”这一段描述说明了当时的商品交换集市的规模之大、涉及之广。东市是隋炀帝批准对外开放的城市，并要求在开放前整顿市容，把珍贵、质好的商品充实陈列起来，并令菜贩把菜陈放在龙须席上。外商用餐，免费供应。隋炀帝的这一套措施固然是要显示他的尊威，但在客观上，不啻是一次带有国际性的商业展览和广告运作。

公元618年，唐朝建立，工商业日趋繁盛，商业空前兴旺。唐朝的商业活动中，存在着多种广告形式。

(1)口头叫卖。诗人元稹《估客乐》中的“经游天下偏，却到长安城，城中东西市，闻客第次迎。迎客兼说客，多财为势倾”诗句，生动地描述了当时的口头广告的内容。

(2)招牌广告。市场交易，分肆进行，又规定必须挂牌营业，因此，招牌广告十分普遍。

(3)商品展销会。《旧唐书·韦坚传》中记载，天宝年间，韦坚将渭水通往长安的漕舟集于宫苑墙外，供皇帝御览所载各地货物，其时“坚预于东京、汴采取小斛底船三二百只，置于潭侧，其船皆著牌表之，若广陵郡船，即袱背上堆积广陵所出之绵、镜、铜器、海味；丹阳郡船，即京口绫衫缎；晋陵郡船，即折造端绫绣；会稽郡船，即铜器、罗、吴绫、绛纱；南海郡船，即玳瑁、珍珠、象牙、沉香；豫章郡船，即名瓷，酒器，茶釜，茶铛，茶碗；宣城郡船，即空青石、纸、笔、黄连；始安郡船，即蕉葛、蚺蛇喧、翡翠”，可见当时集货地之广，景况之盛。

(4)旗帜。唐朝知名诗人杜牧写过“水村山郭酒旗风”的著名诗句。《元曲·后庭花》中有这样两句：“酒店门前三尺布，过来过往寻主顾。”不但说明了酒旗的尺寸，还说明了酒旗的作用。

宋朝是广告形式大发展的时期。具体表现为：

(1)北宋的汴梁不仅是政治经济中心，而且是商品的集散地，各地商人穿梭于此，导致了门面宽阔的大商店的出现，从而出现了店面装潢——彩楼、欢门这样的广告形式。

(2)由于小商贩被允许串街走巷，城内各处叫卖之声不绝于耳。行商叫卖，扯嗓吆喝，既费力气，声音又传不远，于是就从口头广告衍生出各类具有专业特色的音响广告，用各种不同的器具摇、打、划、吹，发出不同的音响表示不同的行业，例如，货郎的拨浪鼓、剃头匠的铁滑剪等。

(3)商业活动的增多，促使各种服务业应运而生，茶坊、酒楼、饭馆、客店，遍布街头巷尾，生意兴隆。在此背景下，广告得以进一步发展。招牌、幌子、酒旗、灯笼各显其能，且随着大店铺的出现开始出现新的广告形式——门匾。从北宋张择端的《清明上河图》上就可看到诸如“刘家上色沉檀拣香”“杨家应症”和“王家罗匹帛铺”等招牌门匾。

(4)宋代活字印刷技术的发明为广告提供了新的传播媒介——印刷品。历史资料证明，在宋代已开始出现了印刷品广告，现存上海博物馆的“济南刘家功夫针铺”的印刷铜版，是我国现存最早的印刷广告。

宋朝以后的元、明、清各朝代，商品经济亦有不同程度的发展。由于人口的增多和对外交流的日益广泛，城市的发展异常迅速，在全国各地形成了不同的地区商业中心。但是，在这一时期，虽然广告的应用无疑也是异常活跃，然而，广告形式却未有所创新，依然是对口头广告、原始音响广告和店铺招牌广告——旗帜、招牌、门匾、帜子、门楼、彩灯的应用。散见于各类史书、笔记、小说、唱本中的有关记载，充分地证明了这一点。

从各个历史朝代的商业及广告发展情况可以看到广告从口头广告、店铺广告到印刷广告的历史变革，从而可以看出广告在中国封建社会发展的相对鼎盛时期及其与当时商业经济的关系。

二、中国近代广告

1840 年鸦片战争的爆发，资本主义开始全面入侵中国的政治、经济和文化，中国的社会性质开始发生变化，闭关自守的封建社会开始解体，以农业和家庭手工业相结合的自然经济被瓦解，我国社会逐渐沦为半殖民地半封建社会。但另一方面，外国资本和商品的大量涌入，也为我国的商品生产提供了推动力，促进了工商业的发展。尤其是民族工商业与远洋资本之间相互争夺市场的竞争，刺激了广告的发展。

《南京条约》的签订迫使中国开放了广州、福州、厦门、宁波、上海五个通商口岸，并准许中国商人将外国洋货从通商口岸运往全国各地，外国货如破堤之水涌入内地，现代广告业也在这五个通商口岸城市迅速发展起来。在各类输入品中，使用广告最多的是药品和香烟。在五个通商口岸中，广告最发达的是上海。当时的广告主要靠路牌和招贴。路牌是画在墙上的，蓝底白字，十分简单。招贴则多在国外印制，带回中国张贴。这些路牌广告和招贴广告曾经从城市扩展到广大的农村。

在这一时期，现代形式的报纸、杂志也开始在我国出现。1853 年，英国人在五大通商口岸出售刊物《遐迩贯珍》。该刊经营广告业务，为沟通中外商情服务。该刊在 1854 年曾登出一则广告，寻求广告刊户："若行商租船者等，得借此书以表白事款，较之遍贴街衢，传闻更远，获益至多。"史学家认为，该刊是在我国出现得最早的刊物之一。

历史证明，以报纸、杂志为标志的现代广告是由外商引入的。1858 年，外商首先在我国香港地区创办了《孑孓剌报》，在 1861 年后成为专登船期物价的广告报。在这期间，外国人除了创办一些综合性报纸之外，还创办了一些专业广告报刊，如《东方广告报》《福州广告报》《中国广告报》等。当时的广告业务，主要以船期、商品价格为主，这同五口通商之后国外商船往来频繁、货物进出类多量大不无关系。1872 年 3 月 23 日，《申报》创刊，这是我国历史最久、最有名望的中文报纸。同期创办的还有《上海新报》《中国教会新报》等。这些报纸都刊登大量的广告，甚至达三分之二版面。在这一时期，机械设备广告开始出现。这说明，在国内已有现代化的工业生产厂家。

1894 年，甲午战争失败，《马关条约》签订，中国被迫开放沙市、重庆、苏州、杭州为商埠，允许日商在各通商口岸开设工厂，外商势力从沿海伸向内地，外资在华办厂也合法化了。日商在内地口岸通过广告，掠夺性地大量收购我国的猪鬃、桐油、棉花、生丝等农副产品，或设厂生产，或做转口生意，严重破坏了我国的农村经济和民族工业。《马关条约》也刺激了民族工业的发展和农产品的进一步商品化，许多爱国之士针对日商的掠夺，纷纷设厂自救，1912—1919 年，中国近代工业的新建厂矿增加到 470 多个。在与洋商、洋货的对抗性竞争中，民族工业也逐渐利用广告参与竞争。

19 世纪末，华人报纸陆续创刊，1895—1898 年全国创办了 32 种主要报纸。由于资本竞争的加剧，报纸刊数和广告版面迅速增加。1899 年《通俗报》的六个版面中，广告即占其中四个半版。到 1922 年，我国的中外文报纸达 1 100 多种。报纸广告的出现，标志着我国近代广告的发展进入了一个新的历史时期。

报刊广告的发展造就了广告代理商在我国的产生。广告代理商是由报纸广告代理人演变而来的。早期的报纸广告代理人是做拉广告的生意兼卖报纸，后来逐渐演变为专业代理人，单纯以给报纸、杂志拉广告为业。1872 年，《申报》广告刊列中就有"苏杭等地有欲刊告白者，即向该报店司人说明……并须作速寄来该价，另加一半为卖报人饭资”。这里的“告白”，就是广告，“卖报人”就是最初的广告代理人，“饭资”即为广告代理费。广告代理人在开始时只是四处奔走，为报纸承揽广告业务，从中收取佣金。后来报纸广告业务不断扩大，报馆内设置了广告部，广告代理人则演变为报馆广告部的正式雇员，以后又出现了专营广告制作业务的广告社和广告公司。

20 世纪 30 年代，广告公司的兴起是我国广告发展史上的又一里程碑。在这一时期，广告媒介日益多样化，出现了多种多样的广告形式。抗战前充斥上海的外商、外企为了推销其所生产的洋货，都设有广告部。如英美烟草公司的广告部和图画间，就从中外各方邀请画家绘制广告。在激烈的商战中，民族工业也开始向广告事业投资，在企业内设置广告部门。同时，由于市场竞争的需要，广告业务不断增加，专业广告公司由此应运而生。20 世纪 30 年代初，上海已有大小广告公司一二十家，广告公司的业务以报纸广告为主，其他形式的广告，如路牌、橱窗、霓虹灯、电影、幻灯片等，大体都各有专营公司。

在这段时间，报纸是主要的广告媒介。最大的报纸是《新闻报》，该报在 1923 年以“日销 15 万份”作为招徕广告的号召。此外，杂志的发行量也不低，如邹韬奋主编的《生活周刊》在 1923 年的每期销数也超过 15 万份。一些主要杂志，如《生活周刊》《东方杂志》《妇女杂志》等，也都登有较大篇幅广告。路牌广告在早期是广告的主要形式，后来虽然让位于报纸，但在整个广告业务中还是占有相当份额。由于在大城市里简陋的、刷在民墙上的路牌广告已不能引人注目，因此有的广告公司就开始将五彩印制的招贴广告贴在台面上，后来又改为用木架支撑、铅皮装置、用油漆绘画的广告。有不少公司，如法兴、克劳、美灵登、华商、交通等，则把路牌广告作为其主要收入来源。

1922 年，美国人奥斯邦在上海建造了一座 50 瓦特的电台，从而揭开了我国电波广告的序幕，但广播电台正式开播广告是在 1927 年，由新新公司创办了一座 50 瓦特的电台，播送行市、时事与音乐。同年，天津、北京也相继开设电台。到 1936 年，上海已有华资私人电台 36 座、外资电台 4 座、国民政府电台 1 座、交通部电台 1 座，这些电台都主要依靠广告维持。

上海最早的霓虹灯广告出现于 1926 年。其后有外商在上海开设霓虹灯厂，规模较大的有丽安电器公司。华资电器公司也在此后出现，并为广告公司制作霓虹灯广告。此外，新出现的广告形式还有车身广告、橱窗广告等。同期，印刷广告也得以进一步发展，相继出现了产品样本、企业内部刊物（免费赠阅）、企业主办专业性刊物、月份牌和日历等形式的印刷广告。

在 1936 年全国运动会期间，《上海新闻报》借机搞了一次空中广告，把写着“新闻报发行量最多，欢迎客选”的广告条幅用气球放置空中。这是我国首次出现的空中广告，为扩大《新闻报》的影响起到了相当积极的作用。同年在上海还举行了全国性的商业美术展览会，为提高广告的艺术水平、更加积极地发挥广告的社会效益和经济效益起了相当好的作用。同时，国民政府也开始对广告实施管理。在当时的民法、刑法、交通法、出版法中均有涉及广告的条款，并开始征收广告税。在广告界也出现了同业公会。1927 年“中华广告公会”在上海成立，这是广告同业的最早组织，后几经更名，1933 年正式更名为“上海市广告业同业公会”。

抗日战争爆发后，由于市场受到战争冲击，广告业受到严重影响。上海沦陷后，主要的广告公司相继歇业，剩下的广告业务也大多是介绍日货的广告，虽然在后期广告业务和广告公司都有一定恢复，但未有长足进步。抗战时期，国民政府内迁重庆。当时南京、上海、汉口和天津等地的多家报纸也相继内迁。1937 年，在重庆出版的除原有的《商务日报》等外，还有《新华日报》《扫荡报》《大公报》《新民报》等，也刊登各类广告。同时，在解放区创刊的共产党报纸也有小量广告业务。

抗战胜利后，各类报纸等媒介单位相继迁回原地复刊，广告公司重新活跃起来。当时的广告中，有很多是"寻人启事"。此外，美货也大量充斥市场，广告业务量很大。由于美货对中国民族工业的冲击过甚，致使民族工业几达崩溃边缘。当时的国货机制工厂联合会在其主持人的倡导下，发起了一次"用国货最光荣"、旨在抵制外货、挽救民族工业的宣传运动。当时设计了一个标志，在本、外埠报纸、路牌上登载广告，号召人们使用国货。但是在1947年之后，由于连年内战，导致经济崩溃，中国的广告事业又重新跌入低谷。

三、中华人民共和国成立后广告业的发展

1949年，中华人民共和国成立。由于经济、政治、社会诸方面的原因，新中国的广告事业在经历了一个长期的曲折过程之后，才得以迅速恢复和发展。

解放之初，为了稳定经济，恢复生产，新的人民政府在采取各种措施支持工商企业发展的同时，也加强了对企业的管理措施。在各级人民政府之下，成立了工商行政管理局。在广告业比较集中的上海、天津和重庆等地，相继成立了相应的广告管理机构对广告进行管理，并在全国相继成立了广告行业同业公会。同时，针对当时广告业务中存在的一些问题，对广告行业进行了整顿，解散了一批经营作风不正、业务混乱、濒临破产的广告社。各地区以人民政府名义发布了一批地方性的广告管理办法，如天津市卫生局在1949年发布《医药广告管理办法》、上海市人民政府公布《广告管理规则》。重庆市在1951年成立广告管理所后，于同年底公布了《重庆市广告管理办法》。由于人民政府采取了各项措施，使广告得到一定程度的恢复和发展。

1953年，我国开始执行第一个五年计划，从事大规模的经济建设。与此同时，开展了对资本主义工商业的社会主义改造。为配合对私营工商业的社会主义改造运动，在工商行政管理部门的支持下，对广告公司进行了大规模的改组，在一些工业比较集中、经济发达的城市，建立了国营广告公司。如北京市文化局领导下的北京市美术公司、天津文化局领导下的天津美术设计公司、上海商业局领导的上海市广告装潢公司和文化局领导的上海美术公司等，都是在对原有广告公司或广告社进行合并、改组的基础上组建起来的。当时工业企业的很多产品由国营商业包销，因此广告业务剧跌。在这一时期的后期，报纸广告版面减少，一些城市的商业电台被取消，广播广告日益萎缩。这种情况持续了数年之久。直到1957年在布拉格召开了国际广告大会，我国商业部派员参加后，情况才有所改变。

1958年，商业部和铁道部联合发出通知，为使商业广告更好地为生产者和消费者服务，要求利用车站、候车室、车厢及列车内使用的用具等为媒介开展广告业务。在这一段时间内，广告业务有了一定程度的恢复，如上海、天津的广告公司的广告营业额就比1956年上升了六倍多。然而，这一局面持续不到一年，1958年，工业部门提出了"需要什么，生产什么"，而商业部门则提出了"生产什么，收购什么；生产多少，收购多少"，接着进一步提出"工业不姓商，大家都姓国"的口号。从此，工业产品不论多少，也不论品质好坏，价格高低，全部由商业部门包下来。商业流通成为独家经营，市场不再有竞争，因此广告业受到严重冲击，广告管理一度废止。这种情况在1962年国民经济进入全面恢复期之后才有所改观。十年"文化大革命"，广告作为封资修的东西被砸烂，广告管理机构解散，广

告事业的发展陷于一片空白。

1978 年 12 月，中共中央召开了十一届三中全会，宣布全党把工作重心转移到经济建设上来，提出了“对外开放和对内搞活经济”的政策。由于发生从计划经济向市场调节的转轨，许多新的产品面临着开拓市场、扩大销路的课题，从而为广告的恢复和发展提供了契机。1978 年以后，中国广告市场的发展大体可分为以下三个阶段：20 世纪 70 年代末期到 80 年代中期的恢复发展阶段，这一阶段广告逐步从无到有，缓慢起步；20 世纪 80 年代中期到 90 年代初期的初步发展阶段，这一阶段广告相对增长迅速，全国广告经营额年增长率持续走高，平均年增长率保持在 40%以上，但由于市场基数较小，绝对增长额仅在 10 亿元以内；20 世纪 90 年代初期至今的快速发展阶段，这一阶段绝对增长迅速，全国广告经营额年增长率持续稳定在 10%～20%，市场已初具规模，年均绝对增长额超过 100 亿元。

改革开放之后，广告事业发展迅猛，广告理论水平不断提高，广告人才培养得以重视。我国的广告事业在各方的共同努力下，呈现出繁荣发展的景象，为促进商品经济和对外贸易的发展起到了巨大的作用。

1. 广告媒介方面

我国传播媒介发展也极为迅速，已经发展成为种类齐全、辐射面广、覆盖率高的传播媒介体系。报纸期刊方面，2020 年全国共出版报纸 1810 种，总印数 289.1 亿份，总印张 654.7 亿印张，定价总金额 366.4 亿元，报纸出版实现营业收入 539.5 亿元，利润总额 50.4 亿元。2020 年全国共出版期刊 10192 种，总印数 20.4 亿册，总印张 116.4 亿印张，定价总金额 211.9 亿元，期刊出版实现营业收入 194.2 亿元，利润总额 30.4 亿元。① 广播电视方面，我国已建成了中央与地方、城市与农村、国内与国外相结合，无线、有线、卫星、互联网等多种技术手段并用的规模庞大的广播影视网络，已成为名副其实的广播影视大国。截至 2021 年底，全国广播节目综合人口覆盖率 99.48%，电视节目综合人口覆盖率 99.66%；全国高清电视频道 985 个，4K 超高清电视频道 8 个、8K 超高清电视频道 1 个，中央广播电视总台和 25 家省级台电视频道基本实现高清化；在有线电视网络整合与广电 5G 建设方面，全国有线电视拥有实际用户数 2.04 亿户，高清和超高清用户 1.09 亿户，智能终端用户 3325 万户，有线电视双向数字实际用户数 9701 万户，高清超高清视频点播用户 3992 万户，全国交互式网络电视（IPTV）用户 1 超过 3 亿户，互联网电视（OTT）用户 2 数 10.83 亿户。② 互联网方面，截至 2021 年 6 月，我国网民规模达 10.11 亿，互联网普及率达 71.6%；手机网民规模达 10.07 亿，网民使用手机上网的比例为 99.6%。从互联网的应用看，截至 2021 年 6 月，我国即时通信用户规模达 9.83 亿，占网民整体的 97.3%；网络视频（含短视频）用户规模 9.44 亿，占网民整体的 93.4%；网络支付用户规模达 8.72 亿，占网民整体的 86.3%；网络购物用户规模达 8.12 亿，占网民整体的 80.3%；网络新闻用户规模达 7.60 亿，占网民整体的 75.2%；网上外卖用户规模达 4.69 亿，占网民整体的 46.4%；在线办公用户规模达 3.81 亿，占网民整体的 37.7%。③

2. 广告形式方面

广告不断地采取新的技术手段，在表现形式、设计手法、制作技巧、实施策划等全面的服

①数据来源：国家新闻出版署新闻出版产业分析报告（2020 年）

②数据来源：国家广播电视总局全国广播电视行业统计公报（2021 年）

③数据来源：中国互联网络信息中心（CNNIC）中国互联网络发展状况统计报告（第 48 次，2021 年 9 月）

务水准上均有了长足的进步。除了电视、广播、报纸、杂志互联网广告等广告形式之外，新闻广告、店铺广告、交通广告等也重新活跃，文艺广告、邮寄广告、馈赠广告和商业展览会、博览会也开始较大规模地登上广告舞台，成为我国广告业新的发展领域。此外，路牌广告、霓虹灯广告等户外广告以及售点广告(POP)也在大中城市普及。各种名录、产品目录和宣传册也起到了对广告的补充作用。我国的广告活动已深入到城乡的各个角落和千家万户。

3. 广告理论研究、人员培训和对外交流等方面

我国现在已拥有多种专业广告杂志，出版了一批学术论著，同时还在全国各地召开各种学术讨论会和座谈会，与中外学者进行了学术交流。众多大专院校，也正式把广告学作为一门专业课程，为广告行业培养专业人才。始于1982年的“全国广告装潢设计展”，经2000年更名为“中国广告节”，2010年再次更名为“中国国际广告节”，至2017年已在全国不同城市成功举办了24届，推动中国广告业发展，促进国内与国际广告业交流与合作。

4. 广告管理方面

1983年12月，中国广告学会宣告成立，继而成立的数量众多的全国性和地方性广告行业组织，正在发挥着对广告行业进行管理和协调、帮助广告公司开展业务工作、举办人员培训的职能。为加强广告管理，1982年2月国务院颁布了《广告管理暂行条例》，规定广告行业统一由国家和地方各级工商行政管理部门管理。为了规范广告活动，促进广告业的健康发展，保护消费者的合法权益，维护社会经济秩序，发挥广告在社会主义市场经济中的积极作用，1994年10月27日，《中华人民共和国广告法》制定并颁布实施。随着我国广告业的飞速发展，广告业的经营环境发生了很大变化，广告监管执法工作也面临许多新情况、新问题，为适应新形势下规范广告市场秩序、加强广告市场监管的迫切需要，促进广告行业持续健康发展，提升广告监管执法力度，保护消费者合法权益，2015年4月24日，十二届全国人大常委会表决通过新修订的广告法，并自2015年9月1日起施行。

知识拓展

广告法是调整广告活动中广告主、广告经营者、广告发布者三者之间关系的法律规范，我国现行的《中华人民共和国广告法》(以下简称《广告法》)于1994年10月27日第八届全国人民代表大会常务委员会第十次会议通过，2015年4月24日第十二届全国人民代表大会常务委员会第十四次会议修订，并于2018年10月26日第十三届全国人民代表大会常务委员会第六次会议和2021年4月29日第十三届全国人民代表大会常务委员会对部分条款进行了修改和修正，全文共六章七十四条。

《广告法》属于广告界的根本大法，其根本目的在于依法保护正当的广告活动，防止和打击虚假广告现象，充分发挥广告的积极作用，充分保护消费者的合法权益，促进我国广告业的健康发展。《广告法》的出现，使我国广告业的发展真正达到了有法可依、有法可循，《广告法》与以往国家行政部门颁布的相关法规构成了完整的广告管理体系。

四、中国广告业的现状

随着2012年党的十八大的召开，中国经济进入了新一轮的发展周期，在经济仍保持较快增长的同时，经济结构和增长质量也得到了相应的提升，良好的发展态势，为广告业的发

展提供了有力的经济保障。

市场监管总局数据显示，2019 年我国广告市场总体规模达到 8 674.28 亿元，较上年增长了 8.54%，占国民生产总值(GDP)的 0.88%，较上一年度净增 682.8 亿元，全国人均广告消费额为 619.57 元人民币，相比于 2010 年人均 181.55 元人民币，增长幅度为 341.26%，市场活跃度显著提升。在广告行业市场保持稳定增长的同时，行业内企业数量也在持续增加，2019 年，我国广告行业经营单位总数达到 163.31 万户，同比增长 18.69%，涉及从业人员总数 593.51 万人，增长 6.32%。

受数字技术和新媒体技术的推动，中国媒体广告市场正经历着激烈的变局。目前，中国广告市场媒体仍大体呈传统媒体、网络媒体和生活圈媒体三大阵营的格局。以央视为代表的传统媒体具有覆盖率广和公信力强等优势；以 BAT(百度、阿里巴巴和腾讯)等为代表的网络媒体体现出了高连接性和强互动性的特点；而以分众传媒、航美传媒、巴士在线等为代表的生活圈媒体展示出城市生活空间媒体的高到达和高匹配的品质。

近年来，移动互联网快速发展，视频网站、社交媒体等具有较高信息传播效率及较广覆盖范围的新兴互联网媒体纷纷涌现。相较于传统媒体，互联网媒体具有信息可存储、可检索、可计量的优势和特点，能够更加紧密地贴近营销受众，与营销受众产生更强的互动性，为营销传播信息传达给营销受众提供了更加便利的渠道。因此，互联网媒体已逐渐发展成为主流的媒体形式，数字营销的市场规模也已超越电视、报纸、户外等传统媒体的市场规模，呈现快速增长的趋势。我国互联网广告营业额从 2016 年的 2 305.21 亿元逐年增长至 2018 年的 3 694.23 亿元，呈现高速增长的趋势。

互联网营销对传统媒体在冲击的同时也创造了深度变革创新的机遇，随着短视频、社交电商、小程序等新势力的日渐壮大及加大内容和形式的创新，价值收割由规模扩容逐渐转向用户深耕，使得用户对互联网平台的黏性越来越强。作为传统媒体营收晴雨表的电视广告也迎来了更艰巨的挑战，2019 年广播、电视广告经营额分别呈现 5.73%、14.26%的负增长。

报社和期刊在多年呈下降趋势的情况下，2019 年实现了 19.49%、14.95%的可观增长，反弹迹象明显。报刊社的经营收入已经不再单纯依赖版面广告，而是将多种经营收入，如新媒体经营、活动经营等多元化经营统计为广告经营收入，报社、期刊社的公众号、短视频、数字版内容已经逐渐成熟，数字内容创新营收有望进入稳定收割期。

从广告投放的商品品类看，2019 年中国广告投入前十大品类分别是食品、房地产、汽车、化妆品及卫生用品、信息传播、软件及信息技术服务、家用电器及电子产品、药品、酒类、金融保险、服装服饰及珠宝首饰，广告投放占广告总投放的 59.99%。与往年相比，汽车与信息传播、软件及信息技术服务和服装服饰及珠宝首饰依然保持旺盛增长态势。其中，汽车类与信息传播、软件及信息技术类出现逆势上扬。信息传播、软件及信息技术服务类增幅达到 55.56%。增幅位列前五的品类是：信息传播、软件及信息技术服务，出入境中介类，生活美容类、休闲服务类，批发和零售服务类，旅游类。食品、化妆品及卫生用品、家用电器及电子产品、药品、酒类、金融保险类投放出现负增长，明显可以看到市场整体下行带来的影响。

在政府与相关机构的不断努力下，近年来中国广告行业的违法态势也整体向好，违法案件降幅明显。2019 年，市场监管总局深入贯彻党的十九大和十九届二中、三中全会精神，落实“放管服”改革要求，坚持“广告监管是第一职责、服务发展是第一要务”，强化广告导向监管，加大广告监管执法力度，维护良好的广告市场秩序，加强广告产业发展顶层设计，积极推动广告产业实现高质量发展。数据显示，2019 年共查处违法案件 37 399 起，相较 2018 年度降幅达到 9.54%，其中，虚假广告 20 830 起，占比最高为 59.83%，降幅为 11.06%；非法经营广告 1 419 起，降幅达 18.59%；广告主违法案件数在被查处广告案件中占比高达 68.87%，广告发布者违法案件下降 12.29%；在媒介广告违法案件中，互联网广告依然是广告违法的重灾区，占媒介违法案件的 54.18%，户外广告排在第二位；食品、医疗服务、房地产占据了被处罚违法广告前三名，药品、服装服饰、生活美容、美体、休闲服务紧随其后，违法案件增幅较快的行业是出入境中介、生活美容、药品、医疗服务和医疗器械。总体来看，强化广告导向监管，加强重点领域广告监管，深入推进互联网广告整治，强化广告监测监管，创新广告监管方式及策略引导，通过这些手段的综合运用，广告违法态势整体向好。

五、我国广告业的发展趋势

（一）广告投放日趋精准化

随着多种新兴媒体技术及电子信息技术的快速发展和不断完善，技术革新推动广告行业内容、传播方式和商业模式等也随之迅猛发展，广告正在朝着精准化方向发展。一方面，随着信息化、大数据和云计算等先进技术的应用，未来的广告策划、投放、监测和效果评估等都将以大数据为基础，通过对广告受众人群进行细分，实施精准广告营销；另一方面，随着优质广告资源价格的不断提升，广告主投资成本压力逐步加大，精准的品牌定位、优秀的广告创意内容、精良广告片的制作、科学的媒介传播策略等都直接决定广告主的广告投入回报率，能够为客户提供精准化创意策划、媒介传播策略和制作内容将显得尤为重要。

（二）广告产业向专业化、规模化方向发展

我国广告产业经过几十年的快速发展，国内的广告公司在经营业态上已经出现了比较明显的分化，广告产业正朝着专业化和规模化方面发展，产业集中度逐步提升。在产业分工领域，出现了依靠某种专业优势或媒体资源优势，以广告产业链条中某一环节为主业的公司，如专门的设计公司、制作公司、媒体代理型公司等；在行业规模方面，国家工商总局发布的《广告业发展“十三五”规划》指出：到“十三五”期末，中国建成年广告经营额突破千亿元的广告产业园区，建设 5 个以上年经营额超百亿元、10 个以上年经营额超 50 亿元的广告产业园区。认定国家广告产业园区 30 个，各类广告产业园区和广告产业集聚区的广告经营额占当地广告经营额比重的 40%以上，形成以国家广告产业园区骨干、区域广告产业园区为补充的广告业集聚区框架，辐射和带动广告业集约化发展。此外，随着广告产业的不断成熟和竞争日益激烈，广告行业集中度正不断提高，一些拥有资本和规模优势的公司不断扩张，国内实力雄厚的广告公司整合其他广告公司，形成具有本土特色、经营规模化的广告集团。

（三）将不断深化整合营销传播的理念

随着科学技术的不断发展，新技术、新思维不断应用于广告行业，视频、微博、微信等新兴媒体平台层出不穷，短视频账号、微博号、微信公众号等自媒体快速发展，使更多人能够方便、快捷地参与到媒体内容的制作与发布中，推动了媒体内容的不断丰富，热点营销话题的不断转换，以及媒体形式和传播方式的多样化发展，也使得营销受众注意力呈现分散化和碎片化的趋势特征。同时，大中型广告主一般由多个部门共同协作实施整体的营销战略方案，为了更好地将公司营销战略方案与多样性、不断变化的媒体形式、传播方式、营销热点密切结合，提高营销方案实施效果，广告主对广告公司的整合营销服务能力的要求越来越高。综上所述，具有较强整合营销服务能力的综合型广告传媒企业，由于能够为客户提供包括品牌策略、创意策划、内容制作、媒介策略、广告投放、活动执行、效果评估及优化等服务在内的全

流程整合营销服务，协助客户高效地实现跨媒体、多渠道的品牌曝光和产品或服务的营销推广，因此将具有较强的竞争优势、较高的行业地位和良好的发展前景。

(四)媒体融合推动广告产业的全面融合

媒体融合是国际传媒大整合下的新作业模式，简单地说，就是把报纸、电视台、电台和互联网站的采编作业有效结合起来，资源共享，集中处理，衍生出不同形式的信息产品，然后通过不同的平台传播给受众。这种新型整合作业模式已逐渐成为国际传媒业的新潮流。自 2014 年 8 月 18 日媒体融合正式上升至国家战略以来，在媒体“一体化发展理念”的指引下，我国的媒体融合逐步向纵深发展，不断向“融为一体、合而为一”的目标迈进。随着计算机技术、网络技术和多媒体技术的深入应用，也不断催生出以互联网、移动互联网和户外电子媒体为代表的新兴媒体形式。新兴的数字技术可以实现图像、声音和文字等多种信息同时传输，并将各种媒体形式在单一的渠道中展现出来，有效地弥补了传统媒体所欠缺的互动性和精准性。在媒体融合的大背景下，新技术将利用电视媒体、平面媒体和互联网媒体之间的融合实现“跨屏联动”，使广告产业更加集约化，多种广告表现形式间的全面融合成为趋势。

本章小结

本章主要包括世界广告发展简史和中国广告发展简史两部分内容，分别介绍了世界广告与中国广告的产生、发展、现状及趋势。

1. 世界广告简史方面。以 20 世纪 80 年代信息革命为分界线，在这之前，世界广告大体上经历了从远古时代到 1450 年谷登堡发明活字版印刷的原始广告时期，1450—1850 年的早期印刷广告时期，19 世纪中叶至 20 世纪 70 年代的广告大发展时期。信息革命的出现，带领着广告进入产业时期，意味着广告业已不再单纯是一种商业工具，而已经发展为一门综合性的信息产业，广告活动走向整体化。从发展趋势来看，世界广告呈现 5 个特点：广告活动的全球化倾向；信息技术对广告业的渗透；广告媒介的多样化促使广告形式不断创新；现代广告日益注重广告的效果测定和信息反馈；广告管理日趋严格。

2. 中国广告简史方面。以 1840 年的鸦片战争和 1949 年新中国成立两个时间节点将广告在中国的发展分为中国广告的起源、中国近代广告、新中国成立以后的中国广告业。就现状而言，随着 2012 年党的十八大的召开，中国经济进入了新一轮的发展周期，良好的发展态势为广告业的发展提供了有力的经济保障，中国的广告也在各方面都取得了良好的发展。从趋势看，广告投放日趋精准化；广告产业向专业化、规模化方向发展；整合营销传播的理念将不断深化，媒体融合推动广告产业的全面融合是我国广告业未来发展呈现出来的特点。但仍然存在违法广告的问题。

思考与练习

一、选择题

1. 世界上最早的文字广告出现于(　　)。

A. 公元前 1550 年至公元前 1080 年间

B. 公元 2 世纪

C. 1491 年
D. 公元前 450 年
2. 公元 1141 年，出现一支由 12 人组成的叫卖组织的国家是(　　)。

A. 英国　　B. 美国　　C. 日本　　D. 法国

3. 现代形式的广告媒介——报纸，出现于(　　)。

A. 14 世纪　　B. 15 世纪　　C. 16 世纪　　D. 17 世纪

4. 美国商业广播电台创立于(　　)。

A. 1901 年　　B. 1920 年　　C. 1930 年　　D. 1936 年

5. 英国出现世界上第一家电视台是在(　　)。

A. 1929 年　　B. 1936 年　　C. 1945 年　　D. 1955 年

6. 艾尔父子广告公司成立于(　　)。

A. 1859 年　　B. 1869 年　　C. 1879 年　　D. 1889 年

7. 我国现存最早的印刷广告为(　　)。

A. 济南刘家功夫针铺广告　　B. 刘家上色沉檀拣香广告
C. 王家罗匹帛铺广告　　D. 杨家应症广告

8.《申报》创刊于(　　)。

A. 1861 年　　B. 1872 年　　C. 1894 年　　D. 1899 年

二、简答题

1. 简述世界广告的发展历史。
2. 简述世界广告的发展趋势。
3. 简述中国广告的发展历史。
4. 简述中国广告的发展现状。

实训项目

1. 实训名称：广告行业的监管调查。

2. 实训目的：广告行业的发展离不开国家监管，有效的监管能促进广告行业的健康发展。通过调查，了解我国广告行业的监管体制、主要法律法规和相关产业政策，并深刻体会行业监管对广告行业的具体意义。

3. 实训要求：

(1)每 3～4 个人组成一个小组。

(2)在通读广告法的基础上，收集广告监管体制、广告法律法规、广告产业政策的相关资料和数据。

(3)对所收集的资料和数据进行分析，撰写一份总结报告。

第二篇

广告战略与决策

第三章 广告战略概述

学习目标

知识目标

- 了解广告战略的概念、基本特征、内容及类型
- 了解广告环境的概念
- 熟悉广告环境的基本构成
- 了解常见的广告战略

能力目标

- 能结合实际分析市场生命周期的不同阶段对广告战略的影响
- 能举例分析处于不同竞争地位的企业如何制定广告战略
- 能结合整合营销传播理论分析广告战略制定的新趋势
- 能辩证地认识广告战略与环境之间的关系

思政目标

(辩证思维与文化自信)通过能力目标的设定,让学生学会辩证地思考环境与战略的关系;通过案例导入与实训项目,潜移默化地让学生在感受优秀传统中国文化的基础上,认同与尊崇中国传统文化,增强文化自信,引导学生在未来的工作中,形成弘扬中国传统文化的意识。

案例导入

可口可乐广告中的中国文化

可口可乐 1979 年重返中国时,一开始是以国际化形象出现在中国消费者面前的,其所代表的惬意、畅快的西方休闲文化很快打动了中国消费者。但临近 20 世纪末时,可口可乐意识到,要想根植于中国市场,融合中国丰富、悠久且独特的文化才是长久之路。

于是在 1997 年,可口可乐在中国市场推出的电视广告第一次选择在中国拍摄,第一次请中国广告公司设计,第一次邀请中国演员拍广告,并从 1997 年开始,可口可乐每年都会在热闹、喜庆、祥和、团聚的春节期间,推出富有传统色彩又极具时代特色的新年广告,广告通常选择典型的中国情境,运用对联、木偶、剪纸、阿福等传统的中国艺术,融入备年货、贴春联、放烟花、年夜饭等民俗活动,表现出浓厚的中国文化特色,取得了与消费者沟通的良好效果。

问题:

(1)可口可乐为什么要在广告中融入中国传统文化元素?

(2)可口可乐这样的做法给它带来了什么?

第一节　广告战略的概念、基本特征及内容

一、广告战略的概念

在理解战略时，我们很容易将其与策略相混淆。一般而言，战略是相对于策略而言的，是一个组织首要的、普遍性的、持久重要的计划或行动方向，战略任务必须通过策略来逐步完成；而策略是指为实现战略任务而采取的手段，是战略的一部分，它服从于战略，并为达到战略目标服务。战略在一定历史时期内具有相对的稳定性，在规定目标没有完成之前基本上是不变的。策略具有较大的灵活性，在战略原则下容许随形势变化而变化，两者的关系反映了全局和局部的辩证关系。

就广告战略而言，目前有两种不同观点：一种观点认为广告战略是针对营销目标的，另一种观点则认为广告战略是针对广告目标的。但从上述的战略与策略的关系看，我们仍倾向于广告战略是针对营销目标而言的。广告战略是指广告发布者在宏观上对广告决策的把握。它是以战略眼光为企业长远利益考虑，为产品开拓市场着想，也就是所谓的“放长线钓大鱼”。广告战略服务于企业的营销目标，它是在对市场进行分析和营销目标确立的基础上，在广告预算的范围内，对如何实现企业的营销目标的整体而前瞻的、明晰而准确的把握。研究广告战略的目的在于提高广告传播效果，使企业以最低的开支（费用）达到最好的营销目标。

把广告战略定位于营销目标，有利于我们对重大的、全局性的决策的把握。战略决策是根据所要达成的某种目的，竞争双方对比影响竞争的各方面因素，照顾全局的各个方面、各阶段之间的关系，规定各种所能调动的力量、资源的准备和运用，所应采取的基本方法和手段。如军事战略就必须对需要准备的资源、基本作战方向、战区划分、作战方针和作战基本指导原则做出明确的规定。

把广告战略定位于营销目标，并不意味着在做广告战略决策时就完全无视广告目标。广告目标作为广告战略的要素之一，是广告战略的重要组成部分。企业投资广告的最直接目的就在于以最低的投入达到最高的营销产出，为实现企业经营目标服务；是为进一步树立企业形象、品牌形象的长远战略目标服务。因此，只有定位于营销目标的层次上，才能使企业广告活动完全融入企业营销战略，成为企业经营战略的有机组成部分。

二、广告战略的基本特征

成功的广告战略具有以下基本特征：

（一）稳定性和适应性

战略二字其本身的含义就是超前一段时间而指出目标，在时间上具有一定的超前性。广告战略也不例外，战略需要稳定，不能朝令夕改，广告战略一定要在周密的调研基础上，站在企业全局的、长期发展的角度，高瞻远瞩、审时度势、谋划而定。另一方面，这种稳定性又是相对的，广告战略是建立在企业和市场动态的基础上，一旦内外部环境发生变化，就必须

要进行战略调整，因此，广告战略也需要快速地调整和适应各方面的变化。

（二）科学性和创造性

科学性、创造性的广告战略，是广告成功的关键，也是整个市场营销战略获得成功的关键。广告战略的制定有其自身的科学规律，且应遵循特定的程序和科学方法。承认广告战略的科学性，才能保证广告战略及整个广告运作过程成为理论指导下的规范化的理性行为。另一方面，广告战略不是市场营销战略的简单翻版，而是在市场营销战略指导下，对市场营销战略创造性的发展。广告战略的形成又是一个创造性的过程，广告战略因市场条件和营销目的的不同而不同，通常是把一般营销战略发展成为具体、可执行的广告战略。

（三）指导性和方向性

广告战略的制定是企业广告策划的基础。战略一旦确定就对广告策划、创意、具体广告作品设计、制作具有指导意义，规定整个广告活动发展的方向。广告战略直接制约其他一切因素，指导企业在特定的目标条件下如何去做，如广告战略重点、突破口、覆盖区域、纵深发展及各个阶段、各环节的设计、布局、衔接、组合，都必须以实现战略目标为依归。

（四）竞争性和协调性

作为市场竞争谋略之一的广告战略，常常是针对某一具体的营销目标、某一特定竞争形势、某个或某些特定竞争对手而制定的，它必须考虑与竞争对手在市场上的竞争和制衡的问题。因此，广告战略必然带有很强的竞争特征。但是广告战略绝不是一时一地、见风使舵、玩弄手段的权宜之计。在考虑具体竞争、抗衡的需要时，更要瞻前顾后、审时度势，从长远的、全局的战略角度出发协调与各社会环境因素、传播环境因素的关系，协调与竞争者的关系，协调全局与局部的关系，协调战略和战术的关系。

三、广告战略的内容

广告战略从内容上可分为三部分，即广告战略目标、广告战略方案和广告战略预算。

（一）广告战略目标

广告战略目标是一种预期目标，是对企业广告活动预期取得的主要广告效果的期望值。广告战略目标是制定广告战略的基础，它对进一步形成广告战略方案具有导向作用。制定战略是为了更有效地实现目标，战略只是实现目标的手段，战略随目标的改变而改变。因此，目标不同，战略各异。广告战略目标是一种宏观目标，它是企业对广告运作的一种总体设想，它的着眼点是整体，而不是局部。它所提出的是企业广告运作的总任务和总要求。因此，人们所提出的企业战略目标总是高度概括的。广告战略目标的选择与制定是同企业营销战略目标相联系的。根据企业营销目标和广告在实现营销目标中所可能发挥的作用来明确广告活动的目的，然后根据广告活动的目的来选择和确定广告的战略目标。

（二）广告战略方案

广告战略方案包括基本策略、信息策略、媒介策略三大方面的内容。

1. 基本策略

基本策略即营销策略。营销策略勾画的是基本营销思路、手段和方法。一旦掌握市场营销的焦点，随后就要考虑传播问题。制定一整套富有创造性的广告战略，审时度势地把握住市场机遇，了解消费者的需求及市场现状，广告战略才能达到“运筹帷幄之中，决胜千里之外”的效果。

2. 信息策略

信息策略是由目标和方法组成。信息策略是在广告战略目标的指导下，在对环境、消费者、竞争者等调查与分析的基础上，解决广告“说什么”和“怎么说”的问题。信息策略应考虑在什么地点、什么时间、向哪些消费者传递哪些信息。例如，是传达产品本身的品质、性能、特点，还是强调产品所能带给人们的利益或价值。同时也需考虑如何更有效地传达这些信息，利用哪些表现角度与手法，是直白的叙述还是含蓄的曲陈。

3. 媒介策略

媒介策略是由媒介目标和方法组成。媒介策略是在广告战略目标和基本策略的基础上解决如何将广告信息有效地“传达给受众”的问题。媒介策略应针对不同的广告对象，在众多的广告媒介中，确定应采用哪些传播媒介以及各种媒介的配合方法，依据媒介目标和各类广告媒介的传播效果确定各媒介的覆盖空间、广告刊播时间、刊播的数量、频率高低和持续长短等。

(三)广告战略预算

广告预算是企业对广告活动所需费用的计划和匡算，它规定了在一定时期内，从事广告活动所需的经费的总额、使用范围和使用方法。在特定的企业中，广告预算在营销费用中往往占有很大的比重，能否进行合理的广告预算，不仅直接影响每种产品的效益，而且可能影响企业的整体效益，能否以最小的投入达到最大的效果，是对广告战略谋划本领的最富挑战性的考验。

四、广告战略的类型

(一)企业广告战略和产品广告战略

从内容上看，广告战略可分为企业广告战略和产品广告战略。

1. 企业广告战略

企业广告战略旨在塑造企业的形象：或是塑造企业技术领先、市场领先的形象；或是塑造企业质量可靠、信誉至上的感觉；或是塑造企业勇于承担社会责任、谋求人类共同发展的历史使命感。通过对企业形象的塑造，给消费者以深刻而持久的印象，会对产品销售产生巨大的推动作用。

2. 产品广告战略

产品广告战略旨在塑造产品的形象：或强调产品的技术创新；或宣扬产品符合时代的个性化特征；或突出产品的特异功效，使该产品与同类产品有着明显的区别；或强调其产品的低价格。通过对能吸引消费者的产品属性的传播，会让消费者产生兴趣、购买欲望甚至实际的购买行为。

(二)特定市场的广告战略和世界市场的广告战略

从市场规模上看，广告战略可分为特定市场的广告战略和世界市场的广告战略。

1. 特定市场的广告战略

特定市场的广告战略是针对一定的国家、地区或区域的广告战略。

2. 世界市场的广告战略

世界市场的广告战略，也称为全球战略，就是着眼于企业总体、长远的利益，以全世界市场为对象，统筹规划的广告战略。由于各国的市场、文化等方面的差异，国际广告在运作上与国内广告有很大的差异，跨国公司的全球广告战略，十分注意广告口号、手法、风格的一致性，以期在世界范围内保持一个统一、强大的形象。如美国可口可乐公司在相当长的时间里，利用拥有世界性专利的有利条件，生产的可口可乐统一口味、统一规格瓶装，连广告的字句也一致，因而迅速提高了其产品在全世界的知名度。随着我国越来越多的企业跨出国门，参与国际竞争，如何在全球市场上进行广告运作，日益成为我们必须要面对的重要课题。

(三)量的战略、质的战略和整合战略

从性质上看，现代广告战略可分为量的战略、质的战略和整合战略。

1. 量的战略

所谓量的战略，是指以广告量的决策为基本内容的战略，强调以充分的广告信息量、广告发布量等达到预期的广告效果。如以全国性覆盖电视媒介集中曝光取得高档次品牌印象，用高频度密集性广告轰炸来造成产品营销强势，以大信息量或简洁明了的信息提高注视率和反复注视频度，加深人们对产品的印象等。

2. 质的战略

所谓质的战略，即形象战略，它以塑造企业形象、产品形象为目标，力图在公众心目中留下好的广告、好的产品、好的企业印象。目前注重质的广告战略呈现三个基本特点：企业广告活动的社会性、绿色潮和人格化。

3. 整合战略

进入 20 世纪 90 年代，整合战略开始出现。整合战略从系统角度提出整合营销传播战略观念，提出从横向到纵向系统地对各营销传播手段进行整合运用的战略构想，主要包括：在产品、企业形象层次上的整合；在企业传播层次上的整合；企业与各类公众在双向沟通层次上的整合；在企业文化与商业行为层次上的整合。

纵观广告战略的发展轨迹，基本是从注重量开始，逐渐走向注重质的时期，随着整合营销传播战略的迅速崛起，今后广告业将逐步走向以整合战略为主导的新时期。

第二节　广告战略与环境

一、广告环境的概念

在古代和近代，由于广告数量少、规模小，传播媒介和传播对象有限，广告对产品销售的作用较小，所以广告对外界环境的作用不是很明显。而在现代社会中，广告已经成为企业市场营销的重要手段，成为大众媒介传播的重要内容，其数量、规模、覆盖面都相当广，因此不但环境对广告的作用日益明显，而且广告对环境的作用也越来越明显地显现出来。广告一方面在经济环境的影响下成为经济的晴雨表，另一方面也影响着企业的生存发展和企业之间的市场竞争，影响着消费者的消费观念和购买行为，在社会的经济生活中扮演着相当重要的角色。随着企业和消费者对广告的依赖程度的加深，广告对经济生活的影响作用也越来越大。

同时，广告在传播商品信息的同时，还包含着一定的社会文化、生活方式、价值观念等内容，对受众的社会心理和社会行为也产生着一定的影响，因此也间接地影响到社会环境、文化环境。

由于广告业日益成为一个重要的信息服务性行业，广告传播的内容、广告主体的行为日益复杂，也出现了许多必须通过法律、法规制止或者矫正的内容和行为，因此广告的逐渐发展也对国家或者地区的立法提出了新的要求，在一定程度上促进了法制的发展和完善。

广告对环境的作用在现代社会已经受到了政府、公众以及经济、法律、传播和社会等方面学者的广泛重视，也引发了不少关于广告道德的讨论。广告对环境既有正面的影响，也有负面的影响，而加强广告的正面影响、降低其负面影响，是现代广告从业人员必须具备的基本社会责任感。

广告是一个较小的产业，它处于一个广阔的社会环境和传播环境之中。无论是整个广告产业的发展还是具体广告活动的推行，都无法脱离它所处的外部的社会大环境、社会信息传播环境以及广告产业自身内部现实条件的制约。

广告环境是指能够影响企业广告战略制定及广告运作全过程的各种因素和力量。广告环境既能提供机会，又能造成威胁。成功的广告运作都要求持续不断的观察并适应不断变化的环境。在广告战略、策略的制定及广告实施过程中，我们都必须及时洞察广告环境。

广告环境有广义和狭义两个层次的含义：广义上讲，广告环境是指由经济、科技、文化、政治、法律等因素构成的广告的一般环境；狭义上讲，广告环境是指执行具体的广告活动的时间、地点和存在于当时、当地的对广告活动策略和计划具有影响力的诸多因素所构成的传播环境。广义层面的广告环境不但可以影响具体的广告活动，而且直接影响广告发展的进程；而狭义层面的广告环境则仅对具体的广告活动而言，仅仅可以影响广告活动的策略、计划和实际效果，相对于广义的广告环境而言，它的作用是局部的、细微的。狭义的广告环境是广告策划市场分析的重要内容。

无论是一般环境，还是传播环境，都对广告起着促进、调整和制约的作用。

(1)促进作用：广告环境中的有利条件在促进广告整体发展的同时，如果能充分加以利用，也能使广告运作起到事半功倍的效果。

(2)调整作用：广告环境处于不断的变化当中，这些变化也促使广告需要不断地进行调整以适应环境的变化。

(3)制约作用：广告通常处于某个特定的环境当中，特定的环境为广告提供的是有限的发展条件，广告也只能在广告环境所限定的空间中生存和发展。

二、广告的一般环境

一般环境是整个广告存在和发展所处的世界，在这个世界中包含着对广告发展有巨大影响力的诸多因素，如经济环境、科技环境、社会文化环境、广告监管环境等。

(一)经济环境

广告作为一种经济活动，经济的内在需求决定着广告的存亡，经济的发展进程决定着广告的发展程度，经济的景气与否决定着广告的兴衰。经济的发展带来了人们生活方式、消费行为和消费观念的变化，不断有新的产品进入人们的生活，也不断有旧的产品被淘汰，这一方面来自广告的影响，另一方面也对现代广告提出了新的要求。经济的多元化使社会生活多元化的态势愈加鲜明，从而在同一时间、同一地域造就了有不同需求的多种消费群体，使广告受众的构成变得愈加复杂。

(二)科技环境

整个社会科学技术环境的发展促使广告从自发走向自觉,从简单无序走向复杂与成熟;与广告相关的学科为广告的理论发展提供了启示和借鉴,促进了广告理论的深化和丰富,也促进了广告策略的合理化和广告效果的提高;信息传播技术的发展促进了广告制作水平的提高和广告传播形态的改变。这是科技环境对广告发展的最重要的作用。

随着科技水平的提高,广告在很多方面都打上了现代科技的烙印。比如,传统的广告设计与制作在很大程度上已经被现代化的广告制作设备与电脑所代替,现在只要能够掌握平面设计等设计软件就可以完成广告设计与制作;很多在现代科技基础上出现的广告媒介也层出不穷,近年来发展迅猛的网络广告媒介就是将网络技术运用于广告并推动广告发展的典型案例。越来越多的现象显示,现代广告行业的技术性竞争日趋激烈。

(三)社会文化环境

社会文化是与基层广大群众生产和生活实际紧密相连,由基层群众创造,具有地域、民族或群体特征,并对社会群体施加广泛影响的各种文化现象和文化活动的总称,如生活习俗、民族心理、道德观念、价值观、宗教信仰、消费观念等。广告与社会文化环境之间有着明显的互动性:一方面,广告受到特定的社会文化环境的影响,是反映特定社会文化的一面镜子;另一方面,广告本身就是社会文化的一个组成部分,对整个社会文化产生着潜移默化的巨大影响。

社会文化环境对广告的影响主要体现在以下三个方面:

(1)在一定的社会文化环境中只能产生适应这种社会文化环境的广告。

(2)由于社会文化具有非常广泛的涵盖面,违背特定的社会文化的广告很难对受众发生作用,因此广告应时刻追求对当时、当地的社会文化的认同,对自身所包含的社会文化内容进行调整。

(3)社会文化的变迁会促进广告中所反映的文化和生活方式等内容的变化。

(四)广告监管环境

广告既有强大的正面作用,又有明显的负面作用。广告活动中常有违反公平竞争、侵犯消费者权益或危害社会文明的现象。这些现象必须通过监管才能制止和消除。广告监管是指广告管理机构、广告行业协会以及广告受众等,依照广告相关法律法规和政策规定,对广告行业和广告活动实施的监督、管理、协调和控制活动。

对广告的监管,一般通过法律法规、行业自律和社会监督三种途径完成。

(1)广告法律法规以保证广告良好的社会作用为出发点,对广告主体的行为和广告主体的特性进行细致、全面的规定,并且通过法律责任和对违法行为的处罚保证其执行。

我国的广告管理法律是指调整国家广告监管机关与广告主、广告经营者、广告发布者以及广大消费者之间由广告活动而引发的各种社会关系的法律规范的总和。我国广告监管的法律法规主要包括:专门的广告监管法律法规,如全国人民代表大会颁布的《中华人民共和国广告法》《消费者权益保护法》等;最高行政管理机关——国务院颁布的单行广告法规,如《广告管理条例》等;国家广告监管机关——工商行政管理局颁布的广告监管单行规章。

在这些法律法规的基础上,还建立了诸多的广告监管制度。例如,广告审查制度、广告专用发票制度、广告合同制度、广告经营情况统计报告制度、广告证明制度和广告业务档案保存制度等。

(2)广告行业自律是广告行业组织、广告经营者和广告主自行制定的约束本行业广告活动的协约和规则的机制。通过行业自律,保证以行业经营的合法性和维持良好的同业竞争秩序为出发点,主要对广告主体的行为进行道德约束,并且通过行业的批评与监督保证其执行,必要时可以诉诸法律控制。

(3)广告的受众监督。《消费者权益保护法》《中华人民共和国广告法》《广告管理条例》都规定了消费者有权监督广告活动的运行。消费者对广告的监督和约束主要是通过广告监管机关、消费者协会和社会舆论执行,依法保护自身合法权益。例如,索取赔偿金,要求退、赔商品,要求更改广告内容等。受众监督以保证广告受众的利益不受侵害为出发点,主要对广告内容进行约束,并且通过大众传媒的舆论监督、广告受众的自觉监督来保证其执行,必要时可以诉诸法律控制。

三、广告的传播环境

广告运作也离不开特定的传播环境,传播环境一般包括传播机制、媒介环境、广告主、广告受众和竞争品牌等因素。

(一)传播机制

广告传播机制,就是广告传播的形式、方法以及流程等各个环节,包括广告传播者、传播途径、传播媒介以及接收者等构成的统一体,是对广告从发布者到接收者的渠道的总体概括。作为信息传播的一种形式,广告传播有其自身的特殊性,尤其是商业广告,其为企业促销服务的本质决定了整个传播过程都带有明显的经济性,与新闻等其他的传播不同,广告传播在关注传播效果的同时,整个传播过程从广告的设计与制作,到广告的发布,都受到费用投入的限制。

(二)媒介环境

媒介环境是指在广告运作时所面临的、可供选择的所有媒介在种类、传播范围、自身影响力等方面的总和。广告运作离不开媒介,良好的媒介环境可以为广告运作提供更多可供选择的空间,帮助广告将信息准确、有效地传达给目标受众。在运作广告时,我们必须要对目标市场中的媒介种类、不同媒介的覆盖空间、影响力、使用成本等有清楚的认识,在此基础上,才能科学、合理地制定广告的媒介策略。

(三)广告主

广告主是广告运作的起点,是广告运作效果的获得者,是广告运作所需费用的提供者。广告主的规模、实力、对广告持有的观念、期望通过广告运作达到的目的、对广告运作提出的要求、愿意为广告提供的资金数量等都对广告运作的规模、质量等有着至关重要的影响。

(四)广告受众

作为广告传播的对象,广告受众的文化背景、认知水平、媒介接触习惯、信息接收心理等都是企业在进行广告运作时必须考虑的因素。

(五)竞争品牌

广告除了被看作一种促销手段之外,有时也被看成是一种竞争手段。尤其是当产品处于成长期和成熟期时,具有竞争关系的企业之间在广告运作上具有非常明显的竞争性。从特定企业出发,制定科学的广告战略,就必须要清楚认识以下几点:企业最主要的竞争品牌是哪个?竞争对手的品牌定位是什么?竞争品牌广告的成功之处和可攻击的弱点在哪里?

竞争品牌的广告规模如何？竞争品牌的广告效果如何？竞争品牌的广告发布策略是怎样的？等等。

第三节　广告战略与营销

扫码领取
- 配套微课视频
- 阅读测试题
- 广告学公开课

广告战略是营销决策的一部分，从属并服务于更高层次的营销战略。广告作为促进销售策略的最重要组成部分，与其他促销手段（如公共关系、人员推销、销售促进等）共同构成营销沟通系统，与产品策略、定价策略、渠道策略等市场营销组合策略有着密切关系。可以说，营销决策中各个层次的战略或策略都会对广告战略的制定与实施带来影响。本节将对产品的市场生命周期、企业的竞争地位、整合营销传播与广告战略之间的关系进行探讨。

一、产品的市场生命周期与广告战略

产品的市场生命周期是营销学中一个非常重要的概念，据此制定广告战略，是广告战略决策的一项重要原则。产品在市场销售过程中的生命周期的变化，决定着相应广告战略的变化。

（一）产品投入期的广告战略

在投入期，由于产品刚刚投放市场，此时的产品尚未引起消费者的注意，消费者对产品还不了解，产品的销量也比较小且处于不稳定状态，这些特点要求广告在产品投入期需要注意以下几点：

（1）提高产品的知名度和认知度是首要目标。投入期的广告应侧重于尽快在消费者头脑中建立良好的第一印象。在广告投放时间上要求及时，或在产品上市前适当进行提前发布，扩大产品声势。在传播对象上，要重点启发那些可能最先购买的消费者，刺激中间商，并注意树立产品的品牌形象。同时，企业要结合有效的公共关系、人员促销、销售促进活动，做好营销渠道和市场终端的初期建设，以求打开试销局面。

（2）在广告传播的信息内容上，主要侧重于介绍这种产品新的特征和新的用途，它与老产品和同类产品有什么不同，该产品可为消费者带来哪些利益等方面的独特销售主张，从而在市场上促成对这种产品的一般性需求。对较复杂以及高技术含量的产品，应利用理性诉求，大量介绍产品的利益、性能、功用、使用方法；对于感性消费品，要着眼于建立某种品牌个性，并及时搜集消费者对新产品形象的反馈，使后续传播能更有效地建立品牌形象。

（3）广告投入量可根据具体情况适当增减。目标市场比较小且潜在竞争者的威胁不大，或者虽存在潜在竞争者的威胁但市场容量很大，且企业无法通过扩大生产规模来降低单位生产成本时，可投入较少的广告费用；相反，在目标市场比较小，企业又面临潜在竞争者的威胁时，企业应该投入较高的广告费用，迅速使消费者建立对自己产品的偏好，以求迅速增加销售量，取得较高的市场占有率。虽存在潜在竞争者的威胁但市场容量很大，且企业可以通过扩大生产规模来降低单位生产成本时，也可通过投入较高的广告费用以达到生产与销售的规模效应。

(二)产品成长期的广告战略

产品成长期的到来,预示着该产品的市场已经趋于成熟,这一时期的市场表现主要体现为产品在市场上的销量迅速上升,需求空间日益加大,此时,很多企业都看到市场上的利益,会有更多的加入者参与到该市场的竞争中来。这时的广告战略要侧重于介绍产品的独特卖点,并通过广告巩固企业和品牌的声誉,取得竞争优势,总体而言是一种劝服性广告。此阶段的广告战略,一般要注意以下两点:

(1)开始注重形象的塑造。在成长期,品牌的购买导向作用越来越大,此时应把重心从介绍产品功效转向形象建设,通过塑造品牌维系老顾客、吸引新顾客。广告应致力于说服更多的消费者购买本产品,提高产品的市场占有率。广告内容可逐渐由重点介绍产品某些特殊功效转移到产品和组织的形象塑造上。同时也可以向消费者介绍本企业的工作质量、产品质量与服务保证方面的特点和优势,促进消费者选择倾向的形成。

(2)密切关注广告的竞争性。迅速上升的需求空间,诱使竞争者开始进入市场,产品越优秀,效益越好,竞争者加入的可能性就越大。此时必须充分估计竞争者在市场上可能给企业带来的威胁和冲击,这就要求成长期的广告必须考虑能最大限度地遏制竞争者进入该市场。成长期广告战略的选择对产品能否在市场上立足有着关键性的意义。比如,20 世纪 80 年代,在雀巢咖啡刚刚进入中国市场时,需要通过广告向中国消费者介绍什么是咖啡,让消费者喜欢咖啡。但当咖啡被中国消费者接受之后,就需要通过广告告诉消费者什么是雀巢咖啡,让消费者喜欢雀巢咖啡。如果说在投入期重点介绍"咖啡"两个字,那么在成长期,强调的重点则应该是"雀巢"这两个字。

(三)产品成熟期的广告战略

产品经过成长期一段时间以后,会走向成熟期。成熟期一般长于前两个时期,有时也可细分为三个阶段,即"成长中的成熟—稳定中的成熟—衰退中的成熟"。进入成熟期以后,产品销售增长放缓,达到最高峰后,开始缓慢下降;销售利润也开始下降;市场竞争更加激烈,各种竞争产品不断出现。对于成熟期的产品,企业应采取主动调整的战略,通过调整市场营销组合、改变包括广告战略等市场营销组合因素来延长产品的成熟期。

就广告而言,由于产品已经拥有了比较稳定的消费者群体,而且消费者的消费习惯已经基本上趋于稳定,因此广告的最重要目的是强调产品的独特与利益,提醒消费者持续购买,维持品牌忠诚度,使指名购买率上升。

(1)维持品牌忠诚。暗示消费者这是同类产品中最正宗、性能最成熟的品牌。如可口可乐打出的"真正的可乐"旗号,对竞争者进行堵截,以保持市场地位。

(2)提高顾客的购买数量和频率。广告向目标受众介绍产品的新增性能、新的用途、新的个性、新的使用场合,往往还有助于企业形象的塑造。

(3)扩大顾客范围。向新的细分市场受众发动新一轮的广告攻势,同时利用竞争性广告劝说竞争者的顾客转到自己的品牌旗下。

(四)产品衰退期的广告战略

在成熟期的后期,产品的销量从缓慢增加转到缓慢下降。如果产品销售量的下降速度开始加剧,利润水平很低,就可认为产品已进入衰退期。衰退期市场的主要特点是:产品销售量急剧下降;企业从这种产品中获得的利润很低甚至为零;大量的竞争者退出市场;消费者的消费习惯已发生转变等。此时,企业在营销上通常面临继续、集中、收缩或放弃的选择。

面对处于衰退期的产品，广告战略要根据具体的营销战略而定：

(1)如果企业发现自己处于吸引人的行业中并有竞争实力时，可以考虑增加或维持投资，通过广告尽量维持现有市场占有率。

(2)公司降低投资，采取收缩策略，把广告预算集中到有利可图的顾客需求领域中。如果公司拥有高度的品牌忠诚，对品牌的忠诚能使销售在没有任何促销的情况下仍维持较长时期，那么可以选择收缩政策，把广告预算降到最低，以增加利润。

(3)对于衰退比较迅速的产品，应该当机立断，采取放弃政策，完全或逐步停止广告投入，将广告重点转向其他更有潜力的产品。

此外，如果公司正致力于推出新一代产品，应当利用它与老产品的关联，在广告信息上保持一种纵向的联系；如果公司转向的新产品与老产品的功用毫无关系或公司希望塑造全新的品牌个性，则应该彻底摒弃老产品广告的风格，以免顾客产生不利于新产品的偏见。

二、企业的竞争地位与广告战略

(一)领导者与广告战略

零售商会首先向领导者品牌进货，求职者会首先愿意进入领导者地位的企业，消费者更易购买最先认识的品牌，并对其有着更强的品牌忠诚度。企业要保持这样的市场竞争地位，往往需要借助于广告完成以下任务：

1. 强化领导角色

不断加强最初的观念，通过不间断的广告能够不断提醒人们该公司的实力。广告战略的重点应放在：如何长久有效地保持相对强势的广告力度？如何与人们遗忘心理和求新心理相抗衡？因此企业应注意以下几点：选择有效率的媒介；遵循人们的记忆及遗忘规律，安排好有效率的广告投放期；在清晰连贯的概念前提下，使广告信息与形式每隔一段时间有所变化。

2. 不断推出新产品与新品牌

宝洁公司的多品牌策略是这种广告策略的典型代表。它在与洗涤有关的大部分领域都建立了自己的品牌，对竞争对手围追堵截，这是一种扫荡状的防止对手见缝插针的品牌策略，需要公司有强大的实力作后盾。广告信息此时强调的是多个品牌背后的企业形象。比如，在电视广告上，宝洁公司多个品牌的广告常常集中播放，表现了其他洗涤类产品无法企及的领导者形象。

3. 进行品牌延伸

利用已有的强势名牌，延伸到其他相关领域，使企业经营范围扩大。在品牌延伸过程中，利用消费者对品牌的认知度和忠诚度，把新进入市场的产品广告与过去的广告在风格、形式、形象上保持一致性，让广告受众能很自然地把对品牌原有的印象过渡到新推出的产品上来。

不过，领导者在品牌延伸、推出新产品、进入另一市场时应持谨慎态度。像柯达进军“立即显影”市场，与拍立得竞争，以及 IBM 想从企诺夺得一部分复印机市场，都仅仅获得了极少的市场份额，说明了市场营销本身的复杂性。这显然已超越了“广告”讨论的范围，需以“大营销”的视角来看待。

(二)跟进者与广告战略

处于跟进者地位的品牌,往往被消费者认为是模仿者,即使这种产品更好。如果市场上已有一种强有力的头号品牌,竞争对手可以从以下两个方面考虑:

1. 重塑定位规则与秩序

这种方式往往在发达的市场中更加适用,趁人们对某类商品的观念还未形成定势时,利用广告为主要手段重新修改消费者对某类商品的评判标准甚至使用习惯。这种方法是新秩序挑战旧秩序,以及对第一品牌的正向冲击,需要在营销环节投入大量财力,当然如果竞争得法,回报亦多,在现实市场中常造成“双赢”的态势。比如,百事可乐对可口可乐历经百年的挑战就是经典的案例。广告在这个过程中,由于担负着对商品中心信息的改变、传达等功能,因此占有相当关键的地位。广告信息策略的重点是对新的定位规则的强调,使之深入人心。

2. 寻求市场空隙

尽管这样的空隙不能和处于中心地位的领导者相比,但至少可以获得一个稳定的市场地位。例如,面对可口可乐、百事可乐等强劲对手时,七喜汽水崭新的饮料概念——“非可乐”是反类别定位策略的奇迹。

(三)弱势者与广告战略

弱势者是指实力低微,缺乏与大企业抗衡能力的小企业,对它们来说,也有两个方向可以追求:

(1)树立长远发展目标,依照处于品牌投入期的广告策略进行广告投资运作,以期在未来取得高的回报。此时的广告定位可以朝着“拾遗补缺”方向努力,避开主战区,寻找强手们尚未或不屑发现的市场领域,提供专门化服务,在非主流市场寻得一席之地。广告此时更多地利用低廉媒介(如广播、直邮、传单等方式),在局部区域集中投放,以控制成本并保证信息“击中”率。

(2)采取撇脂策略,获得较快的资金周转,尽快完成资本的原始积累。实际上,现实市场上就存在着大量默默无闻的小品牌产品,甚至有的厂家借牌生蛋,没有专属的品牌,但它们中的许多仍能够经营好自己的一块土地,在同类市场的总利润里切得一块蛋糕。这些企业的广告战略往往具有短期性、刺激性的特点,希望即时激发消费者的购买欲望,而且多辅助以人员推销、营业推广等营销手段。

三、整合营销传播与广告战略

自美国大学教授丹·舒尔兹与田纳本、劳特朋合著的《整合营销传播——谋霸21世纪市场竞争优势》作为全球第一本整合营销传播专著问世后,整合营销传播迅速成为营销界的热门话题。

据美国科罗拉多大学整合营销传播研究的看法,整合营销传播的概念可由窄入宽分为四个层次:

1. 形象的整合

这是采取同一声音、同一长相的手法,所有广告呈现一致的模样与个性,重点在于建立强而有力的品牌形象。其中以万宝路香烟为代表,百事可乐亦属于此类。

2. 持续一致的声音

在这一层次的厂商或公司所在意的，无非是如何与所有沟通对象说话，包括同行、消费者、内部员工、供应商以及股东等；虽然传播信息可能因对象而异，但是呈现的语调与态势都必须具有一致性。

3. 良好的倾听者

在这一层级的厂商或公司，运用双方互惠的对话建立真正的沟通，其目标对象涵盖了顾客群、竞争对手、内部员工、股东、供应商等，同时它们也运用资料库的建立，强化反馈系统，诸如通过消费者服务电话、消费者调查、座谈会、产品发布会等途径与对方沟通。这些厂商或公司认定了与目标对象建立长期关系的价值，深觉有必要通过消费者购买决策过程，呵护现有的顾客，同时吸引潜在的消费群。

4. 世界级的公民

高居此层的组织机构，整合了企业文化与商业行为。它们深具社会责任与环保意识，其独特强劲的企业文化引导一切，不只在意与利益相关团体建立关系，同时涉及较广泛的社区团体，与之打交道。这些组织深具抱负并自诩为社区中的好邻居、世界级的好公民。它们几乎不投资任何广告，但创办人整合各种传播途径却堪称一流。

我国已进入品牌的时代，群雄并起，日常用品的品牌已逾 5 000 多个，如何使自己的品牌异军突起，是一个必须科学对待的问题。整合营销传播就是要借助各种传播和行销手段，传播同一种品牌形象，使品牌在广告营销的海洋里脱颖而出。

在整合营销传播的框架下，对广告战略的要求如下：

(1)整合营销传播强调在营销过程中的每一个环节都与消费者进行沟通，主张把一切企业的营销活动和传播活动，如广告、促销、公关、新闻、直销、CI、包装、产品开发等进行一元化的整合重组，这就要求在实施广告战略时，必须要将广告与其他传播活动综合考虑，在为客户提供全面广告策划时，需要对各种传播工具进行整合，把广告、促销、公关、直销、CI、包装等一切传播活动都涵盖到广告活动的范围之内。这种整合不是水果拼盘，把需要的营销传播工具拌在一个盆里，然后吞下去就算了，而要像打篮球那样，让各种传播工具成为球场上的后卫、前锋、中锋，各司其职，而且讲究战法，通过纯熟的默契与教练的调度，发挥大兵团的作战实力。

(2)整合营销传播需要将统一的传播资讯传达给消费者，要求通过使消费者从不同的信息渠道获得对某一品牌的一致信息，以增强品牌诉求的一致性和完整性，对信息资源实行统一配置，统一使用，提高资源利用率。广告策略是整合营销传播的重要组成部分，也是整合营销传播成功的关键。消费者可以通过各种接触方式获得信息，可由各种媒介接受不同形式、不同来源、种类各异的信息，这些信息只有保持“一种声音，一个面目”，才能获得最大限度地认知。

(3)消费者的心理图像显示，对一个一致的品牌信息必须接触多次才能形成记忆留存，只有永不间断地接触这一信息才能构成品牌忠诚。因此，整合营销传播的广告策略是由“一个声音”的广告内容和永不间断的广告投放两个要素构成，这就要求企业的广告投放不可以是短期行为，而应该有战略性的部署，在保证“一个声音”的同时维持广告投放的长期性与持续性。

第四节　常见的广告战略

一、广告定位战略

广告定位战略是产品定位在广告中的体现，“产品定位”就是根据消费者对某种产品的需求程度，而对企业的产品予以明确的市场定位。产品定位和广告定位是两个不同的概念：前者确定产品在市场上的地位，后者则确定在广告中给产品确定一个什么地位、突出什么形象、创造消费者对产品持何种态度等问题。产品定位越明确，广告定位就越准确。反之，广告定位又影响产品定位。一个树立了以消费者为中心的经营思想的企业，应该懂得要提高产品在消费者心目中的地位，就必须首先有针对性地进行广告传播，并通过广告来实现其产品定位。可见，正确的广告定位有利于进一步巩固产品定位，甚至在某些情况下，错误的产品定位能被正确的广告定位所挽救。但“亡羊补牢”毕竟是下策。

广告的定位战略要求企业以定位来协调各种传播媒介，以确保信息的一致性、连贯性，使广告、公共关系、销售促进、直接销售等种种推广工具整合成一体的管道，发挥综合效果。广告定位战略成功的关键在于迎合消费者心理，使传播的信息真正成为消费者的关心点，并让消费者感到满意。事实上，在当今“信息爆炸”的时代，广告信息过于密集，企业只有发出简洁、有效的销售信息，才能直接进入消费者的心理空隙并牢固建立企业及产品的位置，而这正是定位战略的优势所在。如可口可乐作为饮料领导品牌已近一个世纪，其广告的定位战略起到了关键性作用。“只有可口可乐，才是真正的可乐”无疑在暗示消费者，可口可乐是衡量其他可乐的标准，这就在消费者心目中占据了一个独特的心理位置——真正的可口可乐。“七喜，非可乐”则将七喜与可乐饮料区分开来，树立了非可乐饮料第一品牌的地位。再如，美国 AVIS 出租汽车公司为与出租车业领导地位的赫兹公司竞争，就一再宣称“在出租车行业中，AVIS 不过是第二位，那么为什么还租用我们的车，因为我们更加努力！”，结果受到了很多消费者的支持，利润逐年递增。

广告定位战略要求企业首先必须分析消费者的需求心理及购买动机，对市场进行细分，并由此选择自己的目标市场。同时，又要深入了解该市场现实的和潜在的竞争对手。在此之后，企业要在与对手比较的过程中把握自己的优势，从而进行准确定位。

从广告战略的角度看，产品定位是广告诉求的基础。人们往往根据自己的了解和需要在心目中将产品排序，通过纵横各个方面的对比，显示其差异。这一系列过程就是产品定位的过程。

广告的最终目的是促进产品的销售，对企业而言，与消费者的关系是通过产品来沟通的。对消费者来说，对于产品的要求，不仅是对产品的占有，更重要的是希望得到某种需要的满足。如果企业设定了某种商品，就应该在实际的市场中考查和核定这个位置是否能存在于广大消费者的心目中，以保证这个位置不会消失。而一旦确立了位置，就要保持，特别是通过有效的活动使产品扎根于消费者心目中，并据此确定自己不可取代的地位。

二、广告形象战略

广告形象战略是指以传达企业理念、树立企业形象和产品品牌形象为目的的广告战略。在产品同质化日益严重、新产品层出不穷的今天，企业之间的竞争越来越趋向于品牌形象和企业形象的竞争，消费者也越来越趋向于“指牌认购”。此外，企业作为一种存在体，除了以产品满足市场需求之外，还要对保护资源、增进民族团结、倡导社会伦理道德担负一定的社会责任。

(一)广告在品牌塑造中的正面作用

广告在品牌塑造中有四大基础功能：塑造品牌忠诚度、塑造品牌知名度、塑造品质认知度、塑造品牌联想。它们共同构成品牌资产与品牌价值。

(二)品牌忠诚是品牌资产中最重要的资产

广告在建立品牌忠诚中向来扮演重要角色。研究表明，大多成功广告的效果是增加了品牌忠诚。忠诚顾客的特点包括：经常性重复购买，惠顾公司提供的各种产品或服务，建立口碑，对其他竞争者的促销活动有免疫力。

关于广告对品牌忠诚的影响，国内外营销学者的研究很多，结论也基本上差不多，即好广告不仅能产生试用，而且会强化品牌忠诚。对成功的品牌来说，由较高的广告量引起的销售量的增加中，只有30%来自新的消费者，剩下的70%的销售量是来自于现有的消费者，这是由于广告使他们对品牌变得更加忠诚。

因此，现在较公认的一种看法是：广告一个重要的目标是加强已有的消费者与品牌的联系，并使他们变得更加忠诚。对品牌来说，大部分广告的目的是使已经存在的消费者更加忠诚，而不是说服消费者从其他品牌转移过来。

(三)广告可以使产品或品牌在短时间内建立高知名度

广告是提高知名度最好的方法之一，知名度是广告最明显的结果。面对众多的广告信息干扰，要脱颖而出也非常困难。这就要求广告创意独特，有足够多的重复到达率、选用最佳的媒介等。一般来说，知名度与销售成正比关系。但是，高知名度并不一定意味着就是品牌，更不等于高销售量。但对低关心度的商品而言，知名度只要提高，销售量一般就会增加。

(四)广告有助于建立正面的品质认知度

产品品质是指产品的外观、功能、特点、可信赖度、服务水准等。品质认知度是指消费者对某一品牌在品质上形成的整体印象。广告对消费者在品质认知过程中的作用如下：

(1)使用者更多地关心他们使用过或正在使用的产品的广告，他们容易将已有的关于品质认知的经验和体会与广告中对品质的描述进行对比和联系。如果相符合，则原有的好感将会加深，会更加信任这一品牌，对产品和自己的判断都很满意，成为品牌忠诚的拥护者。相反，如果产品品质差而广告却宣传品质优良，消费者会认为广告是欺骗，原有的憎恶感会进一步加深，变成极度的反感和不信任。

(2)广告诉求的通常是产品品质上的特点，是产品提供给消费者的利益点，是消费者最关心、最喜爱的特点，也是产品最具竞争力的特点。产品的品质在广告中与其他产品相区别并得到了突出，从而使得该产品的竞争力增强。

(3)新产品上市，人们对品质一无所知。而高品质、定位准确的广告，通常使消费者对产品产生好感并愿意购买。广告的品质在一定程度上反映了产品的品质。

(4)产品线延伸时,广告帮助消费者将原有的品质印象转移到新的产品上,这对新的产品线而言,无疑是一块打开市场的敲门砖。

(五)广告为品牌联想提供了空间

品牌联想是指消费者想到某一个品牌的时候联想到的所有内容。如果这些联想又能组合出一些意义,那么这个有意义的东西就叫作品牌形象。品牌形象是品牌定位沟通的结果,品牌定位通过广告传播之后,在消费者脑海中形成许多品牌联想,最后就构成一个具有销售意义的品牌形象。广告对促成品牌联想的作用具体表现如下:

(1)差异化以求得第一的位置。广告的最主要功能之一就是企图引导消费者,使消费者对品牌能立刻产生联想,而消费者所想到的特质,已是该品牌的独特卖点,进而产生差异化的认知。广告就要利用这种独特的差异,在消费者心目中重建一片天地,并使其所传播的产品在其间位居第一。

(2)创造正面的态度及情感。广告的表现手法中,我们最常采用的就是感情诉求,利用消费者对事物自然的、美好的、情感的转移来建立他们对品牌的好感。如化妆品广告常借由美丽的画面或动听的音乐来使消费者产生偏好,而汽水等软饮料则常利用欢乐的场合气氛来烘托消费者“喝”的时机,这些都是能产生正面情绪的联想。

(3)塑造一种感染力,传达一种非常微妙的情感。情感在生活中表现为精神上的东西,是无形的,是一种信心、一种欲望、一种被理解的满足。情感可以引发欲望,促成行动,提高消费者购买与使用产品时的心理享受。

三、全球性广告战略

全球性广告战略是指顺应将在国内销售的产品推向全球市场的营销目的,顺应市场全球化趋势而采取的广告战略,其主旨在于树立产品、企业强劲有力的全球性品牌形象。

近年来,英荷联合利华公司、英国石油巨头 PLC 公司、美国服装制造商李维斯公司等跨国公司都开始采用全球性广告战略,其产品从一次性的婴儿尿布到昂贵的钻石、手表,从化妆品到高级苏格兰威士忌,都出现在波涛汹涌的全球广告浪潮中。如由奥美广告公司为英荷联合利华公司推出的“多芬”香皂就获得了巨大成功,在广告中,30 多位来自法国、德国、意大利、澳大利亚等国的漂亮女郎在生活环境中用自己的母语盛赞了“多芬”香皂的润肤特点。整个广告只在一地拍摄,突出了同一广告主题,即“多芬蕴含四分之一润肤乳”,奥美广告公司只是在针对特定国家和地区文化上的差异时才对广告稍加修改。统一、强劲的品牌形象,为“多芬”香皂在全球迅速打开了销路。在意大利,不到两年时间,“多芬”香皂的销量就排名第一。

全球化广告战略发展趋向与整个世界日益融合、发展成地球村的趋向是一致的。

首先,全球性信息产业的发展,国际性媒介的大量出现,为全球性广告提供了极好的传播媒介,如卫星通信、闭路电视网络、国际互联网等。同时,跨国的印刷媒介也在迅速发展,《华尔街日报》已经具有了它的欧洲和亚洲版本,国际性的杂志也有了不同的版本,如法国的《ELLE》时装杂志现有 27 种不同版本,每种版本都迎合了发行地读者的需求,因此也就有了相同品牌广告的全球受众。

其次,强大的科学技术力量已把世界推向了一个日益融合,各地的消费需求和欲望趋于一致的状况。如今生活在巴黎的 18 岁青年与生活在纽约的同龄青年有着更多的相似之处,他们购买同样的产品、看同样的电影、听同样的流行音乐、喝同样的可乐。全球性的广告策略正是建立在这样一种消费基础之上，抓住消费者日益趋同的消费心理、消费习惯，从而为产品在全球打开销路。如利用 MTV 欧洲网的 20 多家广告商几乎都采用了一致的英语广告对网络所覆盖的 28 个国家的消费者进行传播。

最后，企业广告成本的节约。全球性广告策略的特点包括：统一的广告主题；不仅刺激短期的销售，而且注重建立消费者对产品的长期识别。例如，以前李维斯牛仔裤的广告是单独地在各个市场上进行制作，而现在推出的全球性广告都是每个夏天在洛杉矶集中用两个时期拍摄完成的，时间和成本的节约相当可观。对消费者来说，当他在不同国家或地区旅行时会受到同一广告的反复传播，从而增进他对产品的认识。

本章小结

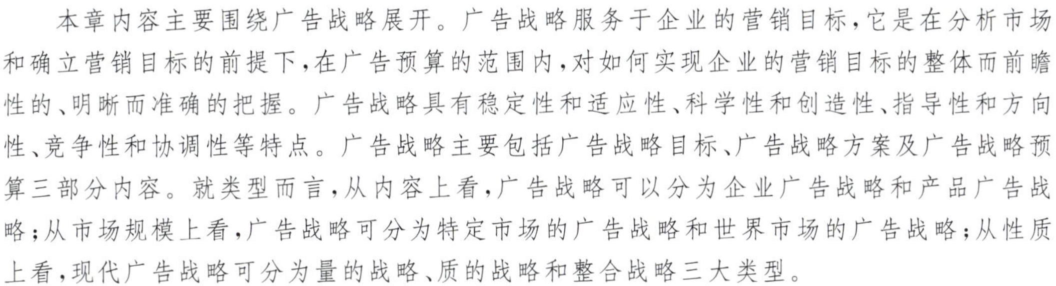

本章内容主要围绕广告战略展开。广告战略服务于企业的营销目标，它是在分析市场和确立营销目标的前提下，在广告预算的范围内，对如何实现企业的营销目标的整体而前瞻性的、明晰而准确的把握。广告战略具有稳定性和适应性、科学性和创造性、指导性和方向性、竞争性和协调性等特点。广告战略主要包括广告战略目标、广告战略方案及广告战略预算三部分内容。就类型而言，从内容上看，广告战略可以分为企业广告战略和产品广告战略；从市场规模上看，广告战略可分为特定市场的广告战略和世界市场的广告战略；从性质上看，现代广告战略可分为量的战略、质的战略和整合战略三大类型。

制定广告战略时，需要考虑两大因素：一是环境，二是营销。广告环境有广义和狭义两个层次：广义的广告环境又称一般环境，是指由经济、科技、文化、政治、法律等因素构成的广告的环境；狭义的广告环境又称传播环境，是指执行具体的广告活动的时间、地点和存在于当时、当地的对广告活动策略和计划具有影响力的诸多因素，如传播体制、传播媒介、广告主、广告受众及竞争品牌等。从营销上看，产品当前所处的市场生命周期阶段、企业当前所处的竞争地位及企业的整合营销传播战略也是广告战略制定时必须要考虑的。

本章的最后介绍了三种常见的广告战略：广告定位战略、广告形象战略和全球化广告战略。

思考与练习

一、名词解释

广告战略　广告战略预算　广告环境　广告定位战略　整合营销传播

二、选择题

1. 以下不是广告战略基本特征的是(　　)。

A. 稳定性和适应性

B. 科学性和创造性

C. 广泛性和局部性

D. 指导性和方向性

E. 竞争性和协调性

2. 以下不属于广告战略内容的是(　　)。

A. 广告战略目标　　B. 广告战略方案

C. 广告战略执行　　D. 广告战略预算

3. 在广告战略目标和基本策略基础上解决如何将广告信息有效地“传达给受众”问题的策略是(　　)。

A. 促销策略　　B. 基本策略　　C. 信息策略　　D. 媒介策略

4. 针对一定国家、地区或区域的广告战略是(　　)。

A. 企业广告战略　　B. 产品广告战略

C. 特定市场的广告战略　　D. 世界市场的广告战略

5. 以塑造企业形象、产品形象为目标，力图在公众心目中留下好的广告、好的产品、好的企业印象的广告战略是(　　)。

A. 量的战略　　B. 质的战略　　C. 整合战略　　D. 全球化战略

6. 以下不属于广告的一般环境的是(　　)。

A. 经济与科技环境　　B. 社会文化环境

C. 广告监管环境　　D. 传播媒介环境

7. 以下不属于广告的传播环境的是(　　)。

A. 传播机制与媒介　　B. 供应商与中间商

C. 广告主与广告受众　　D. 竞争品牌

8. 重塑定位规则与秩序是处于(　　)竞争地位的企业可能的战略选择。

A. 领导者　　B. 跟进者　　C. 弱势者　　D. 补缺者

三、简答题

1. 简述广告战略的基本内容。

2. 简述广告环境的构成。

3. 简述在市场生命周期的不同阶段企业如何选择广告战略。

4. 简述处于不同竞争地位的企业可能的广告战略选择。

5. 简述整合营销传播理论对广告战略的影响。

实训项目

1. 实训名称：可口可乐新年系列广告分析。

2. 实训目的：通过实训，让学生更直观地认识广告战略与环境之间的关系(以社会文化环境为例)。

3. 实训要求：

(1)每3～4个人组成一个小组。

(2)收集历年来可口可乐在中国市场上播出的新年电视广告(也可以由教师提供)。

(3)按时间顺序观看电视广告，分析可口可乐推出新年系列电视广告的原因与目的是什么？系列广告融入了哪些中国传统文化元素？从时间线来看，系列广告的内容、风格上发生了哪些变化？(其他相关问题也可以由教师自行拓展)

(4)撰写一份分析报告。

第四章 广告战略决策基础——广告调查

学习目标

知识目标

- 理解实事求是地开展广告调查工作的重要性
- 了解广告调查的概念、目的和基本要求
- 熟悉广告调查的基本程序
- 熟悉广告调查的主要内容

能力目标

- 能区分广告调查与市场调查的异同
- 能根据广告调查的程序制订合理的调查方案
- 能拟定针对实际问题的调查提纲
- 能根据具体要求选择切合实际的抽样方法
- 能根据具体要求选择切合实际的收据收集方法

思政目标

(实事求是)通过知识与能力目标的设定,以及引入案例问题的提示,让学生初步形成实事求是的意识,通过对“没有调查,没有发言权”的解释,让学生进一步加深对实事求是的认识,帮助学生养成在学习与工作中实事求是的习惯。

案例导入

为了孩子,还是为了妈妈

有时候,广告调查获取的信息可以改变一种新产品的命运。纸尿裤的发明给当代母亲带来了很大的方便,但宝洁公司当初在美国推出纸尿裤时,将纸尿裤最初的广告诉求集中于强调纸尿裤能使年轻的妈妈在照顾宝宝时更加轻松愉快,结果市场反应冷淡,迟迟打不开销路。公司不得不检讨其广告策略,展开了对年轻妈妈们的访谈调查。调查结果显示,家庭主妇虽然很喜欢这种新产品,但总有一种担忧,她们害怕一旦被亲朋好友发现自己给孩子用纸尿裤,会被认为是奢侈、浪费、爱偷懒的妈妈。宝洁公司得到这样的调查结果后,马上将广告诉求改为强调纸尿裤能够使宝宝更加舒爽健康。这给妈妈们提供了一个合理的购买理由,解除了妈妈们的顾虑。广告一经投放,市场马上出现转机,纸尿裤市场由此开始蓬勃发展。

问题:

(1)宝洁公司一开始的广告为什么没能打开纸尿裤的销路?

(2)广告调查在宝洁针对纸尿裤的广告策略调整中起到了什么作用?

第一节　广告调查的概念及程序

一、广告调查的概念

1930年5月，毛泽东同志在《反对本本主义》一文中提出“没有调查，没有发言权”的著名论断，1931年，他又进一步提出，不做调查没有发言权，不做正确的调查同样没有发言权。在《实践论》和《矛盾论》这两部哲学著作中，毛泽东深刻阐明了反对主观主义、坚持实事求是的重要意义，为调查研究提供了坚实的马克思主义哲学基础，为深入实际的调查研究提供了重要的理论指导。广告的目的是帮助企业的营销工作在市场上比竞争对手更好地满足市场需求，赢得竞争优势，进而取得合理的利润，其运作的空间并不是企业内部，而是整个市场乃至整个世界。基于此，如果我们要制定有效的广告战略，就必须从市场研究出发，了解市场的需求及竞争者的动向，了解广告战略决策所处的环境背景，通过开展客观且实事求是的广告调查，广泛地收集市场信息，据此才能制定切合实际的广告战略。

所谓广告调查，是指工商企业、广告公司或媒介单位等从事广告活动的机构，基于了解市场信息、编制广告方案、提供广告设计资料和检查广告效果等目的，利用有关市场调查的方式和方法，对影响广告活动的有关因素的状况及其发展变化进行调查分析的过程。而所谓市场调查，就是指以科学的方法，系统、有组织、有计划地收集、调查、记录、整理、分析有关信息，客观地测定及评价，发现各种事实，用以协助解决有关营销问题，并作为营销决策的依据的过程。

由此看来，广告调查与市场调查有着密切的关系，它们在研究目的、研究对象和研究方法上都有很大的相似之处，我们很容易以市场调查来代替广告调查，但实际上，两者之间既有联系，又有区别。市场调查基于市场营销，是为了进行市场预测和营销决策而开展的调查活动的总称，包括市场分析、产品调查、销售调查、广告调查等诸多内容。而广告调查是指伴随广告活动所进行的一切调查活动，它围绕某一局部目标展开，其研究结果有助于广告主对产品概念的准确定义、对目标市场的选择、对广告创意的形成、对广告媒介的选择等。换言之，广告调查的针对性更强一些，比市场调查更具体，市场调查的一切调查方法基本都适用于广告调查。此外，还有一些专门针对广告调查的内容、技术和方法。因此，在实施广告调查时，要充分利用市场调查已获得的资料，吸收市场调查已取得的成果，在此基础上再延续和深入开展广告调查工作。

二、广告调查的目的

（一）明确产品定位

产品定位就是针对消费者或用户对某种产品的某种属性的重视程度，塑造产品或企业的鲜明个性或特色，树立产品在市场上一定的形象，从而使目标市场的顾客了解和认识本企业的产品。通常市场调查可以帮助企业寻找到最适合于市场的产品定位，在此基础上再推导出产品的市场定位，进而确定最合理的广告定位。广告调查可以帮助企业制定更切合实际的广告定位，使广告能更准确地传递最能影响或打动消费者的信息，帮助企业提升知名度和美誉度。

（二）选择广告策略

广告策略是多种多样的，没有固定的或专一的模式。确定以何种广告策略实现营销目的，归根结底在于对市场的切合实际的了解。只有通过对市场的细分与对市场不同层次消费群体的分析，才能提出有针对性的广告策略。没有深入的广告调查，具体有效的广告策略便无法制定，所以广告调查是选择广告策略的前提和基础。

（三）确定广告媒介的方式

广告信息必须借助于广告媒介来发布和传播，不同的商品、不同的广告信息形式、不同的消费者、不同的消费区域和时机，都会对广告媒介的选择产生影响。为了能够选择最有效、最经济的广告媒介，就必须要通过广告调查，使广告策划者对市场行情、消费走势、媒介环境及社会文化等有着清楚的认识，并在此基础上选择最适当的广告媒介方式，从而最有效地达到广告运作的目的。

（四）寻求最佳的广告诉求点

现代市场营销是以消费者为中心的，如何能让广告深入人心，对广告策划者来说是一个巨大的挑战。为此，广告策划者必须十分关注对消费者的研究。能否找到最能够引起消费者关注的兴趣点，能否使广告符合目标受众的信息接收心理，是广告能否从众多的竞争者广告中脱颖而出、取得成功的关键。因此，广告调查的另一个目的就在于通过广泛深入的调查，确定广告的最佳诉求点，达到与消费者的良好沟通。

（五）确定广告时机

广告时机的选择，是广告策划的重要内容，也是广告媒介选择程序中的重要步骤。如果能够把握广告推出的最佳时机，就能使广告收到事半功倍的效果。从企业自身到社会都存在许多可被广告运作借助的时机，但广告的时机选择不是主观臆造的，必须要服从市场的变化和消费者的需要，所以广告调查还有一个目的就是洞察、研究并抓住广告时机，以达到广告运作效果的最大化。

三、广告调查的要求

广告调查是一项目的性、实践性十分突出的工作，没有对市场进行调查分析及预测，广告策划与创意就是无根据、盲目的，也不可能收到预想的广告收益。因而，广告调查的基本要求，就是要服从市场（消费者）的需求。具体来讲，广告调查的要求主要有以下几个方面：

（一）广告调查必须经常进行

市场本身就是一个千变万化、错综复杂的动态系统，这就要求广告调查必须有步骤地经常进行，不及时和经常性地进行广告调查就不可能及时地观察市场变化和市场出现的新情况、新趋势、新特点，企业也就不能及时采取应变措施。其结果是不但新产品难以打开销路，就算名噪一时的产品也会因此而逐渐失去竞争力，变成滞销产品。所以，必须确立广告调查的长远规划，建立适当的工作制度，真正发挥广告调查在广告策划与创意中应有的功效。

(二)广告调查必须有目标

广告调查是一项目的非常明确的工作,每次广告调查都要事先确定调查对象和所要调查的范围,有组织、有计划、有步骤,使得调查工作有秩序、高效率,避免时间和资金的浪费,以取得预期的调查结果。目标的确立是调查的基础,广告调查需要有明确的、具体的调查目标。目标不同,调查的对象、方法、具体内容都会不同。例如,对新产品的广告调查和对老产品的广告调查就有所不同,对新产品的广告调查更具风险性和挑战性,一个好的广告可能会使新产品迅速占领市场,而一个劣质广告可能会葬送新产品。对于后者,则要求有目标地找出产品的优势与劣势,扬长避短,保持并提高其市场占有率。

(三)广告调查必须遵循精确性原则

广告调查的精确性原则是就其本身提出的,调查针对的对象越宽泛,市场信息越复杂,市场发展变化越迅速,就越要求调查的科学性与精确性。广告调查的精确性包括三个方面的内容:

(1)不论采取定性方法还是定量方法,都要保证数据或资料真实可靠,尽可能符合市场发展的实际。

(2)在调查材料的概括分析上,必须采取科学的方法,从而使广告调查的结论更科学、更合理。

(3)调查人员必须具有良好的素质,其面对的是大量客观的市场信息,应当懂得如何去搜集资料,并有能力对资料进行及时的整理、分析和研究,并具备对综合信息的决策能力和预测能力,从人员上保证广告调查的精确性。

四、广告调查的程序

广告调查是一项复杂而细致的工作,要合理安排广告调查的程序。广告调查的基本程序一般可分为以下四个阶段:

(一)计划准备阶段

计划准备阶段是调查工作最基础也是最重要的阶段。该阶段的主要工作包括:

(1)根据企业的商品信息、销售时间、销售目标、广告预算等内容,定义广告调查的问题并确定广告调查的目标。

(2)根据调查研究的目的和调查对象的性质,制订相应的调查实施方案和工作程序。广告调查方案通常是以计划书来体现,一份广告调查计划书主要包括调查名称、调查目的、调查内容、调查方法、抽样方案、调查日程安排以及调查预算等内容。

(二)方案实施阶段

方案实施阶段的主要任务是组织调查人员深入实际情况,系统地收集各种可靠的资料或数据。该阶段的主要工作包括:

(1)问卷设计。设计问卷的目的是更好地收集市场信息,因此要准确把握调查的目的和要求,力求取得被调查者的充分合作,保证其提供准确有效的信息。

(2)根据抽样的设计,进行问卷的发放、回收与检查。

(3)为保证实地调查的顺利实施与调查质量,有时要对调查员进行选拔与培训,以使调查员有较强的组织能力和对指令的执行能力。

(三)整理分析阶段

整理分析阶段的主要工作包括:

(1)核查问卷。将有填写错误、不完整或不规范的问卷挑选出来,以保证数据的准确性。

(2)对问卷进行编码,将整理好的问卷录入电脑,形成数据库。

(3)对数据库中的数据进行整理与分析,找出各因素的内在联系,得出合乎实际的结论。

(四)撰写报告阶段

撰写报告阶段的工作主要采用书面形式,以客观数据和资料为依据,对调查的结果做出系统的分析说明,提出结论性意见和建设性建议。调查报告一般包括:

(1)题目。包括调查题目、报告日期、为谁制作、撰写人等。

(2)调查过程概述(摘要)。

(3)调查目的(引言)。简要说明调查动机、要点和所要解答的问题。

(4)调查结果分析(正文)。包括调查方法、取样方法、关键图表和数据。

(5)结论与建议。包括对调查目的和问题的解答和可行性建议。

(6)附录。包括资料来源、使用的统计方法、附属图表、公式、附属资料及鸣谢等。

第二节　广告调查的内容

在广告活动中,广告调查的全过程,包括收集产品从生产到消费全过程的有关资料,对此加以分析研究,进而确定广告对象、广告诉求重点、广告表现手法和广告活动的策略等。一般来说,广告调查的内容极为复杂,范围极为宽广,从不同的角度出发,就会对广告调查的内容和范围有着不同的理解。但是,如果我们只从广告运作的规律考虑的话,广告调查的内容和范围还是基本确定的,主要包括:市场状况调查、媒介调查和广告效果调查。

一、市场状况调查

(一)市场环境调查

市场环境调查是以一定的地区为对象,有计划地收集有关人口、政治、经济、社会文化和风土人情等情况。在现代市场经济中,市场营销受到市场环境的影响,因此,对市场环境的分析研究,就成为广告策划和创意的重要课题。市场环境调查的主要内容包括:

(1)人口统计。主要包括:目标市场的人口总数、性别、年龄段、文化构成、职业分布、收入情况以及家庭人口、户数与婚姻状况等。对这些数据的统计分析,可以为确定诉求对象、诉求重点提供依据。

(2)社会文化与风土人情。主要包括:民族、文化特点、风俗习惯、民间禁忌、生活方式、流行时尚、民间节日、宗教信仰等。对这些内容进行分析,可以为确定广告的表现方式和广告日程提供事实依据。

(3)政治经济。主要包括:国家的法律法规、方针、政策、重大政治活动、政府机构情况、社会发展水平、工农业发展现状、商业布局等。

(二)广告企业经营情况调查

广告企业经营情况调查是指对广告企业的历史、现状、规模及行业特点、行业竞争能力等情况的调查。其目的是为广告策划和创意提供依据，从而有效地实施广告策略，强化广告诉求。主要内容包括：

(1)企业历史。主要了解广告企业是新企业还是老企业，在历史上有过什么成绩，其社会地位和社会声誉如何等。

(2)企业设施和技术水平。主要了解企业生产设备和操作技术是否先进、发展水平如何等。

(3)企业人员素质。主要了解人员的知识构成、技术构成、年龄构成、人员规模、科技成果、业务水平、工作态度、工作作风等。

(4)经营状况和管理水平。主要了解企业经营的成绩、企业组织结构和工作制度、工作秩序、企业的市场分布区域、流通渠道以及公关业务的开展情况等。

(5)经营管理方法。主要了解企业经营的生产目标、销售目标、广告目标以及实现上述目标采取的经营举措、经营方式等。

(三)产品情况调查

产品情况调查是广告调查的一项重要内容，以某类产品为调查主题，从产品诸多方面的性质入手，就可以确定此类产品在市场上是否适销，从而提出指导性意见，为企业的营销战略和广告策划提供参考。产品情况调查的主要内容包括：

(1)产品生产。包括广告产品的生产历史、生产过程、生产设备、制作技术和原材料情况，以便掌握产品的工艺流程和质量。

(2)产品性能。主要考察产品的功能，与同类产品相比的突出长处。此外，还包括产品的外形特色、规格、花样、款式和质感以及包装设计等。

(3)产品类别。广告产品属于生产资料还是消费品？又是其中的哪一类？生产资料的主要类别包括：原料辅料、设备工具、动力。消费品的主要类别包括：日常用品、选购品和特购品。只有分清类别，广告设计和广告决策才有针对性，广告媒介选择才能准确适当。

(4)产品市场生命周期。产品市场生命周期分为四个阶段，即投入期、成长期、成熟期和衰退期。产品处于不同的生命周期阶段，其生产工艺水平不同，消费者需求特点不同，市场环境情况也不同，因而所要采取的广告策略也就不同。

(5)产品服务。在现代市场经济中，产品服务是影响销售的重要内容，尤其是耐用消费品和重要生产设备。产品服务包括：销售服务与售后服务。销售服务包括代办运输、送货上门、代为安装、调试培训等。售后服务包括维修、定期保养。这方面信息的传播也是增强消费者对广告产品信任感的重要方面。

(四)市场竞争性调查

市场经济的原则之一便是公平竞争，现代商品的市场竞争愈演愈烈，正所谓“商场如战场”。在市场竞争性调查中，重点查明市场竞争的结构和变化趋势，主要竞争对手的情况以及企业产品竞争成功的可能性。在广告产品的竞争性调查中还要了解广告市场竞争的状况，各种广告手段与效果分析以及提出新广告策划的可能思路，通过这种调查分析寻找到最有希望的产品销售突破口，寻找到最佳的广告创意。市场竞争性调查的主要内容包括：

(1)产品的市场容量。包括生产经营同类产品的竞争对手数目、规模、市场占有率及变化特点。

(2)竞争对手的销售服务和售后服务方式、消费者的评价。

(3)竞争对手的生产经营管理水平,尤其是销售人员的组织状况、规模和力量、销售渠道。

(4)各竞争者所采用的广告类型与广告支出等。

(五)消费者调查

“谁知道人们在一杯饮料中放几块冰?一般来说,人们都不知道,可是可口可乐公司知道。”这是美国作者约翰·科恩在谈到美国公司重视对消费者基本情况的调查时说的一段话。尽管在一杯饮料中投放几块冰对消费者来说是微不足道的事,但是对企业广告来说却是一件极为重要的大事。由于可口可乐公司了解人们在一杯饮料中加入几块冰的数据,因此该公司便掌握了美国餐厅饮料及冰块的需要量,可见对消费者群体进行调查研究,对企业来说是多么重要。广告调查针对的消费者包括工商企业用户和社会个体消费者。通过对消费者购买行为的调查来研究消费者的物质需求、购买方式、购买决策,可以为确定广告策略提供依据。消费者调查的主要内容包括:

(1)消费者的风俗习惯、生活方式,不同类型的消费者的性别、年龄、职业、收入水平、购买能力以及他们对产品商标和广告的态度与认识。

(2)产品的使用对象处于的阶层,消费者对产品的品类、质量、供应数量、供应时间、价格、包装以及服务等方面的意见和要求,潜在客户对产品的态度和要求以及消费群体对新产品的需求趋势。

(3)影响消费的因素,包括购买动机、购买能力、购买习惯等因素。

①购买动机指直接驱使消费者实行某种购买活动的一种内部动力,反映了消费者在心理、精神和感情上的需求,实质上是消费者为满足需求采取购买行为的推动因素。只有找准消费者的购买动机,才有可能使广告有的放矢。

②购买能力指人们支付货币购买商品或劳务的能力,或者说在一定时期内用于购买商品的货币总额。它是消费者能够对广告企业施压降低其产品及服务价格的能力,同时也反映该时期全社会市场容量的大小,研究购买能力是制定广告战略不可缺少的重要内容。

③购买习惯即消费者日常在何时、何地以及如何购买商品的问题。一般情况下,消费者购买商品的时间选择是有规律的。比如,有人常常在星期日到街上购买商品,有人则常常中午或晚上购物。再如,季节交换、节日来临、发工资等,都是影响购买行为的因素。了解这些情况,可为广告投放时机、地域的选择提供有价值的参考。

二、媒介调查

广告媒介调查是指分析各类刊载广告信息的媒介的特征以及调查消费者对于各种媒介的接触情况。调查的内容主要包括:媒介形态特征调查、媒介的选择标准调查以及为媒介策略制定而展开的调查。

(1)媒介形态特征调查一般从传统的大众传播媒介、传统的小众传播媒介以及新技术条件下产生的新媒介等几个方面去考察和分析媒介的形态特点、发行量或视听率、受众特征、有效的广告频度范围及影响变量等。媒介形态特征调查包括印刷媒介的调查、电子媒介的调查、户外媒介的调查、网络媒介的调查等。

(2)媒介的选择标准调查要以广告产品的特点和媒介自身所具有的特性为前提,从视听众和冲击力两方面进行考虑。媒介的选择标准调查要根据预先设定的目标受众,对这些特定受众所经常接触的媒介状况进行排序分析,结合广告主所投放的费用加以选择。不同的媒介拥有不同的受众群，而不同的受众群也有自己所习惯的媒介。为此，通常要对以下内容进行调查：收视（听）率调查、开机率调查、节目视听众占有率调查、毛评点调查、视听众暴露度调查、到达率及有效到达率调查、暴露频次调查、每千人成本、视听率每点成本、每毛评点成本的调查等。

（3）广告传播活动是针对接触媒介的目标受众而发出的信息，为使广告能立体、综合、有效地对目标受众进行影响，还要考虑媒介的相互配合和组合使用。为此，必须要对各类媒介的特点和相互之间的互补性进行调查和研究，在此基础上制定媒介使用的组合策略。有关媒介的具体内容，将在媒介策略部分详细展开讨论。

三、广告效果调查

简单而言，广告效果是广告活动或广告作品对消费者所产生的影响。进行一次广告传播通常需要较大的费用支出，且广告主和广告公司对广告的效果都非常关心，因此为了准确地认识广告的各种效果，就必须要对广告的效果展开调查。一般而言，广告效果调查必须以严格的量化指标为结果和表现形式，所有的定性内容都必须基于严格的量化参数，这就要求在广告效果的调查活动中，采用科学的手段与方法，进行各个调查环节的工作，以达到广告效果测定的可信性与有效性。关于广告效果的调查与评估内容，本书将在广告效果评估部分详细展开，此处不再赘述。

第三节　广告调查的方法

广告调查的方法具有客观性、科学性的特点。客观性，是指不管采用何种广告调查方法，资料的收集都必须根据客观需要，本着实事求是的态度，不掺杂任何主观成见。科学性，是指广告调查方法属于社会科学研究法，具有可靠性，调查出来的结果和事实真相之间的误差不大。随着调查技术的日益进步，在调查过程中越来越多地融入了诸如经济学、统计学、社会学、心理学和计算机等学科的研究成果，在广告调查中，调查人员要善于学习并将之创造性地应用到广告调查中去。

一般而言，广告调查可以分为定量调查和定性调查。定量调查就是对一定数量的有代表性的样本，采取封闭式（结构性）的问卷访问，然后将调查的数据录入计算机并整理和分析，并撰写报告的方法。其特点是结果可以量化且精确度高，受调查人员主观影响小。定性调查是指从定性的角度，对所研究的对象进行理论分析、概念认识等，而不对研究对象进行量的测定，具有探索性、诊断性和预测性等特点。常见的定性调查方法包括小组座谈法、深度访谈法、专家意见法和投影技术法等。

除此之外，我们还可以从抽样方法和数据收集方法两个角度来认识广告调查方法。

一、广告调查的抽样方法

从抽样方法看，常见的广告调查抽样方法主要有市场普查法、抽样调查法、典型调查法和随意调查法。

(一)市场普查法

市场普查法是以市场总体为调查对象的一种调查方法,是为了了解市场某种现象在一定时空上的情况而进行的一次全面调查,这种调查方法的基本特点是全面、精确、相对稳定。市场普查法通常是由专门的普查机构来主持,需要组织统一的人力和物力,确定调查的标准时间,提出调查的要求和计划。由于市场普查法的侧重点是宏观的,它本身包含着很多具体内容,因此它也是实际调查中较少运用的一种方法。

(二)抽样调查法

抽样调查法是根据概率统计的随机原则,从被研究的总体中抽出一部分个体作为样本进行分析、概括,以此推断整体特征的一种非全局性的调查方法。

抽样调查法有以下三种常用的具体方法:

(1)等距离抽样,即将准备调查的对象排列起来,设定相等的距离来抽取样本的方法。

(2)任意抽样,即采取抽签、粘阅方法,将调查对象做成签、阅,混合后再随意抽取的方法。

(3)随机抽样,即将调查对象编成号码,运用乱数表抽取样本的方法。这是最常用的一种方法。

抽样调查法是市场调查的一种主要方法。其特点是具体、技术性强。这种方法实施的主要环节有两个:一是要注意抽样客观性,避免主观人为倾向;二是选点取样要具有代表性,使样本特征能较为充分地表现事物的总体特征。由于样本的选择直接影响调查的质量,因此使用抽样调查法需特别注意。

(三)典型调查法

典型调查法是对市场中的典型消费进行深入调查的一种方法。这种方法主要是通过典型的特殊定位来了解一般情况。如从女性化妆品的购买状况这一典型调查来预测化妆品市场的发展趋势,就是这种方法的具体运用。

典型调查法是市场调查中普遍采用的一种方法。其特点是较为节省人力、财力,取得资料也较快。运用典型调查法,要求调查人员只有在对被调查团体非常了解的基础上才能进行,以避免选择非典型实例作为调查对象。例如,在调查城市居民对自行车的需求中,青年组对山地车、高档赛车的需求与老年组对自行车的需求显然不同,这就需要选择不同的典型样本,同时还应注意典型样本未来发展的可能性问题。

(四)随意调查法

随意调查法是指调查者根据调查的目的和内容,随意选择对象进行调查研究的一种方法。但需要指出的是,这里所说的随意性,仍然是服从调查目标的前提下的随意,不是毫无限制的随意。

随意调查法也是调查人员和广告策划人经常采用的一种方法。其特点在于简便易行,而且调查费用较低。例如,调查者要了解消费者对某种产品的评价状况,就可以在繁华的街头、百货商场、购物广场等人员较为集中的场所做不定点的调查,当然这种调查也要有所选择,在确定调查对象、调查时间或调查区域上要尽量考虑代表性。例如,调查消费者对休闲运动装的评价,对象应选取青少年,时间应选取春、秋时节。

二、广告调查的数据收集方法

广告调查的数据收集可以分为二手资料的收集和原始资料的收集。二手资料的收集方法主要有文献法,原始资料的收集方法主要有调查法、观察法和实验法等。

(一)文献法

文献法也称历史文献法，就是搜集和分析研究各种现存的有关文献资料，从中选取信息，以达到某种调查研究目的的方法。它所要解决的是如何在浩如烟海的文献群中选取出适用于调查的资料，并对这些资料做出恰当的分析和使用。

广告调查人员应首先利用现有信息来收集解决问题所需的数据。这些数据可能存在于企业信息系统内，也可能存在于经销商、广告代理商、行业协会信息系统内以及政府出版物或商业、贸易出版物中，还可能需要从提供调查服务的企业购买。如果调查人员所需的数据能从现有来源找到，则可省去大量的时间与费用。二手资料的收集最关键的是要保证数据的公正性、有效性和可靠性，调查人员在收集资料的过程中必须要对业已存在的二手数据进行严格的审查和评估。

(二)调查法

调查法是指通过书面或口头回答问题的方式，了解被调查者的心理活动的方法。调查法可以全面把握当前的状况，也可以为了揭示存在的问题，弄清前因后果，为进一步的研究或决策提供观点和论据。其优点是能在短时间内同时调查很多对象，获取大量资料，并能对资料进行量化处理。其缺点主要是被测试者由于种种原因可能对问题做出虚假或错误的回答。调查法具体又可分为访谈法、电话调查法和问卷调查法。

1. 访谈法

这是研究人员通过与被调查者直接交谈，来探索被调查者的心理状态的研究方法。访谈调查时，研究者与被调查对象面对面交流，针对性强，灵活且真实可靠，便于深入了解人或事件等多种因素结合的内部原因。访谈法花费的人力和时间成本较大，调查范围比较窄。

2. 电话调查法

电话调查法是指研究人员通过电话向被调查者进行询问，了解所需情况的一种调查方法。由于彼此不直接接触，而是借助于电话这一中介工具进行，因而是一种间接的调查方法。电话调查的优点是花费的金钱和时间不多，能调查较多的人；缺点是不像访谈法那样可以采用多种方式详细询问和解释问题，使被调查者对问题不发生误解。

3. 问卷调查法

问卷调查法常采用问卷的方式进行，问卷即书面提问的方式。问卷调查通过收集资料，然后做定量和定性的研究分析，归纳出调查结论。采用问卷调查法时，最主要的是根据需要确定调查的主题，然后围绕它设立各种明确的问题，做全面摸底了解。

随着网络技术的出现和网络调查技术的发展与成熟，以上三种方法除了采用传统的操作方法之外，还可以借助于网络来完成。

(三)观察法

观察法是指调查者根据一定的研究目的、研究提纲或观察表，用自己的感官和辅助工具去直接观察被研究对象，从而获得资料的一种方法。如调查人员到购物中心观察某类产品的销售情况、推销方式、消费者情况等。观察法具体包括直接观察、痕迹观察、行为记录等方法。其特点是可以客观地记录事实发生的现状和经过，使收集资料具有较高的准确性和可靠性。

由于人的感觉器官具有一定的局限性，观察者往往要借助各种现代化的仪器和手段(如照相机、录音机、显微录像机等)来辅助观察。

(四)实验法

实验法主要是通过小规模的实验来了解产品及其发展前景,借此把握消费者的评价意见。例如,要了解消费者对某种新产品的评价,就可以选择此新产品进行实验,进而进行试销调查。常用的实验法包括销售区域实验、模拟实验、购买动机实验等。其特点是调查结果较为客观、准确。但实验法花费的时间较长、成本较高,有些实验因素也难以控制。

本章小结

广告调查,是指工商企业、广告公司或媒介单位等从事广告活动的机构,基于了解市场信息、编制广告方案、提供广告设计资料和检查广告效果等目的,利用有关市场调查的方式和方法,对影响广告活动的有关因素的状况及其发展变化进行调查分析的过程。其调查的方式、方法与程序和市场调查基本一致,但广告调查的目的和调查内容与市场调查还是有差别的。广告调查的目的包括:帮助企业进行合理的产品定位;选择有效的广告策略;确定广告媒介的方式;寻找最佳的广告诉求点;确定广告时机。广告调查的内容一般包括市场状况调查、媒介调查和广告效果调查。

在广告调查方法方面,本书仅对抽样方法和数据收集方法做了简单的说明,没有系统地展开,具体的内容可参考其他相关学科。

思考与练习

一、名词解释

广告调查　购买动机　购买能力　典型调查法　抽样调查法

二、选择题

1. 以下不属于广告调查要求的是(　　)。

A. 广告调查必须经常进行

B. 广告调查必须有目标

C. 广告调查必须采用定量调查法

D. 广告调查必须遵循精确性原则

扫码领取
★配套微课视频
★阅读测试题
★广告学公开课

2. 以一定的地区为对象,有计划地收集有关人口、政治、经济、社会文化和风土人情等情况的调查是(　　)。

A. 企业经营情况调查　　B. 市场环境调查

C. 消费者调查　　D. 市场竞争调查

3. 直接驱使消费者实行某种购买活动的内部动力被称为(　　)。

A. 购买动机　　B. 购买能力　　C. 购买习惯　　D. 购买心理

4. 根据概率统计的随机原则,从被研究的总体中抽出一部分个体作为样本进行分析、概括,以此推断整体特征的一种非全局性的调查方法是(　　)。

A. 市场普查法　　B. 抽样调查法

C. 典型调查法　　D. 随意调查法

5. 以下不属于随意调查法的特点的是(　　)。

A. 不需要设定调查目标　　B. 简便易行

C. 调查费用较低　　　　D. 随意选择对象

6. 通过与被调查者直接交谈，来探索被调查者的心理状态的研究方法是(　　)。

A. 问卷调查法　　　　B. 观察法

C. 电话调查法　　　　D. 访谈法

7. 以下不属于观察法的是(　　)。

A. 直接观察　　　　B. 痕迹观察

C. 行为记录　　　　D. 实验室法

8. 下列主要用于收集二手资料的方法是(　　)。

A. 文献法　　　　B. 调查法

C. 观察法　　　　D. 实验法

三、简答题

1. 简述广告调查与市场调查的区别与联系。

2. 简述广告调查的目的。

3. 简述广告调查的程序。

4. 简述市场状况调查的主要内容。

5. 简述广告调查的数据收集方法。

实训项目

1. 实训名称：学校所在城市(或学生家乡城市)的经济环境(或人口环境)调查。

2. 实训目的：通过实训，学生了解调查的程序，并熟悉文献调查法。

3. 实训要求：

(1)每3～4个人组成一个小组，并明确分工。

(2)制订调查计划并拟定调查提纲。

(3)运用文献法收集相关资料。

(4)对资料进行分析和整理，并撰写一份调查报告。

第五章 广告战略决策方法——广告策划

学习目标

知识目标

- 了解广告策划的概念和原则
- 熟悉广告策划方案的主要内容
- 掌握广告策划的程序
- 了解广告目标的概念、特性和主要类型
- 熟悉广告策划书的基本格式和主要内容

能力目标

- 能根据特定的产品及具体的要求进行简单的策划
- 能结合实例帮助企业制定特定的广告目标
- 能初步撰写标准的广告策划书
- 能从策划的角度对具体的策划案进行分析

思政目标

（职业自律）在对广告策划是一种“运用脑力的理智行为”这种概述进行解释时，通过对广告策划者在广告策划活动中的地位和作用的分析，让学生理解广告策划的“规范、自律和自重”要求，从而引导学生树立职业道德与职业自律的意识，了解并进一步思考在广告策划活动中，职业道德与职业自律的具体内容，并通过思考与练习中相关习题的设置，强化学生对职业道德和职业自律的印象。

案例导入

雀巢咖啡广告的中国之路

雀巢在20世纪80年代进入中国，一句经久不变的广告语“雀巢，味道好极了！”拉近了雀巢与中国民众的距离。广告以朴实的口号劝说国人也品品西方的茶道，试图培养中国人喝咖啡的习惯。雀巢着意传播喝咖啡是一种时尚、潮流，成功地吸引了一群年轻人继茶道之后选择了咖啡。品尝雀巢咖啡，代表的是体验一种逐渐流行开来的西方文化。

20世纪90年代后，中国年轻人的生活形态发生了变化：一是年轻人渴望做自己的事，同时又保留传统的伦理观念；二是意识到与父辈之间的差异，也尊敬他们的家长；三是渴望独立，并不疏远父母；四是虽然有代沟，但有更多的交流与理解；五是有强烈的事业心，也有面对工作的压力和不断的挑战。雀巢以培养品牌偏好为目标，将广告口号变成了“好的开始”。广告以长辈对晚辈的关怀和支持为情感纽带，以刚刚进入社会的职场新人为主角，传达雀巢咖啡将会帮助年轻人减轻工作压力，增强接受挑战的信心。

2009年，雀巢咖啡又一次敏感地意识到时代节奏的加快，其目标受众大多时候是在快节奏地重复着与昨天相同的事情；他们心底奔放、充满激情、渴望释放压力、追求自由，事业和理想的矛盾同时存在；他们即使压力再大也得去面对，即使理想再远、再难也不停追求，因为他们年轻无畏。在此背景下，雀巢咖啡以“进一步提升雀巢咖啡的品牌价值和美誉度”为目标，通过向目标受众倡导一种“轻松生活：把昨天该释放的都释放了，该宣泄的都宣泄了，明天又是全新的一天，积极面对一切”的理念，推出以“一天好开始”为广告口号的系列广告，在消费者心目中建立起雀巢咖啡年轻、充满活力的品牌形象。

除了电视广告之外，雀巢在大学校园中开展了“雀巢咖啡新生灵感＋U站”活动，将人人网作为线上主要传播平台，充分利用SNS社交网站的媒介优势。随着追求新奇异的年轻消费一族的崛起，雀巢又一次选择了改变，面对校园新生群体，雀巢由味觉诉求转向功效诉求，更富想象力、更贴近目标群体的生活方式和价值追求。

问题：

(1)在不同阶段，雀巢咖啡的广告目标发生了怎样的变化？

(2)为什么会有这种变化？雀巢咖啡又是怎样通过广告来实现这些目标的？

第一节　广告战略决策与广告策划

一、广告战略决策与广告策划的关系

广告战略决策是指对广告活动进行整体策划的过程，即在企业营销战略的指导下，依据企业的营销计划和广告战略目标，在市场调查研究的基础上，对企业的广告活动进行整体的规划和控制设计，制订一个与市场、产品、消费者及社会环境相适应的、经济有效的广告方案的过程。科特勒在《营销管理分析、计划和控制》一书中指出：战略决策是指在组织目标、资源和它的各种环境机会之间建立与保持一种可行的适应性的管理过程。高桥宪行也曾指出：战略决策是为维护企业之永存活动而提出经营资源整体组合之方案。具体地讲，广告战略决策内容包括：广告决策调查、确定广告目标；分析、研究现有资源和条件；制定广告基本战略、信息和媒介战略；制订广告战略实施行动计划；编制、确定广告预算；编撰广告策划书等。

在实际的广告工作中，广告战略决策一般通过广告策划来完成。所谓广告策划，就是指广告策划者通过周密的市场调查和系统分析，推知和判断市场态势及消费群体的需求，利用已掌握的知识、情报和手段，合理有效地控制广告活动的进程，以实现广告目标的过程。美国哈佛企业管理丛书编纂委员会认为：“策划是一种程序，其在本质上是一种运用脑力的理性行为。”作为“脑力劳动”，广告策划极其需要规范、自律和自重，而作为广告活动智慧中心和业务先导广告策划者，其职业自律程度直接影响着广告的效果、消费者的观念与行为、行业的发展与成熟，甚至整个社会生活的精神与道德面貌，在现在市场中，抄袭炒作、哄骗欺蒙、讨好客户的现象仍然屡见不鲜，这就要求广告策划者在遵纪守法、遵从道德的同时，还应自觉地建立自己的职业自律，如公正地传播广告信息、客观地向广告主反馈信息、强烈的社会文化责任感、高度的忠诚精神等。

广告策划具有以下特征：

(1)广告策划是一种创造性的科学规划工作。策划总体上是一种运用脑力的理性行为。与一般事务决策相比,它不是一种模式化的即时反应,通常所涉及的问题都具非重复性,需要创造性的科学规划。创造性是广告策划的关键和保证,创造性策划能找出市场空隙、发现别人忽略的特点,说别人没有说过的。一个成功的广告策划必须具备出奇制胜的创造性,否则只能是个广告计划。

(2)广告策划是一件前瞻性的工作。广告策划是在广告传播活动之前制定的,因此,要特别注意做好调查研究工作,这样才能较准确地把握广告投放后可能产生的效果。

(3)广告策划是一项全局性的工作。广告策划解决的是全局发展的重大问题,涉及广告活动的方方面面,必须从全局的角度,综合考虑各个部门、各个环节、各个过程和各个阶段的工作,统筹整个广告活动。

(4)广告策划是一种经营资源配置工作。广告策划的本质目的就是为达到对广告经营资源优化合理配置,提出科学的经营资源整体组合方案,使广告活动品质、效率提高到最大限度。

(5)广告策划是团队协作的工作。广告战略决策往往涉及组织内多个部门和单位的协作。这种团队性工作需要有良好的团队精神、良好的内部沟通与协调。

二、广告策划的原则

依据广告策划的性质和特点,在进行广告策划时应遵循以下原则:

(一)整体性原则

广告策划必须有全局整体观念。首先,应从企业营销战略整体的角度来把握广告策划,将广告与其他营销要素间相互配合的整体效果,作为衡量战略决策优劣的一个重要标准;其次,应从广告战略整体角度统筹广告运作,优化配置企业广告资源,合理解决主次关系,集中攻克重点、难点,合理安排广告活动流程,统一整合广告信息和媒介。

(二)科学性原则

科学性原则要求以科学理论为指导,运用科学的方法,掌握科学工具,建立科学预测、决策的信息支撑系统。运用统计学、心理学和行为科学等学科的方法来提高广告调查、策划创意、设计制作、效果评估、经营管理等活动的科学性。运用科学程序、方法和工具对多个方案进行筛选、优化,来提高策划的质量。

(三)前瞻性原则

无前瞻性即无战略可言。广告策划应处理好企业的微观营销与宏观营销问题、短期效益与长期效益、经济效益与社会效益的关系,使之成为连接创造近期市场效益与追求长期产品形象、企业形象的最有效的管理手段。广告策划要体现良好的前瞻性就必须明确企业长远战略目标,清楚广告战略目标与过去和未来的关系。

(四)可行性原则

可行性可以从几个方面来把握:一是具有战略意义又合理可行的目标;二是策划应明确简练,便于记忆,易于掌握;三是切实考虑广告活动主体的执行力和社会的接受度;四是财务可行,符合投入与产出比率最优的经济规律。

(五)调适性原则

我们应持有一种可持续发展的广告战略观,在决策中贯穿企业永续经营的精神。保证决策的可调适性,才能确保战略思想的一贯和持久。广告策划应该留有一定的余地,给具体广告执行过程中的种种始料未及的变化以调适的空间，这样才能增强企业的应变、竞争和抗冲击能力。

(六)创造性原则

这是广告这一信息行业的特点，广告效果常随创意重复次数的增加而递减。而且，广告创意根植于前期科学的广告运作，如市场调查、机会点、障碍点分析等。袭用别人的创意往往不得战略要领，并非成功的捷径。

三、广告策划方案的内容

广告策划方案是用广告手段解决营销基本战略思路、基本谋略的表述。它必须明确广告活动是为何、对谁、将何种事物、何时、何处，用何种方式、手段来进行的问题。由此可见，广告战略构想基本上是由以下五大要素构成的：目标或对象(Target)、信息或内容(Content)、时间(Time)、地域(Regional)和媒介(Media)。

(一)目标对象决策

根据广告战略目标、广告定位研究，计算广告对象的人数(户数)，根据人口研究结果，列出与广告决策有关的人口因素，如人口分布、年龄、性别等，描述其消费特征和需求。不少国外与中国香港、台湾地区的广告策划中常将广告对象描绘为一个富有典型身份特征与思想的人。

(二)信息策略决策

广告信息策略的重心是解决广告“说什么，怎样说”的问题，策划者可以通过以下三个步骤来发展这项创造性战略：广告信息的产生、广告信息的评价和选择、广告信息的表达。通常策划者还应准备一份文稿策略说明书，以规划所有广告信息的目标、内容、背景。信息策略是由信息战略的目标和方法组成的。

信息策略应根据广告目标、内容、市场、对象及基本战略来决定，必须在宏观上确定：整个广告运动应传达哪些信息、确定哪些信息该在何时讲、应如何表现、重点表现什么，即如何更有效地传达这些信息。信息策略决策要选取最有效的表现角度与手法。例如，是传达产品本身的品质、性能、特点，还是强调产品所能带给人们的利益与满足？是平白直叙还是委婉曲陈？

(三)时间策略决策

1. 时序策略

广告时序策略是指广告的发布与产品进入市场的时间在先后次序上的排序，一般包括以下几种：

(1)提前策略。提前策略就是在产品进入市场之前，先进行广告传播，为产品进入市场做好舆论准备，使消费者和经销商翘首以待，营造有利的市场形势。如苹果手机在新品上市前，总是采用先声夺人的策略。有些新产品上市前的悬念广告，也就是提前让消费者对某一产品给予注意和关注，这种策略往往能对市场的开拓起到较大的推动作用。

(2)即时策略。广告活动的铺开与产品上市采取同步策略，这是零售店或展销会期间常用的方法，满足了消费者想立即购买新产品的心态。

(3)置后策略。产品先行上市试销后，根据销售状况分析把握这种产品的市场规模与销售潜力，据此决定广告投入的目标与数量。这是一种较稳妥的广告实施策略，可能在目标市场的选择上更为准确，但也常常会错过进入市场的最佳时机。

2. 时机策略

广告时机是指在时间上与市场营销有关的一切机会。在广告过程中，适时地利用和把

握机会,可以使广告传播事半功倍。广告时机策略包括:

(1)节假日时机。由于人们节假日的闲暇时间较多,往往会形成某种消费高潮。节假日消费一般具有明显的特点,如传统的春节、元宵节、清明节、中秋节等,这类广告要有特定节日的色彩,并应在节假日数天前便开展广告传播,让消费者有充裕的时间酝酿和形成购买动机。

(2)季节时机。季节性商品一般有淡旺季之分,企业往往抓住旺季销售的大好时机,投入较多的广告费用,增大广告的推销力度。应当注意的是,目前少数商品也采用反季节广告传播方式,如格力空调在冬季大做广告,以价格优惠为主要诉求点,让用户"冬备夏凉",从容地得到更多实惠。

(3)重大活动时机。每年的几次重要节日,企业的开张、庆典或获奖时机以及某些重要的文化活动或体育赛事,都是广告策划中推出广告的极好时机。这种广告由于融入节日或文化气氛,使广告信息更易被消费者潜移默化地接受。

(四)地域策略决策

广告地域策略决策基本要解决两个问题:一是确定广告目标市场及其地区分布,在此基础上确定合理的广告覆盖区域策略。二是依据产品的区域,推进路线的战略考虑。如重点开拓哪些地区、再扩大到哪些地区、如何占领和转换市场等,从而来确定广告在地区上的推进路线。广告地域策略在策划中有以下几种方法:

1. 重点扩散策略

选择最有可能率先打开市场的重点区域,取得稳固地位后再依次扩散发展,犹如放射式的传递。如某品牌茶饮料(新产品)的广告促销,先选择广东、福建作为重点市场,待开拓后再转向其他市场。

2. 稳定占有策略

某些产品只能在一定区域内才有最大的销售量,企业应牢牢掌握这些区域市场,广告策略也给予密切配合。

3. 灵活机动策略

这种战略一般较适合于时髦流行、生命周期短的产品。如时髦流行产品就应依据市场变化规律、流行扩散路线,不断地更换重点进攻的销售区域,广告策略也应灵活多变,适时跟上,保证产品销到哪里,广告的影响就扩大到哪里。生命周期短的产品,则常常采取"打一枪换一个地方"的战略,不断转移广告传播的目标区域。

(五)媒介策略决策

广告媒介策略决策是依据预期广告目标、广告受众、广告信息等因素,选择最佳信息载体及其运作方式的总体规划。这个决策包括:设定媒介目标,决定预期的覆盖面、接触率、吸引度和影响度;选择主要媒介类型和媒介工具;研究媒介发布时机等。由于媒介投入占广告投入的绝大部分,加之媒介策略决策承担功能越来越大,涵盖内容越来越多,当今广告业已出现独立媒介代理公司纷纷涌现的现象。广告媒介策略决策日益呈现更为科学规范的趋势。

媒介策略由媒介目标和运用方法组成。媒介策略必须依据所要实现的广告目标,遵循基本策略,针对各类广告对象,在众多的广告媒介中,确定应采用哪些传播媒介以及各种媒介之间的配合方法;将媒介目标转化为具有可行性的指标;依据指标确定各媒介覆盖空间、广告刊播时间、刊播的数量大小、频率高低和持续时间长短等。

在广告策划过程中主要应考虑以下因素:

(1)各种条件的充分利用;

(2)对竞争对手的实力、抗衡力度的充分估计;

(3)战略重点及战略突破点;

(4)各地区、各种传播力量之间的配合;

(5)各阶段衔接等问题。

第二节　广告策划的程序

广告策划依其对企业经营、市场营销的影响程度不同,一般可分为以下三种类型:一是单个广告作品策划,如策划出版一本企业画册,设计建立企业网上主页;二是某个广告运动的策划,如为配合某次营销活动而策划的一系列广告;三是对具有战略性、对全局有影响的、较大规模的、相对较长时期的广告活动的规划,即整体广告策划。一般而言,从科学的广告管理的角度看,任何单个广告作品、某个具体的广告运动都是某一时期企业广告整体战略的一部分,都应纳入整体策划的范畴来进行科学决策。为了对广告运作有整体的了解,本书主要从第三种类型切入。

广告策划的程序是指广告策划工作应遵循的方法与步骤,是为使广告策划顺利进行和保证广告策划成功而对广告策划工作自身提出的方法和原则要求。策划是一种程序,也是一种动态的管理过程。人类思维本身就存在普遍模式,在决策过程中有一个提出问题,分析问题,确定目标,收集情报,拟订方案,方案评估、优化、选择、实施、反馈的过程。广告策划也有自身的一套程序。就广告活动的一般规律而言,广告策划可以分为以下四个阶段,即调查分析阶段、决策计划阶段、执行实施阶段和评估总结阶段。每个阶段又可以细分为不同的步骤。

一、调查分析阶段

这一阶段主要是进行市场调查与分析,收集有关资料和信息,在此基础上有针对性地制定广告战略和广告运动策略。

第一步,成立方案策划小组

现代广告策划的主体是广告策划小组而非个人,策划的效果必须由广告策划团队的运作来保证。广告策划的多人协作并不是人员数量的简单叠加,而是各司其职、分工协作,根据不同内容和环节的需要,寻求在知识、技能、经验等方面的最佳组合。策划小组应在调查工作开展之前成立,具体负责某一特定广告的策划工作。策划小组成员一般包括业务主管、文案、创意人员、美术设计人员、市场调查人员、媒介联络人员及公关人员、策划人员等。

第二步,进行产品及品牌形象研究

由专案策划小组将广告所委托的商品,就其外观、结构、功能、原理、材料、技术、质量、价格、制作工艺、使用方法及保管、养护、维修措施、市场占有率、商品在市场上的品牌形象等进行详细的研究。

第三步,进行市场及竞争研究

由专案策划小组针对市场上各类品牌的同类产品,分别就其生产、品质、成分、包装、价格、分销渠道、消费对象、市场占有率、广告策略与广告费用等进行详细研究,并和广告主所委托的商品做比较分析和研究。

第四步,进行消费者研究

收集市场上与广告产品有关的消费者的行为特点。如人们喜欢哪种产品、在什么时候购买、人们如何使用该产品、购买频率等,并分析消费者在购买商品时的动机和习惯等。

第五步，撰写调查报告

在以上调查结束后，对调查、搜集来的全部资料和数据进行归纳、总结、分析及研究，要求能够描述现状，揭示趋势，并撰写市场调查报告，为下一步制定策略提供参考依据。

二、决策计划阶段

这一阶段的主要工作是对广告活动的整体过程和具体环节进行战略和策略的决策及计划。决策计划阶段是广告策划的核心阶段，其主要内容包括：

(1)对前期分析研究的成果做出决定性、战略性选择；

(2)以策划创意人员为中心，结合相关人员对广告目标加以分析，根据目标市场策略确定广告的定位策略和诉求策略，进而发展广告创意和表现策略，根据产品、市场及广告特征提出合理的媒介组合策略、促销组合策略等；

(3)广告机会的选择、广告预算的编制、广告计划的制订以及广告策划书的撰写等。

决策计划阶段具体的步骤如下：

第一步，进行广告战略决策

这一阶段可以简单概括为实现以下四个目标：

(1)制定广告目标。广告目标是广告决策计划阶段的基础，也是最重要的部分，它决定了广告活动的方向和指导方针。关于广告目标部分的内容，将在本章第三节详细论述。

(2)确定目标受众。这是解决广告"向谁说"的问题，只有确定了广告的目标受众，才能根据受众的特点选择恰当的主题、诉求、广告的表现形式以及恰当的媒介及媒介组合。

(3)选定目标竞争者。在市场同类产品竞争很大时，为了使广告活动更具有竞争性，一般可考虑将竞争对手分成几个层次，将对自己竞争威胁最大的几个企业选为目标竞争者。

(4)确定目标区域。有时企业根据营销策略的要求，其广告的覆盖区域并非是全面性的，即使是全面性的广告，由于区域性的差异，各地区的广告目标和广告强度也会有差异。广告要覆盖哪些区域，覆盖的区域中哪些区域又是重点，这些问题在进行广告战略决策时都应有所考虑。

第二步，制定具体策略

在明确了广告的战略任务之后，接下来的工作就是制定能实现这一战略任务的具体广告策略，一般包括广告信息策略和广告媒介策略，具体内容将在本书第三篇和第四篇详细论述。

第三步，编制广告预算

根据前面的安排，详细编制广告预算，原则上以广告主广告费用总预算的95%作为广告费用的总额(余下的5%可列为机动费用)，按照不同的预算分配依据(如时间、区域、费用性质等)进行预算分配。预算编制时，应力求精细化、表格化。有关广告预算的相关内容将在本书第十四章详细论述。

第四步，撰写广告策划书

具体内容见本章第四节。

三、执行实施阶段

广告策划书经复查、审核、批准之后，即进入实质性的执行实施阶段，这一阶段的主要工作是按照策划书的既定策略与安排，进行广告的设计、广告作品的制作、对广告进行事前的测定与评价，定稿后按计划进行发布等。

第一步，广告信息策略与计划的执行

这一步骤的主要工作是根据广告信息策略的要求，按照计划的进度安排，在规定的时间内，由特定人员进行广告的设计与制作，形成用于广告发布的广告作品。

第二步，广告媒介策略与计划的执行

这一步骤的主要工作是根据广告媒介策略的要求，按照计划的进度安排，在规定的时间内，由特定人员进行媒介的选择、评估与购买。

第三步，广告的发布

将正式的广告作品提交给广告媒介，正式推出广告。

在方案的实施过程中，策划小组还有必要对执行情况进行跟踪与监控，将执行过程中遇到的问题进行及时反馈，进一步予以修正与调整，使之能更适应处于变化中的环境。

四、评价总结阶段

这一阶段的主要工作是对广告发布之后的各种效果进行评估与总结。

第一步，根据各种信息反馈，测定广告的各种效果。具体内容见本教材第十四章。

第二步，对本次广告运作的整个过程进行总结，撰写总结报告。

扫码领取

★配套微课视频

★阅读测试题

★广告学公开课

第三节　广告目标的确定

广告目标的确定一般是在完成调查研究和确认有关产品的基本问题、难题与机会以后。广告目标是指企业广告活动所要达到的目的，决定了广告策划的方向。广告目标的确定是广告计划中至关重要的起步性环节，是为整个广告活动定性的一个环节，后续广告战略及策略的制定都要基于广告目标来展开。

一、广告目标与营销目标

广告目标与营销目标之间也有着密切的关系：一方面，广告目标是从属于营销目标的；另一方面，广告目标又有着其自身的特点。

作为市场营销的手段之一，广告目标从属于整个营销目标，是为实现营销目标服务的。因此，广告目标就应该以营销目标为基础，并服务于营销目标。一般来说，营销目标是根据销售和利润完成情况的指标来制定的，比如市场份额、利润额、资金回报率等。而广告目标应是广告作用的直接结果，是通过广告本身就可以实现的目标。广告是一种大众沟通，沟通的目的就在于通过向消费者传递有关广告产品的特性、消费益处、品牌形象等信息，使其能够在产生购买行为之前就对广告品牌形成一种良好的心理倾向，如对广告品牌的肯定认识、积极的情感反应、购买意向等。这些通过广告沟通所引起的对广告品牌的良好反应就是广告的沟通目标，即广告目标。广告目标主要包括创造品牌知名度、增进品牌知识与兴趣、树立良好的品牌态度、建立品牌形象、激发购买意向等。由于广告目标是引起消费者对广告品牌的良好反应，因此，广告目标常以消费者的反应变量为指标，如品牌知晓、品牌认知、品牌偏好等。

但是，广告目标又不同于营销目标。广告目标通常以消费者的反应变量（如品牌知晓、品牌认知、品牌偏好等）来表示。而营销目标通常用销售额及其有关的指标，如市场占有率、利润率或投资回报率等指标来表示。这使得在广告目标制定时，首先应根据营销策略，制定可达到营销目标的策略性广告目标，具体包括：提升销售额、延长销售季节、推广产品的新用途、增加消费者对产品的好感、为公司的一系列产品建立系列形象或概念、推动零售商入货或加强售卖某一产品、为公司塑造全新的形象等。然后再将策略性目标转化为明确的、具体的广告目标。此时，一般要求将广告目标指标化与定量化，通过指标化明确广告目标的努力方向，通过定量化明确广告目标在方向上的努力程度。如广告费用指标、广告效益指标、市场占有率变化指标、品牌知名度和美誉度变化指标、消费者的行为变化指标、广告心理效果测定的心理学指标、广告心理效果测定的客观性指标等。例如，某一品牌产品的营销目标是将销售额提高 30%，而为实现这一目标服务的广告目标可能是：提高品牌知名度 90%以上；提高品牌认识 70%；提高品牌偏好 40%；提高尝试购买 35%以上、品牌忠诚（再购买）率达到 20%。

二、广告目标的特性

为了更好地认识和理解广告目标，我们除了要了解广告目标与营销目标之间的关系外，还需要注意广告目标的以下几个特性：

（一）沟通性

从营销角度看，广告的功能主要就是通过传播与沟通，让消费者产生对产品的购买冲动与购买行为。换言之，广告的目标就是沟通，是信息的传递，通过沟通，向消费者传递商品、品牌或企业的相关信息。因此，在理解和制定广告目标时，一定要注意广告目标的沟通性。

（二）层次性

广告的沟通任务建立在信息传播过程模式上，广告目标设定的层次结构，实际上反映了消费者因广告刺激产生的心理层级反应过程。DAGMAR 理论的提出者罗素・科利假设了营销传播的阶层模式，包括五个层次：未知→知名→理解→确信→行动。这五个层次又被称为沟通光谱。

（三）可测量性

虽然无法将所有的广告目标制定成定量目标，但为了能使目标更明确，也为了便于衡量广告的效果，在制定广告目标时，应尽量制定可测量的广告目标。20 世纪 60 年代是广告目标设定理论发展的鼎盛时期。其代表人物之一，美国广告学家罗素・科利在 1961 年编写了著名的《制定可测量广告效果的广告目标》一书。他在此书中最早提出必须制定区别于营销目标的广告目标，并提出了一种把广告目标转变为具体的、可测量的目标的方法，被称为 DAGMAR 模式。DAGMAR 模式的核心为：以传播效果衡量广告；将各种广告目的转化为若干易于衡量的目标，使之成为一个特定时期内，对于某类特定的受众所要完成的特定的传播任务。

三、广告目标的类型

一般而言，广告目标可分为以下三种类型：

（一）以促进销售效果而设定的广告目标

广告与各种经营环节因素共同作用，可以产生长期的促销效果，也可以产生刺激短期的销售效果。把促进销售效果设定为广告目标，是一种最简单的目标设定法，一般以特定时间内促进销售额增长程度来衡量。这种目标设定法首先强调和直指产品销售的终极目的,迫使广告策划者切实提高成本意识,注重广告销售力;其次,短期内可评估效果,便于企业接受反馈信息、调整广告策略;最后,广告效果评估指标简单,能够得到精确的硬性数据,易于操作。

但是,许多广告及营销学者认为该种广告目标设定方法通常是作为广告决策调整的一项重要参考依据,但并非唯一和首要的决定性依据。此法易造成企业对广告目标急功近利的追求和短期的广告行为,难以形成营销沟通战略的系统性;衡量标准过于片面;不适用于成熟稳定的产品。因此,以促销为广告目标一般适用于综合实力较弱的企业或企业正在进行销售促进活动或产品处于成长期。

(二)以改变消费者态度而设定的广告目标

以广告认知心理过程诸要素为广告目标,体现了广告在推动潜在顾客靠近营销目标时所起的实际作用。消费者在进行购买时往往经过一个认知心理过程。如按照 AIDA 模式,消费者购买一种理性消费品时,通常经过“注意→兴趣→购买欲望→行动”的普遍过程,要针对每个阶段消费者特定的心理行为设定广告目标。

(三)以传播沟通效果而设定的广告目标

广告主最为关心的是广告的综合传播沟通效果。传播沟通效果包括:消费者在接受了一定的广告信息后,是否形成了应有的记忆和理解,形成了预期的感觉与联想,激发了应有的心理变化与行为等。经常用于衡量综合影响广告心理效果测定的心理学指标包括感知程度、记忆效率、思维状态、态度倾向、情感激发程度等;广告心理效果测定的客观性指标则包括眼动轨迹描记图、皮肤电反应、脑电波图变化、瞬时记忆广度等。传播沟通效果的好坏直接决定了消费者态度改变的效果,继而对促进销售的效果产生影响,因此,在广告目标设定时,尤其应该注意传播沟通效果目标的设定。

四、广告目标的制定

广告目标虽说从总体上有销售、心理和传播效果三种类型,但对如何制定广告目标并测定其效果则有多种不同的看法。具有代表性的测定方法有以下三种:

(一)罗素·科利的 DAGMAR 模式

20 世纪 60 年代初,罗素·科利提出了 DAGMAR 模式,即“制定广告目标以测定广告效果”。他认为,“广告目标是记载对行销工作中有关传播方面的简明陈述”。科利极力主张将广告传播效果作为广告目标及广告效果测定的基础,以传播效果作为衡量广告是否合理的标准。科利提议采用“商业传播”的四阶段理论去研究、分析消费者在知觉、态度或行动上的改变,以广告认知心理过程的各个要素作为广告目标,体现广告在推动潜在客户靠近营销目标上的作用,最终达成说服消费者去行动的目标。就 DAGMAR 模式来说,基于前述的沟通光谱的五个层次,从未知开始,可有以下四个阶段的目标:

知名阶段——引起注意,信息告之,以扩大产品知名度;

理解阶段——了解特性,辨明利益,以提高产品美誉度;

确信阶段——诱发信赖,建立偏好,以培养品牌忠诚度;

行动阶段——使消费者有所反应与行动,如回函、电话询问、试用、维持品牌忠诚度、提高购买频率等。

科利的方法的主要优点在于,大多数情况下,我们可以用现有的调查研究工具及方法来测定受众对广告传播的反应。

(二)莱维奇和斯坦纳模式(L&S 模式)

莱维奇(Lavidge)和斯坦纳(Steiner)于 1961 年在美国期刊《市场杂志》上,提出了"从知名到行动的进展"层级模型,这一模型可以理解为 DAGMAR 模式的细化,但比前者更加明确。这一模型认为广告是一种必须把人们推上一系列阶段的力量,具体内容见表 5-1。

表 5-1 "从知名到行动的进展"层级模型

消费者行为特征	向购买的进展过程	广告类型及促销活动
认知:广告提供信息及事实	知名	悬疑广告、口号、广告歌曲、分类广告、说明性广告、公告通知等
	理解	
情感:广告改变态度及情感	喜爱	声望广告、形象广告、辩论性软文、竞争广告、证言广告、价格诉求等
	偏好	
意欲:广告刺激欲望及动机	信服	"最后机会"的提供、折让、销售现场广告、购买地点的通知
	购买	

(1)在最初阶段,人们完全不知道某种商品、品牌或企业的存在;

(2)人们对产品的存在已经知晓,但到购买还有一大段距离;

(3)对产品进行了解后,开始接近购买;

(4)使产品与自身利益相联系后,建立起有利的态度,更接近购买;

(5)对于产品产生偏好,离购买仅一步之遥;

(6)产生购买欲望,相信购买是明智的,开始行动;

(7)产生实际购买行为。

L&S 模式也存在一定的缺陷,主要包括以下几个方面:

(1)对于某些商品的购买,消费者可能并不按照这一模式进行,他们可能开始后就停止,或者做错后重新开始;

(2)后面阶段对前面的阶段产生影响;

(3)从知名到购买的全过程可能在瞬间完成,尤其在低风险、低花费的产品购买上更为常见;

(4)有的消费者购买行为可能完全不遵循这种过程,他们可能按照某种其他途径做出购买决策。

(三)科特勒对广告目标的分类

科特勒在《营销管理》一书中也为我们对广告目标的分类提供了一个很好的参考,具体内容见表 5-2。

表 5-2 可能的广告目标

类型	广告的内容	广告的目标
通知	向市场告知新产品的情况 提出某种产品的新用途 通知市场有关价格的变化情况 说明新产品如何使用	描述所提供的各种服务 纠正错误的印象 减少消费者的恐惧 树立公司形象
说服	建立品牌偏好 鼓励消费者转向你的品牌 改变顾客对产品属性的知觉	说服顾客马上进行购买 说服消费者接受一次推销访问
提醒	提醒消费者可能在最近的将来需要该产品 提醒他们何处可以购买该产品	促使消费者在淡季也能记住产品 保持最高的知名度

对于表5-2的内容，我们可以结合市场生命周期理论进行如下理解：

(1)通知广告：主要用来介绍新产品。为此，其目标是为了建立基本需求。当一个新产品上市时，生产厂商通过广告首先要通知消费者该产品的用途和能给消费者带来的利益。

(2)说服广告：随着竞争日益激烈，说服广告变得尤为重要，公司的目标应转向建立选择需求。例如，当咖啡的概念被消费者接受之后，雀巢广告的目标是让人们在选购咖啡时，选择雀巢咖啡，而不是其竞争对手的产品。

(3)提醒广告：对成熟的产品来说，提醒广告能让顾客记住该公司的产品。如电视上大量的可口可乐广告不是为了让顾客知道或争取顾客，而是让顾客记住它。

第四节 广告策划书的撰写

广告策划书是由广告策划者根据广告策划的结果撰写、提供给广告客户审核、认可、为广告活动提供策略指导和具体实施计划的一种应用性文件。一般而言，广告策划书具有以下作用：

(1)在广告公司内部，广告策划书的撰写标志着广告策划运作的结束，撰写广告策划书是为了将广告策划运作的内容和结果整理成正规的提案提供给广告客户。

(2)广告客户可以通过策划书了解广告公司策划运作的结果，检查广告公司的策划工作，并根据广告策划书判定广告公司对广告策略和广告计划的决策是否符合自己的要求。

(3)对于整个广告活动，经过客户认可的广告策划书是广告运动策略和计划的唯一依据。

一、广告策划书的一般格式

目前在营销、广告业界，广告策划书(提案)的格式灵活多变，这里仅向读者提供一种常用的思路与模式，以供参考。

(1)封面。一份完整的广告策划书文本应该包括一个版面精美、要素齐备的封面，以给阅读者以良好的第一印象。

(2)广告策划小组名单。在策划文本中提供广告策划小组名单，可以向广告主显示广告策划运作的正规化程度，也体现一种对策划结果负责的态度。

(3)目录。在广告策划书目录中，应列举广告策划书各个部分的标题，必要时还应将各个部分之间的联系以简明的图表形式体现出来，一方面可以使策划文本显得正式、规范，另一方面也可以使阅读者能够根据目录方便地查找想要阅读的内容。

(4)前言。在前言中，应该概述广告策划的目的、进行过程、使用的主要方法、策划书的主要内容等，以使广告客户可以对广告策划有一个大致的了解。

(5)内容摘要。内容摘要也可以出现在前言中。摘要一般用来反映策划书中所策划的广告目的、方法及主要结果与结论，在有限的字数内向读者提供尽可能多的定性或定量的信息，充分反映该策划的创新之处。策划书中如果没有创新内容，没有经得起检验的与众不同的方法或结论，是不会引起广告主的阅读兴趣的。内容摘要要以“摘录要点”的形式、报道的方式，阐述策划者的主要策划成果和比较完整的定量及定性信息，篇幅一般不宜过长。

(6)正文。详见本节“二、广告策划书正文的基本格式”的内容。

(7)附录。在策划文本附录中,应该包括为广告策划而进行的市场调查的应用性文本和其他需要提供给广告主的资料。如市场调查问卷、市场调查访谈提纲、市场调查报告等。

(8)封底。

二、广告策划书正文的基本格式

广告策划书的正文部分主要包括市场分析、广告策略、广告实施计划与广告效果预测和监控四个部分。以下是广告策划书的正文范本。

第一部分:市场分析

这部分应该包括广告策划过程中所进行的市场分析的全部结果,为后续的广告策略部分提供有说服力的依据。

一、营销环境分析

1.企业市场营销环境中宏观制约因素

(1)企业目标市场所处区域的宏观经济形势,包括总体的经济形势、总体的消费态势、产业的发展政策等。

(2)市场的政治、法律背景:是否具备有利的政治因素可能影响产品的市场?是否具备有利或者不利的法律因素可能影响产品的销售和广告?等等。

(3)市场的文化背景:企业的产品与目标市场的文化背景有无冲突?这一市场的消费者是否会因为产品不符合其文化而拒绝?等等。

2.市场营销环境中的微观制约因素

主要包括企业的供应商与企业之间的关系、产品的营销中间商与企业之间的关系等。

3.市场概况

(1)市场的规模:包括整个市场的销售额、市场可能容纳的最大销售额、消费者总量、消费者总的购买量、以上几个要素在过去一个时期中的变化、未来市场规模的趋势等。

(2)市场的构成:包括构成这一市场的主要产品的品牌、各品牌所占据的市场份额、市场上居于主要地位的品牌、与本品牌构成竞争的品牌、未来市场构成的变化趋势如何等。

(3)市场构成的特性:包括市场有无季节性、市场有无暂时性、市场有无其他突出的特点等。

4.营销环境分析总结

主要包括营销环境的机会与威胁、优势与劣势、重点问题等。

二、消费者分析

1.消费者的总体消费态势

包括现有的消费时尚、各种消费者消费本类产品的特性等。

2.现有消费者分析

(1)现有消费群体的构成:包括现有消费者的总量、年龄、职业、收入、受教育程度、分布等。

(2)现有消费者的消费行为:包括购买的动机、时间、频率、数量、地点等。

(3)现有消费者的态度:包括对产品的喜爱程度、对本品牌的偏好程度、对品牌的认知程度、对本品牌的指名购买程度、使用后的满足程度、未满足的需求等。

3.潜在消费者分析

(1)潜在消费者的特征:包括总量、年龄、职业、收入、受教育程度等。

(2)潜在消费者现在的购买行为:包括现在购买哪些品牌的产品、对这些产品的态度如何、有无新的购买计划、有无可能改变计划购买的品牌等。

(3)潜在消费者被本品牌吸引的可能性:包括潜在消费者对本品牌的态度、潜在消费者需求的满足程度等。

4. 消费者分析的总结

(1)现有消费者:机会与威胁、优势与劣势、重要问题。

(2)潜在消费者:机会与威胁、优势与劣势、主要问题点。

(3)目标消费者:目标消费群体的特性、目标消费群体的共同需求以及如何满足他们的需求。

三、产品分析

1. 产品特征分析

(1)产品的性能:产品的性能有哪些?产品最突出的性能是什么?产品最适合消费者需求的性能是什么?产品的哪些性能还不能满足消费者需求?等等。

(2)产品的质量:产品是否属于高质量的产品?消费者对产品质量的满意程度如何?产品的质量能继续保持吗?产品的质量有无继续提高的可能?等等。

(3)产品的价格:产品的价格在同类产品中居于什么档次?产品的价格与产品质量的配合程度如何?消费者对产品价格的认识如何?等等。

(4)产品的材质:产品的主要原料是什么?产品在材质上有无特别之处?消费者对产品材质的认识如何?等等。

(5)生产工艺:产品通过什么样的工艺生产?在生产工艺上有无特别之处?消费者是否喜欢通过这种工艺生产产品?等等。

(6)产品的外观与包装:产品的外观和包装是否与产品的质量、价格和形象相符?产品在外观和包装上有没有欠缺?外观和包装在货架上的同类产品中是否醒目?外观和包装对消费者是否具有吸引力?消费者对产品外观和包装的评价如何?等等。

(7)与同类产品的比较:在性能上有何优势和不足?在质量上有何优势和不足?在价格上有何优势和不足?在材质上有何优势和不足?在工艺上有何优势和不足?在消费者的认知和购买上有何优势和不足?等等。

2. 产品生命周期分析

包括产品生命周期的主要标志、产品处于生命周期的哪个阶段、企业对产品生命周期的认知等。

3. 产品品牌形象分析

(1)企业赋予产品的形象:企业对产品形象的考虑如何?企业为产品设计的形象如何?企业为产品设计的形象有无不合理之处?企业是否将产品形象向消费者传达?等等。

(2)消费者对产品形象的认知:消费者认为产品形象如何?消费者认知的形象与企业设定的形象符合吗?消费者对产品形象的预期如何?产品形象在消费者认知方面有何问题?等等。

4. 产品定位分析

(1)产品的预期定位:企业对产品定位有无设想?企业对产品定位的设想如何?企业对产品的定位有无不合理之处?企业是否将产品定位向消费者传达?等等。

(2)消费者对产品定位的认知:消费者认知的产品定位如何?消费者认知的定位与企业设定的定位符合吗?消费者对产品定位的预期如何?产品定位在消费者认知方面有无问题?等等。

(3)产品定位的效果:产品的定位是否达到了预期的效果?产品定位在营销中是否有困难?等等。

5. 产品分析总结

(1)产品特性:机会与威胁、优势与劣势、主要问题点。

(2)产品的生命周期:机会与威胁、优势与劣势、主要问题点。

(3)产品的形象:机会与威胁、优势与劣势、主要问题点。

(4)产品定位:机会与威胁、优势与劣势、主要问题点。

四、企业和竞争对手的竞争状况分析

1. 企业在竞争中的地位

包括市场占有率、消费者认知、企业自身的资源和目标等。

2. 企业的竞争对手

包括主要的竞争对手是谁、竞争对手的基本情况、竞争对手的优势与劣势、竞争对手的策略等。

3. 企业与竞争对手的比较

机会与威胁、优势与劣势、主要问题点。

五、企业和竞争对手的广告分析

(1)企业和竞争对手以往广告活动的概况:包括开展的时间、开展的目的、投入的费用、主要策略等。

(2)企业和竞争对手以往广告的目标市场策略:广告活动针对什么样的目标市场进行?目标市场的特性如何?有何合理与不合理之处?等等。

(3)企业和竞争对手的产品定位策略:企业和竞争对手的产品定位策略各是什么?各自的特点是什么?各自的优势和劣势是什么?

(4)企业和竞争对手以往的广告诉求策略:诉求对象是谁?诉求重点如何?诉求方法如何?等等。

(5)企业和竞争对手以往的广告表现策略:广告主题创意如何?有何合理与不合理之处?广告创意如何?有何优势和不足?等等。

(6)企业和竞争对手以往的广告媒介策略:媒介组合如何?有何合理及不合理之处?广告发布的频率如何?有何优势和不足?等等。

(7)广告效果:广告在消费者认知方面有何效果?广告在改变消费者态度方面有何效果?广告在消费者行为方面有何效果?广告在直接促销方面有何效果?广告在其他方面有何效果?广告投入的效益如何?等等。

(8)总结:竞争对手在广告方面的优势,企业自身在广告方面的优势,企业以往广告中应该继续保持的内容,企业以往广告突出的劣势。

第二部分:广告策略

一、广告的目标

(1)企业提出的目标。

(2)根据市场情况可以达到的目标。

(3)对广告目标的表述。

二、目标市场策略

1. 企业原来市场观点的分析与评价

(1)企业原有市场的特性与规模。

(2)企业原有市场观点的评价:机会与威胁、优势与劣势、主要问题点。

2. 市场细分

包括市场细分的标准、各个细分市场的特性、各个细分市场的评估、对企业最有价值的细分市场等。

3. 企业的目标市场策略

包括目标市场选择的依据、目标市场选择的策略等。

三、产品定位策略

(1)对企业以往的定位策略的分析与评价:包括企业以往的产品定位、定位的效果、对以往定位的评价等。

(2)新的产品定位策略:包括消费者需求、产品竞争和营销效果。

(3)对新的产品定位的表述。

(4)新的定位的依据与优势。

四、广告诉求策略

(1)广告的诉求对象:包括诉求对象的描述、诉求对象的特性与需求等。

(2)广告的诉求重点:包括对诉求对象需求的分析、对所有广告信息的分析、广告诉求的重点等。

(3)诉求方法策略:诉求方法的依据与表述。

五、广告表现策略

(1)广告主题策略:广告主题策略的依据与表述。

(2)广告创意策略:广告创意的核心内容与说明。

(3)广告表现策略:广告表现的风格、材质、各种媒介的广告表现等。

六、广告媒介策略

(1)对媒介策略的总体表述。

(2)媒介的地域。

(3)媒介的类型。

(4)媒介的选择。

(5)媒介组合策略。

(6)广告发布时机策略。

(7)广告发布频率策略。

第三部分:广告实施计划

一、广告活动的目标

二、广告活动的时间

包括在各目标市场广告活动的开始时间、广告活动的结束时间、广告活动的持续时间等。

三、广告的目标市场

四、广告的诉求对象

五、广告的诉求重点

六、广告活动的表现

包括广告的主题、广告的创意、各媒介的广告表现、各媒介的广告规格、各媒介的广告制作要求等。

七、广告媒介计划

包括广告发布的媒介、各媒介的广告规格、广告媒介发布排期表等。

八、其他活动计划

包括促销活动计划、公共关系活动计划、其他活动计划等。

九、广告费用预算

包括广告的策划创意费用、广告设计费用、广告制作费用、广告媒介费用、其他活动所需要的费用、机动费用、费用总额。

第四部分:广告效果预测和监控

一、广告效果的预测

包括广告主题测试、广告创意测试、广告文案测试、广告作品测试等。

二、广告媒介的监控

包括广告媒介发布的监控和广告效果的测定。

需要注意的是,上述的基本格式虽然能用来作为策划书的目录,但是,如果单纯以已有的名称、术语或语句当作实际操作中的策划书的目录标题,未免太呆板,太俗套。所以,在实际操作中,一定要用概括的语言来描述各级标题,避免或者尽量少使用上述的模式标题。

本章小结

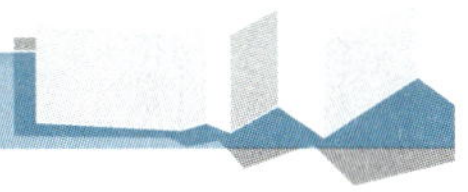

在实际的广告工作中,广告战略决策一般通过广告策划来完成。广告策划,是指广告人员通过周密的市场调查和系统分析,推知和判断市场态势及消费群体的需求,利用已掌握的知识、情报和手段,合理有效地控制广告活动的进程,以实现广告目标的过程。广告策划需遵循整体性、科学性、前瞻性、可行性、调适性和创造性的原则。广告策划方案由五大要素构成:对象或目标(Target)、信息或内容(Content)、时机(Timing)、区域(Area)和媒介(Media)。

就广告活动的一般规律而言,广告策划可以分为四个阶段,即调查分析阶段、决策计划阶段、执行实施阶段和评估总结阶段。每个阶段又可以细分为不同的步骤。

广告目标的确定是广告计划中至关重要的起步性环节,一般包括促进销售效果目标、改变消费者态度目标和传播沟通效果目标三种类型,在制定广告目标时,可参见三个常见的目标设定方法:罗素·科利的DAGMAR法、莱维奇和斯坦纳模式以及科特勒提出的“可能的广告目标”。

根据广告策划的结果,最终会形成广告策划书。广告策划书(提案)的格式灵活多变,内容由封面、广告策划小组名单、目录、前言、内容摘要、正文、附录和封底构成,其中正文又包括市场分析、广告策略、广告实施计划以及广告效果预测和监控四部分。

思考与练习

一、名词解释

广告战略决策　广告策划　时序策略　广告目标　广告策划书

扫码领取

★配套微课视频

★阅读测试题

★广告学公开课

二、选择题

1. 以下对广告策划的描述,错误的是(　　)。

A. 广告策划是一种运用脑力的理性行为

B. 广告策划是一种经营资源配置工作

C. 广告策划是一种创造性的科学规划工作

D. 广告策划是一种不强调团队协作的工作

2. 在产品进入市场之前，先进行广告传播，为产品进入市场做好舆论准备，使消费者和经销商翘首以待，营造有利的市场形势的时序策略是(　　)。

A. 提前策略　　B. 即时策略　　C. 置后策略　　D. 同步策略

3. 企业的开张、庆典或获奖以及某些重要的文化活动或体育赛事等时机属于(　　)。

A. 节假日时机　　B. 季节时机　　C. 重大活动时机　　D. 购买时机

4. 选择最有可能率先打开市场的重点区域，取得稳固地位后再依次扩散发展，犹如放射式的传递的地域策略是(　　)。

A. 重点扩散策略　　B. 稳定占有策略　　C. 灵活机动策略　　D. 随意开拓策略

5. 以下对以促进销售效果设定的广告目标评价错误的是(　　)。

A. 一般以特定时间内促进销售额增长程度来衡量

B. 使广告策划者切实提高成本意识

C. 适用于成熟稳定的产品

D. 适合综合实力较弱的企业

6. 罗素·科利的 DAGMAR 模式中“了解特性，辨明利益，以提高产品美誉度”的是(　　)阶段的目标。

A. 知名　　B. 理解　　C. 确信　　D. 行动

7. “从知名到行动的进展”层级模型不包括(　　)。

A. 认知　　B. 情感　　C. 意欲　　D. 提醒

8. 按科特勒对广告目标的分类，“说明新产品如何使用”属于(　　)。

A. 通知　　B. 说服　　C. 提醒　　D. 购买

三、简答题

1. 简要说说你对“广告策划本质上是一种运用脑力的理性行为”这句话的理解。

2. 简述广告策划方案的内容。

3. 简述广告策划的程序。

4. 简述广告目标的概念、特性与类型。

实训项目

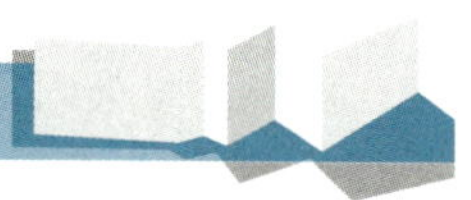

1. 实训名称：广告策划案例分析。

2. 实训目的：通过实训，让学生熟悉广告策划的基本内容，了解广告策划的基本流程，了解广告策划书的主要内容及撰写技巧。

3. 实训要求：

(1)每 3～4 个人组成一个小组，每组自行搜集一份完整的广告策划案例。(案例也可由任课教师提供)

(2)认真阅读案例，结合所学知识，分析广告策划包括的基本内容。

(3)每人提出一个问题，通过小组讨论回答问题并记录。

(4)撰写案例分析报告。

(5)各小组派代表向任课教师和全班同学做汇报。

第三篇

广告信息策略

第六章 广告信息策略概述

学习目标

知识目标

- 了解广告信息的概念、特征及评价
- 熟悉广告信息策略的构成
- 了解信息传播的一般模式
- 熟悉广告信息的产生过程
- 理解 USP 策略等三个广告信息的创作策略

能力目标

- 能分析实际广告作品的信息构成
- 能运用评价指标对实际广告作品进行评价
- 能结合实际说明 USP 策略、品牌形象策略和广告定位策略的基本原理

思政目标

(诚实守信)在广告信息评价的信服力部分,通过引入广告真实性要求、分析广告真实性的具体层次、为保证广告真实性应采取的措施等内容,让学生理解诚实守信对广告活动的意义,并通过思考与练习中相关习题的设置,强化学生对诚实守信的印象。

案例导入

星辰表的母亲节广告

妈妈以时间换取我的成长:推动摇篮的手就是充满慈爱的手,也是最舍不得享受的手。

1/4 的妈妈没有表:不是买不起,只是她认为在家里忙家务,戴不戴手表都无所谓,何不把钱省下来做家用。

2/4 的手表是旧表、老表:妈妈们的手表至少有一半以上是旧表、老表,有的是结婚前的,有的甚至是儿女嫌旧不要的……她们舍不得享受,即使是旧的,她们也认为很好。

3/4 的妈妈还要戴表:虽然妈妈们经常为了料理家务而不方便戴表,但是她们偶尔外出购物、访友、娱乐身心时,需要佩戴一只表。

向伟大的母亲致敬,别再让母亲辛苦的手空着,本公司为庆祝母亲节,特地洽请星辰表提供最适合母亲佩戴的女士表 5 000 只,即日起到 5 月 11 日止,以特别优惠价格供应,欢迎子女们陪同母亲前来选购,送母亲一份意外的惊喜。

问题：

(1)读完这则广告，你有什么感受？

(2)你被打动了吗？你是怎么被说服的？

第一节 广告信息的概念、特征及评价

一、广告信息的概念

广告在本质上是一种信息传播活动，通过广告主、广告公司、媒介三方的合作将特定的商品信息、品牌信息或企业信息传递给消费者，目的是让消费者接收信息刺激后产生广告主所期望的反应(包括认知上的、情感上的、行为上的)。因此，信息策略及其执行是广告运作中的核心环节。

广告信息是指以广告作品为主要载体，旨在推销产品、服务或观念的符号和信息。与新闻信息、艺术信息相比，广告信息具有以下特点：

第一，广告信息集中表现广告主的产品、服务或品牌，而新闻信息、艺术信息内容宽泛，几乎涉及政治、军事、文化、社会等所有方面。

第二，广告信息诉求的对象集中于特定的消费群体，而新闻信息、艺术信息诉求的目标对象则相对宽泛，几乎涉及社会大众的各个群体。

第三，广告信息功利性强，追求绩效最优，即以最小的投入获得最大的回报，而新闻信息、艺术信息的功利性不强，主要是为了满足受众对新闻、艺术的需求。

由于广告信息特点鲜明，因此，广告信息的制作流程和制作方式在遵循最基本的信息规律的同时，也有其自身的规律和要求。

广告信息策略是指通过制作有效的广告信息，决定向客户传递什么信息以及怎样传递信息的整体安排和步骤。广告的目的是让消费者以特定的方式对产品做出反应。人们只有确信能从自己的行为中有所收益才会那样去做。因而，制作有效的信息应该从确认客户的利益开始。这种利益的具体化一般要综合考虑以下三个方面：

(1)与客户、经销商、专家、竞争者的商谈与研讨。

(2)尽力去设想消费者购买和使用产品的情况来估摸出他们会寻求哪些利益。

(3)公司的总体定位。

二、广告信息策略的构成

广告战略是对广告策划、准备、决策、实施的实质性的陈述总结。广告信息策略是广告战略的一个主要组成部分，由信息策略的目标和方法组成。就广告信息本身而言，一般由内容层、创意层与符号层三部分构成。其中，内容层是广告信息的内涵；创意层是广告信息的表达方式；符号层是广告信息的表现形式。在任何的广告中，内容和符号都是不可分的，内容是通过一定的符号来表现的,符号也代表着一定的信息内涵。而一则广告的完美程度和生命力的强弱则取决于创意。优秀的广告必定是内容、创意和符号完美、有机结合的统一体。基于以上分析,除目标外,我们可以将广告信息策略大致细分为三个子策略:用于确定广告内容的主题与诉求策略、用于选择表达方式的创意策略和用于形成表现形式的表现策略,具体如图 6-1 所示。

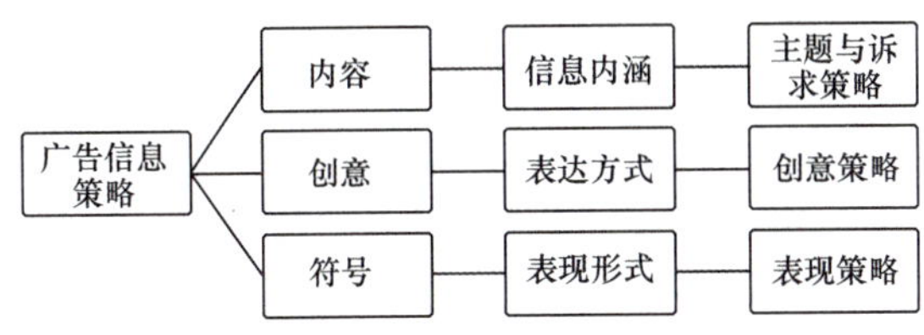

图 6-1　广告信息策略的构成

三、广告信息策略的目标

广告信息针对受众,建立在消费者的需求基础之上,必须依据其影响消费心理的过程来设计。广告信息创作的最终目的是促成消费者的购买行为。作为广告信息的接受对象,消费者对广告信息的态度与反应,决定着整个广告活动的成败。因此,广告信息的创作必须针对消费心理,消费者的认知过程,如消费者的感觉、知觉、注意、学习、记忆、购买行为、态度的形成与改变等。广告信息也必须以是否有助于吸引消费者注意,易于消费者理解,便于消费者记忆,激发消费欲望,促成消费者采取行动,作为选择广告信息策略的目标导向。当然,消费者的认知是一个复杂的过程,一则优秀的广告必定贯穿于整个或者部分的认知过程中,并最终达成广告目标。

(一)吸引注意

广告能否产生效果,首先,取决于能否吸引受众的注意。而要引起受众对广告的注意,就要求广告信息的创作者掌握并利用相应的心理规律和创作原则。首先,广告信息要针对消费者需求,消费者对事物的注意是有选择性的,只有对自己关心的事物,才会予以注意。广告信息的创作应根据消费者在精神或物质上的要求,针对消费者的不同需求。其次,广告信息还要有新奇的特点,能给消费者眼前一亮的感觉。最后,广告在符号的使用上可以考虑运用对比的手法,利用语言的对比、构图的对比、版面的对比、色彩的对比、节奏的对比等,形成强烈的反差,以吸引消费者的关注。

(二)易于理解

首先,广告信息能否被理解,关系到广告信息的接受和广告效果的实现问题。按一般的认知规律,只有在对广告信息达成理解的基础上,才能产生情感、记忆和联想,最后促成购买。而要达到对广告信息的理解,就要求广告不能空洞无物,要有明确的内容。广告应尽可能用最直接的方法说明广告商品有什么用、怎么用或怎么买。其次,广告信息还应具有完整的创意。广告信息的创意必须与广告的主题有明显的联系,可以让接受者用联想完整准确地领会广告信息想要传达的内容。最后,广告信息在表现形式上也应尽可能地选择目标受众易于理解和接收的信息符号。

(三)便于记忆

对广告信息的记忆关系到广告效果的实现,特别是对企业品牌知名度和潜在购买行为的实现有着极为直接的作用。绝大多数情况下，目标受众观看广告的时间和地点与购买时间和地点是分开的，如果没有形成记忆或者形成负面的记忆，都无法对消费者产生持续的影响力。因此，广告信息应符合记忆的规律，首先要易于理解，形成记忆的基础；其次，要有鲜明的特征，形成记忆点；最后，要精炼简洁，减少目标受众的记忆负担。

（四）激发欲望

购买欲望是产生消费需求的必要条件之一，没有欲望就没有需求。广告信息的下一个目标就是要激发消费者的购买欲望，让消费者产生明确的购买动机。这就要求广告信息要具有潜在购买动机的诱发力、情感上的感召力和消费者态度的转变力。广告信息可以根据消费者不同的购买动机和消费心理，通过权威效应、明星效应等手段，培养消费者对广告商品的正向态度，唤起消费者的购买欲望。

（五）促成行动

促成行动是广告信息创作的起点，也是广告信息执行的终点。能否促成行动也是评价广告运作是否成功的最为关键的指标。为了较好地促成行动，要求广告信息具备以下特点：

（1）向目标受众展示产品、品牌或企业的良好特性。

（2）具有明显的利益承诺。

（3）能唤起消费者的信任感。

四、广告信息的评价

评价一则广告，从不同的角度就会有不同的标准。但是无论如何，广告的最终目的都是帮助广告主达成销售商品的目的，因此广告需始终以目标消费者为中心，使广告信息具有吸引力、信服力和感召力。

（一）吸引力

从传播学角度出发，与其他信息传播相比，广告传播没有固定的、优势的传播关系。广告主与广告受众之间没有固定的传播渠道，没有固定的编码，受众也没有承担接受广告信息的义务。而且广告传播还常常伴随着竞争信息的干扰，可以说广告传播是一种处于高噪声状态下的传播，广告传播者与受众之间的沟通通常是偶然的。因此，目标受众能否接收信息源发出的信息编码，首先取决于其能否吸引受众的注意力。

广告信息传播，首先要考虑扩大广告信息接收的概率，增加信息抵达目标受众的机会，转偶然为必然。要想在无数信息中使目标受众接收到广告信息，就必须提高信息发布的注目程度，使其一出现就得到目标受众的注意，引发其兴趣。吸引力大小是决定广告传播效果好坏的基础。

（二）信服力

广告信息发布者对受众发出的是广告信息而不是指令，没有任何约束力，而且与新闻、艺术等信息传播方式不同，广告信息的传播是一种付费的自我传播行为，公众总是对广告信息存有戒心。因此，广告信息必须具有很强的信服力才有被公众接受的可能性。

广告信息的信服力来自信息的真实性、可靠性和信息表达的方式与方法等。广告的力量，从根本上说，来自真实。真实的广告，才能得到受众的信赖，才能在广大消费者心目中建立起弥足珍贵的信誉。真实性是优秀广告的本质属性，它所体现的是广告信息与商品（服务）本质的直接或间接的吻合。

广告的真实性一般包括商品（服务）真实、信息真实和消费者感知真实三个层次，为保证广告的真实性，除了从法律和管理上加强对广告活动的审查外，广告主和广告经营者还应该树立和增强诚实守信的意识，把诚实守信作为生产、经营活动的行为准则，自觉抵制弄虚作假、欺骗和误导消费的广告行为。

（三）感召力

广告信息传播的作用就是要引导社会生活中某项活动按广告主的意图发展，实现广告影响社会大众态度、行为的目的。然而，广告传播既没有正式的传播渠道，又没有权威的指令性，因此，要达到影响受众态度、行为的目的，除了吸引力和信服力外，还应具有强烈的感召力。

感召力的大小通常来自广告受众对广告信息及广告信息中商品的满意程度。这种满意来自广告信息能很好地适合并满足他们的需求，在消费的满足感中潜移默化地接受、认同广告信息的内容，并愿意被广告影响。由于感召力与人的内在欲望相连，能调动人的主观能动性，启发人的自觉行为，因此，优秀的广告，有时比指令性信息的作用还大。比如，一些优秀的公益广告就利用了广告感召力这一特点。

第二节　广告信息的产生过程

一、信息传播的一般模式

作为信息的一种特殊形式，广告信息也具有和其他信息一样的特性，同时，也遵循着信息传播的基本规律。传播学中有很多针对传播模式的理论，在此，我们仅对香农-施拉姆模式做简要介绍，以此为基础，从传播学的角度对广告信息及其制作过程进行分析，帮助我们加深对广告信息策略的理解。

香农-施拉姆模式是信息传播的一种重要模式，是施拉姆对香农的传播模式做出的研究改进。美国科学家香农（Shannon）和韦弗（Weaver）为解决机器之间的信息互换，于 1949 年在他们合著的《Mathematical Theory of Communication》一书中，提出了对传播学界产生重要影响的传播系统模式，这一模式被称为“香农模式”。不久，他们又将该模式的含义进行引申，用于描述与解释一般的人类传播过程。该模式很好地解释了机器之间的信息互换，为基于计算机和 Internet 的现代信息交流提供了理论依据，但是没有考虑“反馈”环节，且在解释传播过程时没有考虑到诸多信源、信宿的影响因素。

施拉姆在香农传播模式中加入了反馈环节，并强调只有信息发送方（信源）与信息接收方（信宿）的经验领域有重叠的共同经验部分，传播才能完成，这就是香农-施拉姆模式，如图 6-2 所示。

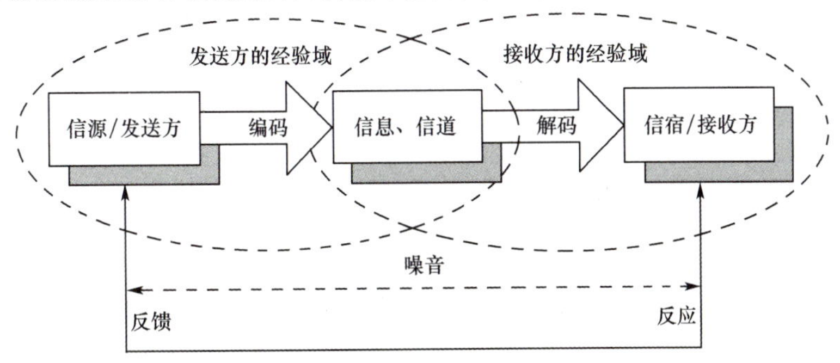

图 6-2　香农-施拉姆模式

香农-施拉姆模式包括信源、编码、信道、解码、信宿、噪声和反馈七个元素。信源就是信息的发送方，从一组可能传播的消息中产生实际传播的一条消息，这条消息可能是口头语言、书面语言、音乐、图像，还有可能是集各种传播形式于一体的消息。编码就是将消息转变为信号（或符号）以适合传播渠道使用。信道是信号（或符号）传播的渠道。解码是将信号（或符号）转变为消息的过程。信宿是信息的接收方。噪声是一切传播者意图以外的、对正常信息传递的干扰。产生噪声的原因既可能是机器本身的故障，也可能是来自外界的干扰。反馈是在传播过程中，信宿向信源返回信息的过程。

该模式体现了传播活动的信源与信宿之间的互动，认为信源发出信号（或符号）是基于自身的经验范围。信源基于自己的经验领域，把要传递的信息按照一定的规则进行编码，转变为信号（或符号），发送给信宿。信宿接收到信源发送的信号（或符号）后在自己的经验领域内按照相同的规则把得到的信号（或符号）进行解码，还原为信息。信源的经验领域和信宿的经验领域必须有交叠的部分，信息传播才能成功；如果信源和信宿的经验领域没有任何交叠的部分，则信息传播就会失败。当有效的传播过程发生之后，信宿获得了新的信息，这些新信息通过其大脑加工，就会转变为自己的知识或经验，从而丰富和扩展了其经验领域。信宿获得的信息越多，其原有的经验领域被扩展的程度就越大，表明传播的效果就越好。信宿获得信息后，把自己获得信息的情况返回给信源，信源得到信宿的反馈信息后，才能确定自己发送的信息是否被完全、正确地接收和理解了，并据此决定是否进一步改进其传播活动。

以上的分析有助于我们对广告信息产生以下认识：

（1）与物质或能量传递不同的是，任何的信息传递都必须借助于信道才能完成，没有信道是无法完成信息传递的，广告信息也不例外。

（2）在广告信息传播过程中，借助于媒介传播的并不是广告信息本身，而是广告信息的表现形式。换言之，广告信息在传播之前，必须要将信息通过编码的过程，将其转化成由各种符号组合而成的广告作品。

（3）为了保证广告信息的质量，在将广告信息表现出来时，必须要了解广告受众的解码方式以及广告受众的经验领域，在此基础上，寻找广告主与广告受众之间沟通的基础以及能被广告受众顺利解码的编码方式。否则，很容易造成广告受众接收的信息与广告主发出的信息不一致的情况。

（4）由于噪声或干扰的存在，可能会降低广告信息传播的效率，在广告信息的制作与传播时，必须要尽可能地找到这些干扰，并想办法减轻或消除干扰对广告信息传播的影响。比如，竞争者广告就是一个很重要的干扰因素，在广告信息制作时，如何减轻或消除竞争者广告的影响，是每个广告信息策略决策者不得不面对的问题。

（5）广告信息传播不是一锤子买卖，在传播过程中，需要及时地收集广告受众的反应，并将受众的反应及时地反馈给广告信息制作者。广告信息制作者根据受众反应，对广告信息策略进行及时调整。

二、广告信息的产生过程

结合传播的相关理论及广告战略对信息的实际要求，广告信息的产生过程一般包括五个步骤，如图 6-3 所示。在这五个步骤中，第一步和第二步实际上是解决“说什么”的问题，第三步和第四步是解决“怎么说”的问题，第五步则是对传播效果的评价。

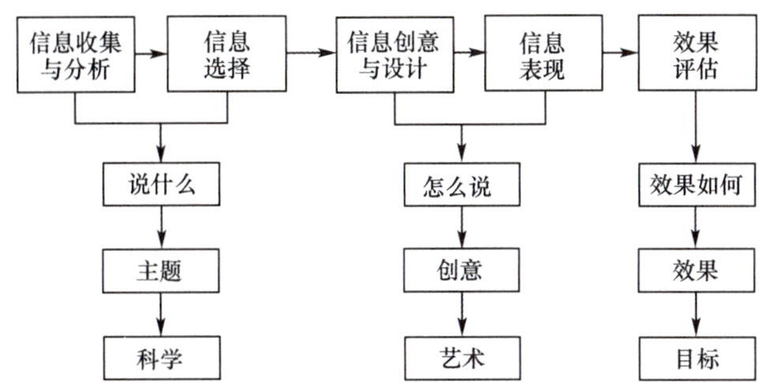

图 6-3　广告信息的产生过程

(一)信息收集与分析

许多广告人都强调信息收集工作的重要性,伯恩巴克曾说:"如果我要给任何一个人忠告的话,那就是在他开始工作之先,他要彻底地了解他要广告的商品。你的聪明才智,你的煽动力,你的想象力与创造力都要从对商品的了解中产生。"大卫·奥格威也非常注重信息收集,他认为自己的"神灯"魔力主要来自五个方面的调查汇聚起来的数据与信息,即邮购公司的广告经验、百货商店的广告技巧、调查公司的广告调查、对电视广告的调查、应用别人智慧的成果。他说:"我得到一个相当好而清楚的创作哲学,它大部分得自调查研究。"信息的收集和分析一般包括与广告主相关的产品(服务)、品牌或企业信息,消费者的人口统计信息、消费心理和消费行为信息,市场信息及竞争者信息,这部分内容在广告调查一章中会详细介绍,此处不再赘述。

(二)信息选择

广告不可能是一种完全的信息传播,广告信息都是经过精心挑选的非完全信息。如果说信息收集是信息由少到多的过程,那么信息选择则是化繁为简、由多到少的过程。正如李奥·贝纳所说:"在把相关商品一切事实吸收牢记于心之后,就把它们加以过滤,同时再决定要说些什么以及怎么去说。"

对于如何进行信息选择,许多广告人也提出了自己的想法。20 世纪 20 年代,霍普金斯就提出有限占有权理论,他认为每则广告都应该针对消费者购买产品的心理原因,选择对应的信息,这样的广告就能在消费者那里占据先入为主的优先位置,他称之为"有限占有权"。例如,他当时为喜立滋啤酒所做的"高温冲洗的酒瓶"广告,尽管高温冲洗酒瓶是啤酒行业普遍遵循的程序,但经霍普金斯的广告后,消费者觉得这似乎是喜立滋啤酒的独特优势。20 世纪 50 年代,美国罗瑟·瑞夫斯提出的 USP(独特的销售主张)理论认为,好广告要具有一个"独特的销售主张"。例如,他当时为 M&M 巧克力所做的"只溶在口,不溶在手"的广告,就是以 USP 理论为指导的经典广告。1981 年,艾尔·里斯和杰克·特劳特出版了《定位:攻心之战》(《Positioning:The Battle for Your Mind》)一书,系统地阐述了广告定位理论。该理论认为,广告的目标是使某一产品、品牌或企业在消费者当中获得一个认定的位置,因此广告应将火力集中在一个狭窄的目标上,运用"领先定位""强化定位"和"比附定位"等策略进行广告信息的选择。从优先占有权理论到 USP 理论再到定位理论,不同的理论都说明,广告信息是经过精心选择的非完全信息。

(三)信息创意与设计

如果说信息收集与分析和信息选择是解决"说什么"的问题,那么信息创意与设计则是解决“怎么说”的问题，尤其是信息的创意，是解决“怎么说”的关键环节。不同的广告人对创意都有着经典的总结。伯恩巴克提出的ROI理论认为关联性、原创性和震撼性是广告创意的三要素，其为“金龟车”所做的“想想还是小的好(Think Small)”的广告充分体现了ROI理论的价值。李奥·贝纳在创意上则提出了商品戏剧性理论，指出：“每一个商品都有与生俱来的戏剧性，我们最重要的任务是把它发掘出来并加以利用。”李奥·贝纳以其成功的“绿巨人”青豆广告为例，指出为了表达“绿巨人”青豆饱满新鲜的特点，可以有多种方式，如“精心种植和灌装”“蔬菜王国中的绿宝石”“豌豆在大地，善意充满人间”等，但只有“月光下的收成”能够将商品的戏剧性表现出来。

正如我们在说话时一个意思可以有不同的表达方式一样，一个特定的广告主题也可以由不同的创意来表达。怎样才能通过创意巧妙地把经由选择的信息表达出来，让受众在不经意间就能接受？怎样让受众感受到广告对象的美好，并产生心灵的震撼甚至产生对广告对象的向往？这些是广告信息在产生过程中必须要注意的问题。

(四)信息表现

广告表现是指将头脑中的创意和编码外化出来的过程，其结果直接成为广告作品。要把头脑中的创意外化出来，并非易事，好的广告都是在有好的创意的同时，也有好的表现和好的执行。

广告信息的表现可以看成是将信息利用文字、图像、声音等符号组合表现出来，对广告受众的感官(主要是视觉和听觉)进行刺激的过程，这一过程也可以称之为信息的编码过程。广告信息的编码必须符合编码规则，如语义逻辑、审美逻辑、生活逻辑等。以电视广告为例，电视画面的组合要符合蒙太奇规则。蒙太奇分为叙事蒙太奇和表现蒙太奇两种。叙事蒙太奇是通过镜头的组接来叙述一段故事，组接依据是生活逻辑，一般可按时间顺序、空间顺序、因果顺序三种方式组接镜头。表现蒙太奇是通过具有内在联系的镜头组接来暗示某种寓意、抒发某种情感或激发受众产生联想，一般有累积式、对比式和寓意式三种组接方式。如果画面不按编码规则胡乱组合在一起，就无法表达特定的概念，导致受众无法解码，无法理解。

(五)效果评估

广告信息被表现出来之后，还需要对其效果进行评估。广告信息传播是一种经济性传播活动，其效果连同传播效果共同决定了广告的最终效果，因此在广告发布之前，必须对广告作品进行效果的预测或评估。通过信息的评估，尽可能地把错误消除在广告发布之前。

为了保证最终广告信息的质量，广告信息的评估需要对信息产生流程的各环节进行测评。信息收集和分析环节，主要测量信息收集是否充足、真实和客观；信息选择环节主要测量信息选择是否合理、有效；信息创意环节主要测量创意是否新奇、独特；信息表现环节主要测量信息表现是否符合逻辑、暗示是否有效等。

第三节　广告信息创作策略

广告主题的提炼、广告创意和广告表现统称为广告信息创作。创作是广告的灵魂，优秀的创作是广告成功的基础。它要求广告创作者在寻求灵感的同时不要忘记思考，在创作中遵循一定的原则。早期的广告创作原则和策略大多源于一些广告先锋人对其实践的总结，如最早获得纽约文案俱乐部颁发的“杰出撰文家”荣誉的五位大师罗瑟·瑞夫斯、大卫·奥格威、威廉·伯恩巴克、李奥·贝纳、乔治·葛里宾，他们各具特色的创作风格对后来的广告人影响深远，从而丰富和发展了现代广告创作策略。

在竞争日趋激烈的市场中，如何创造出与对手有别的差异是公司营销中的一大焦点。本节主要介绍 USP 策略、品牌形象策略和广告定位策略。

一、USP 策略

20 世纪 50 年代(产品时代)初，罗瑟·瑞夫斯提出 USP 理论，要求向消费者展现一个“独特的销售主张(Unique Sales Proposition，USP)”，而且这个主张是竞争者所没法做到的。但到了 50 年代末和 60 年代初，随着科技的进步，各种替代品和仿制品不断涌现，寻找 USP 变得愈加困难。

(一)USP 策略的要点

USP 策略即独特的销售主张，只有当广告能指出产品的独特之处时才能行之有效，即应在传达内容时发现和发展自己的独特销售主张。USP 具有以下三个特点：

(1)必须包含特定的商品效用，即每一个广告都要对消费者提出一个说辞，给予消费者一个明确的利益承诺。

(2)必须是独特且唯一的，是其他同类竞争商品不具有或没有使用过的说辞。

(3)必须有利于促进销售，即这一说辞一定要强有力到能招徕数百万的顾客。

由于科学技术的急速发展，人类社会不断向前推动，单靠一般化、模式化的广告创意和表现已不能引起大众的注意和兴趣，必须在产品中寻找并在广告中陈述产品的独特之处，即实施独特的销售主张。这一新的广告创意策略一经问世便立即在广告界引起热烈响应，并在 20 世纪五六十年代得到普遍推广。提出者罗瑟·瑞夫斯利用 USP 策略创作了许多优秀的广告，其最为人们津津乐道的广告就是 1954 年为玛氏糖果公司制作的 M&M 巧克力豆广告。

小案例

1954 年，罗瑟·瑞夫斯在自己的办公室里接待了玛氏糖果公司的总经理麦克纳马拉。麦克纳马拉这次来，是请瑞夫斯为其新产品 M&M 巧克力豆制作广告策划，扩大产品销路。在与麦克纳马拉交谈后，瑞夫斯发现，M&M 巧克力豆是当时唯一用糖衣包裹的巧克力豆。有了这一发现，即刻形成了广告构想：抓住 M&M 巧克力豆这一与众不同的特点，打动消费者。

经过缜密思考，精心创意，瑞夫斯创作了这样一则电视广告：电视画面上有两只手，一只脏手，一只洁净的手。画外音：哪只手里面有 M&M 巧克力糖？不是这只脏手，而是另一只洁净的手。因为，M&M 巧克力只溶在口，不溶在手。

广告片播出后，M&M 巧克力豆顿时名声大震，人们争相购买，销量猛增。其“只溶在口，不溶在手”的广告词，至今仍是玛氏公司 M&M 巧克力豆的广告主题，被牢牢记在世界各国消费者心中。

(二)USP 策略的理论基础和心理基础

1. USP 策略的理论基础

随着经济的发展和生产力的提高，市场商品日益丰富，竞争也趋于激烈，依据标准化的同质产品或同质信息诉求很难再赢得消费者，因此差异化营销成为企业主要的营销战略选择。差异化营销充分考虑了消费者需求的多样性和异质性。USP 策略适应了营销战略的要求，因为差异性的信息诉求是建立在差异的产品基础之上的，包括产品的核心差异、产品形体的差异以及产品附加的差异。

2. USP 策略的心理基础

消费者的购买动机和行为要受到认知过程的影响。所谓认知，是指消费者通过感官对外部刺激物所获得的直观形象的反映。心理学认为，认知过程是一个选择性的心理过程：选择性注意、选择性曲解和选择性记忆。USP 策略正是利用人们认知的心理特点，在广告中介绍产品独具的特征及利益，使消费者注意、记住并对提供的利益产生兴趣，从而促使其做出购买决策。

采用 USP 策略，要以商品分析为基础，并以广告商品在功能上有明显差异为前提，主要适用于以下情形：当产品差异是区分市场的重要依据时；当消费者对产品特点非常关心时；某些产品特点或优点处于中心位置(指某一类产品大部分消费者最关心的特点)时。近年来，我们常看到的广告，如舒肤佳的“有效除菌护全家”、白加黑的“白天吃白片、晚上吃黑片”、农夫山泉的“农夫山泉有点甜”、农夫果园的“喝前摇一摇”都是较好地利用了 USP 策略的例子。

二、品牌形象策略

20 世纪 60 年代(形象时代)，大卫·奥格威提出品牌形象论，认为在产品功能利益点越来越小的情况下，消费者购买时看重的是实质与心理利益之和，而形象化的品牌就是带来品牌的心理利益。在此理论指导下，奥格威成功策划了劳斯莱斯汽车、哈撒韦衬衫等国际知名品牌，随之广告界刮起了“品牌形象论”的旋风。

品牌形象策略，是指通过塑造独特的品牌形象，建立起产品与目标受众之间的感情需求关系，使目标受众产生品牌联想和品牌忠诚，从而激发他们对品牌的兴趣、偏好和欲望，最终促使他们产生购买行为。

曾有过这样的测试，两个产品很相似的品牌，当蒙住测试者的眼睛时，测试者无法区别两者之间的差别，但一说出品牌，测试者则会顿时感到品牌之间味道的不同，这正是品牌的名称或包装赋予品牌形象的结果。换言之，每个品牌或产品都对应着一个形象，对于无法区分其内在品质差异的产品或品牌，消费者借以辨别的是附加上去的个性和形象。而这一形象，一般是借助不同的推广技术，尤其是广告传达给消费者的。

品牌形象策略认为，在做广告时，企业与产品的声誉、形象比产品本身更为重要。奥格威说：“每一个广告都应当是品牌形象的长程投资。”这句话包含了两层意思：其一，提到产品，就能使人想到其广告，见到或听到广告，就能使人想到其产品。品牌形象由此而确立。其二，广告所确立的品牌形象应是长期的，效应是久远的，给人的印象是深刻的。广告需要投资，投资就应当有收益、有回报，其表现为品牌形象的确立，及由此赢得的市场、创建的无形资产。

小案例

麦当劳叔叔是麦当劳速食连锁店的招牌吉祥物和企业的形象代言人，也是“麦当劳首席快乐官”，官方设定本名叫作罗纳德·麦当劳(Ronald·McDonald)，是友谊、风趣、祥和的象征，他总是传统马戏小丑打扮，黄色连衫裤，红白条的衬衣和短袜，大红鞋，黄手套，一头红发。

从1963年起，“麦当劳叔叔”的形象风靡了全美国。在英国、日本、中国香港等地，“麦当劳叔叔”也成了家喻户晓的人物。当他们想起“麦当劳叔叔”的时候，自然地就会想起麦当汉堡包、鱼柳包、炸薯条.....这些美味可口的菜肴。他在美国4～9岁儿童心中，是仅次于圣诞老人的第二个最熟悉的人物，他象征着麦当劳永远是大家的朋友。此外，伴随着麦当劳公司全球化的经营方针，麦当劳叔叔还被设定为能说31种语言，包括汉语、印地语等。作为麦当劳公司用以吸引小朋友的主要虚拟角色，官方将麦当劳叔叔设定为“孩童最好的朋友”，在麦当劳乐园欢迎着小朋友的光临，并自2003年8月起担任麦当劳公司的“麦当劳首席快乐官”。

2016年10月11日，由于市场环境的变化等原因，麦当劳开始逐步降低麦当劳叔叔“唐纳德·麦当劳”的出镜频率，麦当劳叔叔虽然消失了，但他留下的时代记忆或许还会继续延续下去。

案例来源：根据网络相关资料整理

塑造品牌形象，必须为品牌选择或创造合适的广告意象，能够表现品牌的特质或个性，并能为消费者理解和接受，从广告实践看，常见的广告意象的选择或创造有以下几种：

（一）专业模特形象

这种策略是借助合适的专业模特，间接地塑造品牌形象。万宝路广告画面中那深具美国英雄主义价值精髓的牛仔形象，被许多男同胞竞相仿效，也使不少女烟民为之魂牵梦绕。表现这一粗犷豪放、成熟刚强的牛仔形象的模特，显然是经过精心挑选的。另外，如被我国消费者所熟悉的金利来也经常选用能体现其品牌形象的专业模特进行形象的塑造。

（二）标志物形象

这种策略是指通过传播企业的标志物来塑造广告产品形象。常见的标志物主要是一些商标人物、动画人物或者动物或植物等。我们常见的采用这一策略的广告有：百事可乐为七喜设计的“七喜小子”、可口可乐的“酷儿”、M&M巧克力广告中那两颗拟人化的巧克力豆。除此之外，在很多儿童用品的包装上，经常看到的米老鼠、忍者神龟、喜羊羊、葫芦娃等，也都是这一策略的应用。

（三）名人形象

这是一种借助名人自身的社会效应来间接地树立产品品牌形象的策略。我们在电视广告中看到大量的名人广告都属于这一类，比较成功的例子如百事可乐广告中出现的歌星和体育明星，联合利华的力士广告中出现的影视明星等。为了更好地借助名人形象，在形象选择时，应尽可能地使选择的明星与品牌自身的形象及定位相吻合，如中国移动为其不同品牌选择形象代言人就是一个很好的例子：其高端品牌“全球通”品牌邀请了商界领袖为其代言；“神州行”作为市民卡则邀请了极具亲民形象的演员为其代言；而拥有大量年轻消费群体的“动感地带”则邀请了在年轻人中有极大影响力的歌手为其代言。

（四）普通人形象

尽管名人广告的收视率和受读率比一般广告高，但其广告费用也非常昂贵，且近年来，受众对名人广告的信任度也开始降低，使得广告主开始转变策略，聘请一些普通人做证言广告。近年来，我们在电视上常见的如大宝SOD蜜的广告、奥妙洗衣粉的广告都运用的是这一策略。北京2008年奥运会拍摄的宣传片中，也选用了大量的普通市民来展现北京的形象，获得了大众的一致好评。

三、广告定位策略

20 世纪 70 年代(定位时代)两位美国年轻人杰克·特劳特和艾尔·里斯提出了定位论,1981 年出版专著《定位:攻心之战》。定位论强调随着竞争激化,同质化、相似化日益严重,所以需要创造心理差异、个性差异,主张从传播对象(消费者)角度出发,由外向内在传播对象心目中占据一个有利位置。而要由外向内,就需要研究并了解消费者的所思所想,通过调查寻找一个独特的市场位置。

(一)广告定位的观点

广告定位阶段自 20 世纪 70 年代初期开始,到 80 年代中期达到顶峰,其广告理论的核心就是使商品在消费者心目中确立一个位置。正如艾尔·里斯和杰克·特劳特所指出的:“广告已进入一个以定位策略为主的时代,想在我们传播过多的社会中成功,一个公司必须在其潜在顾客的心智中创造一个位置。”在定位的时代,去发明或发现了不起的事物并不够,甚至还不需要。然而,你一定要把进入潜在顾客的心智,作为首要之图。

里斯和特劳特把定位看成是对现有产品进行的一种创造性实验。下面是他们对“定位”下的定义:定位并不是你对产品本身做些什么,而是你在有可能成为顾客的人的心目中做些什么。也就是说,你得给产品在有可能成为顾客的人的心目中定一个适当的位置。这种观点完全把广告定位建立在对消费心理的研究上,而不是商品之间的差异,即“从外向内”的研究。

除了强调其定位的位置是“消费者心中”之外,广告定位策略还强调“相对于竞争对手”。也就是说,定位所试图在消费者心中建立的位置是和竞争者相比照的,从而体现出鲜明的“竞争导向”。但与一般的竞争性广告不同,广告定位的竞争是一种心理位置上的竞争,并且承认并利用竞争品牌的位置和优势,换言之,广告定位的竞争思想就是:我承认你好,但我比你更好。最能体现广告定位策略精髓的实例当属伯恩巴克为大众甲壳虫汽车所做的“Think Small”广告。

小案例

德国大众汽车公司的金龟车进入美国市场 10 年仍被消费者冷落。因为其马力小、简单、低档、形状古怪(像只甲壳虫)。另外,金龟车还存在着政治心理障碍——它曾被希特勒作为纳粹时代的辉煌象征之一而大加鼓吹。对于刚经历过第二次世界大战浩劫的人们,甲壳虫自然受到排斥。伯恩巴克接下了这则广告业务后,推出一系列广告,其中之一便是《想想小的好处(Think Small)》篇:

画面:画面简单而醒目,大片空白,仅在左上角有一辆小小的金龟车图案。

广告标题:想想小的好处。

文案:我们的小车并不标新立异。许多从学院出来的家伙不屑屈身于它;加油站的小伙儿也不会问它的油箱在哪里;没有人注意它,甚至没人看它一眼。其实,驾驶过它的人并不这样认为。因为它耗油低,不需防冻剂,能够用一套轮胎跑完 40 000 英里的路。

这就是为什么你一旦用上我们的产品就对它爱不释手的原因。

当你挤进一个狭小的停车场时、当你更换你的那笔少量的保险金时、当你支付那一小笔修理账单时,或者当你用你的旧大众换得一辆新大众时,请想想小的好处。

这一具有非凡创意的广告使得大众金龟车在美国销路大开,而且长盛不衰。难怪广告大师大卫·奥格威会羡慕不已地说:“就算我活到 100 岁,我也写不出像‘福斯汽车’(金龟车)那种策划方案,我非常羡慕它,我认为它给广告开辟了新的门径。"

细分市场和定位为广告战略提供了决策依据。对市场进行细分就是要确认各个细分市场中存在着的差异化需要,对产品和品牌定位则是要向目标对象提供一种差异化的利益,同时,这种差异化的利益必须有效地与目标市场沟通,才能使营销战略富有竞争能力,定位就是一种沟通战略。广告是一种重要的营销沟通工具,广告定位是制定产品或品牌差别化利益的信息,并通过创意实现最有效地传达。

可以说,产品定位做的是生产的预备工作,而广告定位是生产过程的后延。产品定位实际上就是在企业战略指导下,结合产品分析与消费者分析,得到产品可能激发消费者购买的一些特征,再提取一个或几个典型特征予以强调放大,形成产品定位;广告定位是从产品定位出发,结合对目标消费者信息接收的心理特征而最终到达让目标消费者接受产品,认同品牌的目的。

(二)广告定位的常见策略

1. 领先定位

领先定位是指企业在进行广告定位时,力争使自己的产品品牌在消费者的心目中抢占第一的位置。这种第一,可以是规模上的,也可以是时间或历史上的。经验证明,最先进入人们心目中的品牌,平均比第二的品牌在长期市场占有率方面要高很多,而且此种关系是不易改变的。一般来说,第一个进入消费者心中的品牌,都是难以被驱逐出去的。如可乐中的"可口可乐"(Coca-Cola)、电器中的"通用"(General Electric)、轮胎中的"固特异"(Goodyear)、快餐中的"麦当劳"(McDonald's)等。

2. 强化定位

强化定位是指企业成为市场领导者后,还应不断地加强产品在消费者心目中的印象,以确保第一的地位。实行强化定位应做到如下两点:

(1)不断加强消费者起初形成的观念。如可口可乐公司所用的强化广告词是"只有可口可乐,才是真正可乐"。这个策略可适用于任何领导者。仿佛可口可乐是衡量其他一切可乐的标准,相比之下,其他任何一种可乐类饮料都是模仿真正的可乐。

(2)决不给竞争者以可乘之机。领导者决不应盲目自大,自以为自己的地位很稳固,沉浸在自满、自豪之中,只顾欣赏自己却忘记了周围竞争的存在,而应密切关注竞争者的动向,掌握竞争优势。

3. 比附定位

比附定位是指通过与竞争品牌的比较来确定自身市场地位的一种定位策略,其实质是一种借势定位或反应式定位。借竞争者之势,衬托自身的品牌形象。在比附定位中,参照对象的选择是一个重要问题。一般来说,只有与知名度、美誉度高的品牌做比较,才能借势抬高自己的身价。比附定位的常见形式有以下四种:

(1)甘居第二。此种形式是明确承认同类产品中另有最负盛名的品牌,自己只不过是第二而已。这种策略会使人们对公司产生一种谦虚诚恳的印象,相信公司所说的是真实可靠的,同时迎合了人们同情弱者的心理,这样消费者对这个品牌的印象会更深刻。美国阿维斯出租汽车公司定位为"我们是老二,我们要进一步努力"之后,品牌知名度反而得到很大提升,赢得了更多的忠诚客户。

(2)攀龙附凤。具体来说,就是首先承认同类产品中已有卓有成就的品牌,本品牌虽自愧不如,但在某一地区或在某一方面还可以与这些最受消费者欢迎和信赖的品牌并驾齐驱,平分秋色。内蒙古宁城老窖打出的广告语"宁城老窖——塞外茅台"就属于这一策略。

(3)进入高级俱乐部。公司如果不能攀附第二名,也可以利用模糊数学的手法,借助群体的声望，把自己归入高级俱乐部式的品牌群体中，强调自己是这一群体的一员，从而提升自己的形象和地位。美国克莱斯勒汽车公司宣布自己是美国三大汽车公司之一，使消费者感到克莱斯勒和第一、第二一样都是知名汽车公司，同样收到了良好的广告效果。

（4）逆向比附。七喜是逆向定位的典范。在充分了解到可口可乐和百事可乐在人们心目中已占有重要位置，并敏锐地洞察到消费者心中对可乐中含有咖啡因而萌发微小不安时，七喜公司激发出辉煌的定位构思：七喜是非可乐，因为不含咖啡因。把七喜与可乐进行反衬，树立自身的大反差位置，使七喜成为可乐类以外的另一种选择，从而确定了七喜在饮料市场上的地位，销量逐渐上升为处于可口可乐和百事可乐之后的第三位，抢占了可乐类饮料的市场。

4. 补隙定位

补隙定位也称细分定位，是在原有的位序序列中，分解出更细小的类别，在大阶梯中分解出小阶梯，然后将自己的品牌定位于小类别或小阶梯的领先位置，正如里斯所说："在小水池中作为一条大鱼（然后再把水池增大），比在大水池中作为一条小鱼要好，但是，首先要确认不能让称为第一的其他事物着了先机。"

正如我们可以利用不同的变量（包括人口、地理、心理、行为等）来细分市场一样，通过细分定位，我们一般都可以寻找到市场的空隙，来作为广告创意和诉求的立足点。

本章小结

本章是对广告信息策略的总体介绍，主要内容包括广告信息及广告信息策略的基础知识、广告信息的产生过程、广告信息的经典创作策略三部分。

1. 基础知识部分。在了解广告信息和广告信息策略的基本概念的基础上，分析了广告信息策略的构成：就广告信息本身而言，一般由内容层、创意层与符号层三部分构成。其中，内容层是广告信息的内涵；创意层是广告信息的表达方式；符号层是广告信息的表现形式。广告信息策略要达成的目标主要有：吸引注意、易于理解、便于记忆、激发欲望和促成行动五个方面。以消费者为中心对广告信息进行评价的标准有三个：吸引力、信服力和感召力。

2. 广告信息的产生过程。在以香农-施拉姆模式作为理论基础介绍了信息传播的一般模式后，结合传播的相关理论及广告战略对信息的实际要求，介绍了广告信息的产生过程。一般而言，广告信息的产生过程包括五个步骤：信息收集与分析、信息选择、信息创意与设计、信息表现和效果评估。其中，第一步和第二步可以看成是解决"说什么"的问题，第三步和第四步可以看成是解决"怎么说"的问题，第五步则是对传播效果的评价。

3. 经典的创作策略。广告发展过程中出现过许多广告的先锋人物，他们各具特色的创作风格丰富和发展了现代广告创作策略。本书着重介绍了USP策略、品牌形象策略和广告定位策略。

思考与练习

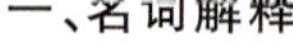

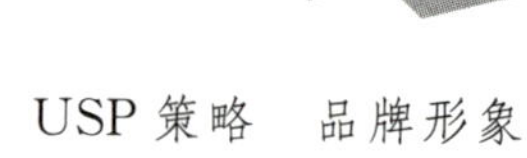

一、名词解释

广告信息　广告信息策略　USP策略　品牌形象策略　广告定位策略

二、选择题

1. 以下不属于广告真实性要求的是（　　）。

A. 商品(服务)真实　　B. 信息真实
C. 企业真实　　D. 消费者感知真实

2. 广告信息感召力的大小通常来自广告受众对广告信息及广告信息中商品的(　　)。

A. 真实性　　B. 可靠性　　C. 满意程度　　D. 表达方式

3. 提出独特的销售主张(USP)理论的是(　　)。

A. 罗瑟·瑞夫斯　　B. 大卫·奥格威
C. 李奥·贝纳　　D. 威廉·伯恩巴克

4. 品牌形象论的形成时期大致是(　　)。

A. 20 世纪 50 年代　　B. 20 世纪 60 年代
C. 20 世纪 70 年代　　D. 20 世纪 80 年代

5. 艾尔·里斯和杰克·特劳特的《定位:攻心之战》(《Positioning: The Battle for Your Mind》)一书出版于(　　)。

A. 1969 年　　B. 1972 年　　C. 1981 年　　D. 1987 年

6. 企业一旦成为市场领导者后,不断地加强产品在消费者心目中的印象,以确保第一地位的广告定位策略是(　　)。

A. 领先定位　　B. 强化定位　　C. 比附定位　　D. 逆向定位

7. 在原有的位序序列中,分解出更细小的类别,在大阶梯中分解出小阶梯,然后将自己的品牌定位于小类别或小阶梯的领先位置的定位策略是(　　)。

A. 领先定位　　B. 强化定位　　C. 比附定位　　D. 补隙定位

三、简答题

1. 简述广告信息策略的构成及目标。
2. 简述如何评价广告信息。
3. 简述广告信息产生的过程。
4. 简述广告 USP 策略的主要思想与内容。
5. 简述品牌形象策略的主要思想与内容。
6. 简述广告定位策略的主要思想与内容。

实训项目

1. 实训名称:广告作品分析。

2. 实训目的:通过实训,让学生加深对广告信息及信息策略的感性认识,熟悉广告信息策略的构成,学会从消费者的角度评价广告。

3. 实训要求:

(1)每组 3～4 个人,分别收集 3 则电视广告和 3 则平面广告。

(2)认真阅读广告,分析其内容层、创意层和符号层。

(3)从吸引力、信服力和感召力三个层次对广告进行评价。

(4)分析其总体的广告创作策略。

(5)从广告中分析企业可能的目标消费者、营销目标和营销策略。

(6)撰写分析报告。

第七章 广告主题与诉求策略

学习目标

知识目标

- 了解广告主题的概念、要素及常见的广告主题
- 熟悉产品价值网分析的三个层次及具体内容
- 了解广告主题策划应注意的事项
- 理解广告诉求的基本概念
- 了解广告诉求的基本方法

能力目标

- 能运用价值网分析的知识分析具体产品的价值体系
- 能举例并分析具体广告的广告主题及广告诉求
- 能具体说明理性诉求与感性诉求之间的差异

思政目标

（与时俱进）在广告主题与广告诉求策划部分应注意连贯性的问题，通过把内容与“与时俱进”思想相结合的方式，引导学生加深对与时俱进思想的理解，让学生更深入地理解社会变迁、市场变化可能给广告主题与诉求策划带来的影响，把与时俱进的思想融入具体的实践活动，并通过思考与练习中相关习题的设置，强化学生对与时俱进的理解和印象。

案例导入

佳洁士 VS 高露洁

环顾牙膏市场，可能为人们熟知的就是高露洁和佳洁士这两个品牌，这两大品牌一直在美国、中国及世界的其他国家市场上，你来我往的竞争着第一把交椅。观察发现，几乎所有的牙膏广告都在讲牙膏的功能和属性，围绕着牙膏的核心利益承诺来展开，高露洁和佳洁士也不例外。

高露洁牙膏广告以“我们的口号是——没有蛀牙！”为广告语广为人知，在中国市场广大消费者的头脑里占据了“防蛀牙”的第一定位。牙膏的病理功效最主要的就是防龋、防蛀，可以说高露洁是以先入者的角色占据了这一关键定位。其“刷漆篇”和“老虎篇”的广告均是典型的功能利益型定位，在广告中直接强调有效防蛀的功效。

而为了避开与高露洁牙膏“防蛀牙”的正面竞争，佳洁士牙膏的广告更多地从健康和美白的角度进行诉求：“健康笑容来自佳洁士”“洁白健康，笑容一生绽放”，并从健康、美白延伸

出"笑容"的主题。例如,佳洁士Crest闪耀炫白牙膏2011年的广告定位为都市女性美容美白的高品质牙膏,佳洁士盐白牙膏"盐的世界篇"则从盐白牙膏去除牙渍、持久洁白的功能来定位。

问题:

(1)都是从功能和属性出发的高露洁和佳洁士牙膏广告,二者有什么区别?

(2)其他品牌的牙膏的广告是怎么做的?

第一节 广告主题

一、广告主题的概念

广告主题,或称广告主张、广告中心意念,就是广告信息的中心内容。广告主题是广告的眼睛,贯穿于广告活动的全过程,为整体广告策划做良好的铺垫。换言之,广告主题是广告的中心思想,是广告内容和目的的集中体现和概括,是广告诉求的基本点,广告创意的基石。广告主题在广告的信息创作中处于统帅和主导地位。广告设计、广告创意、广告文案、广告表达均要围绕广告主题展开。广告主题使广告的各种要素有机地组成一则完整的广告作品。如果作品的主旨不清楚,其正文肯定离题万里。

任何文学和绘画作品都有一个中心思想,古人称为立意、主旨或题旨。没有主旨或题旨的作品是没有生命力的。因此,在文学创作中,主题是整个艺术作品的灵魂。广告作品的主题如同其他艺术作品的主题一样,如果一幅广告没有主题,效果肯定不佳。当然,有主题的广告,不一定能形成诉求力强的广告,但是没有主题的广告,读者看后抓不住中心,这样的广告注定是失败的广告。

(1)广告主题是广告所要表达的重点和中心,是整个广告信息的灵魂所在。作为信息的焦点,广告主题不能宽泛、模糊,而应该根据产品的具体情况进行筛选和取舍。它又是广告创意的主要材料和依据,涉及的核心问题是市场,它的确定建立在市场调查的基础之上。

(2)广告主题在很大程度上决定着广告作品的格调与价值。它是广告策划、设计人员基于对企业目标的理解,对产品个性特征的认识,以及对市场和消费者需求的观察、分析、思考而提炼出的诉求重点。广告主题必须是真实的、可靠的,必须服务于广告目标,蕴含商品和服务的信息,保证消费者的利益,鲜明而具体,使人一目了然。

(3)广告主题说什么,看起来容易,操作起来则是十分困难的工作。广告主题的形成和深化是广告创作者对客观事实的认识和对素材提炼的成果。因此,广告主题不是闭门造出来的,而是来源于客观事实。广告主题的选择和表现是否正确,首先决定于广告创作者对广告目标市场的理解程度。

(4)广告主题是广告所要传达的核心内容,它可以由物质性的东西来支撑,也可以由心理性的东西来支持。广告主题的正确与否直接关系到广告的成效。所以,确立广告主题,可以针对物质利益(产品和服务的实用价值)来进行,也可以针对消费者的心理利益,诉诸产品的附加价值,为商品创造出一种消费者心理所期待的感觉。

二、广告主题的三要素

广告主题是广告所要传达的核心内容。一个完整的广告主题应该包含广告目标、信息个性和消费心理三个要素。

(一)广告目标

广告目标是指广告活动所要达到的最终目的。广告目标是根据企业的营销目标设定的,营销目标是指通过包括广告在内的多种营销手段所获得的实际物化效果;而广告目标是广告实施对目标对象的最终影响,即沟通的目标。广告目标决定了为什么要做广告和怎样做广告的问题。确定广告主题,必须以广告目标为依据,针对要达成的广告目标提出广告所要说明的基本观点。借助目标主题,广告目标融入广告活动中并获得其实现的可能性。没有了目标就没有了责任,没有了考核依据,同时也没有了压力与前进的动力。广告主题需要解决的问题是广告所要传达的核心内容,它必须直接或间接地指向广告目标。因此,广告目标对广告主题的要求不能无的放矢,不能不讲效果,不能与广告策略相违背。

(二)信息个性

信息个性对广告主题的要求是:广告主题必须具有独特的个性信息。在饮用水市场被乐百氏和娃哈哈两分天下的竞争态势下,一个新的产品,如果没有个性是很难找到品牌间的差异的。农夫山泉的崛起告诉我们:区别就是一切。它牢牢抓住了人们回归自然的心态,无论是产品的命名还是创意都围绕着这一中心,展开"农夫山泉有点甜"的攻势,让人喝上一口真的有甜丝丝的感觉,体现了产品的与众不同。信息个性是整个广告活动的亮点,犹如华丽礼服上的一枚钻石胸针,使整套服饰都鲜活起来。

信息个性的选择需要广泛了解与广告产品和广告企业有关的信息,还要充分了解竞争产品或非竞争性的同类产品的各种特点,了解竞争产品广告的主题构成要素,然后研究各种历史的和现实的资讯、材料,进行反复比较研究,提出多种备选方案,最后才能确定。信息个性可以从产品的自然特点和社会特点所彰显的个性这两方面去识别和挖掘。自然特点包括原料的品质、产地、历史、制造方法、技术、设备、工艺水平、卫生条件、生产规模、产品形状、视觉形象、听觉印象、触觉印象、使用寿命、用途、方法、方便程度和保险程度等;而社会特点则包括产品的经历、用户的构成、社会的评价、同类产品的竞争状况、消费者对产品的态度、使用上的意趣、所代表的地位与身份的象征、企业规模的大小、历史、声誉等。

(三)消费心理

消费心理是消费者在购买、使用及消耗商品或接受服务过程中反映出来的心理现象。在买方市场中,各种产品极为丰富,竞争激烈,消费者所关心的问题不再是能否买到某种商品,而是所购买的商品能否满足自我、表现自我、塑造自我,消费者的心理因素在购买活动中已处于主导地位。但消费者的构成层次比较复杂,同一层次的消费者需求也有很大差异,并不稳定,经常处于变动状态。为此,确认消费者心理这一构成要素时,要尽可能充分利用广告调查及营销要素分析的资讯材料,尤其注意目标市场的细分情况,尽可能使所确认的消费者心理要素能够准确地反映目标市场的心理趋势及人文特点,使广告主题与消费者产生更大的共鸣。

例如,台湾山叶钢琴广告就是一个成功运用心理调侃的案例:"爸爸、妈妈都希望自己的孩子是最好的,从孩子呱呱坠地起,所有的父母就希望孩子是最好的,希望孩子健康快乐成长。山叶愿与父母共同分担这个心愿。学琴的孩子不会变坏!"一句"学琴的孩子不会变坏"就准确地抓住了为人父母的心理期望,一语中的,给为人父母者一片挡不住的甜蜜。主题将心理因素融合得越巧妙、越合理,广告共鸣的震撼效果就越强烈。因此,消费心理对广告策划的要求是使广告目标和信息个性迎合消费者某一方面的心理需要。

三、常见的广告主题

(一)针对消费者心理的广告主题

(1)强力介绍某种产品超越其他品种的新用途;
(2)和同类产品相比,显示自己的产品比其他同类产品在功能、质量等方面的优越性;
(3)证实若消费者购买广告中的产品,可解决或避免某种不悦之事;
(4)诱使消费者加深对产品商标的记忆,以此提高品牌在消费者心中的知名度;
(5)强调产品能美化消费者形象,提升身份地位;
(6)用优美的语言和影响力大的媒介宣扬产品能给消费者带来精神的享受;
(7)多次重复广告口号,以加深消费者对企业和产品的印象。

(二)针对企业形象的广告主题

(1)强调企业产品为提高消费者生活水平所做的不可湮没的贡献;
(2)突出企业强有力的市场销售地位;
(3)宣扬企业一丝不苟、埋头苦干、勇于进取、不甘落后的精神;
(4)强化企业国际化的良好形象,并为产品打入国际市场铺路;
(5)创造温馨亲切、让人留恋的企业家庭氛围。

(三)针对消费者购买行为的广告主题

(1)使消费者增加购买商品的次数,而不做过路生意;
(2)促使消费者购买刚打入市场的新产品;
(3)刺激消费者增加对所广告商品的使用量,使消费者相信该产品的质量过硬;
(4)突出自家产品的独特之处,刺激消费者产生购买冲动;
(5)诱使消费者试用自己的商品,并减少对竞争对手产品的使用。

(四)利用营销策略或技巧的广告主题

(1)以有奖销售的方式吸引消费者购买;
(2)刺激消费者对某种品牌的基本需求;
(3)用粘贴防伪标志的形式,加强消费者的辨认度,用正当手段维权;
(4)大肆渲染马上入市的新产品,为刺激消费者购买做好心理准备;
(5)采用薄利多销的方式争取消费者;
(6)强调经营服务给消费者带来的便利;
(7)为消费者提供售后服务,免除消费者的后顾之忧;
(8)吸引潜在的目标消费者加入消费行列,扩大产品的销售市场。

第二节　广告诉求

一、广告诉求的概念

广告利用多种创意途径,把要传达的产品利益或形象折射出来,让目标受众充分感受到这种由产品的功能转化而来的利益点的感染,从而潜移默化或立竿见影地实现一种渴望拥有此产品的行动。

诉求是制定某种道德、动机、认同，或是说服受众应该去做某件事的理由。如果说广告主题是确定广告的中心思想的话，那么广告诉求则是寻找说服受众接受广告主题的理由；如果说广告主题更多的是从产品角度去寻找产品的独特优势的话，那么广告诉求则更多是从消费者兴趣和动机的角度，去寻找能吸引消费者注意或兴趣，促使消费者产生购买动机，从而影响消费者对产品、服务及事业的感觉的基本信息点。

所以广告诉求又俗称“卖点”，是商品广告中所要强调的内容，往往是广告成败的关键之所在。倘若广告诉求选定得当，会对消费者产生强烈的吸引力，激发起消费欲望，从而促使其实施购买商品的行为。为了改变信息接收者的观念，广告诉求需要在传播讯号中应用某些心理动力，以引发消费者对于某项活动之动机，或影响其对于某产品或服务之态度。比如，脑白金广告中，“脑白金是一种适合逢年过节送给长辈的保健礼品”是其广告的主题，而“送健康，送祝福”“效果实实在在”“名气大，档次高”则是为了让消费者接受脑白金是一种礼品而从三个方面进行的诉求。

广告要进行有效诉求，必须具备三个条件：正确的诉求对象、正确的诉求重点和正确的诉求策略。

二、广告诉求的对象

广告诉求对象即某一广告的信息传播所针对的那部分消费者。诉求对象由产品的目标消费群体和产品定位决定。诉求对象决策应该在目标市场策略和产品定位策略已经确定之后进行，根据目标消费群体和产品定位而做出。因为目标市场策略已经直接指明了广告要针对哪些细分市场的消费者进行，而产品定位策略也再次申明了产品指向哪些消费者。

产品的实际购买决策者决定了广告诉求对象。根据消费角色理论，不同消费者在不同产品的购买中起不同作用，如在购买家电等大件商品时，丈夫的作用要大于妻子，而在购买厨房用品、服装时，妻子的作用则大于丈夫。因此，家电类产品的广告应该主要针对男性进行诉求，而厨房用品的广告则应该主要针对女性进行诉求。儿童是一个特殊的消费群体，他们是很多产品的实际使用者，但是这些产品的购买决策一般由他们的父母做出，因此儿童用品的广告应该主要针对他们的父母进行诉求。

三、广告诉求的重点

广告活动的时间和范围是有限的，每一次广告都有其特定的目标，不能希望通过一次广告就达到企业所有的广告目的；广告刊播的时间和空间也是有限的，在有限的时间和空间内不能容纳过多的广告信息；受众对广告的注意时间和记忆程度是有限的，在很短的时间内，受众不能对过多的信息产生正确的理解和深刻的印象。

广告中向诉求对象重点传达的信息称为广告的诉求重点。广告的诉求重点应该是直接针对诉求对象的需求，诉求对象最为关心、最能够引起他们的注意和兴趣的信息，因为企业认为重要的信息，在消费者看来并不一定非常重要。

四、广告诉求的策略

广告诉求策略从性质上可分为理性诉求策略和感性诉求策略两类。作用于认知层面的诉求，偏重于消费者决策过程中理性、逻辑的一面，我们称之为理性诉求策略；作用于情感层面的诉求，偏重于消费者的情感体验，以期激起消费者某种情绪反应的策略，称为感性诉求策略。在理性和感性之间经常有综合性、同时作用于受众的认知和情感的诉求策略，我们称之为情理结合诉求策略。

(一)理性诉求策略

理性诉求指的是广告诉求定位于受众的理智动机，通过真实、准确、公正地传达企业、产品、服务的客观情况，使受众经过概念、判断、推理等理性思维过程，对产品的特质、功能等有清楚的了解，理智地做出决定。理性诉求广告向消费者“推介产品”，诉诸目标受众的思维，从而使消费者决定是否购买。

理性诉求可以做正面表现，即在广告中告诉受众如果购买某种产品或接受某种服务会获得什么样的利益；也可以做反面表现，即在广告中告诉消费者不购买某种产品或不接受某种服务会对自身产生什么样的影响。

这种诉求策略一般用于消费者需要经过深思熟虑才能决定购买的商品或服务，如高档耐用品、工业品、各种无形服务等。在广告诉求中进行理性传达，往往向受众传达彼此具有很强逻辑关系的信息，利用判断推理来加强广告的说服力。

随着商品同质化程度的提高，理性诉求的表现策略也有其特定的适用范围。一般来说，理性诉求策略比较适用于高档耐用消费品、高科技含量的产品等，至于中低档日常用品，如酒类、化妆品、服装、胶卷、食品等则不大适用或较少适用。因为，高档消费品价格昂贵、使用时间长，消费者往往会经过繁复的资料搜集、意见征询、反复比较之后才决定是否购买、购买什么品牌、型号等。因此，在创作高档耐用消费品广告时需要认真思考、反复推敲，紧扣消费者心理，陈述最具说服力的有效信息。

常用的方式有摆事实、讲道理，利用权威对此产品的赞扬，利用证人现身说法，提供大量确凿的事实和数据，或反驳某种不正确的见解，使消费者接受广告后十分信服，感到购买该产品不仅十分必要，而且非常划算。

(二)感性诉求策略

所谓感性诉求，主要是指广告诉求定位于受众的感情动机基础上，通过表现与企业、产品、服务相关的情绪与情感因素来传达广告信息，使受众与广告产生情感共鸣，使消费者在感动之余认同该产品，从而诱发人们的购买动机。如果说理性诉求是“以理服人”，那么感性诉求就是“以情动人”。

感情动机又可分为情绪动机和情感动机。喜、怒、哀、乐等情绪引起的购买动机称为情绪动机，它们具体表现为快乐、满意、喜欢、好奇、妒忌、好胜等。情绪动机具有冲动性、即景性和不稳定性等特点；道德感、群体感、美感等人类高级情感所引起的购买动机称为情感动机。情感动机具有较强的倾向性、深刻性与稳定性等特点。

感人心者，莫先乎情。在人的心理活动中，情绪、情感和认知因素一样，是影响人们对客观事物的态度和行为的心理基础之一。当这种情感因素占主导地位时，就会使人激动、振奋或反感、抵触，它对人的态度和行为产生迅速作用或强烈影响。情感诉求与消费者购买产品或服务的社会和心理需求有关。许多消费者支持其购买的动机都是感性的。许多感受或需求都可以作为广告诉求的基础，并在某一情感层面上影响消费者。这些诉求基于自我心理状态或感觉，也基于社会性定位的心理状态或感觉。

情感诉求运用较多的是一些日常生活用品，如服装和女性用品等，这类商品消费量大，更换率高，消费者的购买欲望往往由动情而感染。因此，浓郁的人情味是这类广告创意的诉求重点，要善于发现和挖掘引起人们情感变化的素材和细节，构思创意要有人情味，鲜活生动，贴近生活。

感性诉求型广告选用的媒介最好是电视，因为电视是传递感情最好的媒介，利用音乐、画面等加强感情的效果。

雕牌系列产品的广告策略就经历了一个从理性诉求向感性诉求的转变。初期，雕牌洗衣粉以质优价廉为吸引力，打出"只买对的，不买贵的"的口号，暗示其实惠的价格，以求在竞争激烈的洗涤用品市场突围，结果是这则广告效果一般。而其后一系列的关爱亲情、关注社会问题的广告，深深地打动了消费者的心，取得了良好效果，使消费者在感动之余而对雕牌青睐有加，其相关产品连续四年全国销量第一。

"妈妈，我能帮您干活了"，这是雕牌最初关注社会问题的广告。它通过关注下岗职工这一社会弱势群体，摆脱了日化用品强调功能、效果等差异的品牌区分套路，对消费者产生深刻的感情震撼，建立起贴近人性的品牌形象。其后跟进的"我有新妈妈了，可我一点都不喜欢她"的广告延续了这一思路，关注离异家庭，揭示了"真情付出，心灵交汇"的生活哲理，对人心灵的震撼无疑是非常强烈的。透过雕牌产品的广告策略，我们可以看出：要使广告深入人心，诉诸人的情感是一种有效的方式。

（三）情理结合诉求策略

当然还可用情理结合的诉求策略，即用理性诉求传达信息，以感性诉求激发受众的情感，从而达到最佳的广告效果。消费者购买决策常常是在感性和理性两种动机之上做出的，因此，在制作有效的广告时，这两种因素都必须予以足够的重视。

感性诉求和理性诉求各有优势，也各有欠缺。理性诉求策略在完整、准确地传达商品信息方面非常有利，但由于注重事实的传达和道理的阐述，又往往会使文案显得生硬枯燥，进而降低了受众对广告信息的兴趣；感情诉求策略贴近受众的切身感受，易引起受众的兴趣，但由于过于注重对情绪和情感的描述，往往会忽视商品信息的传达。因此，在实际的广告策划中，时常将两种诉求策略结合起来，可以取得最佳的说服效果。

情理结合诉求策略可以同时作用于接受者的认知、情感和行为倾向三个层面，其中，行为变化是在认知和情感变化基础上产生的。广告诉求无论是从产品本身的性质，还是从诉求对象接受机能来看，从认知层面和情感层面两方面同时切入，对促成消费行为都有莫大的帮助。

扫码领取
★配套微课视频
★阅读测试题
★广告学公开课

第三节　广告主题与诉求策划的基础

要做好广告主题与广告诉求的策划，一定要注意广告主题与广告诉求的策划并不是一个随意的过程，而是一个决策与选择的过程。而要做好这道选择题，就必须以一定的资料为基础，利用联想、推理等方法，从不同层面和角度对产品进行全方位的考察与研究，充分挖掘产品的价值，建立产品的价值体系。产品价值体系的建立可以从产品价值网的分析、产品价值链的分析和产品潜在价值的分析三个方面来进行。

一、产品价值网的分析

在传统营销时期，由于生产力及科技水平较低，产品构造简单、品种单一，购买者只要求产品具有某种效用或能解决某一问题即可。因此，人们把产品看作是能满足人们某种需求或具有某种效用的物品。但在当今时代，由于生产力和科技水平的提高，产品种类繁多且构造复杂。同时，随着人们消费水平的提高，购买者对产品的要求趋向多样化，消费者购买产品时并不仅以其具有满足某种需求的效用为标准，而是希望获得除效用之外的更多的满足。例如，一块手表除了能提供给消费者计时功能外，还具有外观漂亮、装饰性强等特征，这些特征就形成了一张价值网。

产品价值网的分析是以产品的全生命周期理论和整体产品的概念为基础，从不同的角度对商品自身进行的分析。

产品全生命周期是指产品从规划、设计、生产、销售、运行、使用、维修保养直到回收再处置的全过程。产品价值网的分析可以从各个环节出发，分析各个环节中有可能最终被确定为广告主题的产品特征，如在设计阶段采用的新技术、新材料，在生产阶段采用的先进的设备与工艺，在销售阶段采用的"全程保鲜"等。

现代市场营销理论认为，整体产品是人们通过购买而获得的能够满足其某种需求和欲望的物品的总和，既包括具有物质形态的产品实体，又包括非物质形态的利益。整体产品的概念认为产品是由三个层次内容构成的统一体。第一层次是核心产品，即产品所具有的能满足购买者某种需求的效用，这是任何产品都具有的基本属性；第二层次是感知产品，或称有形产品、形式产品，即产品的感知形态，不同厂家生产的同类产品在感知形态层次的诸多属性上存在差异；第三层次是附加产品，亦称附加利益或延伸产品，是指购买产品时获得的所有附加的利益或服务。在当今市场上，尤其是对于大件家用电器等复杂或笨重的产品来说，提供优良的附加服务显得越来越重要。此外，某些处在导入期和成长期的产品，还包含第四层次的产品，即潜在产品，它是指现有产品的未来可开发的潜在效用，如电脑、网络等都具有难以估量的潜在效用。

例如，一辆小轿车从设计时所采用的新原理与技术、生产时所采用的新工艺到销售或维修保养时采用的新政策，从产品性能上的马力强劲、外观优美、空间合理到耗油量低、驾驶安全等，所有的特征构成了一辆小轿车的价值网，这张价值网中的每一个特征都可能成为广告的主题。具体而言，产品价值网的分析可以从以下几个方面进行：

(一)从产品实体因素出发

产品实体是产品价值的载体，是消费者利益实现的基础。从产品实体价值中可寻找广告的主题：

(1)产品在设计环节中采用的原材料、品质、构成成分、结构等。如农夫山泉一上市，就打出农夫山泉是来自千岛湖深层的天然活水的独特主题，并以"农夫山泉有点甜"的口号将消费者的注意力引到水源上来，而后"我们不生产水，我们只是大自然的搬运工"更是助其奠定了天然水领先的地位。此外，宁夏红枸杞酒强调"来自宁夏的原材料"，伊利牛奶强调"大草原来的好奶"等都是典型的例子。

(2)产品在生产环节中的生产与管理方法、生产过程、生产条件、生产环境、生产历史等。这方面成功的例子如乐百氏的"27 层净化"，国窖的"国窖，1573"，劲霸男装的"专注夹克 30 年"等。

(3)产品的外观、品牌、包装等。产品独具匠心的外观造型、品牌标志及包装等元素都可能成为广告的诉求点。鹰牌花旗参以鹰为象征物，花旗参电视广告通过穿梭于都市里一群群手拎花旗参礼品的男男女女告知人们：购买认准这只鹰。

(二)从产品的使用情况出发

从产品的使用情况出发，主要是告知消费者产品的实际价值、效果、使用方法等有关信息。

(1)产品的用法。如白加黑的“白天吃白片不瞌睡,晚上吃黑片睡得香”,农夫果园的“喝前摇一摇”等。

(2)产品使用实际效用。如奥妙的“去除99种污渍”,海飞丝的“去除头皮屑”等。

(3)产品使用者的社会构成。如金利来的“金利来,男人的世界”等。

(4)消费者对产品使用的反应。如大宝SOD蜜的“大宝天天见”等。

(5)使用过程中的品质保证与维修。如一些轿车厂商的“几年几万公里”的免费维修保证。

(6)使用中的方便与乐趣。如必扑的“必扑一声,蟑螂扫尽”。

(三)从产品的价格、档次出发

企业对自己的产品在价格、档次和品位等方面都有一个基本的定位,这一定位有时也可被选择为广告的主题。如“世界上最贵的香水”“价格便宜量又足”“加量不加价”“只买对的,不买贵的”“价格公道、以质取胜”等。

二、产品价值链的分析

产品能给予消费者的价值不仅是价值网中的一些客观因素,因为产品的一项价值可以产生另一价值,另一价值又可以产生另外的价值,这种价值的衍生便构成了产品价值的链式关系,形成产品的价值链。因此,广告主题的挖掘还应该在对其价值网分析的基础上,寻找其可能存在的价值链条,并从中寻找可以成为广告主题的立意点。例如,宝洁公司,从海飞丝能“去头屑”的价值网主题延伸出“头发天天没头屑,让人亲近多一些”的价值链主题;从飘柔“柔顺头发”的价值网主题延伸出“就是这样自信”的价值链主题;从潘婷“营养头发”的价值网主题延伸出“爱上你的秀发”的价值链主题,都是比较成功的价值延伸的例子。价值链分析一般包括主观价值链分析和社会价值链分析。

(一)建立产品的主观价值链

广告主题策划可以从产品及其相关因素的某一点,发挥主观想象,赋予产品某种主观价值。这些主观价值,是人们对产品的感受、联想或象征意义的挖掘,它是存在于产品与人的心理和文化之间的一种精神性的联系。

1. 产品给人的感觉

人是通过自己的感官来感知客观事物的,诸如大小、轻重、软硬、酸甜苦辣、粗糙、细腻、冷热、清晰、模糊等属性,这种属性的感知常常会给消费者带来一种积极的或消极的体验,如舒畅、惬意、可心、美妙、快活、痛苦、不舒服等,这些感觉和感受也可以成为广告主题的立意点。例如,雀巢的“味道好极了”,雪碧“晶晶亮,透心凉”,德芙巧克力的“丝一般润滑”等。

2. 产品的性格

产品的品质、形态、功效、档次及给人的感觉、感受等,使其在人们心中有了一定的性格特征:或是粗犷豪迈,或是细腻温馨,或是简洁质朴,或是高贵典雅等。奔驰有一种庄重、威严感;宝马有一种潇洒、悠闲感;百事可乐给人以年轻、活泼与刺激的感觉。美国万宝路香烟在广告中长期使用西部牛仔形象,使吸万宝路香烟者自然就将万宝路与西部牛仔独立、粗犷且富有男子汉气概的感觉联系起来。

3. 产品的象征

产品的品位、品牌、声誉及它给人们的感觉、感受与社会文化的关系等,会成为个人的某种象征，如个人身份、地位、事业、命运、品格、权威、个性等。

(二)建立产品的社会价值链

人在社会中不是孤立存在的，总是要以多种方式同自己的相关群体发生各种社会关系，这种社会关系需要特定的语言、行为或实物来表达，同时也需要消费者以某种自认为有价值的东西来体现这种社会关系的价值。这时，产品不仅对消费者个体有价值，而且可以通过在消费者社会关系中的扩散，体现其社会价值。社会价值就是我们通常所说的亲情、爱情、友情，它们常常成为广告主题的立意点。

1. 亲情

源于血缘关系的亲情，如父爱、母爱、孝心是永远无法割舍的伟大情感。亲情是其他任何情感都无法替代的，是人类极其深刻的生活方式。因此，只要我们在广告作品中形象地展示出人类亲情或设计出富有亲情意义的图画、文字，就可以深深地打动公众的心。例如，美加净护手霜就像妈妈的手温柔依旧，让我们的内心世界充满对母爱的感动。

2. 爱情

爱情在人类情感生活中的伟大作用和人对于恋情刻骨铭心的追求，使其在广告意境创造中具有特殊的意义。营造浪漫气氛、烘托恋情氛围、展示恋情生活、勾画恋情向往，是现代广告中重要的主题之一。广告意境只要表现恰当，符合人们浪漫、含蓄、甜蜜、温馨的恋情要求，就能产生巨大冲击力。“钻石恒久远，一颗永流传”，能让人们洗却烦躁，以一颗宁静的心灵为纯真美好的爱情而感动，进一步烘托广告的情爱气氛，使年轻人结婚送钻戒成为一种风气。

3. 友情

友谊是人类最重要的情感需求之一。创造友情意境在吸引公众方面也有特殊的意义。

在挖掘产品价值链以确定广告主题时，一定要注意，产品的价值是有一定限度的，不能任意延伸与扩展。赋予产品社会价值和主观价值应注意两个问题：

(1)应该有一定的客观属性基础。如海飞丝广告，告知并论证其具有“去头屑”的功能之后延伸出“让人亲近多一些”的社会价值，而某牙膏广告在没有说明和论证其产品为什么能让牙好，以及让牙怎么好的基础上，直接开始“牙好、胃口就好”的价值延伸就很难具有说服力，这等于是为所有牙膏做了广告。

(2)价值延伸应符合一定的事理逻辑或心理逻辑。如“人头马一开，好事自然来”，这未必是客观存在的事实，但它作为一种美好的愿望和祝福，是符合心理逻辑的，有一定的心理依据和文化依据。而如果把方便面延伸为“新年大礼包”的社会价值就有点不合逻辑与常识了。

三、产品潜在价值的分析

在前面讲述整体产品的概念时，我们还提到了潜在产品的概念。事实上，产品的价值，有些是已经感知的，有些是还未感知的，有些是能够感知的，有些则是暂时还未能感知的；这些未感知或还未能感知的产品价值都可以理解为产品的潜在价值。广告主题策划中，应努力突破经验常识的局限，开阔视野，把产品放在更广阔的关系中考察，挖掘产品的潜在价值，创造产品的新价值。

(一)利用广告唤醒潜在需求

除现实需求外，在消费者内心，还有很多自身未充分认识的需求，这些需求处于相对朦胧的状态，消费者或不急于购买，或还不确定购买。这类需求变成现实需求，既可以由消费者的生理或心理上的内在刺激引起，也可以由外在的刺激物引起。广告作为一种外在的刺激诱因，其任务就在于把握消费者的深层心理，并根据消费心理和行为特征，展示与其潜在消费需求相符的商品或服务，以激发消费者的购买欲望。20 世纪 90 年代中期，掌上电脑的市场一直不温不火，为了唤醒消费者的需求，商务通推出的"呼机、手机、商务通，一个都不能少"的广告，很快使掌上电脑的市场被点燃了，带来了掌上电脑市场几年的繁荣。

（二）利用广告创造消费需求

消费者有时对某种产品处于一种"无需求"的状态，即消费者对某一产品不感兴趣或漠不关心，这一般是由于消费者对产品的价值没有认识。在这种情况下，广告可以起到引导和创造消费需求的作用。在宝洁进入我国市场之初，在消费者的观念中，洗头的目的仅仅是把头发洗干净，我国市场上也有洗发精和洗发膏之类的产品能满足这种需求，但宝洁进入之后，利用"恐怖诉求"的方式，创造出了消费者对"去头屑"的需求，使海飞丝一举成功。

（三）利用广告创造产品价值

创造产品价值和创造消费需求不同，创造消费需求是基于产品的某种功能带给消费者现实利益，利用营销手段去改变消费者的观念或行为；而创造产品价值，则更多的是一种"概念"式的，产品自身的性能与创造出来的新价值之间的关联度有时并不一定是必然的。比如，口香糖对很多人来说，都是可有可无的东西，但箭牌公司通过营销与广告，却让口香糖走进了千家万户。它是怎么做到的呢？为了让这种可有可无的产品变得实际、形象且有价值，箭牌通过包装和口味，将产品分为绿箭、黄箭、白箭和红箭四种，并把绿箭的主题定为"清新"，黄箭的主题定为"友谊"，白箭的主题定为"运动"，红箭的主题定为"热情"。通过这种概念的创造，让消费者知道在什么时间、什么场合需要什么样的口香糖，口香糖的市场就这样被激发出来了。

四、广告主题与广告诉求策划应注意的问题

对广告主题与广告诉求的决策，并无统一的方法与统一的标准，但我们应该看到，广告主题与广告诉求是为广告目标服务的，特定的广告目标必然对广告主题与广告诉求提出特定的要求。从广告的本质和广告整体的运作过程来看，在进行广告主题与广告诉求策划时，我们需要注意以下一些问题：

（一）必须为消费者提供利益承诺

"承诺是广告的灵魂"，在广告主题与广告诉求的策划过程中，我们需要对产品进行各个层次的价值分析。通过分析，我们可以找到产品引以为傲的特性，但与此同时，我们可能会进入一个陷阱：对找到的特性沾沾自喜，认为只要在广告中把这种特点有效地传递给消费者，广告就必然会取得很好的效果。殊不知，消费者真正关心的并不是你的产品的特性或世界领先的技术本身，而是特性或技术能够给他们带来的利益。因此，需要告诉消费者，他们究竟花钱买到了什么好处、实惠和利益。

我们需要把那些令人乏味的产品特点转化为"具有竞争性的消费者利益"。你不能仅仅告诉消费者你的产品采用的某种新的技术，而且应该让消费者知道采用了这种新技术之后，能让他们在使用你的产品时获得什么利益或利益的增加，比如，新技术能使产品的使用寿命更长，或者能使消费者在使用产品时更加节省成本等。

(二)应避免同一化与分散化

同一化是指广告主题与广告诉求没有显著性和独特之处，广告主题与诉求决策者或者实行效仿，或者只做表面的思考，导致所确定的广告主题与广告诉求和其他广告主的广告主题与广告诉求差别甚微，没有特色，不能给消费者留下特定的印象，只能留下模糊的“似曾相识”的感觉。比如，以前广告中经常宣扬国际金奖、国优部优或通过 ISO 质量体系认证等，用得太普遍就会使消费者产生审美疲劳，甚至使消费者厌烦。

分散化是指广告主题与诉求策划过程中一直不能形成一种集中的、明确的中心思想，一个广告主题与诉求中体现的主张太多，既想说这个，又想说那个，没有重点或者偏离重点，结果传播的信息量太大，消费者不易接受，有时还会对消费者产生误导，甚至引起消费者的厌烦情绪。产生这一问题的主要原因有两个：一是主题决策者对于信息个性的把握不准，觉得这也重要，那也重要，不知如何取舍；二是没有对产品属性和特点进行挖掘和融合，平铺直叙，导致广告没有重点、焦点，自然最终的广告也就无亮点可言。比如，一支牙膏有包装、牙膏颜色、膏体细腻程度、洁齿与护齿功能、香味等许多特征，而高露洁广告的主题只是“高露洁牙膏，没有蛀牙”，使高露洁牙膏成为家喻户晓的品牌。

(三)应保持统一性和连贯性

同一个企业的商品或形象广告，由于广告的背景或时机不同，其表现的形式和方法也会千变万化，这种形式或风格上的调整可以保持受众对广告的新鲜感和兴趣，但表现形式的不断变化如果不能以一个较为稳定的广告主题统领，就会导致形象混乱，无法在消费者心中形成一个清晰、持久且牢固的印象。

一个广告是自己品牌或企业以前广告的延续，又是以后广告的承接点，广告信息传播在受众心中的累积效应，是一笔重要的无形资产，轻易变更或抛弃十分可惜，同时还会导致信息传播出现混乱。因此，一旦确定了一个广告主题，经过市场检验较为理想，除非遇到市场环境或者形势发生变化，最好不要轻易改变。如宝洁公司在每一个品牌广告中，几乎都注意到了广告主题的统一性问题：海飞丝“去头屑”的主题、飘柔“柔顺头发”的主题以及潘婷“营养头发”的主题，一直贯穿于各品牌不同时期的广告当中。在坚守主题的同时，每一时期的广告表现又有所创新。又如，百事可乐“新一代的选择”的主题自被市场检验有效以后，在其之后的广告中，在不同市场、不同时期都将这一主题以不同形式进行表现，取得了很好的广告效果。

社会的变迁、市场的变化必然会要求广告主题与时俱进，做出具有进取性、时代性、开放性和创新性的变化与调整。在这样的情况下，为了承接广告已有的累积效应，广告主题的变化也不应该是突变式的，而应该是渐进式的，应尽量做到连贯性。比如，雀巢咖啡在刚刚进入中国市场时，由于消费者对咖啡不了解，当时选择了“味道好极了”这一主题，但随着消费者对咖啡认知程度的加深，竞争者的加入给消费者带来更多的选择，以及随着改革开放和市场经济的发展给整个中国社会带来的消费水平、消费观念和消费结构的变化，这一主题已明显不能满足要求了。怎样既能使消费者接受新的“一天好开始”的主题，又能延续“味道好极了”所积累的广告效果呢？雀巢在“图书馆篇”和“办公室篇”的广告片中，先用简短的画面表达了“味道好极了”，接着摇身一变，开始重点向消费者推介“一天好开始”的广告主题，并将两者巧妙地结合在一起，成功地完成了“一天好开始”对“味道好极了”的继承。

本章小结

本章围绕广告信息应该“说什么”的问题展开，主要介绍了广告主题、广告诉求及广告主题与诉求策划的基础三部分内容。

广告主题，就是广告信息的中心内容。它是广告的眼睛，贯穿于广告活动的全过程，为整体广告策划做良好的铺垫。换言之，它是广告的中心思想，是广告内容和目的的集中体现和概括，是广告诉求的基本点，广告创意的基石。它在广告的整个运作过程中处于统帅和主导地位。一个完整的广告主题应该包括广告目标、信息个性和消费心理三个要素。

广告诉求，俗称“卖点”，是制定某种道德、动机、认同，或是说服受众应该去做某件事的理由，是商品广告中所要强调的内容。诉求与主题密不可分，如果说广告主题是确定广告的中心思想的话，那么广告诉求则是寻找说服受众接受广告主题的理由；如果说广告主题更多的是从产品角度去寻找产品的独特优势的话，那么广告诉求则更多是从消费者兴趣和动机的角度，去寻找能吸引消费者注意或兴趣，促使消费者产生购买动机，从而影响消费者对产品、服务及事业的感觉的基本的信息点。

广告主题与诉求的策划不是一个随意的过程，而是一个决策与选择的过程。产品价值体系的建立是广告主题与诉求的策划的基础。产品价值体系的建立可以从三个层面展开：产品价值网的分析、产品价值链的分析和产品潜在价值的分析。在策划时应注意三个问题：必须为消费者提供利益承诺；应避免同一化与分散化；应保持统一性和连贯性。

思考与练习

扫码领取

★配套微课视频

★阅读测试题

★广告学公开课

一、名词解释

广告主题　广告诉求　理性诉求　感性诉求

二、选择题

1. 以下对广告主题描述错误的是（　　）。

A. 广告主题是广告信息的中心内容

B. 广告主题是创作者通过主观想象与思考后形成的

C. 广告主题是广告的中心思想

D. 广告主题是由广告目标、信息个性和消费心理三个要素构成的

2. 从受众的快乐、满意、喜欢、好奇、妒忌、好胜的角度进行的诉求是（　　）。

A. 感性诉求　　B. 理性诉求

C. 个性诉求　　D. 情理结合诉求

3. 通过真实、准确、公正地传达企业、产品、服务的客观情况，使受众经过概念、判断、推理等理性思维过程，对产品的特质、功能等有清楚的了解的诉求是（　　）。

A. 感性诉求　　B. 理性诉求

C. 个性诉求　　D. 情理结合诉求

4. 劲霸男装的“专注夹克 30 年”是从（　　）角度提出的广告主题。

A. 实体因素　　B. 使用情况

C. 主观价值链　　D. 潜在价值

5. 产品不仅对消费者个体消费有价值，而且可以通过在消费者社会关系中的扩散形成产品的（　　）。

A. 客观价值　　B. 主观价值　　C. 潜在价值　　D. 社会价值

三、简答题

1. 简述广告主题的三要素。
2. 简述广告诉求的三种策略。
3. 简述广告价值体系建立的三个方面及其具体内容。
4. 简述广告主题与广告诉求策划应注意的问题。
5. 简要说说与时俱进思想对广告主题与诉求策划的启发。

实训项目

1. 实训名称：产品的价值体系分析。
2. 实训目的：通过实训，使学生学会如何全面地分析某一商品有可能存在的各种价值。
3. 实训要求：

(1)每 3～4 个人组成一个小组，自行选择一个熟悉的商品。

(2)从不同层次分别对商品可能存在的价值进行分析。

(3)从可能的价值中选择两到三个最可能打动消费者的价值。

(4)撰写分析报告。

第八章 广告创意

学习目标

知识目标

- 理解广告创意、意念、表象、意象及意境的内涵
- 理解广告创意的基本原理
- 掌握广告创意的过程
- 了解广告创意常见的思维与思考方法

能力目标

- 能举例说明广告活动中各种常见的意象
- 能运用广告创意的基本原理对经典广告进行分析
- 能进行简单的广告创意
- 能使用各种思维和思考方法进行思考

思政目标

(创新思维)创新思维是创造力的核心,是人们完成创造性工作的基础,在广告创意思维这部分内容中,通过把广告创意与创新思维的概念相结合,强化学生的创新意识;通过对创新思维方法的学习,引导学生有意识地形成创新思维的习惯,并鼓励其注意创新能力的培养;并通过思考与练习中相关习题的设置,强化学生对创新思维的理解和印象。

案例导入

视觉上的丝滑

德芙曾推出一则广告片:在复古的英伦风街道上,一位身着小礼服的年轻女人,走到橱窗口,比着镜子里的自己,想象自己佩戴着橱窗里面的帽子,表情很欢快,又走到珠宝的橱窗,看着玻璃上自己的影子,摆出各种造型,想象自己佩戴着这些珠宝的样子,里面的店员看到了,温情一笑。此时,女主角从包里拿出德芙巧克力,轻咬一口,丝滑的感觉从口中延续到身上,咖啡色的丝绸轻绕过女主角的手臂,最后离开,女主角沉浸在欢乐里。背景音乐欢快轻柔,最后丝绸再次揭开,画面正中一行字:此刻尽丝滑。同时旁白响起:“德芙,此刻尽丝滑”。广告一如既往地延续了德芙的优雅气质。气质的美女、唯美的画面、优雅的音乐、明快的色彩,给人的第一印象就是难以言喻的舒心。

问题:德芙巧克力的广告是如何通过视觉将其“丝滑”的口感体现出来的?

第一节　广告创意的内涵

一、广告创意的概念

在通过广告的主题与诉求策略解决了广告“说什么”的问题之后，就需要考虑“怎么说”的问题，这时，广告策划者要考虑的是如何充分、艺术性地表达，阐述广告的主题与诉求点的问题。奥格威曾说过：“如果广告活动不是由伟大的创意构成，那么它不过是二流的作品而已。”成功的广告作品必然需要不同凡响的创意。

在商业社会中，广告充斥着每个角落，每个人每天都要接触大量的广告，但这些广告给我们的印象却是不一样的：许多广告平淡无奇，令人不屑一顾，激发不了兴趣，更谈不上给人留下印象，更有一些广告，还会引起人们心理上的反感；而有些广告却表现独特，新意怡人，能给人们留下深刻的印象。为什么同样是广告，差别却如此之大呢？

创意，在英语中以“Creative，Creativity，Ideas”等词表示，是创作、创制的意思，有时也可以用“Production”表示。随着我国经济持续高速发展，市场日益扩张，竞争不断升级，商战已开始进入“智”战时期。为顺应这种竞争的变化，广告也应由以前的“媒体大战”“投入大战”上升为广告创意的竞争。创意也成为广告界最流行的词汇，人们也越来越多地意识到创意对于广告的重要性。

那么，究竟什么是广告创意呢？根据广告创意所包含的范畴大小，目前对于广告创意的认识也有狭义和广义之分：

从狭义上看，创意是指广告的艺术构思（不包括制作）。这是使用较为普遍的创意含义。从广义上看，创意是指广告活动中所有的创造性活动，只要是涉及创造性的方面，从战略、形象，到战术以及媒介的选择等，只要广告活动中运用了创造性思维的环节和内容，都属于广告创意，如广告主题创意、广告表现创意、广告媒介创意等。这几乎包含了广告活动的所有环节，但很容易造成概念上的混乱。

追本溯源，“创意”，从字面上理解，就是“创造意象”之意，所以，我们更倾向于从狭义层面对广告创意进行认识，将广告创意理解为根据广告主题，经过精心思考和策划，运用艺术手段，把所掌握的材料进行创造性组合，以塑造一个意象的过程。简而言之，广告创意就是广告主题意念的意象化过程。广告创意介于广告主题、诉求的选择与广告表现和制作之间，如果把广告主题和诉求看成是一种思想或观念的话，那么广告创意就是把这种抽象的思想或观念进行形象化、具体化的过程。

二、意念、表象、意象和意境

为了更好地理解“广告创意”，有必要首先弄清楚意念、表象、意象、意境等几个相关的概念。

意念指念头和想法，在艺术创作中，意念是作品所要表达的思想和观点，是作品内容的核心。在广告创意和设计中，意念即广告主题，它是指广告为了达到某种特定目的而要说明的观念。它是无形的、观念性的东西，必须借助有形的东西才能表达出来。任何艺术活动必须具备两个方面的要素：一是客观事物本身，是艺术表现的对象；二是表现客观事物的形象，它是艺术表现的手段。而将这两者有机地联系在一起的构思活动，就是创意。

在艺术表现过程中，形象的选择是很重要的，因为它是传递客观事物信息的符号。一方面必须要比较确切地反映被表现事物的本质特征，另一方面又必须能为公众所理解和接受。同时形象的新颖性也很重要。在广告创意活动中，创作者也要力图寻找适当的艺术形象来表达广告主题意念，如果艺术形象选择不成功，就无法通过意念的传达去刺激、感染和说服消费者。

符合广告创作者思想的、可用以表现商品和服务特征的客观形象，在其未用作特定表现形式时称为表象。表象一般应当是广告受众比较熟悉的，而且最好是已在现实生活中被普遍定义的，能激起某种共同联想的客观形象。在人们头脑中形成的表象经过创作者的感受、情感体验和理解作用，渗透主观情感、情绪，经过一定的联想、夸大、浓缩、扭曲和变形，便转化为意象。表象一旦转化为意象便具有了特定的含义和主观色彩，意象对客观事物及创作者意念的反映程度是不同的，其所能引发的受众的感觉也会有差别。

用意象反映客观事物的格调和程度即为意境，也就是意象所能达到的境界。意境是衡量艺术作品质量的重要指标。比如，当你想要赞美一位美丽的女孩子，这个女孩子的美就是你想表达的意念。你可以说："你真美！"但这样的说法显得过于直白而毫无意境。你就想到要用一种美的事物来形容她，你可能会想到花，可能会想到月亮，在花或者月亮没有和女孩子的美联系在一起的时候，它们就只是表象的概念。当你把花和女孩子的美联系在一起的时候，你可能会说："你真美，美得像花一样！"这个把花和女孩子的美联系在一起的过程，就是把意念借助于表象进行意象化的过程。这就比直接说"你真美"有意境了。进一步，女孩子的美会有很多种，如恬静之美、活泼之美、雍容之美，而不同的花也会给人不同的感觉，于是，就有了"你美得就像牡丹一样"，这样的意境又增加了。更进一步，如果说一个女孩子有闭月羞花之貌，那这样的意象过程就更加直观、形象，具有动感，更加有意境了。

三、广告创意的原则

什么是好的广告？在奥格威的经典著作《一个广告人的自白》一书中有以下一段话：

什么是好广告？有三种不同的观点。对什么东西都无所谓的人来说，客户认可的广告就是好的。另一些人同意雷蒙·罗必凯的定义："上乘广告的最好标志是，它不仅能影响群众争购它所广告的产品，而且它能使群众和广告界都把它作为一件可钦可佩的杰作而长记不忘。"我创作过广告界长记不忘的"可钦可佩的杰作"，可是我却属于第三派。我认为广告佳作是不引公众注意它自己就把产品推销掉的作品。它应该把广告诉求对象的注意力引向产品。好广告要诉求对象说的不是"多妙的广告啊！"，而是"我从来没有听说过这种产品，我一定要买它来试试"。

另一位广告大师威廉·伯恩巴克也根据自身创作积累，于 20 世纪 60 年代提出了 ROI 理论，用于阐述自己对广告创意的看法。伯恩巴克是 DDB 的创立者，是广告唯情派的旗手，是艺术派广告的大师，他认为广告是说服的艺术，广告"怎么说"比"说什么"更重要。该理论的基本主张是优秀的广告必须具备三个基本特征，即关联性(Relevance)、原创性(Originality)、震撼力(Impact)。三个原则的首字母缩写就是 ROI。广告与商品没有关联性，就失去了意义；广告本身没有原创性，就缺少吸引力和生命力；广告没有震撼性，就不会给消费者留下深刻印象。

一则广告成功与否在很大程度上取决于广告创意的优劣，优秀的广告来源于优秀的创意。所以，广告大师们对什么是好的广告的论述可以看成是我们评价广告好坏的标准，也可以看成是对广告创意提出的要求。综合以上广告大师对广告及广告创意的认识，我们认为广告创意必须满足两个最基本的原则，即独创性原则和实效性原则。

（一）独创性原则

所谓独创性原则是指广告创意不能因循守旧、墨守成规，而要勇于且善于标新立异、独辟蹊径。独创性的广告创意具有最大强度的心理突破效果。与众不同的新奇感总是那样引人注目并引起广泛关注，并且其鲜明的魅力会触发人们强烈的兴趣，能够在受众脑海中留下深刻的印象，长久地被记忆。一个普通的商品信息或观念，经过独创性的创意塑造，广告传达就能达到不同寻常的震撼效果。广告创意的独创性应具备两个特点：新奇和震撼力。

1. 新奇

新奇是广告作品引人注目的奥秘所在，也是一条不可忽视的广告创意规律。有了新奇，才能使广告作品波澜起伏，奇峰突起，引人入胜；有了新奇，才能使广告主题得到深化、升华；有了新奇，才能使广告创意远离自然主义向更高的境界飞翔。在广告创作中，由于思维惯性和惰性形成的思维定式，使得不少创作者在复杂的思维领域里爬着一条滑梯，看似“轻车熟路”，却只能推动思维的轮子做惯性运动，“穿新鞋走老路”。这样的广告作品往往会造成读者视觉上的麻木，弱化了广告的传播效果。

2. 震撼力

所谓震撼力，就是指广告作品在瞬间引起受众注意并在心灵深处产生震动的能力。广告创意仅有新奇的特点，只能引起人们的关注，面对令人眼花缭乱的广告，人们很容易被更新奇的信息吸引过去，所以，广告创意还要求必须有震撼力。有了震撼力，才能使受众产生强烈的视觉和听觉感受，让广告在众多的竞争广告中脱颖而出；有了震撼力，才能突破受众的心理防线，让广告在消费者心目中占据一席之地；有了震撼力，广告才能给受众留下深刻的印象，形成长久的记忆。

（二）实效性原则

“不能促销，就不是创意。”如果受众记住了你的广告，但并没有因此购买你的产品，这样的广告创意也不能称之为成功的创意。广告创意必须要能起到促销的效果，这就是广告创意的实效性原则，也是广告创意最根本的目的。如果把独创性看成是广告创意最本质的内涵，那么实效性体现的就是对广告创意的最基本要求。换言之，宁可牺牲独创性，也不要牺牲实效性。为保证实效性，广告创意应符合简单、关联和渗透的要求。

1. 简单

牛顿说：“自然界喜欢简单。”一切揭示自然界普遍规律的表达方式都是异乎寻常的简单。国际上流行的创意风格越来越简单、明快。一个好的广告创意表现方法包括三个方面：清晰、简练和结构得当。简单的本质是精炼化。广告创意的简单，除了从思想上提炼，还可以从形式上提纯。简单明了不等于无构思的粗制滥造，构思精巧也绝不意味着高深莫测。平中见奇、意料之外、情理之中往往是广告策划者在进行广告创意时渴求的目标。

2. 关联

所谓关联是指广告创意的主题必须与商品、消费者密切相关。吸引人们眼球的是形式，打动人心的是内容。独特醒目的形式必须蕴含耐人寻味的深邃内容，才拥有吸引人一看再看的魅力。这就要求广告创意不能停留在表层，而要使“本质”通过“表象”显现出来，这样才能有效地挖掘读者内心深处的渴望。好的广告创意是将熟悉的事物进行巧妙组合而达到新奇的传播效果。广告创意的确立、围绕创意的选材、材料的加工、电脑的后期制作，都伴随着形象思维的推敲过程。推敲的目的是使广告作品更加精确、聚焦、闪光。

3. 渗透

人最美好的感觉就是感动。感人心者，莫过于情。读者情感的变化必定会引起态度的转变，就好比方向盘一拐，汽车就得跟着拐。好的广告创意要能够让产品在不经意之间，潜移默化地渗透进消费者的心灵，让消费者在情感、态度上产生变化，让产品或品牌在消费者心灵上打上深深的烙印。

总之，一个独创的、带有震撼力、蕴含深邃内容、能够撼动人心、新奇而又简单的广告创意，首先需要想象和思考。只有运用创新思维方式，获得超常的创意来打破读者视觉上的“恒常性”，寓情于景，情景交融，才能唤起广告作品的诗意，取得超乎寻常的传播效果。

第二节　广告创意的基本原理

广告创意是意念的意象化，是根据广告意念表达的需要，选择和创造一定的意象，并将这个意象整合成具有一定意味的意象体系的过程。因此，从一定意义上来说，意念的意象化就体现了广告创意的基本原理。

一、意象的意义

前文指出，表象一旦被用来反映广告创作者的思想或观念，便转化为意象。从这一角度看，意象就是被赋予了一定意蕴或意义的表象。那么，意象究竟有哪些意义呢？

（一）象征意义

象征是指表达精神内容的具体形象物。在某种特定环境和语境中，某种物体和形象、情境以及情节、观念或思想，成为表达另一意义的手段就是象征。象征是从可见的物质世界的符号过渡到不可见的精神世界的符号。在艺术创作中，象征是一种常用的表现手法，如松树象征坚毅顽强，竹象征正直坚贞，红豆象征相思，鸳鸯象征夫妻恩爱等。当这些蕴含着约定俗成的象征意义的表象（客观事物）被用于广告中时，就成为贯彻创意人员意图的意象。如广告中经常看到碧绿的草地或宽阔的广场上，一群鸽子自由地飞翔，这样的场景，象征着安宁和平的境界，给人以心境澄明的感觉。

（二）指示意义

象征主要表现的是二者之间间接的、隐蔽的、深层的关系，象征符号所指的是精神和心理世界，而指示只表示二者之间直接的、表面的、浅层的关系，它是用一种事物或现象来指示另一种事物或现象，这两种事物或现象之间原本存在着相互关系，其间并不需要深刻的、抽象的心理活动。如为表示“嗜睡”这一现象，丽珠得乐广告中用一个正在工作的动画人物趴在桌上睡觉这一意象表现，而阿司咪唑则用沉重的眼皮压折支撑着的小棍这一意象来表现，这两个意象都具有明显的指示意义。

（三）感情意义

感情是人对客体对象的态度，它是人对他人、对社会、对事物、对客体化自我的一种趋近或疏离的心理趋向。它表现为对客体对象的亲近、依恋、喜爱或疏远、躲避、厌恨等。感情是由于客体满足或损害了人的需要和愿望的目标而产生的。

意象作为人的心理对象，它的形态、状态及感觉，潜在激发或抵触人们需要和愿望的因素，这些因素就是存在于意象中的感情意义，因此在人们面对某一意象时，这些感情因素就会引发人们心中的某种情感。例如，在"柯达一刻"的电视广告中，有一个镜头是一个男孩在理发，被弄疼后伤心地哭，这一意象就蕴涵着一种可怜又可爱的感情意味，在受众心中会引发一种对客体对象(小男孩)的怜爱之情。

(四)情绪意义

情绪和感情是情感的两个方面，是两种既相互联系又互相区别的心理因素。与感情不同，情绪的指向是非对象性的，是指向主体自身的一种心理状态。具体而言，它是由于外界事物对人的需求的满足与缺失或自身心理状况和心理因素变化引起的内动性的内在体验或内心状态，它是囿于主体自身的一种紧张或释放、激动或平静的心理状态。

情绪有喜、怒、哀、乐、忧、惧、焦虑、内疚、愧疚、骄傲、羞涩、昂扬、消沉等。各种情绪都具有一定的内心动势或动态，而且会通过某些表情和动作表现出来。比如，羞涩的内心动势是一种既想往前又想退缩的状态；高兴是一种跳跃式向上的内心状态；悲恸则是一种陡升、旋转、回落、回环搅动的状态。

而意象也具有特定的形态和状态，具有一定的动向和动势，这些动向和动势与人的情绪动态具有相互对应性，是潜在的情绪诱因。它可以激发人的情绪，同时人的情绪也可以借其得以宣泄。它可以使人产生喜悦、兴奋、快乐、轻松、舒畅、昂奋、忧伤、悲痛、哀怨、愤懑、冷静、焦虑、烦躁等情绪。如达克宁脚气霜的一则广告中，一束草穿过脚板从脚面长出的意象，给人以紧张和痒痛难受的情绪体验，较好地传达了脚气给人带来的痛苦这一意象。米勒啤酒曾经开展过一次主题为"欢迎来度美好时光"的广告战役，广告画面中呈现的是一个轻松消遣的场所，一天劳累之后与朋友们一同喝几杯的欢畅，这种温馨欢快的气氛感染了观众，使他们产生了这种情绪体验，从而产生共鸣。

(五)诱惑意义

意象的性质、形态和动态，不仅会引发受众感情和情绪上的反应，还会对人的欲望产生某种激发和诱引的力量。泡沫流溢的啤酒杯、女性飘逸的长发、披着薄纱的柔美的身体、漂亮的衣装、精美的家具、豪华的轿车等，都蕴含着一定的诱惑因素。20 世纪 30 年代，欧美流行的"美女＋商品＝广告"的广告创意模式就是利用了广告中美女这一意象的诱惑意义。而乐百氏果奶广告中一群被果奶滋养得健康活泼的儿童对家长和儿童来说也未尝不是一种诱惑，而这一诱惑又被片尾整齐响亮的童声"今天你喝了没有"进一步强化。

意象意义的多样性为广告创意提供了构思的条件和基础，创作者可以在此基础上，发挥自己的想象力和创造力，根据广告主题意念的需要和广告策略的要求，有针对性地对意象进行选择、创造和组合，以形成丰富多彩的意象结构，更直观、更形象地表达广告的主题和诉求。

二、意象的选择

一个意象具有多方面的特征，每一个特征都可能用来与一定的意义相对应。如"牛"这一形象，其行动迟钝缓慢的特征对应着笨拙或沉稳的意义；埋头前行、牵拉不回头的特征对应着性格倔强、迂执的意义；能负重干活对应着踏实能干的意义；受人驱使、听从招呼对应着顺从老实、听话等人格意义。这样，"牛"就有了多方面意义的可能性。又如，中国联通的"中国结”这一意象既有象征意义，又有感情意义，它既是中华民族亲情、友情、爱情的情感纽带，代表着幸福、圆满、和谐，又象征着企业组织高层之间、职工之间、高层与职工之间团结奋进、开拓美好明天的一种企业理念。

意象意义的多重性，造成一个意象展现在受众面前时，会形成多种感觉、感受和理解的可能性，其中有些对主题表达和品牌塑造有益，有些则无益，甚至有害。因此，广告创意人员在利用意象来表达某一特定意义时，必须首先明确意象的哪些方面对广告主题和品牌有益、哪些不利。

有时候，意象意义的复杂性也可以为创作者从多个角度利用和挖掘意象提供可能，即通过充分利用意象的复杂性，使一个意象在受众心中产生多层次、多维度、多重性的感觉、感受和理解，增强广告意象的丰富性和魅力。

三、意象的创造

广告意象的创造是对客观事物在头脑中的表象进行加工和创造，包括变形、夸张、拟人化、错位、嵌合、替代、嫁接等。

（一）变形

在广告创意中，将意象做超出原型形象实际和可能的扭曲、变形和状态改变，可以起到烘托、渲染主题的作用。变形包括文字的变形、面积的变形、声音的变形、动作的变形等。意象变形创造出现实生活中不存在的形态和状态，这种超常的特点，使意象具有一定的神秘感和奇妙感，具有较强的视觉冲击力和心理震撼力。

（二）夸张

广告中的夸张手法是为了强调，有意对客观事物“夸大其词”或“言过其实”，以增加广告的感染力。事物的特征常常经过夸大才变得明显，才更易引起注意。夸张采取强调、夸大事物的某些特性的方法来突出事物的某种特性。广告中常运用这一手法表现产品的功能超凡或服务出众。夸张是一种相当吸引人和相当有冲击力的修辞手法，因为它把给消费者的利益点放大到让消费者一眼就知道的销售力度，起到广告的最佳投射作用。夸张是广告创意中最常见的表达方法，包括以下几种情况：

(1)情态夸张。例如，美国《时代》周刊的一则广告，为了表达刊物吸引读者这一意念，构想了这样一组意象和情节：画面上，一个猎人把双筒猎枪扔在地上，竟在野外悠然地读起《时代》杂志，而一只鹿也戴上一副眼镜，在猎人背后偷看杂志。在这个广告中，猎人忘记了打猎，鹿也忘记了危险，都被一本杂志所吸引。这一意象体系和情节，夸张地表达了广告主题意念。

(2)形态夸张。如达克宁广告当中，为了表现脚气带给人奇痒无比的感觉，将脚趾头夸张性地变大了。

(3)动态夸张。音乐能使一座大桥扭动吗？先锋音响能。在一则广告中，激扬的音乐响起，画面中一座巨大吊桥上，一辆车在行驶，音乐声中，桥开始扭动，上下震动。这时，一张CD盘从汽车仪器板上的先锋CD机中弹出，音乐停止，桥也停止了扭动。车上的青年不好意思地说：“对不起。”广告结束语是：“先锋——休闲的工艺。”闻乐起舞的大桥夸张性地表现了音响的声音效果。

(4)关系夸张。在有些广告中，为了表现或突出广告商品，往往将其进行不成比例的夸张。如在某矿泉水广告中，女子站在瓶盖上，使矿泉水以及品牌在蓝天雪山的映衬下，显得更加突出、抢眼。

(5)情节夸张。在 MOODS 牌香水中，正开着车的男子被另一辆车上的女子的香味所诱惑，并排开着车，探出头去接吻，从而夸张性地表现了香水的魅力。

(三)拟人化

拟人是把没有生命的商品比作有生命的，使其具有人的外表、个性和情感的修辞方式。它生动形象地描写商品，使冷冰冰的商品变得富有人情味，给消费者以鲜明真切的感受。如"劲量"牌电池的广告中，设计了一个强壮的虎虎生威的小电池人，小电池人单指倒立，能做上万个俯卧撑，最后，小电池人头在墙上撞出充满力道的四个大字"浑身是劲"。

(四)错位

错位是将自然状态的位置关系做人为的超乎常规的改变，形成一种错位意象，从而表现出一种新奇感和谐趣感。如有一则袜子广告，标题是"足下之领带"。画面中，四位绅士扎着漂亮的领带，细看却是精美的袜子。广告以这种错位意象表达了脚上的打扮与领上一样重要的意念。

(五)嵌合

嵌合是将一个意象嵌入另一个意象，形成一个新的意象。如有一个品牌睡床的广告，为了表达人的背部的舒服感，把微笑的安静祥和的面部表情移植到一个女性的背上。

(六)替代

在一个(组)意象中，去掉某一部分意象，并以另一意象来代替，也可以达到意念传达的目的。如一家美容美发店为了说明发型修理不当给人带来的糟糕感觉，用一大堆草代替了人的头发，给人一种杂乱无章的感觉。

(七)嫁接

两个意象的嫁接，也会生成新的意象，这种新的意象将原有意象的感觉、印象和意味融为一体，产生一种新的感觉、新的印象、新的意味。如新康泰克的广告，将人的鼻子和一个红色的火球嫁接在一起，形成一个新的意象，巧妙地将感冒给人带来的痛苦表现出来了。

四、意象的组合

广告意象的组合，就是按照一定的美学原则把若干个意象有机地组合在一起，形成一个密集而精致的意象群，使它们产生隐喻、对比、反衬、递进、象征等艺术效果，各个意象之间相互连接、相互交织、相互影响，通过一系列意象组合使读者脑海里呈现出一幅幅生动鲜活的画面，从而使广告受众在内心进行二次创作，在还原作者所见、所感的基础上渗透进自己对产品的认知和感情色彩。也正是由于各个意象的共同作用，才使得广告的整体意义得以表现，广告的审美效果得以展现。如 CCTV 的形象广告"心有多大，舞台就有多大"中就有诸多意象：舞蹈的女孩、农舍、巷道等。所有意象的子系统相互交织、相互影响，构成了一幅完美、生动的画面。

意象的组合主要有以下几种方式：

(一)并置式意象组合

并置式意象组合，是指两个以上(含两个)意象以并列的方式有机组合在一起，它们之间没有时空的限定和关系的承接，而是通过广告创作者的思想情感作为联结它们的主要纽带。"南方黑芝麻糊"广告中的"月光""深宅大院""麻石小巷""货担小灯""戴瓜皮帽的男童"等意象的巧妙选择与组合，创造了一种久远、温情的回忆意境，这样的意境，有效地强化了"一股浓香，一缕温暖"的广告主题。

(二)意象叠加

意象叠加，是指将一个意象叠加在另一个意象之上。它实质上是一种隐喻，由于喻体与本体之间省去了联系词，故而两个具体意象就叠加在一起了。广告受众必须摆脱常规的思维进行跳跃式联想、想象，才能找到意象间的微妙联系。如在海王银杏叶片的广告中，为了表示"30 岁的人，60 岁的心脏"这一广告意念，广告创意将拍球和拍球的人叠加，乍一看，只是一个日常的拍球动作，但仔细看，原来拍球的是一个年轻人，但其拍球的节奏特别缓慢，而且力度也不强，再细一想，恍然大悟，原来广告是想用拍球来表现拍球的人心脏跳动的节奏与力度。

(三)对比式意象组合

对比式意象组合，是指在广告创意过程中，以某类性质相反或相对的不同意象组合在一起，借以表达广告创意的一种组合方式。还是海王银杏叶片的广告，为了强化创意的效果，广告中又出现了一个精神矍铄的老年人拍球的动作，与年轻人不同，老年人的拍球动作节奏感强，力度大，广告配以旁白"60 岁的人，30 岁的心脏"。通过对比，让广告受众立刻感受到海王银杏叶片的功效。

第三节　广告创意的过程

广告创意是一项非常复杂的智力活动，它并不是一刹那的灵光乍现，而是靠广告人的各种知识和阅历的积累而成，是一连串自我的心理过程所制造出来的。很多学者和广告人也都曾对广告创意的过程有过精彩的总结。

如美国广告学家奥斯伯恩在总结了几位著名广告设计家的创新思考程序后，认为广告创意分为三个步骤：查寻资料——阐明创新思维的焦点(中心)，收集和分析有关资料；创意构思——形成多种创意观念，并以基本观念为线索，修改各种观念，形成各种初步方案；寻最优解——评价多种初步方案，确定和执行最优方案。

美国著名广告大师杰姆斯·韦伯·杨在其所著的《产生创意的方法》一书中提出，广告创意分为五个步骤：收集资料——收集各方面的有关资料；品味资料——在大脑中反复思考消化收集的资料；孵化资料——在大脑中综合组织各种思维资料；创意诞生——心血来潮、灵感实现、创意产生；定型实施——创意最后加工定型、付诸实施。

中国香港地区的创意大师黄霑提出创意五字诀：藏、混、化、生、修。藏——平时留意、体会人、情、事。混——咀嚼材料，将材料混在一起想。化——将在"混"的过程中有意识的"混想"的众多材料和心得都置之脑后，忘记它！这种"忘记"，其实是将"混想"的成果交给潜意识去继续想。生——点子突然不知从哪里钻了出来，吓了你一跳。修——将点子拿到现实世界，验证是否可行，然后修改。平时多观察，把看到的世间种种人、情、事勤装箱，多收"藏"，遇到需求时，把新资讯再"混"入脑中，经过消"化"孕育，不知不觉中就蹦出一些点子来了，像"生"孩子一样，都会经过阵痛，不过，虽然孩子是自己的好，但还是要美容"修"饰一番。

此处，我们根据杰姆斯·韦伯·杨的创意五步骤，对创意的过程做一个介绍。

一、收集资料——收集各方面的有关资料

广告创意需要收集的资料包括两部分:一是与广告的产品或服务直接相关的特定资料,这些资料是广告创意的主要依据。广告创作者必须对特定资料有全面而深刻的认识,才有可能发现产品或服务与目标消费者之间存在的某种特殊的关联性,这样才能产生创意。广告创意绝不是无中生有,而是对现有的特定资料进行重新组合的过程。不掌握特定资料,创意就成了无本之木、无源之水。二是与消费者的愿望、爱好以及生活方式有关的一般资料。一般资料则无法确定其范围,它应该是生活中一切令消费者感兴趣的事情。收集特定资料是广告创作者当前的工作,而对一般资料的收集则是一个广告创作者终生的工作。

持续不断地收集一般资料与收集特定资料同等重要。每位真正的具有广告创作力的人士,几乎都具有两种重要的性格:一是普天之下,没有什么题目是他不感兴趣的,二是他广泛浏览各门学科的知识。广告中的创意,常常是有着生活与事件"一般知识"的人士将来自产品的"特定知识"加以重新组合的结果。此过程与万花筒中所发生的组合相似。广告这个"万花筒"中的新组合是相当庞大的,而里面放置的玻璃片的数目越多,其构成令人印象深刻新组合的机会就越多。

二、品味资料——在大脑中反复思考消化收集的资料

在对原始资料收集得差不多的时候,下一步就是在大脑中反复思考消化收集的资料,这是一个内心消化的过程。对这些资料要细细加以咀嚼,正如要对食物加以消化一样。创作人员要寻求的是事物间的相互关系,以使每件事物都能像拼图游戏那样,汇聚综合后成为一个完整的组合。

创作人员在这一阶段给人的印象是"心不在焉,神不守舍"。此时,会有两件事发生:一是会得到少量不确定的或部分不完整的创意。不管它如何荒诞不经或支离破碎,都把它写在纸上,这些都是真正的创意即将到来的前兆。二是渐渐地,对这些拼图感到非常厌倦。在此过程中,仍要继续努力去得到更多的想法,并把它们都记录下来。

不久之后,似乎要达到一个绝望的阶段,在创作人员的心智里,每件事物都是一片混乱。如果发现在任何地方都不能清楚地洞察,那么第三阶段就快到来了。

三、孵化资料——在大脑中综合组织各种思维资料

让许多重要的事物在有意识的心智之外,去做综合的工作。这时,创作人员要做的,就是完全放开问题,转向与任何能刺激想象力及情绪的事情。这一阶段,要完全顺乎自然,不做任何努力。把题目全部放开,尽量不要去想这些问题。有一件事可以去做,那就是去干点其他事情,诸如听音乐、看电影、阅读诗歌或侦探小说等。在第一阶段,创作人员收集食粮。在第二阶段,要把它嚼烂。现在是到了消化阶段,则要顺其自然——让胃液刺激其流动。

在这一阶段,创意的速度明显放慢,因为产生创意的典型速度是:在刚开始时最快,以后随着时间的推移而逐渐放慢。但另一方面,随着时间的推移,所产生的创意的价值却是越来越高,后产生的创意往往比前面的创意更好、更成熟。因此,千万不能半途而废以至功亏一篑,一个成功广告创作者必须要学会坚持。

四、创意诞生——心血来潮、灵感实现、创意产生

如果在前三个阶段当中，创作人员的确尽到了责任，那么将会进入第四阶段：突然间会心血来潮、灵感实现、创意产生。创意的产生可能由于某种偶然因素的激发，或者根本没有任何理由。

创意的到来可能是正在刮胡子的时候，或是正在洗澡，或者最常出现于清晨的半醒半睡之间，或在夜半时分把你从梦中唤醒。这便是创意到来的情形，在你竭尽心力之后，休息与放松之时，它突然跃入了你的脑海。

五、定型实施——创意最后加工定型、付诸实施

这是创意的最后阶段，黑暗过后的曙光。在此阶段，创作人员一定要把可爱的“新生儿”拿到现实世界中，让它能够适合实际情况，让它去发挥作用。

这时，创作人员还会惊异地发现，好的创意似乎具有自我扩大的本质。它会刺激那些看过它的人们对其加以增补，大有把以前所忽视而又有价值的部分发掘出来并加以放大的可能性。所以，在这个阶段，不要犯密守不发的错误，要把它交给有能力的批评者阅读，他们的批评会帮你补充、完善创意。

第四节　广告创意的思维与思考方法

广告创意是一个创造性的过程，而创造力的强弱则与创新思维密不可分，创新思维是创新意识和创新能力的基础，是指以新颖独创的方法解决问题的思维过程，通过这种思维能突破常规思维的界限，以超常规甚至反常规的方法、视角去思考问题，提出与众不同的解决方案，从而产生新颖的、独到的、有社会意义的思维成果。创新思维是广告创意的灵魂，需要注意的是，广告创意需要创新思维，但它又是一种特殊的创新思维。首先，广告创意的目的与其他的创新思维有所不同，它是为了达到广告目标，即说明目标对象，促使他们采取购买行动，广告的创新思维只能围绕着广告目标来开展，脱离了广告目标，任何杰出的构想都毫无意义。其次，检验广告创意成功与否，并不在于是否有新的作品问世，而在于是否被市场接受，如果不被市场所接受，即使思路再新颖、想象再奇特、文字再优美、画面再漂亮，这样的创意也是不成功的。进行广告创意，必须熟悉创新的思维方式，如果不能熟练地运用创新思维，就无法有效地进行广告创意。广告创意常用的思维方式主要有以下几种：

一、水平思考法

水平思考法又称横向思考法，是指在思考问题时向着多方位、多方向发展，摆脱对某种事物的固有思维模式，从与某一事物相互关联的其他事物中分析比较，利用局外信息，从其他领域的事物中得到启示而产生新设想的思维方式。此方法有益于产生新的创意，但它却无法取代垂直思考法，只能弥补垂直思考法的不足。

水平思考法的核心内涵是：当人们为创新的目标而进行思考时，大有必要离开一贯认为是正确无疑的固有概念。人们在记忆或思考问题时，往往习惯于从事物的外观形状出发，这

种常态的思维方式，是很难产生新的思维成果的。这就好像对“水往低处流”这一现象的看法，拘泥于这个天经地义、无可厚非的观念，就不可能设想水在特定的条件下还会向高处流动的可能性，也就不会有将水引向高处的吸管的发明与应用了。

水平思考法是对同一问题探求不同、多种甚至是奇异答案的思维方法和过程。它是以一个所要解决的问题为中心，向多方向推测、想象、假设的试探性思维过程。解决问题的方案越多越好，越奇妙越好。这种思维向四面八方辐射，从已知领域去探索未知领域，无所拘束，可超越现存时空。这是一种开放性的思维，与想象、直觉、灵感、审美等有密切关系。它不受现有知识的束缚，也不受已有经验的影响，并突破各种思维定式的障碍，从各个不同甚至是不合常规的角度去思考问题，因此能够得到意想不到的思维成果。

广告创意运用这一思维方法以广告内容为出发点，通过想象、联想、幻觉等心理思维过程，诱发各种新思想、新观念。上海家化联合公司的清妃化妆品系列广告中，分别把女人比喻成月亮、天鹅、音符和珍珠：女人是月亮——有变化才会完善；女人是天鹅——有变化才会高贵；女人是音符——有变化才会灿烂；女人是珍珠——有变化才会细润。这则广告就充分运用了水平思考法，用暗喻的方法把女人比喻成各种美好的事物，借以与化妆品产生联系。

二、垂直思考法

垂直思考是相对于水平思考而言的。垂直思考是以逻辑学和数学为代表的传统思维方法。它强调的是缜密、精确、严谨、程序，其思考的路径是线性的，即沿着线性思路一步一步地解析、演绎、推理、立论。垂直思考法是指按照一定的思考路线进行的，向上或向下的垂直思考，是头脑的自我扩大方法。这种方法就像在地上挖了一个洞，任何思考，都不脱离这个洞的范围，只是逐步深入。在这个洞内，拥有许多旧的经验、旧的观点，人们就利用这些经验和观点进行创意的思考。

垂直思考法过去一向被评为最理想的思考法，其优点是比较稳妥，有一个较为明确的思考方向。但垂直思考法有一个很大的缺陷，那就是这种思考方法偏重于以往的经验、模式，跳不出旧的框架，只不过是对旧意识进行再版或改良。因为旧的经验、旧的观念对人们的思考具有强烈的影响力，会包围其思考方向，难以产生新的创意。

广告构想的思考，仍然应先用垂直思考法，因为垂直思考法的分析和挖掘可靠性高，同时水平思考法又可提醒创作者在思考时不能故步自封、墨守成规。将这两种方法相互配合，加以灵活运用，可收到事半功倍的效果。

三、直觉思维法

直觉思维是指思维对感性经验和已有知识进行思考时，不受某种固定的逻辑规则约束而直接领悟事物本质的一种思维方式。在广告创意中，直觉思维常常冲击传统观念、突破思维定式、打乱逻辑规则，它运用想象、幻想、猜想、联想、灵感等方法，其表现手法往往是荒诞、离奇、怪异、幻视、变形等。这类创意虽然会有一些风险，但往往能够达到标新立异、出奇制胜的目的。

直觉思维具有突发性、偶然性与不合逻辑性等特点：突发性，突如其来，稍纵即逝；偶然性，偶然激发，难以预料；不合逻辑性，并非依照逻辑规则按部就班地进行，可以是荒诞、怪异、幻视、变形等。直觉思维有多种多样的表现形式。想象、幻想、猜想、联想、灵感等都属于直觉思维的形式。直觉思维大体上可以分为想象式直觉和灵感式直觉两种。

(一)想象式直觉

想象是指人们在某些已有的材料和知识的基础上,让思维自由驰骋,或通过新的组合、借助丰富的联想,利用猜想、幻想,从而领悟事物的本质和规律的思维过程。

例如,联想,它有四种基本形态在广告创意中都是十分有用的,分别为:

(1)接近律。例如,香烟——白酒。

(2)对比律。例如,白天——黑夜。

(3)类似律。例如,鸟类——飞机。

(4)因果律。例如,摩擦——生热。

(二)灵感式直觉

灵感是指人们在研究某个问题正苦于百思不得其解的时候,由于受到某种偶然因素的激发,产生顿悟,使问题迎刃而解。这好似“山重水复疑无路,柳暗花明又一村”。在西方,有人把它看成是一种“直觉”,一种潜意识的活动。我们在从事设计活动时也可能有这样的体会:有时即使冥思苦想、绞尽脑汁,也一无所获,但就在山穷水尽的时候,经由某种机缘的触发顿时茅塞顿开,产生某种新的意念。这种情况就像人们常说的“踏破铁鞋无觅处,得来全不费功夫”。

据大卫·奥格威回忆,当年他在形成戴着眼罩的“穿 Hathaway 衬衫的男人”的广告创意时就是因灵感而激发的。大卫·奥格威为海赛威衬衫所做的“穿海赛威衬衫的男人”的广告中,给这个人戴上了一只眼罩。奥格威回忆说:“我想了 18 种方法来把有魔力的‘佐料’加进广告里。第 18 种就是给模特戴上一只眼罩。最初我们否定了这个方案而赞成用另外一个被认为更好一些的想法,但在去摄影棚的路上,我(鬼使神差般地)钻进一家店花了一块五毛钱买了一只眼罩。它使海赛威牌衬衫在过了 116 年默默无闻的日子后,一下子走红起来。它为什么会成功,我大约永远也不会明白(灵感:偶然性)。……迄今为止,以这样快的速度、这样低的广告费用建立起一个全国性的品牌,这还是绝无仅有的例子。”

四、头脑风暴法

头脑风暴法是指一组人员运用开会的方式将所有与会人员对特殊问题的主意聚集起来以解决问题的方法。头脑风暴法起源于小组讨论,但它有更为严密的程序,体现更多的科学条理性。在展开头脑风暴法时应注意以下几点:

(一)选择恰当的问题

头脑风暴法的主要作用在于引发与许多和某一特殊需求(或问题)有关的主意,因此问题必须是开放性的,凡是以各种认知性、单纯记忆性、汇合性、评鉴性为基础的问题都无法用头脑风暴法来解决,因为头脑风暴法的目的在于产生创意,而不是产生决议;必须是小范围的题目,而不是大范围的题目,例如,“如何使这种商品在销售上能压倒市场中其他十余种品牌的同类产品”,这就是一个大题目,其中牵涉问题太多,应该将这个大题目分解成多个小题目,例如,“如何使这些商品陈列在市场中十余种的同类商品内,显得鹤立鸡群”就是一个小题目。

(二)营造良好的环境

这是指有一个专用的房间,室内的气温要不冷不热,灯光适宜,要有舒适的座椅,安静而无噪声,最好没有电话装置。这些条件有助于参加思考的人员集中脑力思考。

(三)选择恰当的主持人

主持人的言谈要有幽默感;主持人在大家提出创意期间,不能用任何动作、表情、语言阻止任何人发言,甚至发言的内容近乎想入非非也没有关系;主持人要及时阻止参加思考人员之间的相互批评;主持人要切实把握题目的范围,勿使大家迷失方向,浪费时间。

(四)一定的时间限制

一次会商应限定时间,如两小时或三小时之内结束。在广告创作者当中,有许多人具有艺术家的气质,他们只注重作品的质量,往往不注重时间的限制。而有了时间限制,对创意有催生作用,还可避免浪费时间。

(五)组成小组

小组人数以10～12个人最为理想,人员过多没有畅所欲言的机会,人员过少则影响参与者的热情和思考的积极性;组成小组的人员,应一律看成是同等级的人,没有年龄大小的区别,没有职位高低的区别,没有男女的区别;轮流发言,组成小组的人都有机会提出自己的创意。

以上所列创意方法,只是众多创意方法中比较常用的几种。实际上,各种方法之间并不见得壁垒森严,常常是几种创意方法交叉使用,共同去解决某个问题。因此,我们在学习、运用这些创意方法时,应本着灵活多变、具体情况具体对待的原则,可以单独使用某一种方法,也可以综合运用多种方法,取长补短,将各种方法的特征和威力充分发挥出来。与固守一种方法相比,综合运用往往更具有创造力。如在头脑风暴法中,参与会议的成员,有的可能运用垂直思考法,有的则可能运用水平思考法,而作为一个整体,运用的则是头脑风暴法。

本章小结

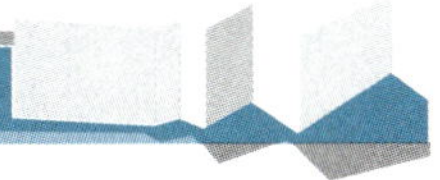

本章从内涵、基本原理、过程和思维与思考方法四个方面对广告创意进行了介绍。

1.内涵方面。创意有不同范畴的理解,从字面上理解,就是“创造意象”之意。对创意的理解涉及四个基本概念:意念、表象、意象、意境。意念指念头和想法,是作品所要表达的思想和观点;表象是符合广告创作者思想的、可用于表现但没有形成特定表现形式时商品和服务特征的客观形象;在人们头脑中形成的表象经过创作者的感受、情感体验和理解作用,渗透主观情感、情绪,经过一定的联想、夸大、浓缩、扭曲和变形,便转化为意象;意境就是用意象反映客观事物的格调和程度。广告创意应遵循两个基本原则,即独创性原则和实效性原则。

2.基本原理方面。广告创意的基本原理就是“意念的意象化”。为了更好地完成意象化的工作,需要了解四个方面的内容:意象的意义,如象征意义、指示意义、感情意义、情绪意义和诱惑意义等;意象的选择,意象意义的多重性和复杂性为广告创意提供了构思的条件和基础,也带来了一些挑战,如何选择合适的意象成为广告创作者必须要面对的课题;意象的创造,利用变形、夸张、拟人化、错位、嵌合、替代、嫁接等手段,可以进一步突出意象的意义;意象的组合,通过一系列意象组合使读者脑海里呈现一幅幅生动鲜活的画面,从而使广告受众在内心进行二次创作,在还原作者所见、所感的基础上渗透自己对产品的认知和感情色彩。意象组合的方式主要包括并置式意象组合、意象叠加和对比式意象组合等。

3.过程方面。主要介绍了杰姆斯·韦伯·杨的创意五步骤:收集资料——收集各方面的有关资料;品味资料——在大脑中反复思考消化收集的资料;孵化资料——在大脑中综合组织各种思维资料;创意诞生——心血来潮、灵感实现、创意产生;定型实施——创意最后加工定型、付诸实施。

4. 思维与思考方法方面。主要介绍了几种常见的思维与思考方法：水平思考法、垂直思考法、直觉思维法和头脑风暴法。

思考与练习

一、名词解释

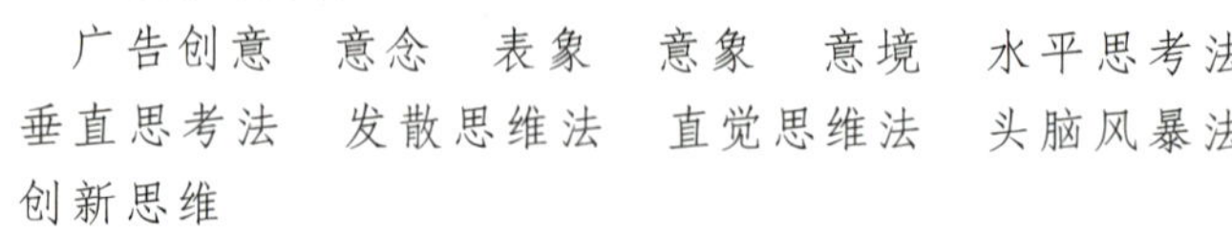

广告创意　意念　表象　意象　意境　水平思考法　垂直思考法　发散思维法　直觉思维法　头脑风暴法　创新思维

二、选择题

1. 符合广告创作者思想的、可用以表现商品和服务特征的客观形象，在其未形成特定表现形式时称为（　　）。

A. 意念　　B. 意象　　C. 表象　　D. 意境

2. 用沉重的眼皮压折支撑着的小棍这一意象来表现“嗜睡”是利用意象的（　　）。

A. 象征意义　　B. 指示意义　　C. 感情意义　　D. 情绪意义

3. 将一个意象嵌入另一个意象，形成一个新的意象的创造方法是（　　）。

A. 错位　　B. 嵌合　　C. 替代　　D. 嫁接

4. 以某类性质相反或相对的不同意象组合在一起，借以表达广告创意的组合方式是（　　）。

A. 并置式意象组合　　B. 意象叠加

C. 对比式意象组合　　D. 随机组合

5. 强调的是缜密、精确、严谨、程序，沿着线性思路一步一步地解析、演绎、推理、立论的思考方法是（　　）。

A. 水平思考法　　B. 垂直思考法　C. 直觉思维法　D. 头脑风暴法

三、简答题

1. 简述你对广告创意的理解。
2. 简述广告创意的基本原理。
3. 简述广告创意的过程。
4. 简述广告创意与创新思维的关系。
5. 简述水平思考法与垂直思考法的联系与区别。

实训项目

1. 实训名称：广告创意分析。

2. 实训目的：通过实训，使学生加深对广告创意内涵的理解，了解广告创意的基本流程，学会运用广告创意的思考方法进行思考。

3. 实训要求：

(1) 每3～4个人组成一个小组，以第六章的实训项目中收集的广告为分析对象。
(2) 分析每则广告中出现的意念、意象、表象及总体的意境。
(3) 对其独创性和实效性进行评价。
(4) 为每则广告重新提出一份创意方案。
(5) 撰写分析报告。

第九章 广告表现策略

学习目标

知识目标

- 了解广告表现的概念和类别
- 熟悉广告表现的具体内容
- 了解广告语言表现、色彩表现、音响和构图策略的基本内容
- 理解影响广告受众不同认知层面的各个策略
- 了解广告表现的常见手法
- 能深刻理解广告美的内涵

能力目标

- 能运用广告表现内容的知识对具体广告作品进行解读
- 能从语言、色彩、音响和构图角度对具体广告作品进行评价
- 能举例说明不同的广告表现手法

思政目标

(广告的审美观)通过引入案例,引导学生关注并初步思考广告中的美学问题,在广告表现的形式策略这部分内容中,通过加入广告表现与审美的相关内容,引导学生进一步去思考广告中的审美问题,帮助学生树立正确的审美观;提高审美情趣、文化品位和人文素养;训练感受美、鉴赏美、表现美、创造美的能力。

案例导入

"南方黑芝麻糊"的那一声叫卖声

"黑芝麻糊咯……",二十多年前一句经典的叫卖声,让南方黑芝麻糊红遍大江南北,在消费者心中留下黑芝麻糊美味养生的食品形象,奠定了南方品牌在糊类产品中领先地位。

漆黑的夜晚,典型南方的麻石小巷,挑着货担的母女俩,悬在竹担前的桔灯摇晃。随着一声亲切而悠长的"黑芝麻糊咯"的吆喝,一个身着棉布衫的男孩,从深宅大院中推门出来,不停的搓手、呵气。眼中充满渴望,慈祥的大婶将一勺芝麻糊舀入碗里面,男孩搓手,咬唇,一副迫不及待的馋猫样。大婶递过香浓的芝麻糊,男孩大口的飞快吃光,意犹未尽、小心地舔着碗底。引得一旁的小女孩发笑。大婶怜爱他多舀了一碗给他,替他抹去嘴角的芝麻糊,此时画外音传来男声旁白:一股浓香,一缕温情,南方黑芝麻糊。广告中的"月光""深宅大院""麻石小巷""货担小灯""戴瓜皮帽的男童"等意象符号巧妙的选择与组合,创造出了一种久远、温情的意境,中国人的传统美德和真挚的情感被这样的意境渲染得淋漓尽致。完美的视

听配合,统一采用的暖色调,演员恰当的表演,有效地强化了"一股浓香,一缕温暖"的广告主题,给南方黑芝麻糊营造了一个温馨的氛围,深深的感染了每一位受众。

得益于这则时长仅30秒的广告的成功,南方儿童食品厂逐步发展,推出了黑豆、黑米、黑芝麻、乌鸡、黑木耳等黑色食品,最终成为生产基地、营销网络遍及全国的南方黑五类集团。

资料来源:根据《黑芝麻糊·怀旧篇》广告及网络相关文章整理

问题:

(1)《南方黑芝麻糊·怀旧篇》广告为什么要营造这种温馨氛围的?

(2)氛围的营造与"一股浓香,一缕温暖"的广告标语有什么关系?

第一节　广告表现概述

一、广告表现的概念

广告主题、广告诉求和广告创意都必须付诸形态,才能让消费者感知并接受。换言之,广告的主题意念和创意构想存储于广告创作人员的头脑中,它们必须依附于信息载体才能传达给受众。意念和构想要转化为消费者能够接受、容易理解的信息,不仅要选择和利用文字、色彩等信息符号,使其成为消费者能感知的形态,而且必须进行艺术加工和提炼,从而使广告主题和创意表现得更加丰满,富有张力,也更易为受众接受。这种运用视觉化、形象化的方式将广告要传递的信息艺术化地表现出来的过程就是广告表现。

广告表现,是广告创意表现的简称,是传递广告创意策略的形式组合,即通过各种传播符号,形象地表述广告信息以达到影响消费者购买行为的目的。广告创意表现的最终形式是广告作品。

广告表现在现代广告活动中占有极其重要的地位。在早期的广告活动中,由于广告信息内容简单,可借助的形式单一,整个社会广告活动相对较少,广告表现并没有引起人们足够的重视。随着商业社会中广告活动的日益增多,广告间的竞争日益激烈,如果再不精心地将广告表现出来,广告的效果就会大打折扣。在这样的情况下,广告表现日益受到重视,人们也开始针对广告的表现环节进行研究。广告表现水平的提高进一步提高了广告的质量,也使受众看到越来越多的光彩夺目的广告,在给受众带来商品信息的同时,也带来了美的享受。

广告表现是广告信息策略策划水平的最终体现。广告信息策略经过目标、主题、诉求和创意之后,形成了一整套比较系统的对广告信息的想法,但这些想法实际上还只停留在广告创作者的脑海里或者纸面上,并不能直接向广告受众传递。所以,广告表现的作用,就是决定通过什么样的形式把广告主题和广告创意表现出来的过程,广告主题和广告创意在一定程度上决定了广告的表现。没有准确、独特而"直指人心"的创意概念,广告表现所拥有的各种艺术手段和媒介技术只能产生包装华丽却平淡无味的装饰品。相反,广告表现的好坏也影响着广告创意效果的实现,好的广告表现能使广告创意锦上添花,而不好的广告表现则可能会破坏广告创意的所有努力，失去优秀的广告表现，也会使原本精彩的广告创意在转化为具体媒体语言时变得支离破碎和面目全非。

广告表现不是广告制作。有时，我们经常将广告表现与广告制作混为一谈，认为广告表现实际上就是广告制作，这样的观念是有失偏颇的。广告表现和广告制作虽然都是对广告主题和广告创意的表现，但广告表现主要着眼于通过什么样的形式表现广告主题和创意，类似于我们常说的广告设计，其本质上也是一个艺术创作的过程。而广告制作则主要涉及一些具体的技术活动，讨论怎样对这些形式进行必要的操作，是处于比广告表现更加具体的操作层面上的概念。二者类似于建筑设计与建筑工作之间的区别，所以，从本质上讲，它们属于不同的范畴。

二、广告表现的内容

如果把广告表现理解为广告信息设计过程的话，那么为了对广告信息进行有效的设计，就必须要考虑四个方面的问题：内容的设计（信息内容）、逻辑的设计（信息结构）、形式的设计（信息格式）和信息来源的设计（信息源）。就信息内容而言，实际上就是广告的主题策略、诉求策略所解决的“说什么”的问题，前面已经进行了详细介绍。这里仅就其他三方面内容做简要介绍。

（一）信息结构

信息的有效性不仅取决于信息内容，还取决于信息结构。信息结构也就是信息的逻辑安排，主要解决三个问题：

一是是否得出结论，即已提出明确结论还是由受众自己得出结论。广告是否应提出明确结论，还是把结论留给受众自己去得出？一些早期实验的结果支持向受众明示结论；而近来一些研究发现，最好的广告往往向受众提问并让其自行得出结论。提出明确结论在下述情况下可能有负面的影响：目标受众认为沟通者不可信时，会拒绝接受沟通者的努力；问题较简单或受众很机智时，他们对展示一些显而易见的事情可能会十分恼怒；问题是高度私密性的，受众会拒绝依从沟通者所做的结论。明确的结论会限制受众接受的程度。如一味标榜是年轻人的产品会赶走一部分喜欢该产品的其他年龄段的人。但对于单一的和明确使用的专门产品，提出明确结论是有效的。

二是单面论证还是双面论证，即只介绍商品的优点还是既说优点又说不足。一般而言，单面信息论证适用于开始就对产品或品牌有好感的受众，而双面信息论证则适用于对产品或品牌没有好感甚至反感的受众，或者已经收到反面传播的受众，有时，双面论证对受过良好教育的受众也会有较好的效果。

三是表达顺序，即沟通信息中把重要的论点放在开头还是结尾的问题。对于片面的信息，首先展示论点能引发人们的注意与兴趣。在接收者不参与整体信息的媒介中，如报纸广告中，中心论点往往先于正文以标题的形式突出，这种表达对于容易受迷惑的受众有效。对于全面的信息要考虑是首先（首因效应）还是最后（近因效应）表达观点，如受众一开始就持反对的态度，沟通者可从正面结论入手，使受众放松戒备，最后接受导出的结论。

（二）信息源

在信息设计中，还必须考虑信息源的问题，从本质上来说，信息源是生产产品的企业，但在实际过程中，为了使广告更富有吸引力，企业常常会依据广告的要求，采用“代言人”的方式，聘请一些名人等来代表企业向受众传递广告信息。由谁来传播信息对信息的传播效果具有重要影响。如果信息传播者本身是接受者信赖甚至崇拜的对象，受众就容易对信息产生注意和信赖。比如，玩具公司请儿童教育专家推荐玩具，高露洁公司请牙科医生推荐牙膏等，都是比较好的选择。构成信息源可靠性的因素通常有三个：专业性、可信度、喜爱度。

1. 专业性

如拥有专门技能，或者具有专业知识的医生、科学家等，其在充当代言人时，如果产品和其专业技能相关，则会提升广告信息的效果。

2. 可信度

可信度是指信息来源的客观公正性。如朋友比推销员更为可信，有过产品使用经验的人现身说法往往会增加受众对广告的可信度。

3. 喜爱度

喜爱度是指信息源对接收者的吸引力。如果受众对信息来源感到亲切，甚至是喜欢，也会提升广告的传播效果，如受人欢迎的明星、可爱的小朋友都会是受众比较喜欢的信息源。

(三)信息格式

信息格式的选择对信息的传播效果具有至关重要的作用，广告创作人员必须为广告信息设计一种有吸引力的格式。如在印刷广告中，传播者必须决定标题、文案、插图和色彩以及信息的版面位置；通过广播媒介传达的信息，传播者要充分考虑音质、音色和语调；通过电视媒介传达的信息，传播者除要考虑广播媒介的因素外，还必须考虑仪表、服装、手势、发型等体语因素；若信息经过产品及包装传达，则特别要注意包装的质地、气味、色彩和大小等因素。

三、广告表现的类型

对广告表现的研究，可以从不同的角度将其划分为不同的类型。

(1)从所借助的信息符号形式的角度(广告表现中常见的符号有语言、色彩、音响、构图等)，可以将广告表现分为广告语言的表现、广告色彩的表现、广告音响的表现和广告构图的表现等。

(2)从提高受众对广告的认知程度的角度，可以将广告表现分为引起注意的表现、引起兴趣的表现、加强理解的表现和加强记忆的表现等。

(3)从广告表现的最终形式，可以将广告表现分为电视广告的表现、广播广告的表现、报纸广告的表现、杂志广告的表现等。

扫码领取

★配套微课视频

★阅读测试题

★广告学公开课

第二节　广告表现的形式策略

一、广告语言的表现

语言是人类最重要的交际工具和传播手段，包括文字和言语。广告语言是制作广告的最基本也是最重要的元素。任何广告都离不开语言。根据语言的传播特点，广告语言可分为广告文字和广告言语两种形式。广告文字是指广告受众通过视觉接受的广告语言，如印刷广告、路牌广告、电视广告中的文字部分。广告言语则是指受众通过听觉接受的广告语言，如广播广告、电视广告中的言语部分。

广告语言的表现集中体现在广告文案上，广告文案是对广告语言的具体运用和组织，广告文案主要由广告标题、广告正文、广告标语和广告随文组成。

(一)广告标题

广告标题是整个广告文案乃至整个广告作品的总题目。广告标题为整个广告提纲挈领，将广告中最重要的、最吸引人的信息进行富于创意性的表现，以吸引受众对广告的注意力。它昭示广告中信息的类型和最佳利益点，使消费者继续关注广告正文。人们在进行无目的的阅读和收看时，对标题的关注率相当高，特别是在阅读报纸、杂志等选择性、主动性强的媒介时。一项测验报告表明，80%的读者都要先浏览广告标题再看广告正文中的信息。

1. 广告标题的作用

广告标题的主要作用有：

(1)吸引受众的注意，促使受众进一步阅读下文，深刻理解广告内容。

(2)与图像、空间、时序、声音等广告要素相得益彰，共同凸现广告的宗旨与意图。

(3)刺激受众购买态度的转变，直至产生实际的购买行为，以培养实际的和潜在的消费者和购买者。

2. 广告标题的表达形式

根据标题内容划分，广告标题的主要表达形式有情报式、问题式、祈使式、新闻式、暗示式、提示式、震惊式等。

(1)情报式。情报式是最基本的形式。如“×××(店)提供×××(牌)×××(产品)”。

(2)问题式。问题式能使人产生好奇心，驱使受众刨根问底求个究竟，吸引人们在广告正文中找到答案。

(3)祈使式。委婉地命令受众做某事。如去头皮屑香波的标题：“头皮屑，或者你正视它，或者你肩负它”。你如果有头皮屑，肯定不愿意肩负它，那么你就会想买去头皮屑的香波。

(4)新闻式。根据大多数人对新闻报道感兴趣的心理状态，向读者提供新的事实。如法国埃拉姆鞋业公司的广告标题：“巴黎——阿姆斯特丹，往返 30 法郎”。埃拉姆鞋是法国一个大众品牌，标题 30 法郎的诱人价格，直接传达了产品物美价廉的信息。

(5)暗示式。不直接说明产品或服务的特点。如意大利李维斯 501 牛仔裤广告的标题：“501 李维斯，想什么样，就什么样”。该广告标题中暗示了 501 牛仔裤花色品种繁多。

(6)提示式。不直接介绍产品或服务，而是提示人们应该怎样做。如巴西 LIL 丝袜广告：“让世界变得更美丽，就从腰部以下开始”。

(7)震惊式。广告标题选择具有震撼力的文字，可以强烈刺激受众神经，激发受众的购买欲望。如成都某房地产开发商旺铺出租的广告词：“抢赚新年第一桶金。财富传家宝，一铺富三代，商家抢着租，财富滚滚来”。

(二)广告正文

广告正文是指广告文案中处于主体地位的语言文字部分，是广告主题展开解释或说明，将在广告标题中引出的广告信息进行较详细的介绍，对目标消费者展开的具体诉求。广告正文的写作可以使受众了解到各种其希望了解的信息，受众在广告正文的阅读中建立起对产品的了解和兴趣、信任，并产生购买欲望，促进购买行为的产生。

1. 广告正文的作用

广告正文的作用是：

(1)广告正文要着重介绍商品或服务的特性、功能、品牌优势，以便为广告受众提供更为详细、具体的信息。

(2)广告正文强化商品或服务的信息，使受众对商品或服务产生良好印象和情感。

2. 广告正文的表达形式

广告正文的表达形式一般有写实型和情感型两种。

(1)写实型的正文重在介绍产品或企业与众不同的实力、历史、现状和宗旨。例如，日本西铁城表广告以“西铁城，华贵气派的象征”为标题揭示广告主题，紧紧抓住观者追求气派和时尚的心理。然后在正文中写道：“西铁城凯旋系列，独有‘HUZ’超薄防水系统，发挥卓越防水功能，准确耐用，乃成功人士必定拥有的。表身设计纤巧流利，华贵气派，表露无遗！”这样的广告正文完美地提示了西铁城手表的品牌、性能、内在质量、最适合的消费群体与外观设计等信息。这些信息会让受众产生华贵气派的心理效应，它把给消费者带来的“社会”名望和心理满足感联系在一起，从而构成了独特的“广告心理场”，让那些“成功人士”对西铁城表勃然心动。

(2)情感型广告正文的特点是，以散文式的笔法激起人们强烈的购买欲望。例如，“博士伦”隐形眼镜广告以“月到中秋分外明，眼戴隐镜格外亮”为题揭示主题，正文则接着进一步说明眼镜为人们带来的“形象效应”“社会效应”“事业效应”。它写道：“带博士伦眼镜充分体现自然美，从此你的眼睛神采飞扬；在社交中受人欢迎；在事业上进展顺利。”正文迎合了人们获得良好视力和良好形象的需求及爱美心理。紧接着正文又用“如水珠般柔软，带上它，无牵无挂，活动自如”等文字抒发博士伦给消费者带来的心理感受。正文最后用带上眼镜后与亲人团聚后的欢乐的文字作为点缀，进一步“煽动”人们的购买热情。

3. 书写广告正文的技巧

书写广告正文应具有良好的写作技巧：

(1)用词应力求简单明了，具体形象，句式宜多用肯定句和主动句。

(2)紧扣广告主题，其中贯穿的主题应鲜明、统一，层次清晰，文字、图像、空间、时序与声音和谐，布局合理，以免使人产生沉重感和压力感。

(3)文辞优美新颖，不落俗套，不求虚荣，具有艺术美，引人入胜。

(三)广告标语

广告标语，又称广告口号，是为了加强受众对企业、商品或服务的印象，在相当长一段时期内反复使用的固定语句。它是广告中令人记忆深刻、具有特殊位置、特别重要的一句话或一个短语。一句标语长久、重复地使用，日渐变成生活用语，人们一听便知是某企业的某产品，从而提高了商品的知名度和销售的连续性。广告标语在广告中所起的作用是画龙点睛、锦上添花。

广告标语和标题近似，标语有时可当标题用，标题由于长期使用也可变成标语。两者的区别是：标语是战略性的语言，适于长时期使用，目的是强化与加深人们对产品或企业的印象；标题是战术性语言，是某一个广告(或某一阶段的广告)正文的眼睛，注重吸引人们对广告的注意。

1. 广告标语的作用

广告标语与一般广告标题和广告正文相比，其作用有：

(1)广告标题和广告正文的作用是诱导人们注意广告内容,实现产品销售的目的。广告标语的作用是确立企业或服务的形象,彰显商品或服务的实力和优势。如日本丰田车的标语"车到山前必有路,有路必有丰田车"就充分显示了汽车的实力和优势。

(2)广告标题和广告正文具有多变性,广告标语则具有相对稳定性、持久性。因为广告标题和广告正文主要针对具体的广告内容,广告内容不同,广告标题和广告正文就要随之变化,所以具有多变性。广告标语则不针对广告主题,因而具有相对稳定性。

2. 广告标语的表达形式

广告标语的表达形式是多样的,其中有形象建树型、优势展示型、号召行动型、情感唤起型等。

(1)形象建树型。这个形象可以是企业形象、产品形象、品牌形象、服务形象,其目的是建立一个让公众和目标消费者信任、赞赏的形象,为广告主的长期销售活动做有效的铺垫。例如,中国平安保险的"中国平安,平安中国"。

(2)优势展示型。一般是展示产品或服务的优势,展示广告主体的功能、特点,让消费者用最省俭的方式了解产品的关键特点和优势,与其他产品进行对比,做出正确选择。如雀巢咖啡的"味道好极了",麦氏咖啡的"滴滴香浓,意犹未尽"。

(3)号召行动型。这种广告语一般都采用直接的方式,运用鼓动性的祈使句煽起消费者的欲望,督促消费者采取购买行动。使用此类广告语的产品一般都是感性的产品或低关心度的产品,有利于形成冲动型消费。如雀巢冰激凌的"尽情享受吧!"、耐克运动用品的"Just do it!"、百事可乐的"新一代的选择"。

(4)情感唤起型。情感唤起是指借助受众心目中的人性因素、情感因素,用情感向受众呼唤、宣泄、倾诉,以赢得广大受众的共鸣,产生情感消费。如"人头马一开,好事自然来""钻石恒久远,一颗永留传"。

3. 创作广告标语的原则

一般来说,好的广告标语的创作必须遵循以下三条原则:

(1)简洁、容易记忆。

(2)具有一定的韵味。

(3)具有号召力,通俗而现代。

(四)广告随文

广告随文是广告的附属性文字,对广告正文起补充和辅助作用,或对消费者起到购买指南的作用,广告文案中常见的随文包括品牌名称和标志,企业名称和标志,企业地址、电话、邮编和联系人,购买商品或获得服务的途径和方式,权威机构认证标志等。它的写作方式比较死板,只要求简明扼要,不使人产生误解。一般情况下,广告随文出现在广告正文之后的终点位置。

二、广告色彩的表现

色彩是人类对于外界物体的视觉反应,也是物体传达信息的要素之一。人们的生活环境存在着绚丽而丰富多样的色彩,特别是众多的艺术家对色彩信息的摄取与表现颇具无限性。因而,在广告中,色彩作为传达信息的重要手段,其表现力也是异常丰富的。

在众多的形式美之中,视觉神经对色彩反应是最快捷的。这是因为,色彩信息的差别性特征,使人们能快速敏锐地做出反应,人们在日常生活中寻找熟悉的物体时,都往往从色彩入手。色彩的差异性，要求设计者除了从物理学角度挖掘不同颜色的色光效果、波长或频率的差别性以外，还要从心理学、社会学、文化学的视角来开发色彩信息的丰富内涵。只有这样，才能使色彩的明暗度、强度等物理差异所形成的信息效果，以及色彩的心理、社会、文化信息效果等融合起来，形成强大的“色彩的视觉冲击”。

(一)色彩对于广告表现的功能

色彩在广告中的应用，就如同标题对于正文，对增加广告的注意价值有十分重要的作用。色彩对于广告表现的功能，具体地说，主要有以下五个方面：

(1)鲜明性。鲜艳亮丽的色彩能增加人们对广告的注意。

(2)认知性。广告作品借助于色彩的各种处理，易于让受众认知、识别，有助于创造个性诉求，使受众加深对广告的印象留存。

(3)写实性。色彩具有很强的再现客观事物的表现能力，还原产品的本来面目。广告通过色彩画面所反映的产品或服务内容，其真实感比无色彩画面更具信服力，易于发挥广告形象的感染力。

(4)情感性。从视觉心理来说，色彩可以诱发人们产生多种情感作用，有助于广告在信息传达中发挥“攻心”力量，刺激欲求，达到促成销售的目的。

(5)审美性。精妙的色彩组合所营造的完美境界能提升受众精神上的认知和享受，让受众在了解产品和服务内容的过程中得到美的充分享受。

(二)色彩表现的三个层面

色彩是人通过眼睛感受可见光刺激后的产物。在广告的色彩表现中，要注意以下三个层面：

(1)第一个层面是色彩的明度、色相和纯度，这是色彩最基本的三要素，是光感过程的第一类要素。

①明度是指色彩的明暗程度，也称亮度。每一种色彩都有其自身的明暗程度。白色颜料是反射率最高的色料，在某种色彩里加入白颜料，可提高混合色的反射率，即提高明度。而黑颜料的反射率最低，在其他颜料中加入黑色，混合色的明度便降低。

②色相指的是色彩的颜色差别特征。严格地说，是依波长来划分的色光的颜色差别。如可见光谱“红、橙、黄、绿、青、蓝、紫”即为不同的色相。以它们为基础，依圆周等色相环列，可得到高纯度的色相环。

③纯度是指色彩的饱和程度，即色光的波长单一程度，也称为彩度、艳度、鲜度等。

(2)第二个层面是获得色彩表现的条件的形象四要素：面积、形态、位置、肌理，被称为色彩的第二类要素。

(3)第三个层面是色彩的心理作用，任何色彩都会影响人的感觉、知觉、记忆、联想和情绪等心理过程，产生特定的心理作用，如冷暖、情绪、软硬、轻重、错觉、华丽与朴实等，这些被称为色彩的第三类要素。

①冷暖。倾向于红、黄、橙的色相，可引起人对火、太阳的联想，给人以温暖的感觉；倾向于青绿、青蓝、青紫的色相，能联想到天空、海洋、雨雪，给人以寒冷的感觉。

②情绪。红、黄、橙等鲜明的暖色，使人兴奋；青绿、青蓝、青紫等冷色，使人安静。

③软硬。纯度低、较浅淡的颜色给人以柔软温和的感觉；纯度高、较深暗的颜色给人以坚硬刚强的感觉。

④错觉。同样大的色块，暖色、亮色给人感觉比实际的要大，有向前感；冷色、暗色给人

感觉比实际的要小,有后退感。

⑤华丽与质朴。明度高、纯度也高的色彩给人以华丽的感觉;明度低、纯度也低的色彩使人感觉朴实无华。金银色由于金属贵重和富有光泽而显得华贵。

由于色彩具有情感性,因此人们便将一些象征意义和色彩联系在一起。例如,红色象征热情、革命、危险;绿色象征生命。不同的国家、民族赋予色彩的象征性有很大差别。我国古代黄色象征皇权,所以黄色是皇室的专用色彩,皇帝的衣服、屋顶都用黄色;欧洲红色象征权力,皇帝穿红袍。中国、澳洲以白衣表示悲哀,欧洲以黑色丧服表示悲哀。

广告的媒介很多,也是大面积、多层次展现企业或产品形象的最有力手段,是企业形象识别系统中最主要运用的系统之一。运用标准色进行全方位广告画面设计,能给公众形成一致、统一的企业或产品感受,对企业识别的强化和扩散有显著作用。尤其是电视广告制作费用和播出费用昂贵,时间限制性极强,欲在极短的几秒钟内,产生最强的效果,是极不易的事情,因此,广告中的识别色彩选择、策划是一项重要工作。国外色彩研究的权威人士法伯·比兰曾精辟地指出:广告中往往不在于使用了多少色彩,而关键在于色彩运用得是否恰当。在一则广告里如果色彩运用过多,反而会伤害了它的传播力量。为了恰当地达到广告效果,对于色彩永远要运用得明智高超才行。

三、广告音响的表现

音响是广告的听觉元素。它属于听觉范畴,与视觉元素不同,是利用声波的波长、频率、音色、音质等来表现广告要向受众传播的信息。以物理属性传达信息的音响,必须借助声音的心理、社会、文化等信息属性,才能最大限度地产生广告的信息效果。

广告音响主要是由广告语言、广告音乐、广告声响构成。广告语言在前面已经提过,此处不再赘述。广告音乐是以旋律、节奏为手段,烘托广告主题的工具。广告声响是指运用专业器具和技法,模拟或再现现实生活中的各种声响,烘托、表现广告主题的工具。

(一)广告音响对于广告表现的功能

广告音响对于广告表现的功能有以下三个:

(1)激发人们对传播对象、产品、服务或特定观念的情感,增强受众对传播对象、产品的美感和向往度。

(2)引起受众对广告的注意,增加受众的注目率或“倾听率”。如明快、悦耳,为受众所熟悉、喜欢的音乐可以给受众以亲切感,进而注意与之相联系的传播对象、产品或服务。

(3)烘托广告主题,增强受众对传播对象、产品、服务或观念的理解和记忆。

(二)广告音响的具体表现

1.广告歌的设定

广告歌是电子传播媒介特有的一种广告传播方式。广告歌或以强调品牌为意图,或以提高产品的知名度为目的,或以树立企业形象为主旨,旋律优美活泼,歌词简练通俗,通过对商品或企业形象的描述,唤起人们对商品的兴趣,使人们对企业产生好感,以促进商品的销售。

日本某研究机构曾专门调查过广告歌的效果,调查结果如下:

——对广告歌的爱好度特别强烈;

——经过5年以上,仍能记住某旋律的片段;

——爱好广告歌者以儿童为多;

——调查项目里列举十支最佳广告歌，都是儿童爱唱的；

——接触度（在此指播出次数）与记忆度一致，反复播出的效果极强；

——好感度特别强；

——正在风靡的广告歌，按其类型可分为家庭歌曲型、新式家庭歌曲型、冲击型、印象型、气氛型和旋律型。

由此可见，在某些广告中加入广告歌，可能会产生极好的广告效果。

2. 广告音乐的选定

广告音乐不仅能够丰满广告形体，活跃广告气氛，增强广告吸引力，而且能够协助塑造广告形象。视听广告音乐设定要与产品个性、风格以及广告主题相统一。不同的产品应该有不同的个性与风格，视听广告的音乐设定也应该与产品个性与风格、广告主题歌合拍，讲究诉求同位性。

现成音乐的采编，重要的是音乐表达的感情色彩与广告渲染的情绪要神似而非名同。在国内市场上，某种品牌或名称，可能会被几十种大小不同、用途各异的商品所选用。一个“天鹅”牌可以是电视机、洗衣机、时装、鸭绒被等，在各种性质迥异的商品广告中，音乐设计都借用《天鹅湖》中的“四小天鹅”舞曲，如果各商品在视听广告播出的时段又比较接近时，每一商品的广告整体效果如何就难以确定了。

3. 广告声响的确定

（1）根据具体广告的主题表现，突出广告声响。广告音乐是通过其独有的语言去描绘广告信息，营造超乎客观的氛围，激发听众情绪并引导其进入音乐所创造的意境之中。

（2）根据广告产品类别和广告对象的差异，调整广告声响。广告声响只有以广告产品和广告对象为基础，才能达到广告音乐与广告内在目的的一致性。

（3）根据特定的广告表现采用特殊的声响技术。在广告声响中混响效果运用得好，会起到强化广告意境、增强听众感受性的作用。

（4）根据不同的媒介，选择、确定声响在广告音响中的地位。我们知道，广播不是无画面的电视，电视也不是有画面的广播，因而，要根据广播和电视的不同，做出适合媒介特性的广告声响调整。

四、广告构图的表现

广告构图，是指在一定规格尺寸的版面位置内，把一则广告作品设计要点（包括广告文案、商标、图画、背景、饰线等）进行创意性编排，登记组合，加以布局安排，以取得最佳的广告效果。

（一）广告构图的步骤

广告构图的一般步骤如下：

1. 创意布局

广告布局设计的一个关键步骤就是设计草案（Thumbnail Sketches），它是广告企划员、文案员、美术员等经头脑风暴会议共同创意并将创意以粗线条勾画出来的，故称“创意布局”。通常是画在一系列小幅画纸上，不刻意描绘创意细节，主要是粗略表达创意的不同布局形式，以用作广告表现导向。一般要画很多幅草图，经过反复比较以选择最佳布局。

2. 粗略布局

当广告标题、副标题、正文以及广告插图等广告元素确定后，设计者就要从营销观点出发来判断应强调的表现主题和主体是什么，然后按轻重有序、平衡协调的原则安排其他要素的位置和形态，形成有视觉效果的粗略布局。这种布局，一般用以征求广告主的初步认可，也是与上级主管人员磋商定案的基本依据。

3. 最后布局

粗略布局被认可后，美工人员要进行最后版面综合布局，又称为“完稿布局”(Finished Layout)。完稿布局要求比较精密，文字处理讲究，通常要用正式的照片图像、打印字体、正规插图等，布局要高度精细化和具体化，整体效果应与正式印刷作品相同。

(二)广告构图的基本法则

1. 统变有度

统变有度是指在整体上要统一完整，而在局部上则应灵活变化。广告中一切要素就局部而言都是相对独立的，有变化的；但在整体上要做到精神相关联、情感有呼应、形式协调统一、形态顾盼有情。

广告插图、产品形象、商标图案、文字形式等，都要相互呼应、关联统一。统一与变化在动态上具体表现为连续与反复。连续是变化形态间的联系与统一，系列商品等的反复排列是有规律、有节奏的伸展和连续。连续与反复搭配得当，既可强调广告信息、强化记忆度，又可增强广告画面的韵律美、节奏感。

2. 主从分明

广告构图要素要有主有从、主从分明、详简得当。

一则广告，有主无从显得单调呆板，有从无主则散漫零乱。在进行广告布局时，首先要根据广告主题确定以何种要素形式为主体，将之置于画面的中心位置，以此主导和统摄整个广告画面的造型，其他要素形式则从属于主体态势，使之生动而不呆板，富有生气。

广告布局最主要的主从搭配是插图与文案之间的搭配，一般无外乎主图文辅和主文图辅两种基本类型。实际上，图文的主从搭配是相对的，二者常常互相呼应，相得益彰。

3. 均衡协调

广告构图还讲究协调，这要求广告画面结构应对称、均衡、对比协调。

(1)所谓“对称”，即以一点为基准向上、下或左、右同时展开的形态，包括上下对称、左右对称、三面对称、四面对称和多面对称等。它以同形、同量、同距、同色的组合形式，体现出秩序美和规则感，形成平稳庄重、严谨宁静的美感。

(2)所谓“均衡”，不是形式上的机械平衡，而是指广告画面所引发的安全平稳感，给人以放逸、生动、玲珑、自由的美感。

(3)所谓“对比”，是指正反两事物并列在画面上所产生的分离感，如色彩冷暖、色泽明暗、动静曲直、位置高低、线条粗细、面积大小、数量多少等，都可以形成对比效果，使广告构图引人注目、广告商品特性突出。

五、广告表现与审美

广告传播本质上是一种商业传播，其传播的目的在于向消费者介绍商品，刺激消费者产生购买欲望，但广告传播同时也需要从艺术的角度，以美的形式来展现，这种展现既反映或渗透着一定时代的审美趣味、审美观念和审美理想，也是具有一定审美意识的受众鉴赏的对象。真正美的广告，是将实用属性和审美属性紧密结合起来的广告。受众在对广告的审美鉴赏过程中，接受了广告向其传播的道德观、价值观、人生观等美学观念，从而潜移默化的影响受众的价值观念和生活方式。

（一）功能美

功能美是广告艺术魅力的核心和灵魂，功能美的本质在于“真”，所谓“真”，即广告的真实性，指广告是否正确地反映商品的本质特征，以及受众对所反映的商品本质有无正确的感受和认识。比如说一些车展的广告策划，首先就是强化其外在的视觉识别系统以及展示效应，同时，还要体现商品车辆的各种性能。功能美能够给消费者带来直观的产品感受，也是其理解产品内涵的主要出发点，也是广告信息策略的重要依据。功能美不能以常规艺术美的形式来定义，而是要带给人们对于产品功能性的认识，只有当功能性传递到了，才能够进行“美”的系统构建。

（二）创意美

社会发展为艺术提供了新的艺术主题和艺术题材，每一个时代都展示了新的社会风貌，构成与前代不同的时代精神，这些势必会在艺术创作力得到反映。广告创意作为现代广告活动的重要组成部分，在促进企业文化与大众交流上起着不可替代的作用，广告创意被赋予了更多的创造美的使命。然而无论广告创意如何的巧妙出色，幽默也好，崇高也好，滑稽也好，雅致也好，从总的上面来讲它仍然是人类审美的创造活动，其创造意象时，要遵循“善”的原则。所谓“善”，即广告的倾向性，也就是广告所创造的意象对于社会应具有积极性意义和影响，创意之美要求在达到促销的同时，能给人以精神的愉快，心灵的陶冶，智慧的启迪。

（三）形式美

广告的形式美，即广告作品的展现性，指广告的形式与内容是否和谐统一，是否有艺术个性，是否有创新和发展等。广告作为一种品牌信息的载体，严格说来并非是单一而简单的信息媒体，而是把品牌赋予美的外在与魅力的表现手段。广告的形式美是基于广告形式构成因素的有规律的组合而显示的审美特征。当前广告的形式美，主要是依托点、线、面、空间、肌理等特性来表达其内在美感，通过不同的形式、不同的颜色、不同的对比、不同的变化等来形成同类商品的区别，以色彩、线条、语言等符号元素感性地呈现在受众面前，这些符号因素按照一定的规律排列组合，形成流畅的视觉美感。

总而言之，广告是一种实用性的艺术综合。广告的形式美体现于色彩的协调，构图的匀称，线条的流畅，节奏的明快，韵律的悦耳，以及静态与动态的交叉，立体与平面的参照等。但并不是说具备了这些因素就可以称为美的形式了，只有将美的形式同美的方式、美的内容和谐统一起来，把美与真、美与善、美与质量、美与实用统一结合起来，才能真正地调动人们的审美情感，最终打动广告受众。

第三节　广告受众认知的表现策略

广告受众认知的表现策略以影响品牌认知为目标，最常见的有两种类型：一是提高知名度、强化记忆度，达到最基本的认知目的；二是树立品牌形象，达到更深的认知。为了使受众更好地对广告进行认知，往往要注意以下几大策略的运用。

一、引起注意的表现策略

注意是心理活动对一定对象的指向和集中，具有指向性和集中性的特点。指向性是指人的心理活动在某一时刻指向一部分对象，而离开其他对象，表现为心理活动的选择性；集中性是指人的心理活动保持在一定对象上并深入下去。两个特点相互联系、不可分割，指向是集中的前提，集中包含指向。

注意有无意注意和有意注意之分。无意注意是事先没有预设的目的，也不需要付出意志努力的注意，是注意的初级形式。无意注意可帮助人们对新异事物进行定向，获得对新异事物的清晰认识，能使人们从当前进行的活动中被动地离开，干扰他们正在进行的活动。有意注意是事先有预设的目的，需要付出意志努力的注意，是注意的高级形式。它是从事实践活动的必要条件。只有维持受众对广告的有意注意，才能使广告对受众的知觉、记忆、想象、情感态度和购买行为发生作用。

引起无意注意是广告在注意阶段最初始的目标。引起无意注意的基本策略主要是增强广告的刺激性。

1. 增强广告的强度

广告的强度可以表现为多方面：大标题、明亮色彩的印刷广告、响亮的广播声、大屏幕显示、大尺寸广告等。

2. 增大广告的对比度

如形状的对比、方向的对比、色彩的对比、轻重的对比、线条的对比、动静的对比、高矮的对比等。

3. 运用刺激物的变化规律

有些图像虽然是静止的，但符合一定的组合规律，能使人们产生似动的感觉，广告表现也可以借助似动效应来引起受众的无意注意。其他如视觉的引导以及动作、节奏的变化等方式也能使刺激物具有动或变化的效果。

二、引起兴趣的表现策略

兴趣是人们积极探究某种事物的认知倾向。兴趣和注意是分不开的，只有对广告及其广告产品产生兴趣，才会产生有意注意。就广告而言，仅仅引起受众的无意注意是不够的，还必须进一步激发受众的兴趣，从而使无意注意转化为有意注意。在广告表现中，能引起受众兴趣的方法主要有：

(1)提供有用(具有实用价值)的信息。

(2)提供支持性的信息。人们往往对支持自己观点的信息产生偏好，即人有一种驱动力促使自己对客体产生一致的认知和行为。当认知失谐时，人们会出现不适感，进而试图去减少它。减少失谐的一个机制，就是有选择地寻求支持信息或避免不一致的信息。

(3)增强广告的趣味性(娱乐性)。增强广告趣味性的途径有很多，其中幽默是一种十分有效的方法。它常以漫画、卡通、拟人、夸张、变形、一语双关等手法传递广告信息。幽默会使人感到出乎意料，富有戏剧性，可以提高广告受众对广告的注意及记忆效果。

(4)利用悬念式的广告。悬念的设置要有尺度，且注重社会影响。同时悬念谜底的揭晓要符合受众的心理愿望，不能让受众感到失望。另外，悬念的过程也要把握好，要能吊起受众的胃口，但也不能拖延太久，让受众失去好奇心。

三、加深理解的表现策略

在加深对广告的理解方面，要特别注意目标受众的接受能力和认知水平，从而采取合理的理解策略。

1. 广告表现要与受众有共同的传播符号

广告传播是靠一定的符号进行的，符号所表示的意义是约定俗成的。尤其是跨地域的广告传播，要达到传而通的效果，必须做一项基础的工作：建立共同的传播符号。广告对目标受众的难易度是否适当？广告的语言是否难懂？广告的口号是否易于理解？这些都是要注意的问题。

2. 广告表现要与受众有共同的传播经验

如果仅仅只选用共同的传播符号，显然谈不上成功的广告表现，更重要的是要使受众能理解符号所表达的内容。对广告的理解是与受众已有经验紧密相连的，广告表现顾及受众的经验。比如，广告的格调是否符合受众的欣赏水平？广告所选用的象征符号是否和受众经验上的象征意义一致？

3. 广告表现要与受众有共同的传播节奏

广告传播是通过语言、文字、声音、画面来沟通信息的，传播者在传送信息时都有一定的速度变化，即表现为传播节奏。只有当两种节奏相同、吻合时，受众对所传播的信息的理解才可能是清晰的、连贯的。对于电视、广播广告尤为明显，语言、声音、画面都是随着时间流动的，受众对它们的视听具有被动性，是不能自控的，一旦跟不上节奏，就会损失信息。

四、提高记忆的表现策略

广告的目标之一是提高企业形象以及商品品牌和商品信息的知名度。知名度在公众心理活动中主要表现为记忆。广告要想更持久地对消费者施加影响，就必须使广告的内容在消费者的心里留下深刻的印象，即保持对广告内容的部分记忆或全部记忆，从而对其最终的购买行为产生作用。

广告的记忆目标取决于广告的实效性，有的广告希望消费者形成短期记忆，有的广告则希望消费者记忆较长的时间，甚至于永久保留记忆。在不同的情况下，记忆的策略是不同的：长期记忆多采用理解记忆策略，在广告表现上，增加“为什么”的答案，或采用联想的手法，给受众一种“果然”的感觉；而短期记忆多采用断定记忆策略，语言简单且肯定，只期望受众记住广告的内容，如“恒源祥——羊羊羊”的广告。

根据记忆的一般特点及其规律，加深受众对广告的记忆主要有以下几种方法。

1. 简化记忆

人们能够记住内容较少的信息，容易淡忘内容较多的信息。广告心理学家研究表明：少于 6 个字的广告标题，受众的记忆率为 34%；而多于 6 个字的广告标题，受众记忆率仅为 13%。在广告创作中，应该减少广告的识记材料数量，突出品牌名称、标语口号等核心理念，并采用俗语、押韵等易听、易记、朗朗上口的语言来表现。

2. 形象化记忆

研究结果表明，在人的记忆中，语言信息量与图像信息量的比例是 1:1 000。因此，充分利用形象记忆是广告传播的一大策略。在这里,"形象"不单指图像,形象化的语言、声音也都是增强记忆的有效手段。

3. 重复记忆

艾宾浩斯遗忘曲线表明:输入的信息在经过人的注意过程的学习后,便成了人的短时记忆,但是如果不经过及时的复习,这些记住过的东西就会遗忘,而经过了及时的复习,这些短时记忆就会成为人的一种长时记忆,从而在大脑中保持很长时间。利用广告信息的适度重复与变化重复是增强广告记忆的重要手段。增强广告的重复率既体现为广告出现频率的增多,又体现为同一广告中主题的重复。当然重复不是机械的,在适度的重复中加以相应的变化,效果会更佳。

4. 理解记忆

先理解,后记忆,这是基本的规律。理解记忆是广告记忆的重要方式,其发挥作用的基础就是让消费者理解广告的内容。有时借助形象化的图示把广告内容加以展示,可以提高受众对广告的理解程度,加深受众对广告的记忆。

第四节　广告表现的常见手法

广告内容需要借助一定的表现形式来传达,作为广告表现形式的基本成分,表现手法经过一百多年的发展,已十分丰富,呈现出多姿多彩的面貌,本书不一一罗列,仅选择几种常见手法进行介绍。

一、直接展示法

这是一种最常见的且运用十分广泛的表现手法。它将某产品或主题直接如实地展示在广告版面上,充分运用摄影或绘画等技巧展现写实表现能力。细致刻画和着力渲染产品的质感、形态和功能用途,将产品精美的质地引人入胜地呈现出来,给人以逼真的现实感,使消费者对所广告的产品产生一种亲切感和信任感。

这种手法由于直接将产品推到消费者面前,因此要十分注意画面上产品的组合和展示角度,应着力突出产品的品牌和产品本身最容易打动人心的部位,运用色光和背景进行烘托,使产品置身于一个具有感染力的空间,这样才能增强广告画面的视觉冲击力。

二、突出特征法

运用各种方式抓住和强调产品或主题本身与众不同的特征,并把它鲜明地表现出来,将这些特征置于广告画面的主要视觉部位或加以烘托处理,使观众在接触画面的瞬间即很快感受到,对其产生注意和视觉兴趣,达到刺激购买欲望的促销目的。

在广告表现中,这些应着力加以突出和渲染的特征,一般由富有个性的产品形象、与众不同的特殊能力、厂商的企业标志和产品的商标等要素来决定。

突出特征的手法也是我们常见的运用得十分普遍的表现手法,是突出广告主题的重要手法之一,有着不可忽视的表现价值。

三、对比衬托法

对比是一种趋向于对立冲突的艺术美中最突出的表现手法。它把作品中所描绘的事物的性质和特点放在鲜明的对照和直接对比中来表现，借彼显此，互比互衬，从对比所呈现的差别中，达到集中、简洁、曲折变化的表现。通过这种手法更鲜明地强调或提示产品的性能和特点，给消费者以深刻的视觉感受。

作为一种常见的行之有效的表现手法，可以说，一切艺术都受惠于对比表现手法。对比手法的运用，不仅使广告主题加强了表现力度，而且饱含情趣，扩大了广告作品的感染力。对比手法运用得成功，能使貌似平凡的画面处理隐含着丰富的韵味，展示广告主题表现的不同层次和深度。

四、合理夸张法

合理夸张法是指借助想象，对广告作品中所介绍的对象的品质或特性的某个方面进行相当明显的过分夸大，以加深或扩大对这些特征的认识。文学家高尔基指出："夸张是创作的基本原则。"通过这种手法能更鲜明地强调或揭示事物的实质，加强作品的艺术效果。

夸张是于一般中求新奇变化，通过虚构把对象的特点和个性中美的方面进行夸大，赋予人们一种新奇与变化的情趣。

按表现的特征划分，夸张可分为形态夸张和神情夸张两种类型，前者为表象性的处理品，后者则为含蓄性的情态处理品。通过运用夸张手法，能够为广告的艺术美注入浓郁的感情色彩，使产品的特征性鲜明、突出、动人。

五、以小见大法

以小见大法是指在广告设计中对立体形象进行强调、取舍、浓缩，以独到的想象抓住一点或一个局部加以集中描写或延伸放大，以更充分地表达主题思想。这种艺术处理以一点观全面，以小见大，从不全到全的表现手法，给设计者带来了很大的灵活性和无限的表现力，同时为受众提供了广阔的想象空间，获得生动的情趣和丰富的联想。

以小见大中的"小"，是广告画面描写的焦点和视觉兴趣中心，它既是广告创意的浓缩和升华，又是设计者匠心独具的安排，因而它已不是一般意义上的"小"，而是小中寓大、以小胜大的高度提炼的产物，是简洁的刻意追求。

六、运用联想法

在审美的过程中通过丰富的联想，能突破时空的界限，扩大艺术形象的容量，加深画面的意境。

通过联想，人们在审美对象上看到自己或与自己有关的经验，美感往往显得特别强烈，从而使审美对象与审美者融为一体，在产生联想的过程中引发了美感共鸣，其感情的强度总是激烈的、丰富的。

七、富于幽默法

幽默法是指广告作品中巧妙地再现喜剧性特征，抓住生活现象中局部性的东西，通过人们的性格、外貌和举止的某些可笑的特征表现出来。

幽默的表现手法，往往运用饶有风趣的情节，巧妙的安排，把某种需要肯定的事物，无限延伸到漫画的程度，形成一种充满情趣、引人发笑而又耐人寻味的幽默意境。幽默的矛盾冲突可以达到出乎意料，又在情理之中的艺术效果，勾起观赏者会心的微笑，以别具一格的方式，发挥艺术感染力的作用。

八、借用比喻法

比喻法是指在设计过程中选择两个本不相同，但在某些方面又有相似性的事物，“以此物喻彼物”，比喻的事物与主题没有直接的关系，但是某一点上与主题的某些特征有相似之处，因而可以借题发挥，进行延伸转化，获得“婉转曲达”的艺术效果。

与其他表现手法相比，比喻手法比较含蓄隐伏，有时难以一目了然，但一旦领会其意，便能给人以意味无尽的感受。

九、以情托物法

艺术的感染力最有直接作用的是感情因素，审美就是主体与美的对象不断交流感情、产生共鸣的过程。艺术有传达感情的特征，“感人心者，莫先于情”这句话已表明了感情因素在艺术创作中的作用，在表现手法上侧重选择具有感情倾向的内容，以美好的感情来烘托主题，真实而生动地反映这种审美感情就能以情动人，发挥艺术感染人的力量，这是现代广告设计对美的意境与情趣的追求。

十、悬念安排法

在表现手法上故弄玄虚，布下疑阵，使人对广告画面乍看不解题意，造成一种猜疑和紧张的心理状态，在观众的心理上掀起层层波澜，产生夸张的效果，驱动消费者的好奇心和强烈举动，开启积极的思维联想，引起观众进一步探明广告题意之所在，然后通过广告标题或正文把广告的主题点明确出来，使悬念得以解除，给人留下难忘的心理感受。

悬念安排法有相当高的艺术价值，它能加深矛盾冲突，吸引观众的兴趣和注意力，造成一种强烈的感受，产生引人入胜的艺术效果。

十一、选择偶像法

在现实生活中，人们心里都有自己崇拜、仰慕或效仿的对象，而且有一种想尽可能地向偶像靠近的心理欲求，从而获得心理上的满足。这种手法正是针对人们的这种心理特点运用的，它抓住人们对名人偶像仰慕的心理，选择观众心目中崇拜的偶像，配合产品信息传达给观众。由于名人偶像有很强的心理感召力，故借助名人偶像的陪衬，可以大大提升产品给消费者的印象程度与销售地位，树立名牌的可信度，产生不可言喻的说服力，诱发消费者对广告中名人偶像所赞誉的产品的注意，激发起购买欲望。偶像的选择可以是柔美的超级女明星，气质不凡、举世闻名的男明星，也可以是驰名世界体坛的男女运动员，还可以选择政界要人、社会名流、艺术大师、战场英雄、俊男美女等。偶像的选择要与广告的产品或服务在品格上相吻合，不然会给人牵强附会之感，使人在心理上予以拒绝，这样就不能达到预期的目的。

十二、谐趣模仿法

这是一种创意的引喻手法，别有意味地采用以新换旧的借名方式，把世间一般大众所熟悉的名画等艺术品或社会名流等作为谐趣的图像，经过巧妙的整形履行，使名画、名人产生谐趣感，给消费者一种崭新奇特的视觉印象和轻松愉快的趣味性，以其异常、神秘感提高广告的诉求效果，增加产品身价和注目度。

这种表现手法将广告的说服力，寓于一种近乎漫画式的诙谐情趣中，使人赞叹，令人发笑，让人过目不忘，留下饶有情趣的回味。

十三、神奇迷幻法

运用畸形的夸张，以无限丰富的想象勾勒神话与童话般的画面，在一种奇幻的情景中再现现实，造成与现实生活的某种距离，这种充满浓郁浪漫主义，写意多于写实的表现手法，以突然出现的神奇的视觉感受，富于感染力，给人一种特殊的美的感受，可满足人们喜好奇异多变的审美情趣的要求。

在这种表现手法中，艺术想象很重要，它是人类智力发达的一个标志，做什么事情都需要想象，艺术尤为如此。可以毫不夸张地说，想象是艺术的生命。

从创意构想开始直到设计结束，想象都在活跃地进行。想象的突出特征，是它的创造性。创造性的想象是新的意蕴挖掘的开始，是新的意象的浮现展示。它的基本趋向是对联想所唤起的经验进行改造，最终构成带有审美者独特创造的新形象，产生强烈的打动人心的力量。

十四、连续系列法

通过连续画面，形成一个完整的视觉印象，使通过画面和文字传达的广告信息十分清晰、突出、有力。

广告画面本身具有生动的直观形象，多次反复的不断积累，能加深消费者对产品或劳务的印象，获得好的广告效果，这对扩大销售、树立品牌、刺激购买欲，从而增强竞争力有很大的作用。作为设计策略的前提，确立企业形象更有不可忽略的重要作用。

作为设计构成的基础，形式心理的把握是十分重要的。从视觉心理来说，人们厌弃单调划一的形式，追求多样变化，连续系列的表现手法符合“寓多样于统一之中”这一形式美的基本法则，使人们于同中见异，于统一中求变化，形成既多样又统一，既对比又和谐的艺术效果，增强了艺术感染力。

本章小结

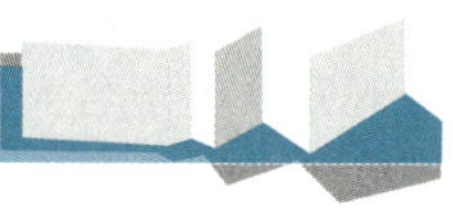

本章从内涵、形式策略、受众认知策略和常见手法四个方面对广告表现进行了介绍。

1. 广告表现就是运用视觉化、形象化的方式将广告要传递的信息艺术化地表现出来的过程。广告表现是广告信息策略策划水平的最终体现。如果把广告表现理解为广告信息设计过程的话，那么为了对广告信息进行有效的设计，就必须要考虑四个方面的问题：内容的设计（信息内容）、逻辑的设计（信息结构）、形式的设计（信息格式）、信息来源的设计（信息源）。

2. 从所借助的信息符号形式的角度，广告表现可分为广告语言的表现、广告色彩的表现、广告音响的表现和广告构图的表现等；从提高受众对广告的认知程度的角度，广告表现大致可分为引起注意的表现、引起兴趣的表现、加强理解的表现和加强记忆的表现等；从广告表现的最终形式的角度，可以将广告表现分为电视广告的表现、广播广告的表现、报纸广告的表现、杂志广告的表现等。

3. 广告内容需要借助一定的表现形式来传达，作为广告表现形式的基本成分，表现手法经过一百多年的发展，现已十分丰富，呈现出多姿多彩的面貌，本书仅介绍了直接展示法等14种方法，其他方法读者可以在日常学习中加以关注。

思考与练习

一、名词解释

广告表现　广告语言　广告音响　广告构图　广告标题　广告标语　广告随文

扫码领取
★配套微课视频
★阅读测试题
★广告学公开课

二、选择题

1. 以下关于广告表现的描述，错误的是（　　）。

A. 广告表现是运用视觉化、形象化的方式将广告信息表现出来的过程

B. 广告表现是广告信息策略策划水平的最终体现

C. 广告创意表现的最终形式是广告作品

D. 广告表现实质上就是广告制作

2. 就信息源而言，构成信息可靠性的因素通常有（　　）三个因素。

A. 真实性、可信度、喜爱度　　B. 专业性、真实性、喜爱度

C. 专业性、可信度、喜爱度　　D. 专业性、真实性、可信度

3. 为了加强受众对企业、产品或服务的印象，在相当长一段时期内反复使用的固定语句是（　　）。

A. 广告标题　　B. 广告主题

C. 广告随文　　D. 广告标语

4. 获得色彩表现的条件的形象四要素是面积、形态、位置和（　　）。

A. 明度　　B. 肌理　　C. 色相　　D. 纯度

5. “在整体上要统一完整，而在局部上则应灵活变化”描述的是（　　）。

A. 统变有度构图法则　　B. 主从分明构图法则

C. 均衡协调构图法则　　D. 错落有致构图法则

6. 增大广告的对比度主要是为了（　　）。

A. 引起注意　　B. 引起兴趣　　C. 加强理解　　D. 提高记忆

三、简答题

1. 简述你对广告表现的理解。
2. 简述广告表现的内容。
3. 简述广告文案的主要内容。
4. 简述广告色彩表现的三个层面。
5. 简述广告构图的步骤与基本法则。
6. 简述广告美的三个层次。
7. 简述影响广告受众认识的表现策略。

实训项目

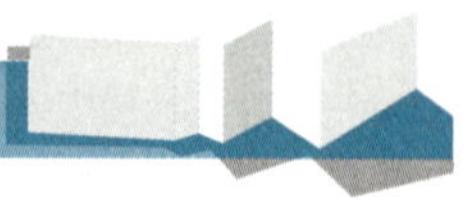

1. 实训名称：广告表现分析。
2. 实训目的：通过实训，使学生加深对广告表现内涵及各种策略的理解。
3. 实训要求：

(1)每 3～4 个人组成一个小组，以第六章实训项目中收集的广告为分析对象。

(2)对每则广告的语言表现、色彩表现、音响表现和构图表现进行分析和评价。

(3)分析每则广告在引起注意、激起兴趣、加强理解和提高记忆等方面采用的策略。

(4)分析每则广告在表现时采用的手法。

(5)撰写分析报告，并与第六章、第八章的实训项目报告进行合并。

(6)各小组派代表对合并后的报告进行汇报。

第四篇

广告媒介策略

第十章 广告媒介研究

学习目标

知识目标

- 了解广告媒介的概念、类型和特点
- 熟悉广告媒介量的方面的评价指标
- 熟悉广告媒介质的方面的评价指标
- 了解常见广告媒介的评价标准

能力目标

- 能结合实际评价某一特定媒介的特点
- 能对某一特定媒介进行量的评价
- 能对某一特定媒介进行质的评价

思政目标

（无孔不入的广告媒介）在本章第三节的干扰度与广告环境部分的内容之后，通过插入一则与“弹窗广告”相关的小案例，引导学生对“弹窗广告”及“广告扰民”现象进行观察，并通过提问引导学生从法律、规范、监管、自律等方面提出整治“弹窗广告”的措施，帮助学生进一步树立正确的广告观。

案例导入

“Altoids”的传播路径选择

Altoids营销团队非常善于自己创造富有特色的、价格低廉的传播媒体，如他们在纽约市场进行的游击营销，其成功的核心就是创造了自己独特的传播路径。

他们先是将一条废旧的拖船进行了改装，刷成了代表Altoids的深绿色，画上了Altoids的广告和Logo，因为Altoids的品牌标志上本来就有一个渔夫，这艘装饰好的拖船成了名副其实的Altoids旗舰。拖船被安放在了繁忙的纽约港口，立刻引起了公众和媒体的关注。Altoids营销团队还在纽约组织了一支三轮脚踏车团队，他们穿梭在纽约的小街道和一些著名风景区，路人可以搭乘这种三轮脚踏车游览纽约街景，车夫还会充当顾客的导游，告诉他们最时髦的景点和最好的餐厅。每辆三轮脚踏车上都装饰了Altoids品牌的广告和Logo，车尾还悬挂了巨幅广告看板，车夫也身着Altoids品牌服装。消费者在邂逅了一位有趣的Altoids三轮车夫后，都对Altoids赞不绝口，很多的游客还将这段非凡的邂逅传播到了美国和世界各个地区。

Tony・Schlax在总结Altoids的成绩时说：“创意很重要，但绝对不是这次营销活动的唯一因素，营销工具和营销力量的整合成就了这次游击营销活动，我们所有的努力都是向消费者传达 Altoids 的品牌个性，那就是——'力量'、'奇特'和'原始'。"

资料来源：莱文森[美]著，应斌、王佳芥、韩啸译．游击营销(第 4 版)．上海：格致出版社，2010 年．

问题：

(1)案例中"Altoids"选择的广告媒介是什么？

(2)该案例对你在理解广告媒介的概念时，有什么启发？

第一节　广告媒介概述

广告实践的繁荣离不开广告媒介的繁荣，从古代的叫卖到现代的广播广告，从远古的烽火到如今的电视、网络、手机，媒介技术的发展大大促进了广告业的发展。随着社会的进步和科技的发展，尤其是新媒介的迅速发展，使得广告媒介的表现形式日益丰富。

在现代广告的实践中，尽管"伟大的构想"很少出自媒介策划者，但媒介策略在广告实践中的作用却十分重要。一方面，广告信息必须借助于广告媒介来发布和传递，广告媒介是广告信息的载体；另一方面，广告实践作为经济性活动，考虑到广告的支出问题，通常媒介费用是广告预算中最大的项目，西方国家企业广告费有 80％都是花在广告媒介上。因此，有效地确定广告媒介策略，是现代广告实践必须要关注的重要课题。

一、传播与媒介

用于信息传播的媒介称为传播媒介，简称"传媒""媒体"或"媒介"，包括信息传播过程中从传播者到接受者之间携带和传递信息的一切形式的物质工具。

有时，我们经常纠结于媒体与媒介的区别。媒介是一个基本称谓，指的是信息源和信息接收者之间的中介，可以是人，可以是机构，也可以是传递信息的物体。而媒体更重要的是强调它的物质性，如电视、广播、报纸、杂志就是当今世界的四大媒体，也有人理解为各种传播方法的综合运用，比如多媒体。换言之，媒介是信息传播所需要的载体、介质或通道，而媒体是媒介＋内容体系的组合，拥有后端内容架构、生产流程、编读互动等支撑系统。所以，作为基本称谓，媒介可能包含更大的范畴，广告传播过程中使用的媒介五花八门，仅用"媒体"概念可能无法概括广告传媒的全部。另外，从生活习惯来看，我们通常将报纸、电视等大众传媒称为媒体，但像用于广告的墙体或者传单、小礼品之类的，却很少在日常生活中也将其称为"媒体"。所以，本书将主要采用"媒介"这一说法。当然，这两者之间的概念并不是严格的泾渭分明，相互之间替代使用也未尝不可。

从传播学角度看，传播的过程一般包括传播者、传播内容、传播媒介、传播受众和传播效果五个要素。传播媒介在传播过程中起着举足轻重的作用。在传播学家麦克卢汉(MacLuhan)眼中，媒介即万物、万物皆媒介，"媒介无时不有，无处不在"，如蚊虫可能是传播疾病的媒介，绣球可能是传递爱情的媒介。从狭义上说，媒介仅是"把信息传输给受众的工具"。传播和媒介二者相互依存，媒介是传播得以实现的桥梁，同时，媒介的功能和意义又借助传播得以实现。

一方面，媒介的意义在于将信息内容传递出去，没有媒介，传播将无法进行。同样的内容，通过不同的媒介传播所达到的效果也不尽相同，作用于人的意义也有所差异。媒介技术的发展为人类传播的进步奠定了基础，传播的发展中总是夹杂着媒介的发展史。麦克卢汉的“媒介即讯息”的言论，更是将传播与媒介牢牢地绑在一起，将媒介在传播过程中的作用和地位凸显出来。

另一方面，在我们将媒介看作是传播工具的同时，也需要关注媒介本身的动态性和主动性，正是由于媒介自身主动的技术革新和动态发展，才使得人类的传播速度和传播范围达到了空前的高度。口授相传时代，人们的传播活动严重受到时间和空间的限制，人们仅能实现面对面、小范围的传播；书写时代和印刷时代，使得传播突破了时空的限制，传播可以异时、异地进行；而电子媒介、网络媒介时代的到来，借助广播、电视、网络等媒介，更是帮助人们实现了信息在全球范围内的快速传播。

二、广告传播与广告媒介

广告媒介是传播广告信息的媒介物，是传递广告信息的载体，是把广告信息从广告主传达给受众的传播渠道，是使商品信息得以迅速传播并使之被消费者了解、接受的一种重要的传播和沟通工具，是广告主用来进行广告活动的物质技术手段。凡是能传递广告信息的物质技术手段都有可能成为广告媒介。广告媒介为企业进行商品广告的营销传播提供了广阔的空间，是连接企业和消费者的重要渠道。

作为广告信息的载体和传播渠道，广告媒介对于广告的作用，决定了广告信息所能到达的顾客群及其传播效果。广告传播离不开广告媒介，正如过河离不开船或桥一样。河里有形形色色的船，河上有各式各样的桥。广告媒介也是各式各样、形形色色的。如果市场营销战略要求实施广告，那么广告媒介就是将广告信息释放到市场中去的手段和途径。

做广告，不仅需要作为载体的媒介，而且需要选择合适的广告媒介。如何正确地认识广告媒介、选择广告媒介和应用广告媒介，以此达到准确传达信息的效果，并以最小的广告支出获取最大的广告效益，达到树立品牌形象，促进商品推广、销售的目的，是每个广告主孜孜以求的目标，同时也是企业营销成功的一个重要条件。以何种媒体作为广告媒介最为适合、最为有利，是需要广告主、企业媒介人员研究的重要课题；而正确地认识广告媒介，掌握广告媒介的相关信息，则是正确地选择和应用广告媒介的前提。

三、广告媒介的类型

扫码领取

★配套微课视频

★阅读测试题

★广告学公开课

广告媒介包括的范围非常广泛，总的来说，可以从两大方面进行认识：一是广告媒介类别，二是广告媒介载具。从广告媒介类别看，可以把广告媒介大体分为平面媒介、电波媒介、混合媒介等。平面媒介以报纸、杂志为主；电波媒介主要包括广播和电视；混合媒介则包括新兴的网络媒介、手机媒介等。媒介载具是指媒介类别下的特定媒介，即特定的报纸、特定的电视节目等。在同一类别下各媒介载具具有不同的覆盖面以及接触群体，在价格和风格上也各有千秋。

随着科技的发展，可供人们传递信息的媒介越来越多，广告媒介的表现形式也日益丰富，按照不同的划分标准，可以分为不同的广告媒介类型。同一种媒介，按照不同的划分标准，可能会同属于两种甚至多种类别。只有充分明确其从属的类别特征，才能在媒介选择上有据可循。

（一）根据媒介的物质自然属性分类

（1）电波媒介包括广播、电视等。

(2)印刷媒介包括报纸、杂志、书籍、传单以及其他各种印刷品。

(3)户外媒介包括广告牌、霓虹灯、灯箱、交通工具、招贴画、街头装饰、售点媒介等。

(4)邮寄媒介包括商品目录、说明书、销售信函、小册子等。

(5)人体媒介包括时装模特、广告宣传员等。

(6)包装媒介包括包装纸、包装盒、包装袋等。

(7)礼品媒介又称珍稀品媒介,包括年历、各种小工艺品等。

(8)其他媒介包括电影、气球、飞艇、激光灯、网络媒介、移动媒介等。

(二)根据受众接受的感觉分类

(1)视觉媒介。包括报纸、杂志、书籍、海报、传单、招贴、路牌、橱窗、实物等媒介。其主要特点是通过对人的视觉器官的信息刺激,激发人的心理感知过程,从而使读者对广告留下印象。

(2)听觉媒介。听觉媒介是指借助于听觉要素表现的媒介,包括无线广播、有线广播、宣传车、录音、电话等。其主要特点是通过对人的听觉器官的信息刺激,影响人的心理活动中的感觉过程,从而使听众对广告留下印象。

(3)视听两用媒介。主要有电视、电影。其主要特点是通过对人的视觉和听觉器官的双重信息刺激,激发人的心理感知过程,从而使广告在观众心目中留下印象。

(4)嗅觉媒介。包括各种香味广告媒介,比如,时尚杂志里的名牌香水广告等。

气味广告　扑鼻而来

行经纽约布卢明代尔百货公司(Bloomingdale)旗舰店旁时,你或许会闻到一股幽香,这并不是幻觉,而是唐娜·凯伦(Donna Karen)为了推广 DKNY 夜之美味(Delicious Night)香水,刻意在空气中喷洒的香氛。广告主在多年来轰炸消费者的眼睛和耳朵后,开始进攻消费者的鼻子,用广告中的气味吸引消费者。对大部分广告主来说,喷洒香水的做法很不实际,不过愈来愈多的食品、饮料公司,采用香水厂商专用的方法,在杂志中放置味道广告。

不只是杂志可以上香味广告,上超市购物的美国民众,只要刮一刮超市中的某种卡片,就可能闻到卡夫(Kraft)新推出的大蒜面包比萨的味道。以直销为主的雅芳(Avon)也利用香味条或纸张,宣传从香水到泡泡浴精之类的产品。时代公司发行人指出,香味比图像和文字更能在消费者和品牌之间确立明确的关系。近年来,时人杂志香味广告愈来愈多,从食品包装到汽车厂商做的广告都有香味广告。

擅长制作香味广告的拱廊行销(Arcade Marketing)运行董事萨风德说,香味广告并不便宜,大约是一般印刷广告工本的四到八倍,除了传统香味条外,还有在绵纸上洒香水、形成香味柔湿巾的新招。雅芳美国香氛部门运行董事戴斯蒂芬娜说,多花的工本值回票价,雅芳请拱廊广告在目录中制作和放置香味条,经常都可以创造强劲的销售,同时可以吸引新顾客,获得很高的投资报酬率。

(三)根据时间分类

1. 根据媒介向消费者展示时间的长短分类

(1)长效媒介。长效媒介是指媒介本身的使用时间较长,不会轻易更换或淘汰。主要包括户外媒介、印刷品媒介等。这类媒介适宜做企业形象广告或内容比较复杂的说明性广告。

(2)短效媒介。短效媒介是指本身使用或传播的时间短,广告信息瞬时消失的媒介。主要包括广播、电视等电波媒介。这类媒介适宜做新产品广告或印象性、新闻性等方面的商业广告。

2.根据广告制作及发布周期以及对消费者形成影响的速度分类

(1)速效媒介。速效媒介是指媒介信息能较快制作并传达给受众。主要有广播、报纸、传单等。这类媒介对新闻性和促销广告尤为适用,如新产品上市、展销会开幕、价格调整、促销信息发布等。

(2)慢效媒介。慢效媒介是指信息的制作及发布周期较长的媒介。如杂志、电视、图书等。这类媒介受出版周期的限制,适合于专业性、持久性的商品广告和企业形象广告。

(四)根据传播面分类

(1)大众传播媒介。对大多数人的传播,称之为大众传播。通常所说的四大媒体(报纸、杂志、广播、电视)就是大众传播媒介。大众传播媒介的特征是:面对不特定的多数人,能做迅速地诉求;广告效果能广泛地向社会传播,提高企业知名度;在社会上具有权威性,可制造共同话题,增强对企业的信赖感。

(2)分众传播媒介。所谓分众传播媒介,是指诉求目标有限的特定媒介,如各种专业报、科技情报杂志、直邮广告等。分众传播媒介的特征是:面对特定的少数人,能确实掌握需要阶层,有效地瞄准市场目标;与大众传播媒介相比,广告成本低廉;注目率高,容易获得业界的信赖。

(五)根据接受方式分类

(1)直接接受媒介。诸如报纸、杂志、电视、广播、直邮以及实物广告,直接把广告信息传递给消费者。还有报时广告、直邮广告、实物广告,都是直接型广告。消费者直接从媒介接受商品信息,这种媒介接受方式就叫直接接受方式。

(2)接近接受媒介。远远看去,五彩斑斓,是那么引人注目,可是却不知具体为何物,唯有走近广告实体,才能看清它的庐山真面目。这种需要广告受众有指向地走近广告媒介才能接受商品信息的广告,称为接近型广告。这种媒介接受方式就叫接近接受方式。常见的形式主要有售点广告、展览广告、赛场广告等。

(3)通过接受媒介。车身广告、路牌广告,这种活动性媒介通过来往过客身边来传递商品信息,或受众无意中通过设置媒介的地点而接受商品信息的广告,称为通过型广告。这种媒介接受方式就叫通过接受方式。

(六)根据媒介的内容分类

(1)混合性媒介。混合性媒介是指某一媒介除了刊载广告外,还刊载其他内容,除了刊载某一广告外,还刊载其他广告。这类媒介主要有广播、电视、报纸、杂志、网络等。

(2)单纯性媒介。单纯性媒介是指刊载某一特定广告内容的媒介。如霓虹灯、传单、说明书、广告牌、橱窗等。

除以上的分类方法外,广告媒介还有很多其他的分类方法,如从传播范围的角度将媒介划分为国际性媒介、全国性媒介、地区性媒介等,在此不一一列举。

以上从不同角度对广告媒介的划分,其意义在于对各种媒介的特点有一个初步的了解,这是认知、熟悉广告媒介的基础,也是媒介选择的依据之一。

四、广告媒介的特点

广告从一开始就发挥着巨大的社会效应,对社会生活的各个方面(包括政治、经济、文化、军事、科技等)都起着积极的推动作用。广告媒介作为物理载体,在日渐发展的社会生活中其功能得到进一步的强化和推进。

广告媒介伴随着广告信息进入人们的生活，并在很大程度上影响着人们的消费心理和消费行为，其影响力度已有深入人心之势。为了更好地了解其产生的主要影响，我们有必要了解一下广告媒介作为特殊的媒介类别的基本特性。同时，广告媒介不同于其他新闻媒体，尽管它经常依附于大众媒体，但是由于其特定的传播内容，表现出了自己所独有的特性。了解这些特性，有助于灵活运用广告媒介的各项优势。

拟订媒介战略，确定媒介接受方式，首先得了解媒介的共同特征。一般来说，媒介的共同特征包括以下几点：

(一)广泛的传达力

广告媒介，特别是大众传播媒介，包括报纸、杂志、广播、电视、网络等，它们在时空上占据着很大的优势，可以将大量的广告信息大范围地传播。正如现在所流行的说法，大众媒介争夺了大量的受众，结果又把受众高价卖给了广告主，充分利用大众媒介大量的受众资源，也就能够使广告信息的传播更富有广泛性。我们从报纸和杂志上读到广告，从广播里听到广告，从电视里看到广告，在电影院、商场、车站、汽车车身、马路旁等公共场所，到处可以接触到广告。当今社会，广告媒介无孔不入、无所不在，不可抗拒；同时，广告媒介又纷繁复杂、五花八门，各具特色。凡是能传递信息的方式，都有可能是广告。

(二)特有的吸引性

广告主为了追求广告效果，在初期广告制作中总是花费较大代价去选择广告语、制作广告片等，争取将广告内容做到最易引起注意，能够较好地吸引受众。通过广告内容的吸引性，能够最大限度地争取到更多的受众注意力资源。但是，随着商品竞争的激烈，广告主发现单纯以内容吸引受众已经无法满足市场竞争的需要了。于是，更多的广告主更是把力气花在广告媒介的吸引力上。比如，在知名大众媒介上做广告、在繁华地段做广告牌、延长广告时间、扩大广告版面、增强广告牌的鲜艳度等，提升现有媒介自身的吸引力或直接寻找更有吸引力的媒介，已经成为广告主吸引受众的重要策略。

(三)灵活的适应力

从上述分类中我们可以看到广告媒介种类的纷繁多样，各种形式应有尽有。随着广告资源的不断延伸和拓展，广告媒介形态已是随手可得。在路边有路牌广告，在电梯里有电梯广告，在公交车上有公交广告，甚至有的广告已进入卫生间等。广告的触角和力量已是无处不在。这种多元化的媒介类型，使得广告媒介具备了灵活的适应力。不同的广告媒介类型本身具有突出的某方面优势，总会适合某种特定的产品做广告。因此，对于不同的产品、不同的广告商，广告媒介均可以根据其自身特点提供最具价值的广告形式。从某种意义上说，正是这种强适应性的特征让广告媒介有了步步增值和发展的良好空间。

第二节　广告媒介量的研究

媒介的价值，其实是由媒介的特性决定的。不同的广告媒介分别具有不同的特性，对广告媒介价值的评估一般可以从质和量两方面进行。广告媒介质的价值，是指广告媒介给受众的冲击力有多大，包括读者或视听者的层面以及广告媒介传达给受众的心理效果等。广告媒介量的价值，是指广告媒介到达了多少受众，包括广告媒介到达的范围、读者或视听者的数量等。

在衡量广告媒介是否适合营销策略和广告策略的要求时，广告媒介策划人员通常会考虑广告媒介的属性风格、受众特性、时间性和地域性、广告时段或版位以及媒介成本等多方面因素。但是如果没有测试结果作为参考,赖以制定媒介策略的决策依据就容易失之于主观。因而量化广告媒介价值的客观测量是极其重要的。

广告媒介在量上的评估,基本上可以有三个角度:从受众角度了解不同受众群体在各区域内对广告媒介的接触状况及各广告媒介的受众构成,有助于了解目标受众的广告媒介接触习惯;从广告媒介角度了解该广告媒介在各区域的受众构成及不同受众群体在区域内的接触状况,有助于了解不同广告媒介在特定区域内的表现;从区域角度了解该区域各广告媒介的受众构成及各受众层的广告媒介接触状况,有助于了解不同区域内的媒介市场状况。

一、媒介覆盖与受众

(一)媒介受众、媒介广告受众和广告目标受众

1. 媒介受众

媒介受众指的是接触某种媒介,并通过这种媒介获取信息的总人数。它是衡量媒介量的价值时常用的数量指标,也是进行媒介选择时可能运用的重要指标。如中央电视台的观众、《新民晚报》的读者等。对于报刊和直邮广告等印刷媒介而言,因为平面媒介具有可保存和可传阅的特性,它们的实际受众除了直接接触者外,还包括借阅接触者,所以通常其实际受众总数要大于发行量显示的总数。

媒介受众作为一个量化指标,主要关注的是媒介本身的内容、设计、编排的影响力。传统媒介经营一般是以研究受众的需求为基础,以扩大受众数量为目标,这对提高媒介的销售收入(有线电视收费,报纸、杂志销售)、媒介广告的传播效果有帮助。媒介受众包括媒介广告受众,但并不等于媒介广告受众,更不等同于媒介广告的目标受众。因此,媒介受众数量的大小,对刊载其上的广告的营销效果,媒介自身的广告时间、空间的销售有影响。

2. 媒介广告受众和广告目标受众

媒介广告受众指的是接触某媒介广告的人数。媒介受众并不直接等同于媒介的广告受众,在媒介受众中,只有那些接触到媒介上的广告的人,才可以称之为媒介广告受众。

媒介广告受众也不等于媒介广告目标受众,媒介广告目标受众是指接触到广告的具有广告诉求对象特征的媒介受众,即对广告信息而言的有效受众。这部分人越多,占媒介受众的比例越高,投资购买该媒介广告时空资源的回报率也就越高,该媒介就越能满足广告媒介策划的要求。根据媒介广告受众及其特点预测其可能的广告目标受众,是进行媒介选择的必要工作。

受众测试资料可以帮助媒介策划人员了解以下信息,寻找与目标市场相匹配、到达某产品或品牌最大消费群的媒介。

(1)广告产品使用者或品牌使用者的基本调查统计资料。

(2)各媒介(频道)、节目的视听状况的基本调查统计资料。

(3)广告产品品牌的重度消费者、中度消费者、轻度消费者的调查统计资料。

(4)某一特定媒介(频道)、节目的视听众与某一产品、品牌消费群的重合程度。

(5)某一特定媒介(频道)、节目的视听众与某一产品、品牌的重度消费者、中度消费者或是轻度消费者的重合程度。

(二)媒介覆盖与媒介分布

1. 覆盖域

覆盖域表示媒介主要发生影响的空间范围与对象,表示信息的传播范围和信息

所能传播到的受众的大致数量。媒介覆盖域不同，影响面也不同，接触的受众也不同。媒介的覆盖域越广泛，信息传播所能触及的人数就越多，则该媒介的价值就越大。

媒介价值并不等于媒介的广告传播价值，在广告传播的媒介选择时还必须进一步分析媒介覆盖域与目标受众市场分布范围的重合状况，以此来衡量并评价媒介的广告传播价值。如覆盖域与目标受众分布范围正好吻合，则对广告主来说媒介价值就等于媒介广告传播价值；如果覆盖域大于目标受众分布范围，就造成部分媒介价值的浪费；如果覆盖域小于目标受众分布范围，则需要与其他媒介配合使用；如果覆盖域与目标受众分布范围完全不同，则其媒介价值对于广告主来说几乎为零。

2. 覆盖率

覆盖率(Coverage，也称涵盖率)是评估某一媒介、某一广告或广告活动等在特定时期内传达到特定目标视听众程度的比例指标。它与到达率都是用来表示特定目标消费者、目标视听众有机会接触某媒介、看到或听到某广告的百分比。比如，某杂志在某地区的目标消费者为 20～30 岁的女性，共有 1 000 万人，经过发行推广，该杂志在该地区实际拥有 20～30 岁的女性读者 300 万人，则该杂志的目标受众覆盖率为 30%。较高的覆盖率反映媒介较高的目标人群传送力。广告媒介策划中更具关注意义的是媒介广告的目标受众数量，而不是媒介受众的总量；是到达广告目标受众的比例，而不是到达媒介受众的比例。媒介覆盖率的计算公式为

媒介覆盖率＝媒介到达目标受众的人数÷媒介目标市场的总人数

3. 不同类型媒介的覆盖率

(1)报纸覆盖率：表示发行量与在发行区域内家庭户数的比例。如果某报纸的发行量为 45 万，发行区域内的家庭为 300 万户，则其覆盖率为 15%。但并非每个收到报纸的家庭都阅读报纸，因此这里的覆盖率代表的仅是潜在阅读家庭数，或由此推算的潜在阅读人数，通常也指潜在的暴露人数。

(2)杂志覆盖率：表示到达人数与目标市场人数的简单比例。

(3)户外媒介覆盖率：表示看过户外广告的人数占目标市场人数的百分比，代表了该广告潜在的暴露人数。

(4)电波媒介覆盖率：表示一个地区市场可传达到的最大量的潜在用户和潜在暴露人数的百分比。

调查公司通过调查能收到电视信号的样本户通常观看的电视台，估计出在每个地区收看某台的大概家庭户数。如果某电视台在某地区的覆盖率是 60%，则能接受某台的电视信号的家庭的最大受众范围也就是 60%，但并非每个人都能看到广告，因此广告主可以推断出其广告覆盖率肯定低于 60%。

二、媒介基本的量化评估

媒介量的测量通常运用抽样调查的方法，在一定的时期内抽查一定人数作为样本进行数据统计，以此推测出整体情况，同时获得样本受众的人口统计资料。如户外媒介受众测试是通过抽样，在标出外出者行驶路线和到达目的地的地图上，指出哪些路牌已经被通过，然后整理统计情况，这些测试所显示的是路牌暴露的机会。

(一)印刷媒介

1. 印刷媒介受众的测试方法

印刷媒介受众的测试方法常用的有如下几种：

(1)全书测试法。选择某一杂志的读者群进行单独访问测试。访问员出示所测刊物的单页画册(无广告),向被访者展示每一页,并记录被访者浏览了该画册后确信自己看懂了杂志的人数。

(2)最近阅读法。选择一类读者进行访问,向被访者出示印有所有杂志名称的卡片,一定时期内询问他们是否在上个月以及在何处读到它,之后要求他们填写问卷调查表。再次访问时仍然询问受众前段时间所看的杂志。

(3)昨日阅读法。选择样本调查他们昨天阅读过哪些报纸,然后要求填写问卷调查表。

2. 印刷媒介研究的数量指标

印刷媒介研究的主要数量指标有如下几种：

(1)发行量测试。受众群是进行报刊媒介选择的一个重要因素,而媒介分布数值、发行量是衡量受众群的根据。发行量常常被用于对报刊进行判断。使用发行数据时,国外通常选择通过发行量稽核局(ABC,或译为发行量公查机构)确认公布的数据。ABC 向参加该组织的会员提供被定时核查、确认的客观的各种报纸、杂志媒介发行份数的可靠资料。美国、加拿大、日本、新加坡等国都有自己的 ABC 机构。1963 年 5 月,国际发行量稽核局联合会(International Federation of Audit Bureau of Circulations,IFABC)成立。

(2)基本读者和次要读者。媒介分布数值只能大致衡量媒介量的价值,事实上,当我们了解到印刷媒介的发行量时,并没有掌握有多少受众真正阅读了某一刊物、某一版面的情况,即发行量不能真实地反映媒介的阅读人数。在某一印刷媒介实际的所有受众中,包括直接接触者和借阅接触者,或者称为基本读者和次要读者(传阅者)。基本读者是指那些购买报刊阅读和订阅报刊的家庭的一分子。传阅者则包括购买者的朋友们、订购报刊的组织内部的个人和公共场所(如图书馆展露报刊)的阅读者等。

(3)阅读率与平均每期阅读率。阅读率是衡量报纸或期刊价值的系列指标之一,它的含义是阅读某报(刊)的人数占所覆盖地区人口总数的比率,计算公式为

阅读率＝阅读某报刊的人数/该报刊覆盖地区总人数×100%

平均每期阅读率(AIR)是指某报(刊)在某一时间或时间段平均每期读者人数在调查总体中所占的比例,是报纸和杂志的核心阅读指标。

(二)电波媒介

个人收视纪录器可以自动记录每天收视的时间、每周的收视天数和调进的频道数,提供连续的家庭收视资料。日记式调查法,是指通过个人以记日记的方式,记录个人每天的收视内容、时间等,通过日记提供连续的家庭收视资料,从而测出样本家庭的收视率。此外,要同时记录下被调查对象的人口统计资料。

电波媒介研究的主要数量指标包括：

1. 视听率

视听率是指在一定时期内,目标市场上收听(视)某一特定广播电视节目的人数(或家庭数)占总人数的比例。视听率是电波媒介最重要的数量指标,显示了媒介所能够到达人群的数量规模。视听率越高,则媒介分布在某一区域或时间段所占的优势越大,受众接触概率越

大。广告主和广告公司把视听率作为广播电视节目选择依据之一，以确定广告信息的到达率，并据此计算广告接触率。

2. 开机率

开机率是指在一天中的某一特定时间内，收看电视节目的户数占拥有电视机的家庭总户数的比例。开机率的高低，因季节、一天中的时段 、地理区域和目标市场的不同而不同，这些变化反映了消费者的生活习惯和工作状态。如早晨因人们去工作而降低，傍晚人们回家而升高，深夜人们入睡再降低。开机率是从整体的角度去了解家庭与个人或对象阶层的总收视情况，主要的意义在于对不同市场、不同时期收视状况的了解。

3. 节目视听众占有率

节目视听众占有率是指在一定时间收看某一特定节目的受众家庭数目占总开机家庭数的百分比，适用于电波媒介。节目视听众占有率受节目的播映时间，与其他电台、电视台节目的竞争状况，以及节目内容、吸引力等因素的影响。

以上三者关系可表示为

视听率＝开机率×节目视听众占有率

4. 总视听率或毛评点

毛评点(Gross Rating Points，GRPs)，指在一定时期内某一特定的广告媒介所刊播的某广告的视听率总数，因此又叫总视听率。如果一个电视节目拥有 30％的收视率，其中广告插播 2 次，则其总收视率为 60％。

GRPs 的计算公式为

GRPs＝节目视听率×广告插播次数

注意：如果是印刷媒介，GRPs＝阅读率×刊出次数，具体见表 10-1。

表 10-1　毛评点的计算

	视听率(％)	播出次数	毛评点(％)
节目 A	20	2	40
节目 B	15	4	60
节目 C	25	2	50
节目 D	10	5	50
合计	70	13	200

5. 视听众暴露度

视听众暴露度是指特定时期内收看、收听某一媒介或某一媒介特定节目的人数的总和。视听众暴露度与毛评点相同，但以个人数目或户数来表示，而不是百分数。其计算公式为

视听众暴露度＝视听总数×视听率

电视广告的效果与节目收视率密切相关，但收视率仅能说明观众人数多少，还需要深入考察节目的观众构成。如白天的收视率一般较低，但一到寒暑假，学生都放假了，很多学生在白天看电视，这时对于以学生为目标市场的商品，如学生电脑、近视理疗镜等，白天就是物美价廉的广告时段。

三、到达率与频次

(一)到达率(Reach)

到达率指广告目标受众(个人或家庭)在特定时期内暴露于某一特定广告信息的数量与

该广告目标受众总体数量的比率，一般用百分数来表示，其评估适用于所有媒介。但无论一位受众暴露于广告信息几次，到达率只能算一次。媒介研究、分析、计划人员根据预测不重复的目标受众的到达率来评估媒介的价值。其计算公式为

到达率＝目标受众的视听人数÷目标受众总体

假设某广告通过 A、B、C 三种杂志进行发布，三种杂志的阅读率及阅读情况见表 10-2，表中的阅读率显示，每 100 人中广告可能被阅读到的次数(总阅读率)为 58(20＋17＋21＝58)人次，但从阅读情况看，由于有的人只看一种杂志，有的人看两种杂志，有的人看三种杂志，在此情况下，每 100 人当中，看到广告的人实际上只有 39 人。可见到达率和收视率(阅读率)是两个不同的概念。

表 10-2　　A、B、C 杂志的联合到达率分析

杂志	阅读率	阅读情况	到达率
A	20%	只读 A　9%	9%
B	17%	只读 B　6%	6%
C	21%	只读 C　9%	9%
A+B		读 A 和 B　3%	3%
A+C		读 A 和 C　4%	4%
B+C		读 B 和 C　4%	4%
A+B+C		三者都读　4%	4%
	合计 58%		合计 39%

(二)暴露频次(Frequency)

暴露频次指视听众在特定时期暴露于某一媒介特定广告信息的平均次数。到达率评估的仅仅是基于单一的展露，而暴露频次评估的是期望发生的展露次数。媒介企划人员依据这一评估来预测传播效果和媒介价值。其计算公式为

暴露频次＝毛评点÷到达率

我们在知道了广告总共被看了多少人次，以及被多少人看到之后，自然就会关心下一个问题:看到广告的人平均每个人看到多少次，这其实就是暴露频次的含义，仍以表 10-2 为例，总阅读率为 58%，而到达率为 39%，所以暴露频次为 1.49(58%/39%＝1.49)次。如果我们把毛评点看成是总强度的话，那么到达率可以看成是广告发布的广度，而暴露频次则可以看成是广告发布的深度。

(三)到达率与暴露频次的比较分析

广告策划者可用到达率与暴露频次来分析、制作广告刊播日程计划表，以确定哪一个媒介实施计划能够产生最好的效果，见表 10-3。

表 10-3　　到达率与暴露频次的比较

具体项目	刊播计划 1	刊播计划 2
电视网黄金时段	10	5
电视网日间时段	20	53
到达率	80%	75%
平均暴露次数	2.2	4.2

从上表可以看出,如果我们以到达率作为唯一评判标准,广告策划者就会选择刊播计划1,如果认为在广告刊播中暴露频次更为重要,则会选择刊播计划2。成功的媒介策划要注意广告传播的广度和深度,即到达率和暴露频次的兼顾。

(四)有效到达率和有效暴露频次

有效到达率和有效暴露频次指的是在某一个特定广告到达率、广告暴露频次范围内,有多少媒介受众知道该广告信息并了解其内容,即有效传播广告所必需的接触频次的数量或重复次数。这一量化分析指标,为广告媒介企划中确定预期有效广告传播所需的平均接触频次提供了依据。

有效到达率和有效暴露频次的研究,比传统常规的媒介到达率、媒介暴露频次研究范围更大,且更有深度,把媒介接触研究推进到广告接触及其他广告传播效果,为我们在广告媒介策划中进一步深入探讨目标受众有效接收到广告信息,达到广告传播其他预期目的,如达到某信息回忆、商标的识别率、态度转变率、品牌认知度、品牌转换率等所需要的传播重复度(频次数量)的评估,比常规的到达率、接触频次数据更丰富。

四、媒介投资效率评估

媒介因其对大众的影响力而产生商业广告价值,在这个基础上,媒介价格的高低也应根据其对大众影响力的大小来设定,媒介投资效率评估即从单纯量化的角度来评估媒介的投资效率。媒介投资效率评估常用的工具为"千人成本"和"收视点成本"。

千人成本(Cost Per Thousand,亦称CPM,因为M是罗马计数单位上的千),是指对不同的节目,广告每接触1 000人所需花费的费用。其计算公式为

$$A节目的CPM=\frac{A节目的广告单价\times 1\ 000}{总人口\times 电视普及率\times A节目收视率}$$

收视点成本(Cost Per Rating,亦称CPR),是指对不同节目,每购买一个收视率(点)所需花费的金额。其计算公式为

$$A节目的CPR=\frac{A节目的广告单价}{A节目收视率}$$

运算举例见表10-4。

表10-4　　千人成本和收视点成本的计算

节目	总人口数(千人)	电视普及率(%)	收视人口(人)	收视率(%)	30秒单价(元)	CPM	CPR
A	2 660	95	758 100	30	22 000	29	73 333
B	2 660	95	454 860	18	12 000	26	66 667
C	2 660	95	606 480	24	18 000	30	75 000
D	2 660	95	227 430	9	8 000	35	88 889
E	2 660	95	379 050	15	15 000	40	100 000

根据上表数据可见,在只分析收视人口及收视率的情况下,五个节目的排名为A、C、B、E、D,因此假设在其他条件相同的情况下,选择的优先顺序应该是A、C、B、E、D。但若考虑投资效率,从纯效率的角度看,选择的优先顺序则应该是B、A、C、D、E。换言之,在固定预

算的情况下，购买 B 节目可以获得最多的收看人次，而购买 E 节目则将获得最少的收看人次。

第三节　广告媒介质的研究

广告主媒介投资的目的是要达到广告效果，如知名度的建立、偏好度的提高、忠诚度的巩固等，即媒介效果。因此媒介投资评估不应只关注媒介受众规模、千人成本、接触人数等关于媒介效率的因素，还应考虑那些看不见的、难以简单量化的，但却与目标受众对广告信息的接收效果有直接关系的因素，如媒介的形象力、可信度、干扰度、卷入度等因素对信息接收的影响，这就涉及媒介质的评估问题。

一、媒介质的特性

所谓媒介的质，是指以目前的测定技术对各广告媒介不能量化地加以测定，或能够测定也特别困难，但实际上对媒介效果有重要影响的因素。

质化因素同量化因素最大的区别是，前者强调的是广告说服的深度和效果，后者强调的是广度和成本效率。量化评估上的一个基本假设是：设定同一类别的媒介对于各广告活动都是等值的，即不同的电视节目所产出的每一个百分点收视率对任何品牌及广告活动都是同等价值，不同的刊物所提供的阅读人口对所有品牌及活动也是等值的。但事实上并非如此，各种媒介在服务于广告活动时，因其所能利用的广告时机、所需时间的长短、实际的表现效果、视觉化程度、对内容的阐明能力、在受众心目中的信任度、色彩的利用、给人的印象等方面存在差异，从而形成了它们在品质上的不同。进一步分析上述差异，可将其分为两类：广告单位方面的差异和媒介影响力方面的差异。

广告单位即媒介承载广告的时间、空间。不同类型的广告媒介具有不同的广告单位。电波媒介主要考虑：电视广告片或广播广告的长度，如 15 秒、30 秒等；播出时段，如黄金时段、一般时段；推出方式，如插播、赞助等。报纸主要考虑：广告篇幅的大小，如整版、1/2 版、通栏等；广告版位，在哪一版，什么位置；色彩，如全彩、套色、黑白等。杂志主要考虑广告刊登位置，如封面、封底的 1 至 4 版、插页、活版页等；广告面积的大小，如全页、折页、连页、1/3 页等；色彩，如四色、单色等。户外广告主要考虑：位置、高度、面积、周边环境等。网络媒介则以字节等来表示广告单位。广告单位不同，所产生的广告效果是不一样的，当然广告价格也会相应不同。例如，同样一则体育用品的电视广告放在体育新闻之前相对于放在生活剧之前的效果要好。

至于广告媒介的影响力，存在如下现象：同样的品牌、同样的广告文案，在不同的媒介中，带给受众的价值和印象是不一样的，这是由各媒介所特有的口碑效果对广告效果产生的影响所导致的。这种现象称为“关联效果”，即媒介自身的长期价值取向所形成的社会效果，给利用该媒介的广告形成一种附加的影响。这种影响在一定程度上会影响受众对该媒介广告信息的接受、信赖和采用的态度。譬如，我们把同一商品的同一个广告文案，刊载于《新晚报》和《人民日报》上，由于媒介不同，这两则相同的广告带给读者的感受则是不同的。这是由于报纸的编辑方针不同，分别激发报纸特有的气氛，这种特有的气氛连带影响了被刊载广告的效果。

二、媒介质的评估项目

(一)媒介内容与产品广告的相关性

媒介内容与产品广告的相关性是指对产品类别或广告创意内容与媒介本身、媒介内容等的相关性质的分析和判断,即对两者相互之间的关系是协调、兼容,还是冲突、排斥及其强度的分析判断。例如,健身器材广告刊登在健身体育杂志上,股票分析软件广告刊登在财经报道版上,调料广告插播于烹饪节目中等。因为这些媒介都为广告客户提供了现成的聚焦点,有助于消费者和内容之间的特殊沟通。当相关性很强时,广告对消费者来说就成了一种享受,而不是侵扰。

(二)广告刊播的编辑环境

广告刊播的编辑环境是指媒介所提供的编辑环境对刊播广告的品牌、广告创意、广告内容的适切性。这种适切性可分为两个方面:一是刊播广告的媒介本身的形象和地位;二是刊播广告的媒介本身呈现的编辑氛围。

1.媒介本身的形象和地位

媒介的形象是指媒介在受众心目中的品质识别,如权威的或轻松的、高级的或大众化的、前卫的或保守的。媒介本身的形象将吸引具有相同心理倾向的受众,为具有类似形象的品牌或创意表现,提供较为合适的媒介舞台,从而提高广告的效果。例如,《时尚》杂志代表了一种权威、新潮的形象,若前卫诉求的品牌广告刊登于此,其效果将大大提升。媒介的地位是指消费者对某种媒介在相同类别媒介中的定位。如《华尔街日报》在财经经理心目中是同类财经报刊中最权威的,处于领导地位。一般而言,处于主导地位的媒介对其受众具有较大的影响力,将连带地使刊载于此的广告具有较好的说服效果。

2.媒介本身呈现的编辑氛围

媒介本身呈现的编辑氛围是由媒介的编排设计和编辑内容营造的。如果说媒介的形象和地位是经由媒介长期传播活动的积淀而形成的话,那么媒介的编辑状态和氛围则更多地是由具体时空环境下的编排设计和编辑内容所决定的。

受众对媒介的编辑状态、氛围的反应是与对该媒介刊播的广告信息的反应相互联系的。以电视节目为例,情景喜剧被设计出来以产生轻松、欢笑等美好的情感;有些节目将幸福与伤感掺和在一起;而其他剧目则创造紧张与焦虑。对上述媒介氛围敏感的广告主一般会要求将他们的电视广告安排在一种能够支持其品牌和受众乐于接受的氛围中推出。如有些食品公司不允许其电视广告在不完全适合家庭受众的节目期间推出;有些公司对于在涉及争议的主题或社会问题的节目上刊播广告非常谨慎。

(三)干扰度和广告环境

1.受众接触媒介的广告干扰度

广告干扰度指的是受众在接触媒介时受广告干扰的程度,一般是用广告占有媒介的时间或空间的多少来衡量。例如,一份 50 页的杂志有广告 10 页,则认为它的干扰度为 20%。采用广告占有媒介的时间或空间的多少来衡量干扰度的大小,这主要是因为在大多数情况下,受众接触媒介的目的不是看广告,因此认为广告所占有媒介时间或版面的比率越大,受众受到广告干扰的程度越深。一般而言,受众受到广告干扰的程度越深,对广告产生的排斥心理越强,广告传播的效果则越差。试想为了看完一则新闻不得不在一大堆广告中寻觅接下去的那部分,很容易把读者搞晕,其效果可想而知。当然恰当比例的干扰度,特别是在报刊中,可以有助于舒缓读者紧张的眼睛,可谓是事半功倍。

2. 受众接触广告的广告干扰度

我们除了可以通过受众在接触媒介时受广告干扰的程度来间接分析广告媒介发布的质量之外,还可以直接通过在同一媒介中某产品广告受其他产品广告的干扰程度来直接分析媒介的广告发布质量。

对于受众接触某一广告时受到同一媒介的其他广告的干扰程度,我们可以采用某产品广告占媒介所有发布广告的时间或空间的多少来衡量。例如,一份 50 页的杂志有广告 10 页,某产品在该杂志中占有 2 页广告,即占总广告发布量的 20%,则该产品广告受到其他广告的干扰度较大;如果该产品广告占有 5 页,即占总发布量的 50%,则该产品广告与其他产品广告在量的方面处于相互干扰平衡状态;如该产品广告占总发布量的 50%以上,则它所受干扰度较小。如果占到 100%,则该产品广告处于发布的独占状态,不存在其他产品广告的干扰。排除其他因素,我们可以认为:接触某广告时受到同一媒介的其他广告的干扰越小,其广告的传播效果就越好。

3. 媒介承载广告呈现的广告环境

广告环境是指媒介承载其他广告所呈现的媒介自身刊播广告的状态和氛围。它与干扰度不同,干扰度衡量的是媒介自身刊播广告的量,而广告环境衡量的是媒介自身刊播广告的质。

广告环境评估的意义有两个方面:一方面,广告环境评估能帮助我们判断具体媒介的广告环境对我们发布广告可能产生的正面和负面影响。如媒介所承载的其他广告都为形象较佳的品牌或制作精良的作品,则对我们的品牌或广告活动将大有帮助;反之,若多为虚假、粗制滥造的广告,则会反受其累。另一方面,评估媒介环境有助于了解竞争对手的媒介投放状况、营销传播策略和创意设计水平,以便广告主做出应对的策略。

小案例

我们在学习干扰度概念的同时,还需要注意到严重的影响广告发布环境的另一种“干扰”问题。浏览网页被不时闪现的弹窗打断;使用搜索引擎被广告商“精准锁定”;关闭弹窗反而遭遇强制性页面跳转……弹窗广告不仅影响人们的心情和工作效率,甚至还存在安全隐患,让人不胜其“扰”。2021 年 7 月,江苏省消保委发布的《PC 端应用软件网络弹窗调查报告》引发社会关注。报告显示,近八成消费者遇到过网络弹窗问题,弹窗广告成为恼人的“牛皮癣”。网络弹窗问题主要集中在以下几个方面:网络弹窗存在内容违法情况、网络弹窗形式方面问题多发、多款软件弹窗无法“一键关闭”、部分软件永久关闭难实现、消费者经常遭遇捆绑安装与默认勾选下载问题。调查显示,从官方渠道下载的 30 款应用软件中,有 11 款存在问题网络弹窗,包括迅雷、小鸟壁纸、酷我音乐、腾讯视频等,占调查总量的 37%。有 52%的消费者表示,网络弹窗关闭按钮不易发现。2345 看图王、腾讯视频、爱奇艺、鲁大师等 4 款软件弹窗无法“一键关闭”或没有关闭功能按钮。迅雷、ACDsee、腾讯视频、QQ 浏览器等 10 款软件存在无法设置弹出周期或永久不弹出的问题。你遇到过这样的弹出式广告吗? 你对这样弹出式广告有什么看法? 我们该如何整治这恼人的“牛皮癣”呢?

资料来源:江苏省消保委约谈 14 家企业. 新华报业. 弹窗广告,不能成为“牛皮癣”!

(四)受众的卷入度

与收视(听)率调查关注受众“有没有”接触媒介不同,受众的卷入度评估的是受众接触媒介时的注意状态。受众在接触广告时，可以是全神贯注、一般的关注或者是漫不经心。

以电视广告为例，据奥美伦敦公司的一项研究显示，卷入度较高的节目相对于卷入度一般的节目，消费者收看广告的意愿提高了49%，广告记忆度则提高了30%。这证实了受众卷入度与广告效果之间存在着正相关关系。如果能得到确切的卷入指数，用它对传统的收(听)视率进行修正，那么就能更准确地评估媒介效果。然而，卷入度往往是相对的、经验性的，很难加以确切量化。以电视广告为例，目前用得最多的是以节目形态和节目播出时段进行划分，主观地判断各节目的卷入指数。

以节目形态划分，新闻节目通常拥有较高的卷入指数，这也正好说明央视《新闻联播》之后几秒的广告价格为什么最贵，戏剧节目次之，综艺节目则较为不确定。在操作上，可先设定最高节目形态的卷入指数为1，其余节目形态则以比值形式依次设定。如假设新闻节目的卷入指数为1，戏剧节目相对新闻节目则为0.9∶1，因而戏剧节目的卷入指数为0.9，同样方式可以设定综艺节目为0.75。假设《新闻联播》和《综艺大观》的收视率分别是35%和20%，经过卷入指数调整后，则分别变为35%(35%×1)和15%(20%×0.75)。

当然受众的差异也是一个必须考虑的因素，因为不同的受众对不同节目形态的态度不一，所以将导致卷入指数的差异。比如，儿童对动画片的卷入指数显然高于其他节目，男性对体育赛事的卷入指数也比较高。因此，在确定卷入指数时必须考虑受众的性别、收入水平、年龄、受教育水平等人口统计资料。

以节目时段划分，主观判定各时段的卷入指数，则受众在不同的时段接触媒介的卷入程度是不同的。以一般的日常作息时间为准，可以把一天分为：清晨时段(06:00～08:00)；白天时段(08:00～17:00)；前边缘时段(17:00～19:00)；主时段(19:00～22:00)；后边缘时段(22:00～24:00)。清晨时段为上班或上学准备时间，媒介接触通常较为仓促，卷入度较低；白天时段一般为上班或上学时间，因忙于其他事情而使得卷入度较低；前边缘时段为下班、放学和吃饭时间，通常也不太专心，卷入度也较低；主时段为饭后闲暇时间，较为专心，卷入度也较高；后边缘时段由于外界干扰较少，家中收视成员也比较少，可以选择较感兴趣的节目，因而卷入度可能是一天中最高的。

总之，从以上对媒介在质的方面的考察，可以发现大多数指标缺乏量化的数据，多以主观判断为主，因而媒介人员在实际操作中必须坚持的重要观念是，从品牌所处的位置以及所要达到的目标，真切地去辨认各项质的评估项目的结果，及各项目对达成品牌目标的重要性，且依其重要性制定比值，以得出综合质和量的指数，并据此选择合适的媒介。

第四节　常见媒介的广告价值评估

一、媒介价值的概念

媒介价值(Media Values)可以分为量和质两个方面。媒介价值的很大一部分，是可以按照一定尺度进行量化的，媒介策划人员通过对显示媒介量的价值的数字进行分析和比较，选出与广告目标最匹配的媒介。还有一些无法通过数字去估量的价值，包括某种媒介已经建立起来的影响力和社会声誉，以及这种媒介在表现形式上的心理效应等。这些属于媒介价值质的方面，可以进行质的分析。

可量化的媒介价值部分是指媒介的分布(覆盖域)和信息所能传播到的受众的大概数量。它们可以用各种测量方法测定并通过计算得出,并且不同的数字价值可以供广告主和广告媒介策划人员比较选择。值得注意的是,这并不是说媒介的量的价值是精确的,事实上量化媒介价值提供的是一个大概的情况,因而对不同数值的选择、把握和应用尤为重要。同时,它必须和媒介质的价值综合起来考虑。

以印刷媒介为例,对媒介价值的量的考察首要的是媒介实际上到达消费者的单位数,即报纸、杂志等的销售份数、发行量的问题。其次,是真正的读者人数。实际上有许多读者是通过借阅而接触到印刷媒介的,这种媒介接触无法在发行量上显示出来。因此,印刷媒介的所有读者总数会大于发行量,甚至可能在数倍以上。再次,是研究接触到印刷媒介上广告的人数。报刊的不同版面接触读者的情形是不同的,不同读者在阅读目的、偏好、习惯、需要等多方面的差异造成不同版面接触到的读者的类别、数量都不同,而接触到版面刊载的广告信息的读者更是只有其中的百分之几。印刷媒介到达消费者手中的单位数,接触该媒介的受众人数和刊载于各媒介的广告信息的接触人数,这三者以及受众的地域分布、年龄、职业、收入等其他调查数据资料,是媒介价值评估的重要标准和选择媒介的重要依据。

二、主要媒介的价值评价标准

(一)评价报纸媒介价值的标准

1. 客观标准

(1)报纸媒介的发行量;

(2)发行覆盖的地区及发行量的地域分布;

(3)读者、订购读者及传阅读者;

(4)阅读率、第一阅读率、平均阅读率和传阅率(或两次阅读率);

(5)阅读人口的人口统计特征及其构成;

(6)目标受众的数量和比率;

(7)目标受众的阅读习惯;

(8)版面数量、页码及版面空间位置;

(9)广告版面占总体版面的比率;

(10)新闻纸的纸质和印刷质量;

(11)目标受众的传达成本。

2. 主观标准

(1)报纸的形象定位;

(2)报纸可信度;

(3)报纸的编辑风格;

(4)报纸的视觉设计风格;

(5)主要内容的类别及其构成比率;

(6)广告与版面形象风格的吻合度。

(二)评价杂志媒介价值的标准

1. 客观标准

(1)杂志媒介的发行量;

(2)发行覆盖的地区及发行量的地域分布;

(3)读者、订购读者与传阅读者;
(4)阅读率、第一阅读率和传阅率(或两次阅读率);
(5)目标受众数量及其比率;
(6)目标受众的阅读习惯;
(7)目标受众传达成本;
(8)广告版面占总体版面的比率;
(9)纸质的档次和传达效果;
(10)色彩的传达效果;
(11)不同页面的传达效果;
(12)杂志中的特殊版本、主题、章节的传达效果。

2. 主观标准

(1)杂志媒介类别;
(2)杂志定位;
(3)可信度;
(4)杂志编辑风格;
(5)杂志视觉设计风格;
(6)媒介传播的强制性;
(7)媒介、栏目特征与广告、品牌特征的吻合程度。

(三)评价广播媒介价值的标准

1. 客观标准

(1)信号的覆盖范围;
(2)媒介听众的数量和收听率;
(3)节目的时段安排;
(4)各个时段听众的数量及收听率;
(5)各个时段听众的人口统计特征及其构成;
(6)目标听众的数量及比率;
(7)目标听众的收听习惯;
(8)收听媒介的分布和普及率;
(9)节目的长度;
(10)节目中插播广告时间的长度、频次;
(11)节目中插播广告时间占该节目时间的比率。

2. 主观标准

(1)媒介定位;
(2)信号传输质量;
(3)媒介的可信度;
(4)电台的节目形态;
(5)节目主持人的名气和风格;
(6)媒介、节目特征与广告、品牌特征的吻合程度。

(四)评价电视媒介价值的标准

1. 客观标准

(1)电视信号覆盖范围;

(2)收视媒介的分布和普及率;
(3)家庭开机率和个人开机率;
(4)电视频道、栏目、节目的收视人数和收视率;
(5)电视频道、栏目、节目的收视人口构成及比例;
(6)观众对频道、栏目、节目的满意指数;
(7)目标收视人口数量和目标收视人口的收视率;
(8)频道的栏目、节目的时段安排;
(9)栏目、节目时间长度;
(10)各个时段目标收视人口的开机率和频道占有率;
(11)节目中插播广告的时间长度和频次;
(12)节目中插播广告的时间占总节目时间的比率;
(13)节目信号传输的质量。

2. 主观标准

(1)电视频道、栏目、节目定位和频道形象;
(2)电视媒介的可信度;
(3)频道在受众中的地位;
(4)电视节目形态;
(5)节目的受众卷入程度;
(6)频道、栏目、节目同其他媒介或专案的配合能力;
(7)频道、栏目和节目特征与广告、品牌特征的吻合程度;
(8)主持人的形象、名气和风格。

(五)评价户外广告媒介价值的标准

1. 客观标准

(1)路线、路段、地区的人流量和人流特征;
(2)可能接触的目标消费者的数量;
(3)户外媒介设置的地点;
(4)户外媒介的视觉形象;
(5)户外媒介的面积和体积;
(6)户外媒介的能见程度;
(7)媒介的材质、色彩、亮度、声光电组合等特殊的效果。

2. 主观标准

(1)媒介所在位置本身的商业价值;
(2)周围环境和媒介的关系;
(3)同其他户外媒介的相对位置关系;
(4)与其他促销活动的配合。

以上资料列出了在选择媒介时通常应当考虑的重要的主观和客观评价标准。其中包含质和量两个方面,都是衡量媒介价值时不可或缺的标准,媒介策划人员通常需要预测这些因素对广告战略目标和预期效果的影响。

以上的各个评价标准,可以是综合多个数据评价的结果。如户外广告设置的地点评估,可以是地段、高度等多个数据综合评价的结果。此外,其中有些标准还需要进一步具体化,如目标受众可以具体化为产品目标受众、策略目标受众或心理目标受众等，应视具体需要而定。

本章小结

本章主要是对广告媒介的一般性研究，包括广告媒介概述、广告媒介量的研究、广告媒介质的研究和常见媒介的广告价值评估四部分。

广告媒介概述部分，首先分析了传播、广告传播与媒介的关系，然后从媒介的物质自然属性、受众接受的感觉、时间、传播面、接受方式、媒介的内容等角度分析了广告传播媒介的类型，最后分析了广告媒介的特点，广告媒介具有广泛的传达力、特有的吸引力和灵活的适应力三个特点。

广告媒介量的研究主要从四个方面展开。媒介覆盖：在区分了媒介受众、媒介广告受众和广告目标受众三者之间区别的基础上，分析了覆盖域与覆盖率的概念。媒介基本的量化评估：仅介绍了印刷媒介和电波媒介。如印刷媒介的发行量、基本读者和次要读者、阅读率与平均每期阅读率等指标；电波媒介的视听率、开机率、节目试听众占有率、总视听率和视听众暴露度等指标。其他媒介的相关指标读者可自行通过查阅资料进行学习。到达(率)与频次：主要包括到达率、暴露频次、有效到达率和有效暴露频次等指标。媒介投资效率评估：主要介绍了千人成本和收视点成本两个指标。

广告媒介质的研究也主要从四个方面展开：媒介内容与产品广告的相关性；广告刊播的编辑环境；干扰度和广告环境；受众的卷入度。

本章最后部分在媒介质的研究和量的研究的基础上，综合列举了报纸、杂志、广播、电视和户外广告媒介的量和质的评价标准，仅供读者参考。

思考与练习

扫码领取

★配套微课视频

★阅读测试题

★广告学公开课

一、名词解释

广告媒介　媒介受众　媒介广告受众　覆盖域　覆盖率　平均每期阅读率　视听率　毛评点/总视听率　视听众暴露度　到达率/有效到达率　暴露频次/有效暴露频次　千人成本　收视点成本　干扰度　卷入度

二、选择题

1. 广播属于(　　)。

A. 视觉媒介　　B. 听觉媒介

C. 试听两用媒介　　D. 嗅觉媒介

2. 从受众的接受方式看，车身广告和路牌广告一般属于(　　)。

A. 直接接受方式　　B. 接近接受方式

C. 通过接受方式　　D. 混合接受方式

3. 杂志是(　　)。

A. 混合性媒介　　B. 单纯性媒介　　C. 听觉媒介　　D. 分众媒介

4. 接触某种媒介，并通过这种媒介获取信息的是(　　)。

A. 媒介广告受众　　B. 广告目标受众

C. 媒介受众　　D. 广告受众

5. 描述在一定时间收看某一特定节目的受众家庭数目占总开机家庭数的百分比的指标是(　　)。

A. 视听率　　B. 开机率

C. 节目试听众占有率　　D. 总视听率/毛评点

6. 描述特定时期内收看、收听某一媒介或某一媒介特定节目的人数的总和的指标是(　　)。

A. 视听率　　B. 试听众暴露度

C. 节目试听众占有率　　D. 总视听率/毛评点

7. 描述广告目标受众(个人或家庭)在特定时期暴露于某一特定广告信息的数量与该广告目标受众总体数量的比率的指标是(　　)。

A. 到达率　　B. 视听率　　C. 有效到达率　　D. 总视听率

三、简答题

1. 简述广告媒介的特点。

2. 简述媒介受众、媒介广告受众与广告目标受众的联系与区别。

3. 简述到达率、暴露频次、毛评点的概念及其之间的关系。

4. 简述媒介质的评估常见的项目。

5. 简述媒介价值的基本构成。

实训项目

1. 实训名称:所在城市广告媒介资源调查。

2. 实训目的:通过实训,增强学生对各种广告媒介资源的感性认识。

3. 实训要求:

(1)每3～4个人组成一个小组,利用观察法对所在城市的各种广告媒介资源进行调查。

(2)总结各种所调查到的广告媒介资源的具体情况。

(3)对所调查到的广告媒介资源进行分类。

(4)撰写调查报告。

第十一章 各类广告媒介

学习目标

知识目标

- 熟悉报纸、电视、广播和杂志作为广告媒介的优缺点
- 熟悉户外媒介常见的类型及特点
- 了解直接媒介的主要形式及优缺点
- 了解新媒体的概念、特点及发展趋势

能力目标

- 能结合实际分析传统四大媒介的优缺点
- 能举例说明户外媒介的各种形式
- 能运用相关知识对本章未涉及的新媒体形式进行分析

思政目标

（新媒体的网络安全与网络监管问题）在本章第四节"新媒体的发展趋势"部分，结合新媒体出现的网络安全与网络虚假及各种负面信息等问题，提醒学生关注并思考网络安全与网络监管问题，并引导学生形成在新媒体的环境下，尊重法律、崇尚道德，养成积极向上的人生态度。

案例导入

移动媒介——广告媒介的新力量

随着智能手机的迅速普及，具有远见卓识的广告主早已把目光转向最具发展前景的移动广告。而广告平台服务商也正在加紧这方面的布局。在艾媒咨询（iiMedia Research）主办的2012年首届中国国际移动终端与手机应用产业峰会上，指点传媒执行董事林先生表示，指点将在未来三年内整体布局移动广告市场。

2011年，中国移动互联网高速发展，移动广告行业作为其重要分支也发力增长。事实上，智能手机用户也正变得越来越适应移动广告，他们往往更愿意安装带有移动广告的免费应用，并且也乐意收到与他们日常生活相关的品牌信息推送。

受益于移动互联网整体产业的快速发展和移动终端的更新迭代，移动应用广告被行业视为新的蓝海，具备极大的掘金机会及战略意义。艾媒咨询研究数据显示，自2011年以来，移动广告每年都保持着较高速度的增长，2019年中国移动广告市场规模达到4 158.7亿元，

虽然增速有所放缓，但较 2018 年仍有 28% 的增长（2015 年增长 115.0%，2016 年增长 126.3%，2017 年增长 66.7%，2018 年增长 45.4%）。

问题：与以往的广告媒介相比，移动广告媒介有什么特点？

第一节　大众媒介

报纸、电视、广播和杂志被称为传统的四大广告媒介，从严格意义上说，它们的主要社会功能并不是用于广告传播，而是担当着整个社会信息传播的角色，所以也被称为大众媒介。它们有着非常广的传播范围，因此，也有着非常强的广告价值。就目前而言，它们仍然是广告主和广告公司极为重视的广告媒介。但随着网络媒介的出现，传统四大媒介的地位也受到了极大的挑战，网络也逐渐成为一种主流的大众媒介，受到越来越多广告主的青睐。

一、报纸

在现代广告媒介中，报纸是历史最悠久的一种。长期以来，报纸一直是主流广告媒介中的一员。尽管在近几十年来，报纸受到电视以及网络强有力的冲击，但它们仍然未能全面取代报纸的地位。

（一）报纸的类型

报纸按照不同的分类标准可以分为不同的类型。

（1）报纸的规格：对开大报，如《人民日报》《21 世纪经济报》；四开报纸，一般的都市报都是这种规格，如《新京报》。还有一种报纸不是对开也不是四开，而是介于两者之间，如《成都商报》《华西都市报》《南方周末》。

（2）发行区域：全国性报纸和地方性报纸。

（3）出版周期：日报、周二刊报（每周出版两次）、周三刊报、周四刊报、周五刊报、周报等。

（4）出版时间：早报、日报、晚报、周末报等。

（5）内容：大众类报纸、专业类报纸、行业类报纸等。

（二）报纸广告的类别

1. 常规报纸广告

不同的报纸使用不同质地和规格的纸张，有着不同的广告设置，具体报纸广告的尺寸要以媒介的广告刊例为准。一般来说，报纸广告按照尺寸版式可以分为以下几类：

（1）版面广告。版面广告是指在报纸同一个版面上刊登的广告，一般根据占有版面的面积分为整版、半版、1/4 版、1/8 版、1/16 版等。整版广告占有一个版面，常见的尺寸有 480 mm×350 mm 和 340 mm×235 mm 两种，半版为整版的一半，以此类推。其中以整版广告和半版广告的效果最为理想，它们具有广阔的表现空间，可创造理想的广告效果。

（2）跨版广告。跨版广告即一个广告作品刊登在两个或者两个以上的报纸面上，一般有整版跨版、半版跨版、1/4 版跨版等。跨版广告能够体现企业雄伟的气魄和雄厚的经济实力。

（3）通栏广告。通栏广告是指横排版报纸中的各式各样的长条形广告，一般分为双通栏、单通栏、半通栏、1/4 通栏等。其中，单通栏广告是报纸广告中最常见的一种类型，符合人们的正常视觉要求，具有一定的说服力。单通栏广告常见的尺寸有 100 mm×300 mm 和

65 mm×235 mm 两种，双通栏的高度为单通栏的 2 倍，半通栏的宽度为单通栏的 1/2，以此类推。

(4)报花广告。报花广告也称栏花广告或者刊花广告，是版面中的小豆腐块，位置不固定，尺寸有 30 mm×50 mm 或 25 mm×40 mm 等，面积在 1 000 mm^2 左右。报花广告版面小，价格低，不具备广阔的创意空间，一般以突出品牌、企业信息内容为主。

(5)报眼广告。报眼为横排版报头一侧的版面，面积不大但是位置十分显著。报眼广告能够体现广告的权威性、新闻性、时效性和可信度。

(6)报眉广告。报眉是指横排版上下的横条，高度一般在 30 mm 左右。

(7)报缝广告。报缝广告是指位于报纸对折中间位置的广告，宽度一般在 40 mm 左右。

一般来说，不同的版面、不同的广告位、不同的印刷工艺对应的广告价格也是各不相同的，究竟选择哪种版面广告，要根据企业的经济实力、产品的生命周期和广告传播情况而定。一般来说，首次刊登的广告、新闻式广告、告知广告宜选用较大版面，以引起读者注意；后续广告、提醒式广告、日常式广告、可逐渐缩小版面，以强化消费者的记忆。节日广告宜用大版面，平时广告可用较小版面。

2. 分类广告

分类广告适合于小企业发布产品广告信息。

3. 特约栏目

特约栏目是指报纸的某一相关栏目以企业冠名、特约刊登、征文或与报社联办、协办的形式出现。如“移动电话使用常识”“某某企业中超积分榜”等。这都是具有中国特色的报纸广告赞助方式。

4. 软性广告

软性广告是指媒介刊登或广播的那些有偿形象稿件。其特点是以人物专访的形式出现，或以介绍企业新产品、分析本行业状况的通信报道形式出现，而且大都附有企业名称或服务电话号码等。随着媒介技术的发展，软性广告呈现越来越多的形式。

5. 报纸夹页广告

报纸夹页广告是指在报纸中夹带单独的产品广告，随报纸发行到订户手中。原先，很多企业纷纷尝试派发小报，一时街头广告小报满天飞，鱼龙混杂，其中有很多虚假甚至是误导消费者的广告，这引起了消费者的不满和反感。鉴于此，政府也加强了这方面的管制，街头派发的广告逐步得到遏制。于是，转而采取夹报赠送的形式。报纸夹页广告的特点是，报纸是国家正规出版物，通过它们将企业自己的广告传递到消费者的手中，这样自己宣传的内容可信度会更高；与在报纸上刊登广告相比，价钱无疑又低廉得多；夹报可自由选择地区，以支持地区性的广告活动；夹报向家庭主妇诉求更有效果。

(三)报纸媒介的优点

1. 传播面积广、速度快、信息及时

报纸发行量大，触及面广，遍及城市、乡村、机关、厂矿、企业、家庭，有些报纸甚至发行至海外。报纸一般都有自己的发行网和发行对象，因而投递迅速、准确。对于大多数综合性日报或晚报来说，出版周期短，信息传递较为及时。有些报纸甚至一天要出早、中、晚等好几版，报道新闻就更快了。一些时效性强的产品广告，如新产品和有新闻性的产品，就可利用报纸，及时地将信息传播给消费者。

2. 信息量大、说明性强

报纸作为综合性内容较强的媒介，以文字符号为主、图片为辅来传递信息，其容量较大。

由于以文字为主,因此说明性很强,可以详尽地描述广告。对于一些消费者关心度较高的产品来说,利用报纸的说明文字可详细告知消费者产品的特点。

3. 易保存、可重复

由于报纸的特殊材质及规格,相对于电视、广播等其他媒介,报纸具有较好的保存性,而且易折易放,携带十分方便。一些人在阅读报纸的过程中还养成了剪报的习惯,根据各自所需分门别类地收集、剪裁信息。这样,无形中又强化了报纸信息的保存性及重复阅读率。

4. 阅读主动性强

报纸把许多信息同时呈现在读者眼前,增加了读者的认知主动性。读者可以自由地选择阅读或放弃哪些部分;先读哪些地方,后读哪些地方;阅读一遍,还是阅读多遍;采用浏览、快速阅读,还是详细阅读的方式。读者也可以决定自己的认知程度,如仅有一点印象即可,还是将信息记住、记牢,记住某些内容,还是记住全部内容。

5. 权威性

消息准确可靠,是报纸获得信誉的重要条件。我国的报纸广告的性质区别于西方国家,人们对报纸宣传内容信赖程度高,所以报纸广告在群众中有很高的威望。报纸广告的威望直接体现在它的权威性上。权威性是建立在真实的基础上的,同时也保障了消费者的利益,维护了党报、党刊的严肃性、真实性和指导性。所以读者容易接受来自报纸上的广告信息。

6. 传播费用较低、刊发广告自由度较高

在报纸上刊登广告,广告主的选择余地比较大,因为报纸广告一般是按照占用版面的面积或字数计价,广告主可根据自身财力和传播需要选择不同报纸、不同版面、不同规格来进行策划和传播。财力大的广告主可以用醒目的大篇幅广告强力吸引读者;财力小的广告主也可以选择费用少、连续刊出的小篇幅广告,以赢得更多的消费者关注。

(四)报纸媒介的缺点

1. 时效性短

报纸的新闻性极强,但时效性短,因而隔日的报纸容易被人弃置一旁,传播效果会大打折扣。

2. 传播信息易被读者忽略

报纸的幅面大、版面多、内容杂,读者经常随意跳读所感兴趣的内容,因此报纸对读者阅读的强制性小。

3. 理解能力受限

受读者文化水平的限制,报纸无法对文盲产生传播效果。

4. 色泽较差、缺乏动感

报纸媒介因纸质和印刷关系,大都颜色单调,插图和摄影不如杂志精美,更不能与视听结合的电视相比了。

(五)使用报纸广告需要注意的问题

(1)报纸广告面积小,更要注意广告文字的精炼和准确。

(2)注意图片的色彩。由于报纸广告的印刷纸张质量较差,因此要根据输出的需要对图片采取不同的预处理。对于黑白印刷的报纸来说,层次较为丰富细腻的摄影照片可以通过复印机进行多次复印,以减少中间的灰阶。对于彩色印刷的报纸来说,为了让色彩在灰色纸张上达到较佳的效果,必须提高色彩的饱和度,增加色彩的鲜亮程度。(现在有些报纸使用铜版纸印刷,色彩的表现力要比新闻纸强很多,图片的预处理工作也简单很多。)

(3)选择报纸头版的“报眼”或者将广告刊登在读者较关心的栏目边都会引起读者的关注。

利用对比、烘托等方法突出主体形象(商标、明星和广告语等),争得更多的关注。根据刊登的广告内容确定读者群体和报纸,根据商品的销售旺季或者活动的开展日期决定广告的刊登日期,结合报纸的版面,将广告和报纸中的其他内容结合在一起。

二、杂志

(一)杂志概述

杂志是视觉媒介中一种比较重要的媒介。最初,杂志和报纸的形式差不多,极易混淆。后来,报纸逐渐趋向于刊载有时间性的新闻,杂志则专刊小说、游记和娱乐性文章,在内容的区别上越来越明显。在形式上,报纸的版面越来越大,为三至五英尺、对折,而杂志则经装订、加封面,成了书的形式。此后,杂志和报纸在人们的观念中才具体地分开。马克思在《新莱茵报・政治经济评论》出版启事中指出,与报纸相比,杂志的优点是“它能够更广泛地研究各种事件,只谈最主要的问题。杂志可以详细地、科学地研究作为整个政治运动的基础的经济关系”。

杂志按照不同的分类标准可以分为不同的类型。

(1)按出版周期分类,可将杂志分为:周刊、旬刊、半月刊、月刊、双月刊、季刊、半年刊、年刊等。

(2)按发行范围分类,可将杂志分为:内部发行杂志、国内公开发行杂志、国内外公开发行杂志等。

(3)按读者对象分类,可将杂志分为:儿童杂志、青年杂志、少年杂志、妇女杂志、老人杂志、工人杂志、农民杂志、干部杂志、知识分子杂志、军人杂志等。

(4)按性质分类,可将杂志分为:消费类杂志;行业、专业、学术类杂志;组织杂志;其他类型杂志。消费类杂志主要指满足大众消费者个人兴趣爱好的杂志类型,一般与娱乐休闲、生活服务、文化艺术、时政社会等内容相关。行业、专业类杂志主要是基于某一个专业领域的行业性的杂志,但不是一种纯粹的学术性杂志,而更多的是基于行业信息性的内容,提供商业领域的专业信息。学术类杂志以学术交流和传播为主题,包括自然科学和社会科学学术期刊。组织杂志是某特定的组织或团体为了某种目的而印发的杂志,如团体杂志、协会杂志、企业印发的公关杂志与促销杂志等。除以上的类型外,还有免费城市杂志、网络杂志、电子杂志等。

(二)杂志广告的类别

1. 常规杂志广告

从位置来看,杂志广告一般可分为封面、封底、封二、目录对页、封三及内页各制式广告。从版面大小来看,杂志广告可分为全页、半页、1/4 页、跨页、折页、多页专辑等。除此之外,还有较小版面的分类广告、企业冠名专栏及营销软文等特殊形式。《财经》2021 年刊例价格如图 11-1 所示。

2. 赠品广告

赠品广告是指利用包装手段,在杂志内夹带产品的试用装,送给订户。这种形式在国外颇为流行,在国内近年来也开始出现。

3. 嗅觉广告

例如,美国香水厂商在时尚杂志中“埋设香水地雷”,当读者翻阅杂志,触及“香水地雷”时,名牌香水的芬芳就扑鼻而来,引起人们的购买欲望。

《财经》2021刊例价格

ADVERTISING RATE 2021

《财经》杂志

《财经》杂志硬广 *CAIJING Magazine Regular*		
版 位	净尺寸 mm	价 格 RMB
封面外折页	405*265	731,500
第一跨页	410*265	722,700
第二跨页	410*265	524,000
第三跨页	410*265	468,000
前半本跨页	410*265	398,000
中跨页	400*265	478,500
中跨页加厚	400*265	572,000
封三	205*265	285,000
封底	205*265	717,200
文章目录左对页	205*265	322,000
文章目录右对页	205*265	362,000
财经速览对页	205*265	311,000
前半本内页	205*265	256,000
后半本内页	205*265	220,000

更多版位刊例价格请详询销售

注：
- 所有异型、指定版位及未标注的特殊形式广告，需加收刊例价的20% (如1/2跨页、连续广告等)。
- 一则广告同时有两个或两个以上特殊要求时，价格视广告形式而定。
- 刊例中"加厚广告"用纸为128克铜版纸，如纸张克数大于128克，需另行加收费用，视克数而定。
- 刊例中的内拉页及蝴蝶拉页均要用加厚纸张制作，加厚费用需根据客户指定纸张克数另行加收。

图 11-1 《财经》杂志 2021 刊例价格

4. 隐形广告

隐形广告，是指采用热敏印刷技术在杂志等印刷品上制作的一种新型的广告画。“请读者伸出一只手对准这只手掌，看看里面有什么?”当读者按文字说明伸手捂一下广告页时，隐藏的画面立即呈现在眼前，给读者一种意想不到的惊喜。有人预言，21 世纪这种新颖奇特的隐形广告画会在全世界广告业普及。

5. 立体式杂志广告

例如，某保险公司采用立体式杂志广告，读者一打开杂志，公司形象站立式的三角大厦就矗立在面前，给人一种新鲜感。据说这么一来，喜欢该公司的人数增加了差不多四倍，杂志的销量也因此而增加。某品牌的纸尿布，则把杂志广告页切割成纸尿布的形状，与原产品一般大小，并附上贴纸，较真实地再现了产品实貌，使读者充分注意到该产品与众不同的特点。

(三)杂志广告的优点

1. 保存周期长

杂志是除了书以外，具有比报纸和其他印刷品更具持久优越的可保存性。杂志的长篇文章多，读者不仅阅读仔细，而且往往分多次阅读。这样，杂志广告与读者的接触也就多了起来。保存周期长，有利于广告长时间地发挥作用，同时，杂志的传阅率也比报纸高，这是杂志的优势所在。

2. 有明确的读者对象

专业性杂志由于具有固定的读者层面，可以使广告传播深入某一专业行业。杂志种类繁多，从出版时间上看，有周刊、旬刊、半月刊、双月刊、季刊；从内容上看，有政治、军事、娱乐、文化、经济、生活、教育等。专业性杂志针对不同的读者对象，安排相应的阅读内容，因而就能受到不同的读者对象的欢迎。杂志的专业化倾向也发展得很快,如医学杂志、科普杂志、各种技术杂志等,其发行对象是特定的社会阶层或群体。杂志的读者虽然广泛,但也是相对固定的。因此,对特定消费阶层的商品而言,在专业杂志上做广告具有突出的针对性,适于广告对象的理解力,能产生深入的传播效果,而很少有广告浪费。从广告传播上来说,这种特点有利于明确传播对象,广告可以有的放矢。

3. 印刷精致

杂志的编辑精细,印刷精美。杂志的封面、封底常彩色印刷,图文并茂。同时,由于杂志应用优良的印刷技术进行印刷,用纸也讲究,一般为高级道林纸,因此,杂志广告具有精良、高级的特色。精美的印刷品无疑可以使读者在阅读时感到是一种高尚的艺术享受。它还具有较好的形象表示手段来表现商品的色彩、质感等。广告作品往往放在封底或封里,印制精致,一块版面常常只集中刊登一种内容的广告,比较醒目、突出,有利于吸引读者仔细阅读欣赏。

4. 发行量大,发行面广

许多杂志具有全国性影响,有的甚至有世界性影响,经常在大范围内发行和销售。对全国性的商品或服务而言,杂志广告无疑占有优势。

5. 可利用的篇幅多

封页、内页及插页都可做广告,而且,对广告的位置可机动安排,可以突出广告内容,激发读者的阅读兴趣。同时,对广告内容的安排,可做多种技巧性变化,如折页、插页、连页、变形等,以吸引读者的注意。

(四)杂志广告的缺点

(1)时效性不强。由于杂志的出版周期长,少则七八天,多则半年,因此,不能刊载具有时间性要求的广告。同时,杂志在编辑方面具有截稿日期早的特点,这也使杂志难以接受有时间性要求的广告。大多数杂志的截稿日期大约要提前一个月,即使是周刊,截稿日期也要提前一两个星期,因此,杂志不能像报纸那样争取有时间性要求的广告。

(2)适用性不强。现代商业服务越来越地方化和区域化,产品的地方分片销售机会远比全国性销售机会多。尤其对于不发达地区,商业消费相对集中,这在一定程度上限制了杂志广告的发展。因为在这种情况下,杂志广告的全国性发行会造成广告浪费,而且,具有全国性销售力的产品确实很少。

(3)不少综合性杂志由于缺少专业化特色,又缺乏广泛的影响力,因而被广告主所忽视。由于具有广泛影响力的杂志为数过少,而一般水平杂志偏多,因此,广告传播的效果不是很突出。杂志在与其他广告媒介进行竞争时,缺乏竞争力,难以揽到广告客户。

(4)专业性强,读者有一定限制,广告刊登选择面小。如食品广告刊登在机械杂志上,效果一定不会好。

三、电视

(一)电视概述

随着科学技术的进步和更新,电视媒介不断从低级向高级、从单一向多样化发展。电视传播技术先后出现了很多不同的传播模式,目前常见的有以下几种:

1. 彩色电视

电视媒介问世时都是播送黑白二色的画面,但是人们早就对彩色电视做过许多研究。1946 年,美国无线电公司推出了 NTSC 彩电制式(恩式),1953 年获得政府批准,正式生产。

1954 年，美国全国广播公司率先采用这一制式播送彩电节目，其他公司相继跟上。以后日本（1960 年）以及苏联、英国、法国、联邦德国（均为 1967 年）也陆续开办了彩色电视，并且又出现了 SECAM（塞康）、PAL（帕尔）两种不同制式。现在彩色电视已在许多国家普及。

2. 卫星传播

电视问世初期，它的信号只在地面依靠微波传送。1962 年 7 月，美国发射了“电星一号”通信卫星，第一次把电视信号送上卫星，借助卫星上的转发器进行了同西欧之间的越洋电视传播。1963 年 2 月，美国发射了第一颗同步通信卫星“辛康姆一号”，1964 年通过“辛康姆三号”卫星转播了东京奥运会的实况。随后苏联、英国、法国、联邦德国、日本、加拿大等国的同步卫星相继升空，完善了各自的电视传播系统。1965 年 4 月，国际通信卫星组织发射了第一颗商用同步通信卫星“国际通信卫星一号”，后续又发射了几十颗通信卫星，分别置放在大西洋、印度洋、太平洋上空，担负着全球通信任务，并使国际电视新闻交换经常化。从地面微波传送到卫星传送，这是一个重大的飞跃。地面微波传送是一种接力方式的传播，每隔 50 公里左右就要设立一个中继站，因而传送环节多、建设费用昂贵。卫星传送比地面微波传送的环节少、覆盖面大、信号质量高、投资少，而且不受地形的限制，这就极大地促进了电视的普及和国际化。

3. 卫星直播电视

通信卫星是多用途的，可供电视传输的信道有限，而且发射功率很小，只有技术设备很高的地面站才能接收到，然后依靠地面传输将电视图像传送到各地。为此，20 世纪 70 年代起又有专门的广播卫星出现。广播卫星上的转发器功率大，普通的电视机用户安装简单的接收装置（包括小型碟式天线等）就能直接收看卫星传送来的节目，这便是卫星直播电视，也称直接入户电视。美国 1974 年运用这一方式向阿拉斯加等边远地区播放教育电视。1984 年 1 月，日本发射实用广播卫星 BS-2a 后，日本广播协会专门创办卫星直播频道供全国收看。20 世纪 80 年代以后，卫星直播电视广泛应用于跨越国界的电视传播，成为国际电视的重要传播和接收方式。

4. 有线电视（电缆电视）

有线电视最早出现在 20 世纪 40 年代末的美国，当时为了提高偏远地区的收看效果，人们在山头竖起接收装置，将收到的电视信号用电缆传送到用户家中。20 世纪 70 年代它被推广到城乡各地，众多的电缆电视系统将电视台传来的信号转送给用户。由于它图像清晰、抗干扰性强、频道多，因而很受观众欢迎。20 世纪 80 年代，发达国家的有线电视订户已占全部电视机用户的一半以上。20 世纪 90 年代，世界上多数国家和地区开办了有线电视。现在这种电视通常同卫星传播结合起来，将卫星传送来的各种电视信号转送给用户。

5. 数字电视

传统的电视是采用模拟的方式处理、传输、接收和记录电视信号。新兴的数字技术则把模拟电视信号转变为数字电视信号并进行处理、传输、接收和记录。数字技术能够大大压缩电视节目，使得原来传输一套节目的频道可以传输多套节目，从而大大增加受众可收看的节目数量。数字技术能够大大提高信号处理和传输的质量，从而极大地改进接收效果，电视画面会比模拟电视清晰一倍以上（成为高清晰度电视），音响效果可以同电影院和剧场媲美。自 20 世纪 90 年代以来，欧美发达国家都在积极发展数字电视。数字电视是自彩电问世以来电视领域的又一次重要变革。

6. 网络电视（多媒体电视）

20 世纪 90 年代以来，美国、西欧、日本等发达国家和部分发展中国家，积极推进信息基础结构建设，大力发展计算机信息网络，并且实现国际连接。这种以卫星和光缆、电缆为基本通道、以电子计算机和个人电脑为基本载体的网络传播具有多媒体的性能，集文字、语言、音响、图像、数据传播于一体，也为电视信号的传送开辟了新的天地。现在各国著名的广播电视台都已在因特网上建立了网站，传送自己的电视节目。随着数字技术、多媒体技术和网络技术的发展和推广应用，多媒体电脑和新型电视机的发展和相互兼容，人们将会越来越广泛地通过互联网络传输和接收电视节目，单向传播的电视，将会转变为传受双方互动的电脑网络电视。这种方兴未艾的趋势，将会带来电视发展史上一场意义重大的飞跃和革命。

(二)电视广告的类别与规格

为了使客户更好地选择自己广告播出的时间，达到良好的广告效果，提供了以下的电视广告发布形式供选择。

1. 普通广告

普通广告指电视台在每天的播出时间里划定的几个时间段供客户播放广告的一种广告传播方式。

2. 栏目冠名广告

将电视台的某些热门栏目以企业的名称或产品品牌命名，这也是一种常用的企业赞助形式。如“正大综艺”“加多宝中国好声音”等。挂名“特约播出”，也属于栏目冠名广告。

3. 经济信息广告

经济信息是电视台专门为工商企业设置的广告时间段，是专门为客户进行产品推广、产品鉴定、产品质量咨询、产品联展联销活动，以及企业和其他单位的开业等方面的广告服务的。

4. 直销广告

直销广告指电视台为客户专门设置广告时间段，利用这个时间段专门为某一个厂家或企业，向广大观众介绍其生产或销售的产品。

5. 文字广告

文字广告是只在电视屏幕上打出文字并配上声音的一种最简单的广告播放方式。

6. 赞助形式广告

赞助形式广告是指赞助电视晚会、赞助体育比赛直播、赞助卫星实况转播某些大事件、赞助有奖智力竞赛、赞助电视片和电视剧的拍摄、赞助进口大片的放映等，一般在片头、片尾注上某企业赞助字样。在电视剧的拍摄过程中，赞助形式甚至“渗透”到电视片和电视剧的道具和场景中去。

7. 贴片广告

贴片广告即跟片广告，广告本身并无什么特殊之处，是固定地“贴”在某一部电视连续剧的片头、片尾或片中插播的。

8. 公益广告

公益广告是一种免费的广告，主要是由电视台根据各个时期的中心任务，制作播出一些具有宣扬社会公德、树立良好社会风尚的广告片。公益广告利用对公益事业的宣传与推广，反映企业对公益事业的热爱与倡导，侧面提升企业的社会形象，提升品牌的社会内涵。

电视广告的规格一般以广告的时长进行划分，以秒作为单位，一般分为 5 秒、10 秒、15 秒、30 秒、45 秒、60 秒以及一分钟以上等多种形式，其中以 15 秒和 30 秒最为常见。

(三)电视广告的优点

1. 直观性强

电视是视听合一的传播，人们能够亲眼见到并亲耳听到如同在自己身边一样的各种事物，这就是电视视听合一传播的结果。单凭视觉或单靠听觉，或视觉与听觉简单地相加而不是有机地结合，都不会使受众产生如此真实、信服的感受。电视广告的这一种直观性，仍是其他任何媒介所不能比拟的。它超越了读写障碍，成为一种最大众化的传播媒介。它无须对观众的文化知识水准有严格的要求。即便不识字，也基本上可以看懂或理解广告中所传达的内容。

2. 有较强的冲击力和感染力

电视是能够进行动态演示的感性型媒介，因此电视广告的冲击力、感染力特别强。因为电视媒介是用忠实记录的手段再现讯息的形态，即用声波和光波信号直接刺激人们的感官和心理，以取得受众感知经验上的认同，使受众感觉特别真实，所以电视广告对受众的冲击力和感染力都特别强，是其他任何媒介广告所难以企及的。

3. 利于不断加深印象

电视广告是一种视听兼备的广告，又有连续活动的画面，能够逼真、突出地从各方面展现广告商品的个性。广告商品的外观、内在结构、使用方法、效果等都能在电视中逐一展现，观众如亲临其境，留有明晰、深刻印象。电视广告通过反复播放，不断加深印象，巩固记忆。

4. 利于激发情绪，增加购买信心和决心

由于电视广告形象逼真，就像一位上门推销员一样，把商品展示在每个家庭成员面前，使人们耳闻目睹，对广告的商品容易产生好感，引发购买兴趣和欲望。同时，观众在欣赏电视广告时，有意或无意地对广告商品进行比较和评论，通过引起注意，激发兴趣，统一购买思想，这就有利于增强购买信心，做出购买决定。特别是选择性强的日用消费品、流行的生活用品、新投入市场的商品，运用电视广告，容易吸引受众注目并激发对商品的购买兴趣与欲望。

（四）电视广告的缺点

1. 不能详细解释信息和保存

电视广告不能详细解释信息和保存，因此，以下产品不适宜做电视广告：

(1)要传达的文字信息量大，需记忆留存广告的产品；

(2)消费群体狭窄的产品；

(3)国家法律规定禁止做电视广告的产品；

(4)其他非面向大众传达的产品。

2. 信息量小，转瞬即逝

由于电视广告一般只有 15 秒、30 秒，信息量极其有限，对商品的性能、规格、特点等不能做详细说明。另外，电视广告转瞬即逝，虽然对受众的冲击力强，但对于那些未能及时收看的受众而言，则失去了传播的机会，因此为了保证效果，电视广告要有一定量的重复播出。

3. 受收视环境的影响大，不易把握传播效果

电视机需要一个适当的收视环境，离开了这个环境，也就根本阻断了电视媒介的传播，在这个环境内，观众的多少、距离电视机屏幕的远近、观众的角度以及电视音量的大小、器材质量以至电视机天线接收信号的功能如何等，都直接影响着电视广告的收视效果。

4. 费用昂贵

电视广告摄制费用高，制作周期长，过程复杂，本身制作成本较高。此外，投放费用也较高，这样就使得一般广告主在投放次数上和对广告内容的表达上形成限制，小企业一般很难支付这样昂贵的费用。

四、广播

广播是一种声音媒介，广播广告是通过广播电台把广告信息变成各种声音(语言、音乐、音响等)传达给受众。

(一)广播概述

20 世纪初，广播电台成为一种新型的传播媒介。广播出现后迅速被用于广告业，成为影响人们消费行为的重要媒介。广播作为媒介，主要通过语言和音响效果等听觉方式来传递产品或劳务信息。广播按照不同的分类标准可分为不同的类型。

(1)从收听方式看，广播有终端接收和在线收听两种方式。终端接收是通过收音机、手机等终端设备接收无线信号来收听广播，但只能收听到有限的几个频道。在线收听是通过互联网来在线收听广播节目，目前很多电台都提供了互联网收听服务，很多网站都收集了这些电台的收听地址。

(2)从技术角度看，无线广播媒介的类型有调频(FM)、调幅(AM)、短波(SW)和长波(LW)四种。

(3)从传播范围看，我国广播电台大体可分为三级：中央一级，省、自治区和直辖市一级，地、县、乡发射台、转播台一级。此外还有有线广播网。

(二)广播广告的类别

1. 从广告播出的方式角度分类

(1)联播。广告主可以订购某一全国性广播网联播电台的时间，同时向全国市场传播自己的讯息。广播网只能为全国性广告主和区域性广告主提供简单的管理，电台的效益较低。广播网的缺点包括无法灵活选择联播电台、广播网名单上的电台数量有限以及订购广告时间所需的预备期较长。

(2)点播。点播在市场选择、电台选择、播出时效选择、文案选择上为全国性广告主提供了更大的灵活性，可以迅速播出广告——有些电台的预备周期可以短至 20 分钟，并且广告主可以借助电台的地方特色快速赢得当地听众的认可。

(3)地方电台。地方时间(Localtime)指地方性广告主或广告公司购买的电台点播广告时间，其购买程序与购买全国性点播时间一样。地方电台广告的播出既可以采用直播方式，又可以采用录播方式。大多数电台采用录播节目与直播新闻报道相结合的方式，同样，几乎所有广播广告都采用预录方式，以求降低成本，保证播出质量。

2. 从形式角度分类

(1)常规广播广告。广告在常规时间播出，在时间上不做特殊处理。

(2)插播。广告在广播节目中插入播出。将大量插播广告集中在一定期间播放，让听众一次又一次地接触同样的广告，称为集中插播。

(3)特约栏目。与广告主合作建立栏目，多以广告投放者的名义冠名，或者邀约广告投放方人员参与主持节目。

(4)广告歌。以歌曲的形式，诉诸受众的听觉，传播推广企业的品牌和形象。

(三)广播广告的优点

1. 传播及时，针对性强

广播能够及时将信息传送给听众，原因有两方面：一方面是信息转换较简便，只要把声音变成电波，播送出去就可以了；另一方面是接收信息较方便，无论在什么地方，只需要一台半导体收音机，就可以接收到广播电台发出的信息。所以，广播几乎不受截稿时间的限制，可以随时播出刚刚发生或正在发生的新闻信息。广播发展呈现“窄播化”趋势，促使广播节目频道设置按听众类别来编排节目。虽然听众的分类方式多种多样，如有按地域、年龄段、职业、爱好区分等多种形式，但不同群体也都有共同点。所以客户可以根据传播对象的不同，在不同的节目中播放相应的广告。由于广播广告特定的互动性，使广告传播更具对象性，更有目的性，因此也更容易达成广告的预期效果。

2. 覆盖面广

听众可以不受时间、场所和位置等影响和限制，自如地收听广播广告。有的广播电台一天 24 小时连续播音，一座电台可以安排好几套节目，重要节目可以重播。广播既可以播送新闻，又能为文化生活等多方面提供服务。广播听众不受限制，只要有语言感知和理解能力，不用考虑年龄、文化程度等因素。因此，广播拥有广泛的听众。

3. 声情并茂

就人的生理现象看，听觉最容易被调动、激发。广播通过播音员抑扬顿挫、声情并茂的播音，能够感染听众的情绪。一些现场直播、录音报道，听众可以直接“听”到来自空中的信息，可以在“声”的愉悦中产生共鸣，在“情”的氛围中被同化，从而得到较强的传播效果。广播靠声音进行传播，诉诸人的听觉，它能给听众无限的想象空间，这也正是广播的魅力所在。

4. 制作方便，制作传播成本低

广播节目的制作不需要较多的道具、设备，节目形式可以根据需要，随时做调整，灵活性较大，或用变换语调的方式，或用对话混播的办法，或配以音乐，或穿插现场实况，或在“黄金时间”反复重播等。这些对于广告节目的制作和播出，都是非常有利的。与报纸、杂志和电视相比，广播广告单位时间内信息容量大、收费标准低，是当今最经济实惠的广告媒介之一。同时，广播广告制作过程也比较简单，制作成本也不高。

5. 干活收听两不误

收音机不会像报纸、杂志那样，独占我们的时间和注意力，收音机这种干活收听两不误的功能，赋予了它独特的魅力。边干活边收听收音机里传来的信息，这样就大大增大了广告传播的范围。制作广播广告的广告主不必担心听众对广告的印象不深，广告主应该关注的是，广播广告文稿撰写人员，怎样才能做出吸引听众的好广告。

（四）广播广告的缺点

1. 缺乏视觉，收听率下降

与电视媒介相比，广播广告缺少图像支持。那些需要通过展示和观看来体现特色的产品则不适合做广播广告。另外，随着电视普及率的提高，特别是有线电视的发展，电视节目的可视性得到了很大程度的提高，致使广播广告的收听率一直在下降。

2. 时效较短，容易被忽略

广播广告是听觉媒介，听觉信息转瞬即逝，广播广告的信息传递也具有不可重复性，时效较短，有许多听众把广播节目视为令人愉快的背景声音，对于一些广告内容往往不认真去听，有的听众只要一听到广告就会换台，所以许多广告可能被漏掉或忘记。

第二节　户外媒介

在广告实践中，还有一类我们在日常生活中十分常见的形式——户外媒介。与四大传统媒介不同的是，户外媒介是一种专业性的广告平台，广告仅仅是广播、电视等大众媒介的部分传播内容，而户外媒介则是为了广告发布而生的。随着人们旅游和休闲活动的增多以及高新科技的广泛运用，户外媒介已成为广告主的新宠，其增长速度远远高于传统的电视、报纸和杂志媒介。

传统观点认为，设置在户外的一些媒介表现形式即为户外媒介。这个定义是狭义且不准确的，随着广告业的繁荣发展，户外媒介应该有更准确地定义，即户外媒介是存在于公共空间的一种传播介质。基于这一定义，餐厅、楼宇内的一些新的媒介形式，均属于户外媒介范畴。原定义所认为的在户外的媒介就是户外媒介的概念就显得不够准确。户外媒介既然是公共空间的一种传播介质，那么根据介质的不同，可以进一步分类，如平面户外铜字、铁字、有机玻璃字、实木牌匾、霓虹灯、公共空间的企业形象雕塑、LED 电子户外屏、户外 LCD 广告机、户外电子阅报栏、户外触摸 LCD 等。

一、户外媒介的常见类型

（一）路牌广告

路牌广告是在公路或交通要道两侧，利用喷绘或灯箱进行广告的形式。它是户外广告的一种重要形式，是一种标准化的设计。路牌广告可分为平面和立体两大类：平面路牌广告分为墙体广告、招贴广告、海报、路牌广告条幅等。立体路牌广告分为霓虹灯、广告柱以及广告塔灯、灯箱广告等。

随着商业产品营销活动的快速发展，路牌广告的种类和表现形式也有了相应的发展。平面布局的绘画形式已不能充分利用好的路段媒介，于是运用长条连接的立体三面造型手法，自动电路控制，使路牌广告能定时翻转的形式应运而生。这样，一块路牌的位置就可以放置三个不同的广告，而且其翻动效果更加引人注目。这种电动动态路牌广告是当今国际上流行的一种趋势。路牌被纸张和柔性材料所代替后，将出现更多的大型招贴广告和大型灯箱广告，无论是外打灯，还是内打灯，都清晰如同白昼。内打灯的路牌广告是柔性材料三面旋转，外打灯的路牌广告是三角三面翻转。这种大型的、多画面的户外广告牌，既有动感，造型又极其精美，更具备了多种功能。

路牌广告，一方面，可以根据地区的特点选择广告形式，另一方面，可为经常在某地区活动的固定消费者提供反复的传播，使其印象深刻。同时，路牌广告可以较好地利用消费者外出途中的闲暇时间，将一些设计精美的广告呈现在眼前，给人留下深刻的印象，更易接受广告。

（二）交通媒介

交通媒介是指在火车、飞机、轮船、公共汽车等交通工具及旅客候车、候机、候船等地点进行广告传播，旅客量大面广，传播效果也很好。交通广告由于是交通工业的副产品，因此费用比较低廉。交通媒介常见的具体载体包括：

（1）交通工具外部媒介：如公共汽车和地铁的车身。

（2）交通工具内部媒介：如车载电视、内部车体、电子显示牌、拉手、椅背等。

（3）交通工具站点媒介：如候车亭、车站墙体、灯箱、电视墙、座椅等。

（4）交通工具车票媒介：如火车票、公车票、地铁票、飞机票等。

（5）交通路线媒介：如高速公路旁的大型路牌、铁路沿线的墙体广告等。

(三)楼宇电视

楼宇电视是从传统电视媒介中细分出来的一种新兴的电视媒介,它通常安装在商务楼宇、商厦、餐厅、酒吧、KTV、健身会所以及居民高层住宅楼的电梯入口或电梯内壁,滚动播出商业广告。2002年楼宇广告开始在国内出现,2003年1月,由国际著名基金软银为核心投资者的分众传媒(Focus Media)在上海成立了楼宇电视广告联播网,此后这一新型的广告媒介迅速发展起来。如今,楼宇广告已成为广告媒介的一大新势力。

1. 楼宇电视的优点

相对于其他广告媒介,楼宇电视有如下优点:

(1)强大的社区渗透性。楼宇广告的出现,使得商家的营销触角可以推进到目标消费者的居住区和工作区。事实上,楼宇电视等于在目标消费者每日的必经之处开设了一个"信息窗口",将商品和品牌信息的传播活动嵌入目标消费群的生活环境当中。

(2)高度的针对性。和传统的户外广告不同的是,每台楼宇电视终端的受众相对稳定,往往会在同一地点反复接受同一信息。不同的楼宇总是连接了具有一定共性的消费群体,在此基础上能够实现对目标受众精准的划分,使得楼宇电视有了其他媒介难以比拟的分众性。另外,楼宇电视的针对性还体现在其主要瞄准支付能力强、消费需求旺盛的受众,他们是当下社会的主流消费群体,一般拥有相对稳定的工作和中等偏上的收入,多处于中青年阶段;他们观念开放,对高品质的生活有追求,也愿意尝试新鲜事物,且具有较好的品牌消费意识。这样的消费群体正是商家所喜欢的,对他们的广告信息传播业更容易产生积极的效果。

(3)广告信息传播的排他性。楼宇电视对位置有很强的垄断性,一旦传播网络覆盖了某特定的楼宇,那么,就不会再有其他同类媒介出现在同一位置,这就决定了楼宇电视传播的广告信息具有排他性,几乎没有同类竞争性信息的干扰。

2. 楼宇电视的缺点

同时,作为广告媒介,楼宇电视也有一些缺点:

(1)信息接收的强制性。这种强制性表现在两个方面:一是人们在等电梯时,由于无法接触其他媒介,楼宇电视是他们的唯一选择;二是楼宇电视播放的内容是强制性的,受众不能更换频道、不能自由选择观看的节目。这种强制性过强,可能会引起受众的反感,因此,楼宇广告应注意加强创意,尤其要注意广告的趣味性,同时,注意更新周期,以避免受众因长时间反复观看同一则广告而产生厌烦情绪。

(2)外界干扰度大。虽然楼宇电视的信息干扰度小,但是外界的干扰度却很大:一是电梯间等公众场合人群流动性大,噪声较大;二是人们乘坐电梯时在电梯间待的时间有限,很可能刚刚踏入电梯,一则广告还没有播完,目标层就已经到了,难以使受众接收到完整的广告信息。

(四)售点广告

售点广告(Point of Purchase,POP)即销售点广告或购物场所广告,是近一二十年来兴起的一种新的广告形式。这种广告的发展,同超级市场的普及及其之间日益加剧的竞争是紧密相连的。超级市场里有令人眼花缭乱的商品,如何让顾客从中迅速选购到中意的商品?售点广告便默默地担当起受人欢迎的"向导"和"推销员"的角色。随着超级市场的日益普及和百货店、专卖店、"开放型"陈列销售范围的扩大,售点广告发展十分迅速。

售点广告可以在有限的时空里,吸引并引导顾客购物,激发顾客的购买欲望,促成顾客的即时购买行为,依其陈列的区位,售点广告可以分为以下几类:

(1)吊挂POP。天花板下方和柜台走道上方的空间,饰以吊挂POP,可使商品陈列区位明显,吸引性强。吊挂 POP 有平面的和立体的两种,其形式不拘一格,有彩旗形、吊篮形、珠帘形、宫灯形以及产品模型等。

(2)立式陈列 POP。立于地面上的 POP 可以陈列销售,牢固耐用,用厚硬的纸板制作。另外,也有陈列式 POP、自动柜台 POP、手推车型货篮 POP 等形式。

(3)柜台陈列 POP。柜台陈列 POP 是陈列于销售柜台的小广告,要求突出商品,引人注目,因此在设计上要求注重内容的鼓动性和形式的装饰性。主要有货架 POP、柜台标志 POP、陈列架 POP、套挂瓶颈上的 POP 等。

(4)橱窗陈列 POP。布置在橱窗内吸引行人的 POP,要注重装饰性与吸引力,以期有助于增强橱窗的动人气氛和多彩多姿的魅力。

POP 广告将销售点现场内外的各种设施作为媒介,有明确的诱导动机,旨在吸引消费者,唤起消费者的购买欲,具有无声却十分直观的推销效力。它可直接影响销售业绩,是完成购买阶段任务的主要推销工具。POP 广告的设计关键在于能否简洁鲜明地传播信息,造型优美,富于动人的感染力。设计者要着力研究店铺与商品的性质及其顾客的需求和心理,以求有的放矢地表现最能打动顾客的广告内容。广告的文图,应有针对性,简明扼要地表现商品的优点、特点,购物的额外收获(如赠送、抽奖)等内容。另外,售点广告体积小,容量有限,造型与画面设计更求简练和醒目、阅读方便、重点鲜明、有美感、有特点、统一而和谐。

二、户外媒介的特点

(一)到达率高

通过策略性的媒介安排和分布,户外广告能创造出理想的到达率。据实力传播集团的调查显示,户外媒介的到达率目前仅次于电视媒介,位居第二。由于受众对户外媒介的关注度逐渐增加,很多客户越来越偏好使用户外媒介,而户外媒介的关注度和媒介的使用习惯呈逐年提高趋势。特别是在房地产、邮电通信、金融、服务和家电等行业,户外媒介广告投放额的比例逐年增大。户外媒介触达能力的无限性,一方面来自它自身的无孔不入,几乎任何户外的地方都可以发布大小、形式不一的广告,另一方面则来自人们户外活动的规律性。这就给户外广告的高接触频率提供了一个优越的先天条件。人们每天的生活总是有规律可循的,简单地说,一个人的普通生活就是若干“点与线”的组合。“必经之路”便成了户外广告“守株待兔”的最佳位置。例如,人们每天总要接触若干次回家途中的户外广告。当广告主找到消费者相关活动的规律后,便能大大提升户外广告的效能了。

(二)视觉冲击力强

在公共场所树立巨型广告牌这一古老方式历经千年的实践,表明其在传递信息、扩大影响方面的有效性。一块设立在黄金地段的巨型广告牌是任何想建立持久品牌形象的公司的必争之物,它的直接、简洁,足以迷倒全世界的大广告商。很多知名的户外广告牌,或许因为它的持久和突出,成为这个地区远近闻名的标志,人们或许对街道楼宇都视而不见,而唯独这些林立的巨型广告牌却令人久久难以忘怀。户外媒介能综合运用广告的大小、形状、载具形式、色彩、三维等各方面要素,为广告的创作提供灵活性,表现力强;优秀的广告人能很巧妙地运用这些元素,同时借助高科技材料和技术的综合效果,形象生动地表现广告主题,卓越地表现强势的视觉冲击力,以吸引受众。基于设计灵活性的特点,广告设计者常结合广告客户自身形象、发布区域、时间等量身定制富有个性化的广告。借助户外媒介特殊的载具和新技术、新材料的特点,而设计发布的一些形式个性化的广告,能极大地丰富户外广告的形式，展示运动感和时空性。在一些城市的地铁隧道墙上，经常可以发现一连串不同幅的广告画面巧妙借用地铁运动演绎一幅动态画面的广告。同时，运用视频、数字、移动等新材料、新技术的户外媒介也逐渐成为一种趋势。户外媒介给人的印象已不是简简单单的平面单一信息传达，目前数字电子技术的应用使户外媒介开始“动”起来，如动态大屏幕、数字视频网络播放系统、公交车中的CD。有了三维成像展示台，很多户外媒介开始走向多元化，这也正是户外媒介的生命力所在。

(三)发布时段长

许多户外媒介都是持久、全天候地发布。它们每天24小时、每周7天地伫立在那儿，这一特点令其更容易为受众看到。

(四)千人成本低

户外媒介可能是最物有所值的广告媒介了。据调查，户外广告的平均千人成本仅相当于电视、报纸等其他媒介的十分之一到三十分之一，在市场竞争日趋激烈，公司迫于削减成本的压力现实中，巨大的成本优势也成为户外广告备受青睐的主要原因之一。

(五)城市覆盖率高

在某个城市结合目标人群，正确地选择发布地点以及使用正确的户外媒介，可以在理想的范围内接触到多个层面的人群，广告就可以和受众的生活节奏配合得非常好。

此外，户外媒介还有面积大、色彩鲜艳、主体鲜明、设计新颖、形象生动、简单明快等特点。广告形象突出，容易吸引行人的注意力，并且容易记忆。户外广告多是不经意间给受众以视觉刺激；不具有强迫性，信息容易被认知和接受，并且户外广告一般发布的期限较长，对于区域性能造成印象的累积效果。

三、运用户外广告应注意的问题

(一)户外广告在制作时应尽可能地简明、直接、易懂

户外广告信息容量有限，通常过往行人与户外广告之间都相隔一定的距离，为使过往行人能清楚地了解广告信息的内容，字体就不宜过小，而字体增大，广告信息的容量就要相应减少。此外，由于行人大都是从户外广告前匆匆走过，广告内容必须简明扼要。据测算，只有行人能在5秒内读完全部信息内容的户外广告，才能产生良好的效果。因此，户外广告在制作时应尽可能地简明、直接、易懂。

(二)注意媒介的组合运用

与单一媒介传播相比，多种媒介载具组合运用可以起到明显的整合传播效果。户外媒介的组合运用包括户外媒介联合、户外媒介与其他媒介联合两种形式。户外媒介联合，即将户外媒介中各类形式综合性地组合运用于一个广告运动。如一个广告主题既用交通类广告，又用大型广告牌、街道媒介、人体媒介等同时发布广告。户外媒介与其他媒介联合是指一次广告运动中同时用到户外、电视、报纸等媒介。

(三)户外广告的缺陷

户外媒介传播区域小，不适合承载复杂信息，传递时间短，被称为“眼球经济、三秒钟的竞争”，信息更新相对滞后，并且广告发布不规范。这些缺陷很大程度上就需要依靠广告主独特的创意和新材料与技术的运用得以弥补，且我国的户外广告管理机制也在不断走向规范化和法制化。因此，户外媒介的运作应充分考虑它的特点和优势，扬长避短，从而更加精彩地对户外广告进行演绎。

第三节　直接媒介

直接媒介就是广告主将印刷、书写或以其他形式处理的广告信息在一定范围内直接寄送或者传递给特定受众的媒介形式。直接媒介与其他广告媒介的区别就在于它可以直接将广告信息传递给真正的受传者，而其他广告媒介只能起到将广告信息广泛传递给受传者的作用，而不管受传者是否为广告信息的目标受众。常见的直接广告的派发方式包括邮寄、夹报、上门投递、街头派发、店内派发等。

直接媒介的具体形式主要有直接邮政广告和非寄送型直接广告两种。所谓直接邮政广告（简称直邮广告，Direct-Mail），指通过邮政所传递的广告。一本商品目录通过邮政寄送给受众，就是直邮广告，但若是由推销员分发给受众，则为非寄送型直接广告。

一、直接媒介的概况

直邮广告是直接媒介中最为重要的形式，这里我们只对直邮广告的大体情况进行介绍。所谓直邮广告，即广告主将广告信息印刷成信件或广告以指名方式直接邮寄给有可能购买的消费者的直接广告。它是以邮政传递网络为传播途径，以信函为载体的广告媒介，选择有针对性的目标客户群体的地址打印封装，通过邮政渠道寄发的一种函件业务。直邮广告具有传播信息、发布广告的效能。

商业信函，是企业通过邮寄方式，把企业信息传送给个人，以促使消费者购买产品。现今人们对信息传递的准确性及有效性要求越来越高。传播途径的专业化及目标消费者的市场反馈功能日益受到广告主的重视。商业信函正以市场定位精确、针对性强、时效性强、个性化突出、保密性强、效果测定快、选择对象自由等特色受到人们的青睐。

在西方国家，直邮广告是一种颇受广告主青睐的广告媒介形式，广告大师奥格威便是积极倡导者。因为他早年在为伦敦某广告公司工作时，靠成本仅 500 英镑的明信片广告，为一个新旅店招来了满堂的宾客。就广告费用而言，据美国《印刷者油墨》杂志的统计，自 1947 年以来，直邮广告在所有广告媒介形式之中一直稳居第二、三位。1986 年，美国直接邮寄广告达 550 亿件，平均每个人（包括孩子）收到 250 件，1998 年商业信函投入已达到 392 亿美元，成为与无线电视广告并列的第二大广告媒介。

随着改革开放的深入，特别是中国加入 WTO 以后，市场竞争日益激烈，企业已经由原来产品的竞争转向服务的竞争。而商业信函正是这样一种渠道，是企业与其潜在客户或直接客户之间沟通的桥梁。自中国开始恢复广告业以来，强势媒介（报纸、杂志、电视）就占据了广告市场的绝大部分份额。但是由于商业信函发布环节的可信度低，媒介多年停滞，没有良好的基础以及企业意识没有到位，提供此项服务的专业机构欠缺等因素，使商业信函多年来一直处于待开发阶段。目前能主动使用商业信函发展业务的企业大多为一些外资企业。

目前，全国有近 60%的企业认同商业信函广告，浙江地区 90%以上的大中小企业曾运用商业信函来推销产品，而且都取得了明显的促销效果。商业信函的广告投入只及电视传媒的 2%、报刊传媒的 10%，但是营业收入增幅却达 30%左右，因而，其投入产出比较令企业满意，中小型企业对此尤具好感和使用欲望。

商务往来的与日俱增、服务要求的不断提高等因素使各类商业性信函日益增多，市场竞争的加剧、媒介选择的多样化促使商家寻找更加准确针对目标消费者的广告方式，直邮广告简化了纷繁复杂的广告过程，以简单的方式实现全面的作用。另一方面，建立在互联网技术上的电子邮件，也为直邮广告的发展提供了便捷的工具和全新的发展空间。

二、直接媒介的主要形式

直接媒介形式多样，随着社会的发展和技术的进步，在广告实践中，其形式也在不断得到创新，这里我们仅从传递方式和形式两方面分类，介绍几种最常见的直邮广告。

(一)按传递方式分类

1.报刊夹页

与报社、杂志编辑或当地邮局合作，将企业广告作为报刊的夹页随报刊投递到读者手中。这种方式现在已为不少企业所使用。

2.根据顾客名录寄送信件

这种方式多适用于大宗商品买卖。如从厂家到零售商，或从批发商到零售商。

3.雇佣人员派送

企业雇佣人员，按要求直接向潜在的目标顾客本人或其住宅、单位派送商业信函广告。

4.电子邮件

企业自行或借助从事电子邮件广告服务的公司，将广告信息传达给目标受众。

5.电话直销

电话直销广告与直邮广告相似，只是改用电话的方式诉求广大客户，以促进商品的销售。

(二)按内容和形式分类

1.优惠赠券

当开展促销活动时，为吸引广大消费者参加，可以赠送附有条件和措施的优惠券。

2.产品目录

零售企业可将经营的各类商品的样品、照片、商标、内容在产品目录上详尽地进行介绍。广告主定期将产品目录寄送给消费者，消费者在收到产品目录后，可以参照目录上的各种图片和具体性能说明，根据自己的需要加以选择。

3.单张海报

企业精心设计和印制的介绍企业形象、商品、劳务等内容的单张海报。

4.传单

一张典型的传单往往是一张印刷的单页，而且正反面均印有广告信息。考究的传单还采用多色套印。

5.小册子

小册子可以看成是多页的传单。在广告信息相对复杂、需要较多资料说明、一张传单不够时，可以采用小册子的形式。在利用小册子时，要从产品的独特性入手，尽量做到面面俱到。

6.企业刊物

企业刊物是广告主定期出版的一种刊物。广告主可以通过企业刊物，向雇员、顾客、股东、经销商和其他对象传递广告信息。

7. 其他形式

除以上形式外，直接媒介的广告形式还有科研通报、折页、各种新式的印刷品、年历、记事簿、小礼品等。

三、直邮广告媒介的优点

(1)直邮不同于其他传统广告媒介，它可以有针对性地选择目标对象，有的放矢，减少浪费。

(2)直邮是对事先选定的对象直接实施广告，广告接受者容易产生其他传统媒介无法比拟的优越感，使其更自主地关注产品。

(3)一对一地直接发送，可以减少信息传递过程中的干扰，使广告效果达到最大化。

(4)不会引起同类产品的直接竞争，有利于中小型企业避开与大企业的正面交锋，潜心发展壮大企业。

(5)可以自主选择广告时间、区域，灵活性大，更加适应善变的市场。

(6)不为篇幅所累，广告主不再被“手心手背都是肉，厚此不忍，薄彼难为”困扰，可以尽情赞誉产品，让消费者全方位了解产品。

(7)内容自由，形式不拘，有利于第一时间抓住消费者的眼球。

(8)信息反馈及时、直接，有利于买卖双方双向沟通。

(9)广告主可以根据市场的变化，随行就市，对广告活动进行调控。

(10)摆脱中间商的控制，买卖双方皆大欢喜。

(11)直邮广告效果客观可测，广告主可根据这一效果重新调配广告费和调整广告计划。

直邮优点虽多，但要发挥最佳效果，还需要有三个条件的大力支持。第一，必须有一个优秀的商品来支持直邮。假若商品与直邮所传递的信息相去甚远，甚至是假冒伪劣商品，无论直邮吹得多么天花乱坠，还是会被市场抛弃。第二，选择好广告对象。再好的直邮，再棒的产品，也不能对牛弹琴，否则也不会产生效果。第三，考虑用最合适的广告方式来打动顾客。俗语说“攻心为上”，巧妙的广告诉求会使直邮有事半功倍的效果。

四、直邮广告媒介的缺点

(1)成本高。在所有主流媒介中，直邮的单位成本约是杂志和报纸广告的14倍。

(2)投递问题。大众媒介有精确的发布时间，但邮政服务对直邮广告不能保证投递时间，约有近10%的直邮广告因收件人搬迁而无法投递。

(3)缺少内容支持。直邮广告只能在没有评论内容和娱乐内容的情况下抓住并保持读者的注意力，缺少其他形式的支持。

(4)针对性问题。直邮广告是否有效取决于目标受众是否准确、名录是否正确，有些受众群由于收到的直邮广告太多，慢慢对直邮广告失去关注度，直接对直邮广告不予理会。

(5)态度不利。很多消费者把直邮广告看成垃圾，自然而然地把它们弃之一旁，而且他们认为邮购的商品退货太难。

(6)环保问题。有些消费者认为，直邮广告不过是为垃圾填埋场再增加一点养料而已。我们经常看到在一些路口，派发的传单满地都是，严重影响了城市的环境。

五、特种广告媒介

(一)特种广告媒介的种类

所谓的特种广告(Specialty Advertisement)其实也是一种直接媒介。特种广告的涵盖范围很广,小到铅笔、小玩具,大到日历、雨伞,都是特种广告的表现形式。据不完全统计,特种广告的具体形式多达上千种。依据美国特种广告协会的划分,特种广告媒介大致可分为广告赠品、广告日历和商业赠品三种。

1. 广告赠品

为了使受众记住企业的产品和品牌,广告主常常会向受众派发一些诸如钥匙扣、钥匙包、圆珠笔、打火机等小玩意儿,上面印有公司、产品或品牌名称。这些广告赠品的价值虽然不高,但因制作精美且具有实用价值,颇受受众欢迎。

2. 广告日历

严格地讲,广告日历也可以理解为是广告赠品的一种。但由于其制作成本较高,在发放时,有些是以礼品的名义送出的,其接受者并不一定是严格意义上的目标受众。

3. 商业赠品

商业赠品是广告主为了开拓其销售业务,向与产品销售有关的人员赠送的礼品。其价值视广告主的需要及目的而定,有时可能只是比较普通的赠品,但有时价值却非常高。

(二)特种广告媒介的优点

美国南乔治亚州大学教授威廉·博伦主持的一项调查发现,受众大多对特种广告怀有好感。在接受调查的人员中,50%以上的人表示,其对广告主的了解来源于运用特种广告这一媒介形式传达的广告信息。特种广告之所以对广告信息的传播有如此积极的作用,是因为具有以下优点:

1. 媒介生命周期长

虽然有些赠品价值不高,但使用期限却较长,即使像火柴这样的易耗品,即使一盒火柴只可以使用20次,也使得印在火柴盒上的广告信息的暴露频次不低于20次,而广告日历的生命周期则更长。并且这类物品都是随身携带或不离左右,向受众反复传递广告信息,会给受众留下深刻的印象。

2. 选择性强

广告主可以根据需要,将特种广告发放给广大或极少数可能会成为消费者的受众,目标受众的选择性较强。例如,买赠的形式,其赠送对象就是一个明确的现实消费者。

3. 灵活性好

特种广告可以不受版面和时间的限制,而完全由广告主根据自身需要及具体情况自行决定。不论大小、贵贱,上千种可供选择的形式给广告主提供了非常灵活的选择空间。

4. 受众易接受

由于特种广告制作精美,且都具有一定的实用性,故受众一般很乐意接受,不会产生排斥心理。这让受众在没有任何排斥心理的状态下,不知不觉地就接受了广告信息。

(三)特种广告媒介的缺点

尽管特种广告总的来说是一种较为灵活、有效的媒介形式,但它同样也存在着一些问题。

1. 广告信息容量有限

特种广告采用的多是一些小物品，尽管反复使用可以获得较高的暴露频次，但毕竟物品能容纳的信息也十分有限，因此，大多数广告主在实践中，一般只能将企业名称、地址或电话号码等简短的广告信息传递给受众。

2. 广告成本较高

同直邮媒介一样，若以千人成本计算特种广告的费用，要大大高于其他大众媒介。当然，由于选择性和针对性强，传播中的浪费会有所减少，效果也更加明显。

扫码领取

★配套微课视频
★阅读测试题
★广告学公开课

第四节　新媒体

近十几年来，科技的飞速发展使得新媒介迅速崛起，这是一个令人瞩目的现象。新媒介有着与传统大众媒介不同的传播特点，有着巨大的传播能量和影响力，它们所创造的信息平台为广告市场提供了一个巨大的潜在传播渠道。新媒介的发展带来了传媒生态的新变化，而且这种影响还将更为深远。

一、新媒体的概念与特点

新媒体全面影响人们生活是近几年的事，但新媒体的概念早在1967年就出现了，时任美国哥伦比亚广播电视网技术研究所所长的戈尔德马克先生首先提出了与传统媒体相对的“新媒体”的概念，新媒体的概念自从被提出以来，一直在不断地发展变化，时至今日，新媒体概念的内涵与早期相比，已有了很大的变化与发展。

对于新媒介的界定，学者们可谓众说纷纭，至今没有定论，我们这里也不做过多的探讨。简单而言，新媒体是相对于传统媒体而言的，是继报刊、广播、电视等传统媒体后发展起来的新的媒介形态，是利用数字技术、网络技术、移动技术，通过互联网、无线通信网、有线网络等渠道以及电脑、手机、数字电视机等终端，向用户提供信息和娱乐的传播形态和媒体形态。如数字杂志、数字报纸、数字广播、手机短信、移动电视、网络、桌面视窗、数字电视、数字电影、触摸媒体等。

新媒体的本质是一种媒体，关键在于一个“新”字。与传统媒体相比，新媒体的“新”主要体现在以下几个方面：

(一)数字化

数字化是新媒体存在的前提和基础，它利用0和1两个数字的不同组合实现信息的编码，不论是文字、图像还是声音都可以通过这两个数字的组合方式表现出来。新媒体的这种信息处理方式使得信息第一次在内容和形式上取得了统一，这种信息传送的革命性变革不仅大大方便了信息的输送和复制，更为重要的是它使得不同信息符号之间可以自由、快速地相互转换，也正是数字化运作原理实现了网络信息的全球化传播。

(二)交互性

在传统媒介的传播理念中，传者和受者是严格区分开来的，前者主动地传播信息，后者被动地接收信息。传统媒介的传播方式是信息在经过“把关人”的层层过滤、包装之后，把带有传播者意图和观念的信息成品发送给受众。而网络媒介把信息平台变成了“信息的超级市场”，受众可以依据自己的需要和目的自由选取各种有用的信息。网络媒介受众除了可以在极大的范围内选择自己需要的信息之外，还可以发表自己的看法和意见，参与信息的传播。在新媒体环境下，每个人既是信息的接收者，又是信息的传播者。

(三)开放性

与传统媒体相比，新媒体开创了更为广阔的传播空间，具有全球性的特质。新媒体的这一特征，不仅表现在它传播范围的全球性上，而且表明它具有一种使用上的开放性特征。不论新媒体技术是谁发明的，它都是全人类的，没有任何一个国家和地区或者是某个利益集团可以通过技术手段完全控制新媒体技术。新媒体的兴起打破了传统媒体在传播范围上的局限，使得地域性媒体与全国性媒体、弱势媒体与强势媒体之间的竞争成为可能，甚至可以使个人网站及其信息内容成为全球受众关注的焦点。

(四)即时性

报纸、广播、电视在内的传统媒体从发出信息到反馈需要一个较长周期。而新媒体不会受到时间和空间的限制，具有即时性的特征。新媒体的发展使得各种信息都会在第一时间传播出去，甚至能实现信息的"零时差"，特别对突发事件的报道，新媒体更能快速地做出反应。在新媒体时代，信息发布者拥有双向交流权和控制权，信息在交流的双方之间是互动的，信息的接收者在接收信息的同时也可以完成传播，从而成为传播者。因此，在这种情况下，信息的传播者与接收者之间并没有太大的限制与区别，传播过程也不再受限于传播时间和传播地点，可以做到随时随地传播接收信息。

(五)移动性

移动媒体充分利用了无线传输技术，让新媒体的传播变得更加无孔不入，只要有智能手机，人们就可以在互联网上冲浪，极大地改变了人们的生活方式。在几年前不敢想象的生活状态都已变成了现实，人们出门使用了卫星定位，股市交易、金融交易不用再去交易所和银行，甚至吃饭和生活用品以及智能家电都可以用移动终端来解决。由此使得人们上网的时间比过去大大增加，信息覆盖水平也远超以往。

(六)多元化

与报纸、广播、电视等传统媒介相比，新媒体的传播者不仅是特定的新闻传播机构，而且政府、团体、企业、组织、个人都可以通过自身或者特定的渠道向社会公众传播信息，成为信息传播的主体。从传播方式上来看，新媒体有着明显的多元化特征，除了点对多的传播方式，如网站或者个人向不特定的网民发布信息之外，还有单个网民通过电子邮件的方式与另一网民的点对点的传播，众多网民与网站的信息交流——发送信息、反馈意见的多对多的传播方式，以及受众通过聊天室、QQ 系统、论坛等网上载体进行的多对多的传播方式。

2019 年，5G 商业化正式开启，以数据为关键生产要素的数字经济为中国经济社会发展提供了强劲的驱动力，中国新媒体的发展也开启了新的起点。随着移动网络传播技术和网上视频实时播出技术等技术的实现，以及以互联网接入为特征的信息家电大量进入普通家庭，数字化网络传播将迈入新的发展阶段。新媒体必然对传统媒体产生巨大冲击。这种新的变化格局必将导致广告市场和格局的新变化，寻求适应新媒体时代的广告传播方式已成为越来越多的广告主、广告专业人员所关注的问题。

二、新媒体的主要形式：两微一端

从互联网诞生以来，新媒体的内涵和外延一直随着形势不断变化，随着移动互联、虚拟现实技术(VR)等技术的不断发展与革新，更多更新的新媒体形态一直不断涌现，目前"两微一端”是人们最为熟悉的新媒体传播平台，也是现阶段新媒体营销最核心的平台组合，“两微”指的是微博和微信，“一端”指的是移动新闻客户端。

（一）微博

微博（Micro-blog）是指一种基于用户关系信息分享、传播以及获取的通过关注机制分享简短实时信息的广播式的社交媒体、网络平台。微博提供了这样一个平台，用户既可以作为观众，在微博上浏览感兴趣的信息，也可以作为发布者，在微博上发布内容供别人浏览。2009 年 8 月新浪推出“新浪微博”内测版，成为门户网站中第一家提供微博服务的网站。微博刚刚问世的时候，大家只是把它当成一种特殊的博客，根本没有想到这种新媒体平台会冲击很多的传统产业，让一些传统产业插上了“互联网＋”的翅膀，甚至对门户网站、贴吧、博客等传统互联网平台也造成了很大的冲击。微博能演变成新媒体营销的主要平台，与其自身的特点有着密切的关系。

（1）微博允许用户通过 Web、Wap、Mail、App、IM、SMS 及用户可以通过 PC、手机等多种移动终端接入，以文字、图片、视频等多媒体形式，实现信息的即时分享、传播互动。

（2）信息发布快速便捷。微博发布的内容一般较短，例如 140 字的限制，微博由此得名。微博开通的多种 API，使得大量的用户可以通过手机、网络等方式来即时更新自己的个人信息。微博网站即时通信功能非常强大，在有网络的地方，只要有手机便可即时更新自己的内容，哪怕你就在事发现场。微博平台上的信息发布的实时性、现场感以及快捷性，在所有媒体中几乎都是最优秀的，这能让营销者节省大量的时间和成本。

（3）信息传播性强。微博草根性强，没有任何“门槛”，任何享有公民权的人都可以加入，且广泛分布在桌面、浏览器和移动终端等多个平台上；无论内容多么复杂的微博，都能被一键转发，这使得微博能在短时间内很快获得惊人的转发量；微博信息的获取具有很强的自主性、选择性，用户可以根据自己的兴趣偏好，依据对方发布内容的类别与质量，来选择是否“关注”某用户，成为博主的粉丝，这种基于粉丝的传播，容易通过裂变式传播产生广泛的影响力。

微博的特点使得微博成了一个便于操作、成本低，传播力度大、能兼容多种应用、利用与用户产生密切社交关系的优良营销传播平台。微博作为一种社交媒体，最大限度地把营销传播者与广大粉丝凝聚在一起，让营销传播变得更为个性化、精准化。移动互联网让人们形成了随时用手机看社交媒体信息的习惯，这使得社交媒体上发布的信息比传统传播渠道上的曝光率更高，产品用户和潜在用户从企业官方微博上看到广告的概率比在企业官网上要高得多。另外，企业官方微博本身就是一个人格化的品牌，成功的微博运营能让广大消费者把官方微博视为生活中不可缺少的朋友，从而使得企业品牌形象更加深入人心。

（二）微信

微信（WeChat）是腾讯公司于 2011 年 1 月 21 日推出的，它是为智能终端提供即时通信服务的免费应用程序，微信支持跨通信运营商、跨操作系统平台通过网络快速发送免费语音短信、视频、图片和文字，微信提供公众平台、朋友圈、消息推送等功能，用户可以通过“摇一摇”、“搜索号码”、“附近的人”和扫二维码方式添加好友和关注公众平台，同时微信将内容分享给好友以及将用户看到的精彩内容分享到微信朋友圈，同时，也可以使用通过共享流媒体内容的资料和基于位置的社交插件等服务插件。现如今，凭借庞大的用户数量和会话数量，微信甚至已超过微博，成为全球社交应用软件的领先者。2017 年，小程序的开放，使微信进一步融入日常生活服务，尤其是在日用品购买及民生服务方面。2020 年第一季度，腾讯微信及 WeChat 的月活跃账户 12 亿，同比增加 8.2%，小程序日活跃账户数超过 4 亿。

强大的社交功能与支付功能让微信成为新媒体营销传播的一件利器。微信营销传播的最主要平台就是微信公众号。微信公众号主要分为订阅公众号和服务公众号，订阅公众号提供群发推送和自动回复等基本功能，群发推送功能用以向用户主动推送内容或通知；而自动回复功能能让用户根据制定关键字来获取信息。与订阅公众号相比，服务公众号还具有用户管理和定制服务等功能，用户管理可以对订阅用户进行分组管理、查阅用户资料及回复、自定义消息回复等；定制服务可以实现搜集用户需求、绑定公司会员卡和在线支付等功能。

微信运营对营销传播来说，具有以下意义：

1. 深度的市场调查

微信是与手机号及通信录联系最为紧密的新媒体，这使得它成为互联网时代识别个人身份的重要标志，微信平台能采集到的用户数据，无论是数量上，还是深度上都是相当可观的。运营者利用微信完成深度市场调查，一方面可以对用户数据进行大数据分析；另一方面，还可以选择活跃用户，与之深入交流，从而充分掌握市场需求的变化。

2. 信息的即时群发

运营者在官方微博上发送的信息会被很多人看到，但总有一些老用户会遗漏。如果借助于微信平台，则能很好地规避这一问题，即使老用户没有参加微信群讲话，群发功能也可以自动完成信息推送，保证信息发送到位。

3. 信息的多向交流

虽然微信的开放性不像微博那么强，但并不影响微信成为多项交流的工具。微信通过支持二维码技术，大大拓宽了其营销、传播和支付渠道。无论用户把二维码放在微博签名档上，还是打印出来贴在墙上，都会有人用微信的“扫一扫”功能关注其公众号或完成定向转账。

4. 精准的信息推送

用户关注商家微信公众号的主要目的就是了解商家产品或服务的最新动向，他们希望获得专业、可靠、精准且有价值的信息。借助移动终端、社交网络和位置定位等优势，通过微信推送的每一条信息，都可以精准地到达每个用户，帮助运营者实现点对点的信息送达。

5. 高效的忠诚度培育

微信操作简单，功能齐全，与移动互联网浑然一体。即使是不擅长高科技的中老年人，也能使用微信，很多人的微信群几乎就是手机通信录的翻版。如果说微博数据“半熟人社交”的话，那么微信则可称为“熟人社交”，这一特点使得微信成为商家培育高忠诚度客户的天然利器。

微信传播具有封闭性，不像微博那样利于信息的迅速扩散，为了增强营销传播的效果，很多商家采用双号、多号或矩阵策略。双号策略指运营者同时开通订阅号与服务号；多号策略是指在双号策略的基础上开通运营者的个人微信号；矩阵策略则是以主公众号为基础，开通多个针对不同领域的微信号，使之结为矩阵，微信公众号的运营者应根据自己的实际情况合理选择运营策略。

（三）移动新闻客户端

随着互联网和智能手机的普及，移动阅读已经成为用户获取资讯的最主要手段，互联网技术和移动终端设备的不断完善和发展，使得人们获取资讯的方式也越来越依赖于智能手机等便携式设备，新闻传播的渠道延伸到了移动互联网，移动新闻客户端应运而生。移动新闻客户端是众多移动客户端的一种，是提供新闻服务的移动客户端。艾媒咨询在《2015—2016年中国手机新闻客户端市场研究报告》中，界定了手机新闻客户端的定义，认为它是指为手机用户提供持续、实时、全方位新闻资讯更新，内容涵盖国内、国际、军事、社会、财经、体育、娱乐等方面的新闻类应用软件。

新闻客户端相较以往的新闻传播形式而言，具有更强大的功能和时效性，它集信息推送、个性化订阅、评论和直播等多种功能于一体，并可实现不受时间、地点限制的即时传播，既满足新闻传播的要求，又满足用户的阅读需求和阅读习惯。在互联网时代，新闻客户端成为新闻传播的重要渠道，根据极光大数据发布的《新闻资讯行业研究报告》，截至2019年8月，新闻资讯类App用户规模达6.2亿，渗透率达53.9%，这意味着过半数的中国移动网民均装有手机新闻客户端。

从运营主体看，新闻客户端主要有以下形式：

1. 综合门户类客户端

综合门户类客户端是传统综合门户网站依托PC互联网强大的品牌影响力所推出的新闻客户端。这类新闻客户端以传统的互联网门户网站为基础，利用其市场优势，进入新闻客户端市场。它们也是最早一批进入该市场的竞争者，如新浪、搜狐、网易、腾讯等门户网站推出的新闻客户端。这类新闻客户端的新闻内容主要由转载、原创报道和用户生成内容(UGC)三方面获得。

2. 传统媒体类客户端

传统媒体是指报纸、杂志、广播和电视等非基于互联网为载体传播的新闻机构。传统媒体类客户端是传媒媒体开创的新闻客户端，是传统媒体在移动端的延伸。如“人民日报手机新闻客户端”“澎湃新闻”等。与其他移动客户端相比，传统媒体类客户端有三个优势：①传统媒体本身具备强大的品牌号召力，多年的线下运营让它们获得了相当部分读者的认可；②独家的原创内容；③权威性，可信度更高。

3. 垂直媒体类客户端

除了综合门户网站纷纷推出了新闻客户端，科技、体育、娱乐等众多垂直领域的媒体也推出了自己的新闻客户端，这类客户端主要满足部分用户对某一个领域的新闻信息的需求，内容更专业、更有深度。比如科技领域的36氪，财经领域的一财点睛。他们中间不乏佼佼者在某一领域聚集了众多的忠实读者，不过从用户规模上来说，这些垂直媒体的新闻客户端还是要远远落后于几大门户网站。

4. 聚合媒体类客户端

真正对几大门户网站的新闻客户端构成了一定威胁的是聚合媒体，这类客户端以网络中已经存在的新闻内容为主要新闻来源，通过整合相关新闻内容，为用户推荐有价值的新闻信息。这类新闻客户端通过整合和个性化定制为客户带来不一样的用户体验。目前国内这方面的客户端媒体也越来越多，如百度新闻、今日头条、网易云阅读、一点资讯、鲜果、Zaker等。

近年来，新闻客户端的新闻呈现形式开始走向多样化，除了最基本的图文形式外，视频、直播、广播、H5页面等形式也纷纷进入人们的视野。2016年上半年以来网络直播的飞速走红，促进了直播类、短视频类手机新闻客户端的发展。目前我国新闻客户端App越来越呈现出“内容为王”的发展特点。读者受众对客户端App上呈现的新闻内容的要求已经不仅限于各媒体、各题材的聚合，更注重新闻资讯的真实性、可靠性和内容深度。

三、新媒体的其他形式

（一）短视频

短视频是继文字、图片、传统视频之后新兴的互联网内容传播形式。近年来，随着移动互联网普及、大数据以及人工智能等新技术加速应用，短视频以较低的技术门槛以及便捷的创作和分享方式迅速获得用户青睐，并超越长视频成为仅次于即时通信的互联网第二大应用类型。

据统计，截至 2020 年 6 月，短视频用户规模已突破 8.5 亿，用户每日启动短视频 App 超 27 亿次，同比增长 24.9%；用户每日观看短视频超 3 亿小时，较上年增加了约 1.2 亿小时，超六成用户安装了不少于两款短视频 App。

在短视频行业的竞争中，包括抖音、火山小视频、西瓜视频等在内的头条系短视频 App 攫取了大部分短视频行业增长红利。其中，抖音用户规模超 5.7 亿，领跑短视频市场。快手在众多头条系产品的围剿下依然保持第二的位置。

短视频平台依托海量用户、内容生产与内容消费门槛降低迅速成为行业争抢流量的重点，截至 2019 年年底，依据抖音和快手的公司财报数据，用户红利已经接近封顶，流量争夺渐趋天花板，未来发展重心倾向于优质内容的创作者，各大平台纷纷出台相关扶持政策，以期推动短视频平台优质内容生产，对部分有创作能力的 UGC 开放延长时长、批量生产、制作培训等权限和支持。同时，短视频平台向政务新媒体伸出橄榄枝，众多政务号、媒体号进驻抖音、快手平台，借助短视频形式扩大自身传播力、影响力。

（二）直播电商

直播电商始于 2016 年，经历了 2014 年之前的传统货架式电商，2015—2016 年网红通过图文展示，结合推荐技术兴起了内容型电商。2020 年 3 月 31 日，中国消费者协会发布《直播电商购物消费者满意度在线调查报告》，报告中将直播电商定义为：直播者通过网络的直播平台或直播软件来推销相关产品，使受众了解产品各项性能，从而购买产品的交易行为，可以统称为直播电商。目前，平台布局直播电商主要有两种模式：第一种是电商平台（淘宝直播、蘑菇街等）打造自己的直播运营体系。通过开通直播间，引入内容创作者，利用直播推销产品，探索电商新业态，这是“电商＋直播”模式。第二种是直播平台（抖音、快手等）与电商平台融合发展，平台接入第三方电商平台，为电商平台引流，进而布局自己的“直播＋电商”的运营模式。在这两种大模式下，直播电商不断创新，已发展出以下带货模式。

1. 主流模式：多数主播的选择

（1）达人模式：主播在某个领域积累专业知识，成为消费 KOL。

（2）秒杀模式：主播凭流量优势获得对品牌商的议价能力，低价回馈粉丝。

（3）店铺自播模式：主播对店铺在售产品逐一介绍，依靠商品引起观众互动。

2. 特定地点：受限于特定地理位置

（1）基地走播模式：依托供应链构建直播基地，主播去基地开直播。

（2）产地直播模式：农产品为主，主播到产地直播，高性价比。

（3）海外代购模式：主播在海外给粉丝导购，商品随镜头变化。

3. 垂直类型：适用于特定商品类型

（1）砍价模式：主播向买家砍价、协商一致后粉丝购买，如玉石。

(2)博彩模式:直播赌石、珍珠开蚌,博彩属性高,内容趣味性强。

(3)专家门诊模式:生病才会找医生,获取稳定流量难,但转化率比较高。

四、新媒体的发展趋势

1."5G+"加速产业互联网变局

5G作为新一代信息技术,是推动移动互联网快速发展、促进产业数字化升级、经济社会转型和社会治理模式创新的主要动力。2020新冠肺炎疫情加速了我国产业互联网发展进程,传统产业数字化发展共识得到进一步凝聚,产业互联网化实践也在加速推进。2019年10月,中国移动、中国联通、中国电信三大运营商公布5G商用套餐于11月1日上线,中国正式进入5G商用时代。随之而来的是大规模部署建设5G基站。未来,5G、云计算、大数据、人工智能、区块链等技术将与产业发展紧密融合,产品研发得到升级,产业链得到优化,催生新的产品类型、商业模式和管理服务。2020年2月,国际电联(ITU)已启动6G研究工作,Ipv6(互联网协议第6版)的产业实践也在加速产业变革。

2.人工智能和大数据正在改变媒体

在很长一段时间里,媒体所拥有的数据大多是非结构化的文字、图像、音频和视频,必须依赖人工处理,这阻碍了数据相关技术在其中的应用。但是,随着人工智能和机器学习算法,特别是深度学习算法准确性已经达到与人类相当的水平,很多任务可以实现自动化执行。近几年,在内容生产、分发和管理三个方面涌现出了许多人工智能媒体应用。媒体呈现的内容和最主要的媒介——视频、图像、声音、文字都能成为数据,并可借助深度学习技术实现更加智能化的建模,智能化已经是媒体未来的趋势和发展方向。人工智能中的几个重点领域,包括机器人、视觉和声音分析、自然语言处理等多个维度,无一不和媒体相关。机器人可以协助进行新闻报道,视觉和声音分析可以实现视频和音频的自动化处理,而自然语言处理更是上述应用的基础。

3.直播和短视频仍处于快速成长期

当前,互联网企业纷纷入局直播领域,直播功能成为社交、电商等移动应用的标配,如淘宝、京东、苏宁等电商平台纷纷开启直播卖货模式。"直播+"造就出万物皆可直播的景象,直播和短视频领域红利显著。在短视频方面,抖音、快手两家公司仍将占据两强位置,抖音月活突破5亿,快手月活也突破4亿,随着两家公司打造闭环生态加快流量变现,二者的用户重合度将会不断提升。

4.网络安全建设与网络监管会日趋严格

在新媒体日新月异的发展推动整个社会不断发展的同时,网络安全与网络监管也必须要快速跟进并不断严格,以推动新媒体健康可持续发展。近些年来,网络安全事件数见不鲜,各种以获奖、转账汇款等形式的短信诈骗、电话诈骗屡屡得手,这些犯罪手段还在根据社会发展进行不断的升级演变,给社会安定带来了不小的威胁。没有网络安全就没有国家安全,网络安全工作的严管严控将是常态。网络安全工作要做到有法可依,针对在线服务应用、智能家居、5G等新技术安全、远程应用软件等新热点、新应用、新问题尽快完善相关配套规定,为网络发展提供制度保障。网络安全工作除了做到有法可依之外,更要做到执法必严,有法可依和执法必严是网络安全建设严管严控的集中体现。另外,虚假信息以及色情、暴力、隐私等煽动性强的负面信息充斥屏幕,对未成年人人生观、价值观的形成造成难以逆转的不良影响,甚至引发社会犯罪。2020年6月,国家网信办、全国"扫黄打非"办会同有关部门启动为期半年的网络直播行业专项整治和规范管理行动。对营销传播者来说，在新媒体的环境下，尊重法律、崇尚道德、积极向上人生态度导向是应该不懈坚持的方向。

本章小结

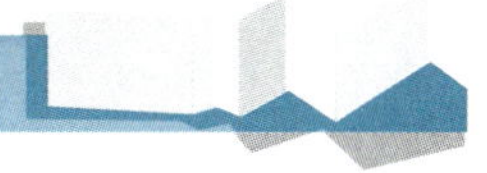

本章主要介绍各种不同类型的媒介的特性及优缺点。

报纸、杂志、电视和广播是传统的四大媒介，也是广告媒介中最主要的力量。报纸具有传播面广、速度快、信息及时，信息量大、说明性强，易保存、可重复，阅读主动性强，权威，传播费用较低、刊发广告自由度较高等优点；也具有时效性短，传播信息易被读者忽略，理解能力受限，色泽较差、缺乏动感等缺点。杂志具有保存周期长，有明确的读者对象，印刷精致，发行量大、发行面广，可利用的篇幅多等优点；也有时效性不强，适用性不强等缺点。电视具有直观性强，有较强的冲击力和感染力，利于不断加深印象，利于激发情绪、增加购买信心和决心的优点；也有不能详细解释信息和保存，信息量小、转瞬即逝，受收视环境的影响大、不易把握传播效果，费用昂贵等缺点。广播具有传播及时、针对性强，覆盖面广，声情并茂，制作方便、制作传播成本低，干活收听两不误等优点；也有缺乏视觉、收听率下降，时效较短、容易被忽略等缺点。

户外媒介是存在于公共空间中的一种传播介质。根据介质的不同，户外媒介可以进一步分类，如平面户外铜字、铁字、有机玻璃字、实木牌匾、霓虹灯、公共空间的企业形象雕塑、LED 电子户外屏、户外 LCD 广告机、户外电子阅报栏、户外触摸 LCD 等。

直接媒介就是广告主将印刷、书写或以其他形式处理的广告信息在一定范围内直接寄送或者传递给特定受众的媒介形式。常见的直接广告的派发方式包括邮寄、夹报、上门投递、街头派发、店内派发等。

新媒体是相对于传统媒介而言的，是继报刊、广播、电视等传统媒介以后发展起来的新的媒介形态，是利用数字技术、网络技术、移动技术，通过互联网、无线通信网、有线网络等渠道以及电脑、手机、数字电视机等终端，向用户提供信息和娱乐的传播形态和媒介形态。如数字杂志、数字报纸、数字广播、手机短信、移动电视、网络、桌面视窗、数字电视、数字电影、触摸媒体等。新媒体的种类非常丰富，本书仅对微博、微信、新闻客户端、短视频和直播电商做简要介绍，其他更多的形式还有待读者自己去发现和学习。

思考与练习

一、名词解释

户外媒介　售点广告　直接媒介　特种广告　新媒体　软性广告

二、选择题

1. 被称为传统四大广告媒介的是（　　）。

A. 报纸、电视、广播、网络

B. 报纸、电视、户外、杂志

C. 报纸、网络、广播、杂志

D. 报纸、电视、广播、杂志

2. 以下不属于报纸媒介的优点的是（　　）。

A. 速度快，信息及时　　B. 信息量大，说明性强

C. 印刷精致　　D. 阅读主动性强

3. 以下不属于电视媒介的优点的是（　　）。

A. 直观性强　　B. 利于激发情绪，增加购买信心和决心

C. 有较强的冲击力和感染力　　D. 信息量小，转瞬即逝

4. 通常安装在商务楼、商厦、餐厅、酒吧、KTV、健身会所以及居民高层住宅楼的电梯入口或电梯内壁，滚动播出商业广告的广告媒介是（　　）。

A. 路牌媒介　　B. 交通媒介

C. 楼宇媒介　　D. 售点媒介

5. 以下不属于特种广告媒介的是（　　）。

A. 传单　　B. 广告赠品

C. 商业赠品　　D. 广告日历

6. “通过手机可向不同的分众用户发送不同的广告内容”指的是移动广告媒介的（　　）。

A. 分众性　　B. 定向性　　C. 交互性　　D. 形式多样性

三、简答题

1. 简述报纸、杂志、电视、广播媒介的优缺点。

2. 简述户外媒介的概念、常见类型及其特点。

3. 简述直接媒介的优缺点。

4. 简述媒介质的评估常见的项目。

5. 简述新媒体的特点。

实训项目

1. 实训名称：具体媒介形式的现状调查与分析。

2. 实训目的：通过实训，使学生学会如何进行媒介调查且对具体媒介的特点有更深入的体会。

3. 实训要求：

（1）每3～4个人组成一个小组，每个小组选定一个特定的媒介形式作为研究对象。（教师可以通过协调，尽可能让不同的小组选择不同的研究对象。）

（2）调查该媒介自身目前在我国发展的现状。

（3）调查并分析该媒介作为广告媒介目前在我国的发展现状。

（4）调查借助媒介进行广告发布的各种形式。

（5）从媒介中确定一个明确的载具（如电视的某一个频道、某一份特定的报纸、某一个特定的网站），收集其最近广告刊例等资料，从质和量两个方面对其进行分析和评价。

（6）撰写调查报告。

第十二章 广告媒介策划

学习目标

知识目标

- 了解媒介策划的概念及影响因素
- 了解媒介策划的主要目标
- 熟悉媒介的选择与组合
- 熟悉媒介发布计划的主要内容

能力目标

- 能结合实际进行媒介的选择
- 能运用所学知识在实际应用中进行合理的媒介组合
- 能结合实际制订媒介的发布计划

思政目标

(对非法小广告的思考)通过案例导入,结合非法小广告的现象,提醒学生从广告主、广告媒介、广告公司、广告受众及全社会的角度对小广告的非法投放现象进行思考,引导学生学会系统、全面且理性地对待广告媒介策划的相关问题。

案例导入

非法小广告黏上"新宿主"

"我都找不出来一辆'干净'车了。"在北京地铁 6 号线黄渠站外,每天早晚高峰都码放着大量的共享单车,现场采访时便能听到这样的抱怨。市民王先生说,他平日靠共享单车解决"最后一公里",几乎每天都骑。车上被贴非法小广告的问题虽然由来已久,但他发现自打今年开春,这个问题越发严重了,有时站外的共享单车几乎都被贴上了非法小广告。在 12345 市民热线相关问题的投诉上,有着类似意见的市民也有不少,大家反映这些非法小广告有损城市的形象,甚至担心扫码后造成财产损失。

根据市民反映的种种乱象,记者走访了大型商超、地铁站周边等共享单车集散点。记者看到,有些区域待停放的共享单车中,车筐几乎无一幸免地被贴上了非法小广告,其中涉黄的小广告是"主力",驾照销分、住房公积金提取,甚至非法追债的小广告也层出不穷。共享单车俨然已然成了这些贴上去就难撕下来的"城市牛皮癣"的"新宿主",执法部门面临着二维码难治、单车流动性强等新问题……

资料来源:非法小广告黏上"新宿主". 北京日报,2022 年 4 月 20 日,节选.

问题：

(1)我们应该如何看待这种非法小广告到处张贴的现象？

(2)结合案例，分析广告媒介选择时，除了考虑媒介的传播属性外，我们还需要考虑哪些问题？

第一节 广告媒介计划与策划流程

我们对各种广告媒介的研究和分析，其目的都是制定广告媒介策略或者媒介策划。媒介策划是广告必不可少的环节，它所要解决的问题就是根据广告目标选择最佳的媒介与媒介组合，在最合适的时候，用尽可能少的广告费用实现广告目标。

广告媒介策划是指在广告活动推出以前，针对广告刊播的目标，对于选择哪些区域市场，选择什么媒介类别和具体的媒介工具，以及媒介的刊播时机和广告刊播量在媒介上的分布等所做的通盘性计划。媒介策划是在媒介上刊播广告作品的工作指导总纲。它既是广告发布者的指导纲领，又是广告整体计划在发布阶段的具体展示。它既要体现广告营销目标，又要符合广告战略的需要。

一、媒介计划与媒介策划

媒介计划包括发布信息的媒介目标、媒介策略、媒介发布计划等。在广告策划阶段形成的广告计划驱动着媒介计划，媒介策划活动和整个广告计划的制订实际上是同时展开的。由于各品牌所处的营销及媒介环境不同，品牌面临的处境各异，广告所要解决的课题也可能不一样，媒介计划也应该为此“量身裁制”，因此，并没有一成不变、放诸四海皆准的媒介计划。一般而言，媒介计划包括以下内容：

1. 媒介目标

媒介目标是整个媒介计划的基础，即确定到达的目标受众、广告发布的地理范围，明确信息力度或针对目标受众的广告总量等。简而言之，就是确定向谁发布、在哪里发布、发布多少的问题。媒介目标的制定是根据营销所赋予的传播任务，在媒介部分所必须达成的目标。所以媒介目标的制定一定要从本次广告活动的营销目标出发。不同的营销目标与广告目标使媒介目标的界定有所不同。

2. 媒介策略

媒介策略是媒介计划的核心内容，是指广告策划者根据媒介目标，选择并确定的能够实现媒介目标的途径。其主要内容包括媒介发布时间的决策、媒介类型的选择决策和媒介比重的分配决策等。

3. 媒介发布计划

根据媒介目标和媒介策略，制定媒介策略的预算、广告发布的排期，制定广告刊播日程表、媒介购买计划及广告发布监测等。

媒介计划并不应该在制订之后即墨守执行，而必须应环境的变化（包括竞争者的动作）而机动地调整。因此，在媒介计划执行过程中，必须定时、经常地监测媒介计划的执行效果，不仅监测计划与执行的差异，还要监测策略执行的准确性和目标的达成情况，以累积市场经验，提升判断品质。一般监测的方向为：计划接触人口的达成率、计划接触对象阶层的准确率、广告知名度、信息理解度、媒介投资与销售及占有率等。

媒介计划的制订过程称为媒介策划。广告媒介策划是整个广告策划中非常重要的一环，与广告效果、广告创作战略、广告的总计划有着密切的关系。广告媒介费用占整个广告运作费用的70%～80%，所以广告媒介策划历来是很受重视的。通过媒介策划，可以形成可执行的媒介策略。一般而言，媒介策划的过程如图12-1所示。

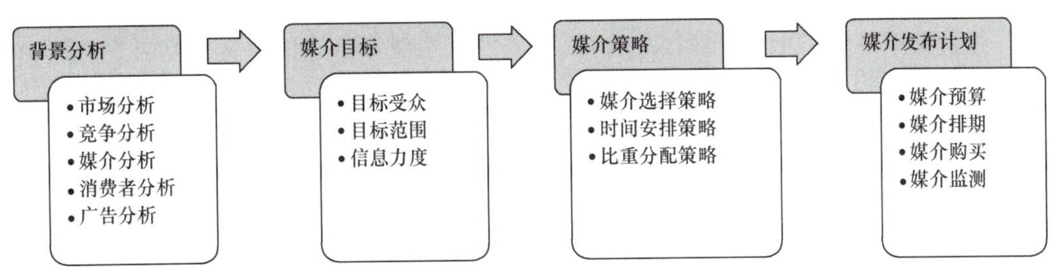

图12-1 媒介策划的过程

二、影响媒介策划的因素

广告媒介策划是一个与众多因素密切相关的过程，它不仅与媒介类型、形式有关，而且与广告策划中的经费预算、广告信息制作、经营管理因素以及营销计划等息息相关。我们必须对影响媒介策划的各种因素进行仔细研究和分析之后才能进行具体的策划工作。一般而言，影响媒介策划的因素主要有以下几个方面。

（一）市场环境因素

市场环境因素主要包括：

（1）广告主的营销目标、广告目标和媒介目标，这是媒介策划的基础和出发点。

（2）广告主的商品特性：如商品自身的特性（质量、价格、包装等）、商品的市场表现（商品在市场上所处的生命周期、市场销售状况、目标受众对广告主商品的认知状况和接受程度等）。

（3）竞争状况：商品在市场上的竞争地位、广告主面临的主要竞争对手、竞争者的广告发布策略等。

（二）媒介环境因素

我国当前所面临的是一个纷繁复杂的媒介市场，全国媒介发展空前活跃，面对多元化的媒介市场，想要做出合理有效的媒介策略，必须针对广告媒介的目标，对可能面对的媒介环境进行认真的分析。一般而言，媒介环境的分析可以从以下三个方面入手：

（1）分析各种类型的媒介（如传统的四大媒介、户外媒介、新媒介等）在目标覆盖范围内的发展状况。就我国目前而言，一些中心城市的媒介资源比其他城市要强得多，其媒介的质量、数量、种类、开发深度、价格等与中小城市相比，都有着非常明显的优势。

(2)媒介经营的状况。近年来,我国媒介经营的状况也发生了很大的变化。如电视媒介,随着全国各省市电视台的发展,原来中央电视台一家独大的格局被打破,各省级电视台的经营策略相较中央电视台更灵活,给广告主提供了更多的选择机会。媒介的不断丰富也逐渐改变了原有媒介供不应求的状况,买方市场逐渐形成,不同媒介之间的竞争也日益激烈。

(3)广告信息发布的法律法规。媒介策划之前,还需要对国家及各个地方的广告发布的法律、法规、条例等有所了解。比如,很多国家对香烟、药品广告的发布有严格的限制,对各种形式的媒介,如路牌广告、POP广告的发布也有许多法规和条例加以限制。在进行媒介策划时,需要对这些有关法规预先加以考虑。

(三)消费者的媒介习惯

广告传播的目的在于把商业信息及时、准确地传达给所选择的目标受众。"知己知彼,百战不殆",有效的媒介策划,还需顺应文化潮流,切中消费者要害。进行媒介策划,除了对目标受众的基本情况,如人口统计特征、消费习惯、生活方式等有所了解外,还需要对目标受众的媒介接触习惯和信息接收心理进行分析。不同的受众有着不同的媒介接触习惯,有的受众晚上习惯看电视,有的受众晚上习惯上网,而有的受众则可能更喜欢看报纸。习惯看电视的受众中,有的可能习惯看电影,有的习惯看电视剧,有的习惯看综艺节目,有的则将体育节目作为自己的首选。只有分析清楚目标受众的媒介接触习惯,媒介的选择、广告发布的时间选择才能更具有针对性。

(四)广告预算因素

广告发布必须要通过媒介购买来实现,保持支付成本和预算的平衡对广告目标的实现至关重要。广告媒介策划一般在预算规定的范围之内进行。一般情况下,广告预算不可能根据媒介的选择情况进行增减,只能是媒介选择适合广告预算的要求。因此,广告预算是媒介策划过程中的一个基本不变的控制条件。广告主在进行媒介策划时,要量体裁衣,依据自身财力合理选择媒介,科学分配媒介预算。为了确保达到媒介目标,保证广告预算的合理使用,在预算过程中,还要注意从目标受众、目标区域和时期三个方面考虑预算的分配。

第二节　广告媒介策划的目标

从营销角度看,媒介目标的制定是根据营销所赋予的传播任务,在媒介部分所必须达成的目标。所以媒介目标的制定一定要从本次广告活动的营销目的出发。不同的营销目标与广告目标使媒介目标的界定有所侧重。如建立与市场销售目标和营销策略相对应的媒介目标,建立以知名度和加深品牌理解度为目标的媒介目标,建立以维护品牌形象为目标的媒介目标。不同的目标对媒介策略会提出不同的要求。以维护品牌形象目标为例,品牌形象是一个长期的战略工程,媒介为了支持这一目标,往往考虑如何长期持续暴露,并选择固定时段,使媒介风格与品牌产生形象上的直接联想。

从媒介策划本身看,媒介目标需要确定具体的媒介发布目标:确定到达的目标受众、确定广告发布的地理范围、明确信息力度或针对目标受众的广告总量等。简而言之,就是确定向谁发布、在哪里发布、发布多少的问题。

一、向谁发布——目标受众的确定

媒介策划需要确定的第一个目标就是媒介传播的目标受众是谁，他们是什么样的人。目标受众可以按人口特征、地理、生活方式或消费心态进行划分。一般的媒介调查公司可以提供目标受众的媒介习惯和购买行为方面的详细信息，这些信息可以大大提高媒介选择的准确性。这些信息不仅可以提供人口统计方面的信息，还可以提供品牌、购买量、购买频率、支付价格以及媒介接触等方面的信息。根据这些信息我们可以解决以下问题：

(1)目标受众中有多少人尝试过广告主的品牌？有多少人对品牌保持忠诚？

(2)哪个因素对品牌销售的影响更大——是广告量的增加还是广告文案的变化？

(3)购买广告主品牌的消费者还经常购买其他什么产品？

(4)哪个电视节目、杂志、报纸在广告主的受众中到达的人数最多？

二、在哪里发布——目标区域的确定

从理论上讲，一般我们只要找到与广告主的分销系统覆盖的地理区域相吻合的媒介就可以了。但是，在实际运作过程中，确定媒介发布的地理范围并没有这么简单，它要受到许多因素的影响。比如，在确定目标时再对品牌表现或竞争对手活动这类因素加以考虑的话，媒介目标的地理区域就会变得更加复杂，当一个企业面对不同特性的区域市场时，各区域市场的市场容量、市场购买力状况、市场竞争状况、市场的发展潜力都会不尽相同，媒介发布计划通常会向重点市场或潜力较大的市场倾斜。这就需要对不同的区域市场获利能力进行评估，借助于评估，找出重点市场(或有潜力的市场)，或对不同的区域市场的获利能力进行排序，以此作为媒介目标区域确定或媒介按各地区进行预算分配的基础。

对不同区域市场获利能力最常见的评估指标就是各区域市场的国内生产总值(GDP)。通常，一个区域的GDP越高，其市场的总体活跃程度就越高，其购买力也相对会越强。企业可以根据自身的市场定位确定最适合自己的区域市场。

还有一种评价方法就是借助CDI和BDI的交叉分析对不同区域市场进行综合评价。

CDI(Category Development Index)是指品类发展指数，是某一品类产品在一个地域市场的出售总量占全国同类商品的出售总量的比率，除以地域市场的人口占总人口的比率，用以评价该品类产品在该地域市场的发展情况。以100为基准，评价品类在各地区的发展情况如下：如果人口占有率与品类出售量比率基本相符，即CDI为100左右时，表明此品类在特定地区的发展处于全国平均程度；如果人口占有率比品类出售量比率低，即CDI大于100时，表明此品类在特定地区的发展处于全国平均程度之上；假如CDI小于100，则此品类在特定地区的发展处于全国平均程度以下。

$$\text{CDI}=\frac{\text{地域销售总量}/\text{全国销售总量}}{\text{地域人口数}/\text{全国人口数}}\times 100\%$$

BDI(Brand Development Index)是指品牌发展指数，是某一个品牌在一个区域市场的出售占总出售的比率，除以该地域市场的人口占总人口的比率，用以评价该品牌在该地域市场的发展情况。

$$\text{品牌发展}=\frac{\text{品牌销售量}}{\text{全国人口数}}\times 100\%$$

$$品牌发展指数=\frac{地域品牌发展}{全国品牌发展}\times 100\%=\frac{地域品牌销售量/全国品牌销量}{地域人口数/全国人口数}\times 100\%$$

其计算公式为

BDI =地区品牌发展/全国品牌发展×100

=(地区品牌出售量/整个品牌出售量)÷(地区人口数/全国人口数)×100

以 100 为基准,其评价要领同 CDI。即当 BDI 为 100 左右时,表示品牌在该地区的发展处于全国平均程度左右;当 BDI 大于 100 时,表示品牌在该地区的发展处于全国平均程度之上;当 BDI 小于 100 时,表示品牌在该地区的发展处于全国平均程度之下,市场发展潜力小。

一般而言,全国的市场营销,当然要用全国性的媒介。但假如地区间品类发展和品牌发展程度不均衡,差距较大,那么就应多考虑地区媒介的使用。潜力较大的市场,应该适当添加地区的媒介投入。

投放广告时,可将两个目标做交叉分析。以 100 为基准,评价品牌在各地区的发展情况。

1. 高 CDI、高 BDI——老练市场,强势品牌

在这种市场投放广告,一是提示消费者不要淡忘品牌,二是从竞争对手那里抢夺市场份额,从而进一步打击竞争对手。若企业品牌是领导品牌,那么只做提示广告即可,无须大量投放广告。

2. 低 CDI、低 BDI——弱势市场,敌手要挟

这与上面的情况相反,市场对广告主品牌还不认可——可能消费能力不够,也可能有替代品出现。并且,市场对品牌不认可,可能其他品牌强势,或者市场无序也无领导者。

3. 高 CDI、低 BDI——弱势市场,大有潜力

弱势市场,但潜力巨大,只是消费者还不太认可广告主品牌。这时务必考虑品牌定位、确定竞争对手、找寻市场机会点,购买更多收视点才能满足散播要求。这时,品牌投放预算务必高于竞争对手,不然消费者转换品牌的概率不大。

4. 低 CDI、高 BDI——有限市场,有限发展

企业品牌在有限的市场中有较大的优势,市场会更多挑选企业的品牌。但广告投放意义不大,只需维持一定量的投放即可。

三、发布多少——广告总量(信息力度)的确定

信息力度(Message Weight)是指媒介载体在一次排期中提供的广告信息总数或亮相机会。媒介策划人员之所以关心媒介计划的信息力度,是因为信息力度可以简单明了地向他们指明针对具体市场的广告量大小。

信息力度的目标设定指标一般包括毛评点、到达率、暴露频次、有效暴露频次、有效到达率、总印象数等。有关毛评点、到达率、暴露频次、有效暴露频次、有效到达率的概念在第十章已做过介绍,此处不再赘述。总印象数(Gross Impression,或称接触人次)是指媒介计划中整个媒介投放的亮相总次数,或指一个媒介排期计划所接触的总人次,也可以理解为是毛评点的绝对数。

在设定信息力度目标时,可以以媒介预算为基础,结合媒介价格(如每收视点成本),大体确定毛评点和总印象数,然后在到达率和暴露频次,或有效到达率和有效暴露频次之间进

行权衡。从前面的分析可知,毛评点是到达率和暴露频次的乘积,也就是说,到达率与暴露频次之间成反比关系,对到达率的关注意味着对暴露频次的牺牲,相反,对暴露频次的关注则意味着对到达率的牺牲。企业在设定目标时,应根据企业的实际要求,考虑倾向于对到达率的关注,还是对暴露频次的关注。考虑到广告效果问题,有时还需要明确有效到达率和有效暴露频次的问题。比如,可能将目标设定为暴露频次为 3 次或 3 次以上的到达率必须要达到 5%以上。

信息力度目标只给媒介策划人提供了一个比较宽泛的概念。一周的总印象数达到 3 000 多万人次,这种媒介计划到底意味着什么?这只意味着有相当多的人有可能接触到广告主的信息。但并不是说信息力度不重要,信息力度毕竟给媒介策划人员提供了一个总的参照点。

媒介目标的明确为选择媒介打下了基础,不过,媒介计划的真正威力还在于媒介策略。媒介策略具体表现在决定媒介载体的到达率和频次、决定媒介发布的连续性、决定受众的重复水平以及决定广告的长短和大小方面。好的媒介策略决策可以使发布在中选媒介上的信息产生最大的冲击力。

第三节 广告媒介的选择及组合

选择广告媒介需要考虑许多互相关联的因素,必须从产品的特性和广告所要达到的目标与要求出发,做到以最少的广告费用取得最佳的广告效果。

一、媒介的选择

(一)根据目标市场选择媒介

刊登广告的目的是将产品的信息资料传播给所选择的目标对象。因此,必须了解目标对象所喜闻乐见的媒介,从中筛选出潜在消费者接触频率(次数)最高的广告媒介。要做到这一点,就要从潜在消费者的各种不同因素的分析入手,进行筛选工作。不同年龄、性别、职业、收入、知识文化水平的潜在消费者,各有其特定的生活环境,他们在要求、兴趣、偏好上是各不相同的。因此,他们接触到的广告媒介也大相径庭。比如,青年人喜欢动,喜欢看电视、电影和青年杂志;老年人喜欢静,爱听广播和看报纸;知识分子则经常翻阅各类专业报纸和杂志;中青年女性喜欢逛商店或者看画报以及服装杂志等。

同样一则产品广告,刊登在不同报刊上的收效也是千差万别的。如机床产品广告刊登在《光明日报》上收效甚微,而刊登在《工人日报》上则效果显著。其原因是《光明日报》的读者对象大部分是文教系统的人员,《工人日报》的读者对象大部分是工矿企业的员工。广告发布者要找准捕获对象,就要从种种复杂情况中正确判断,应用专业对口的广告形式,否则便不能奏效。

(二)根据产品品质选择媒介

由于各种产品的性能、特点和使用价值、流通范围都不同,有的属于一次性消费品,有的则长期使用,有的有多种用途,有的则只有单一用途。产品的性质、类别不同,广告传播的要求也不同。有的产品需要给买主详细完整的理性认识，有的产品则需要给买主生动的感性认识。生产资料、耐用消费品要向消费者做详细的文字说明，使其有深刻全面的理性认识，以选用报纸、期刊说明书、样本做广告媒介为适宜。而规格繁多的日用消费品需向消费者直接展示产品的性能、用途和效果，并在时间上要求迅速，选择视听广告媒介比较好。总之，必须根据产品的性能类别和流通情况，反复比较各种媒介的利弊，选择最佳形式。

（三）根据传播时机选择媒介

传播时机指的是广告信息传播范围的大小和时间因素，广告媒介传播范围的大小与其效果有直接的关系。各种媒介所能传播到读者（观众、听众）的数量，如报纸、杂志的发行量，广播和电视的收视率等，都直接影响到广告的效果。但是，也并不是广告信息传播得越广越好，它要与广告信息发布者所要求的信息传送范围相适应。例如，某一产品希望能在全国范围内传送，那就不能选择地方性的报纸、电视台、广播电台媒介。相反，如果只要求在某一地区或某一部分人中间传递，那就没有必要选择全国性的广告媒介。

广告媒介传播的时间因素也会影响广告的效果。如电视最佳的收视时间是晚上，一般把每晚 7 点到 10 点称为电视广告的“黄金时间”。在报纸上刊登广告也很值得研究，要预测用户什么时候拥有购买力，或者什么时间编制设备购置计划，在这时登报就恰到好处。如果是订货会和展销会的广告，最好提前发布，使参加者事前有所准备，否则发挥不了作用。

（四）根据支付能力选择媒介

广告是费用很高的信息传播手段，但各种媒介的收费情况不同，有的较贵，有的较便宜。就是同一种广告媒介，也存在着差别价格。广告发布单位应从自己经营范围的竞争能力出发，考虑产品的可能销售量和消费范围，从比较中选择费用比较少、效果比较好的媒介。如竞争能力或支付能力较强的企业，可利用传播范围广、影响大的媒介；小型企业可以有侧重地选择一种或数种费用低而有效的媒介，零售企业则应充分利用自身条件，特别要利用好橱窗、货架陈列和购货导向图。如果该产品专业性强，销售量不大，且价格昂贵，就无须在报纸或电台做广告，而只寄发邮寄广告或派推销员推销即可。

（五）根据媒介评估选择媒介

在决定选择何种媒介、使用次数、选用空间、时间以及在每种媒介上该花多少钱这些问题之前，我们必须对各种媒介有一个正确的评估。媒介评估主要包括三方面内容：媒介量的价值、媒介质的价值、媒介经济价值。

考察一个媒介，我们一般首先会考虑它的受众数。印刷媒介的发行量可以从专门的发行量统计机构获得。电波媒介的收视率等数据也可以从调查公司得到，如全球最大的调查公司 AC 尼尔森公司等。与受众数量相比，媒介人员更重视广告的有效到达率。美国学者 Starch 将读者依阅读广告程度分为三类：第一类是能肯定回答“看过该广告”的读者，第二类是“知道该产品广告主是谁”的读者，第三类是“阅读广告正文内容一半以上”的读者。研究发现，广告的暴露度与其所占空间位置和发布时间段有关。

不同级别和不同种类的媒介有不同的广告冲击力。如《人民日报》和中央电视台在同类媒介中信誉最高，威望也最高，因此在这些媒介上刊播广告，在受众心目中可信度也较高。同时，在考察杂志媒介时，其印刷的精美程度、纸质、色彩等都应考虑在内。

一般可以从广告的千人成本来进行不同媒介的比较，其原则是“花最少的钱，获得最佳的效果”。有时仅看千人成本是不够的，如节目 A 虽然千人成本较低，但可能它所到达的人数却不及节目 B 多，总收视（听）率或暴露频次不能达到广告客户的要求。因此应多方面综合考虑，把广告费花在恰当的媒介上，同时兼顾媒介的经济性。

二、媒介的组合及组合方式

所谓媒介组合，就是在对各类媒介进行分析评估的基础上，根据市场状况、受众心理、媒介传播特点以及广告预算等情况，选择多种媒介并进行有机组合，在同一时期内发布内容基本一致的广告。运用媒介组合策略，不仅能最大限度地提高广告的到达率和重复率，扩大认知，增进理解，而且在心理上能给消费者造成声势，留下深刻印象，增加广告效益。广告媒介组合要和市场营销组合、综合促销活动等联系起来，选择最有效的传播媒介加以实施。

在选择具体媒介时，媒介策划人员首先必须决定采用哪种媒介组合。媒介组合主要有两种形式：一是集中式媒介组合，二是分散式媒介组合。

(一)集中式媒介组合

集中式媒介组合是指将全部媒介发布费集中投向一种媒介。这种做法可以使广告主对特定的受众细分产生巨大的作用，高度集中的媒介组合可以使品牌获得大众的接受，尤其是得到那些接触媒介有限的受众的接受。

1. 集中式媒介组合的具体方法

集中式媒介组合一般采用尝试法和剔除法。

(1)尝试法是企业经过一段时间的使用，对多种媒介进行比较后，认为其中一种媒介广告效果最好，就把该媒介作为主要广告媒介而集中加以利用。

(2)剔除法是在某种产品进入市场前，或有的企业从未进行过广告，对于要使用哪种媒介拿不定主意，这就要通过对产品、企业、市场、流通等情况的调查分析，先把有可能采用的媒介列出清单，再逐一将不符合要求的媒介剔除，选中一种进行使用，在使用过程中及时调整。

2. 集中式媒介组合的优点

集中式媒介组合有以下优点：

(1)可以让广告主在某一种媒介中占绝对优势。

(2)可以提高品牌的知名度，尤其在接触媒介种类比较少的目标受众中提高品牌知名度。

(3)只在非常显眼的媒介，如黄金时段的电视节目或一流杂志的大型广告版面中发布广告，可以使流通渠道产生热情、形成忠诚。对于采取高度集中式媒介组合亮相的品牌，分销商和零售商也可能在库存或店内陈列方面给予照顾。

(4)集中的媒介费可以使广告主获得可观的折扣。

(二)分散式媒介组合

分散式媒介组合采用多种媒介到达目标受众，它是广告媒介战略的核心。分散式媒介组合有助于广告主与多个细分市场进行沟通。借助不同媒介组合，广告主可以在不同的媒介中针对不同的目标受众发布不同的讯息。

1. 分散式媒介组合的具体方法

分散式媒介组合一般有三种方法：集中火力、连续频率和两面兼顾。

(1)集中火力就是在短时间内采取一切可能的广告手段，形成密集型、立体性的重点突破。如某工厂为了推出美容香皂等产品，曾采用电视、报纸、杂志、电台、路牌、灯箱、印刷品等各种传播手段共用的策略，给人以深刻的印象，从而在较短时间内为产品打开销路。

(2)连续频率是指在一定时间内按照一定的频率进行广告发布。如在一年之内可以按相同的频率进行一项广告发布,也可以把广告发布集中于某一特定季节。

(3)两面兼顾就是连续进行广告加上每隔一段时间的集中攻势,在相同频率的中间有所起伏,这样可以同时兼顾到季节性、推广及其他竞争情况。

2. 分散式媒介组合的优点

分散式媒介组合具有以下优点:

(1)广告主可以针对每个目标的产品类别或品牌方面的特殊兴趣,制定专门的讯息,将这些讯息传达给不同的目标受众。

(2)不同媒介中的不同讯息到达同一个目标,可以巩固这个目标的学习效果。

(3)相对于集中式媒介投放而言,分散式媒介投放可以提高讯息的到达率。

(4)分散式媒介组合更有可能到达那些接触不同媒介的受众。

但有一点必须注意,由于不同媒介的投放要求不同,进行的创意活动和制作活动也不同,因此,广告费用也会大幅度上升。例如,分别准备广告的印刷版本和电视版本可能会分散广告主的媒介费用,且进行多种准备往往会牺牲其他一些重要目标,如毛评点。

(三)其他媒介组合策略

除了以上两种媒介组合外,有时为了提高广告传播的效果,还需要从互补性出发,通过不同媒介间的优势互补,实现媒介运用的“加乘效应”。常见的有:

1. 视觉媒介与听觉媒介的组合

不论是视觉媒介还是听觉媒介都有其明显的传播局限性,即使电视媒介作为视听觉媒介,在深度和理性传播上的局限性也非常明显。视觉媒介与听觉媒介的组合能带来互补作用,强化印象和记忆。

2. 瞬间媒介与长效媒介的组合

瞬间媒介广告信息停留时间短暂,这些需要与有保留价值的长效媒介合用,才能使信息既有利于吸收,又便于保存查阅。

3. 可控媒介与不可控媒介的组合

不可控媒介是指需要花钱才能传播广告的媒介,一般指大众媒介;可控媒介则是自己创办、设计制作并由自己负责传播的媒介。可控媒介一般传播范围较窄,但能对顾客产生直接促销作用。可控媒介与不可控媒介的组合使用,能达到“点面结合”的传播效果。

4. “跟随环绕”策略

这种策略是指随着消费者从早到晚的媒介接触,安排各种媒介以跟随方式进行随时说服。例如,清晨时使用广播、电视媒介,消费者出门时使用户外媒介,继之以早报、晚报及晚间电视等媒介类型,以形成环绕立体传播的效应。

三、运用媒介组合应注意的问题

运用多种媒介推出广告,不是简简单单地将所选用的媒介累加起来,要善于筹划,深入细致地分析媒介组合所构成的效果并进行优化,使组合的媒介能够发挥整体效应,从而使传播效果最大化。运用媒介组合必须注意以下三个方面的问题。

(一)要能覆盖所有的目标消费者

一是把确定的具体媒介排列在一起,将其覆盖域相加,看是否把大多数甚至绝大多数的目标消费者纳入了广告可以产生影响的范围之内,即媒介能否有效地触及广告的目标对象。

二是将具体媒介的针对性累加，看广告必须对之进行劝说的目标消费者是否都接收到了广告信息。如果这两种形式的累加组合，还不能够保证所有的目标消费者都接收到有关的广告信息，就说明媒介组合中还存在着问题，需要重新调整或增补某些传播媒介，把遗漏的目标消费者补进广告的影响范围。但是也要注意媒介覆盖的范围不能过大于目标市场的消费者，以免造成浪费。

(二)注意选取媒介影响力的集中点

媒介的影响力主要体现在两个方面：一是量的方面，指的是媒介覆盖面的广度，即广告被接触的人数越多，影响力越大；二是质的方面，指的是针对目标消费者进行说服的深度，即媒介在说服力方面的效果，其受到广告环境、编辑环境以及媒介广告被关注和干扰的程度等因素的影响。组合后的媒介，其影响力会有重合，重合的地方，应是企业的重点目标消费者，这样才能增加广告效益。反之，如果所选用的媒介影响力重合在非重点目标消费者上，甚至是非目标对象上，这样就得不到理想的广告效果，造成广告经费的浪费。因此，要以增加对重点目标消费者的影响力为着眼点，确定媒介购买的投入方向，避免在非重点目标消费者上花费过多的费用。

(三)与企业整体信息交流的联系

运用媒介组合策略，还要树立系统观念。媒介组合是为实现广告目标服务的，广告目标依赖于企业营销目标的要求。企业要实现营销目标，也要运用营销策略，进行多种营销策略手段的组合。媒介组合要与之保持一致性，特别是在现代营销战略的指导下，要符合整合营销传播的要求，在广告计划的统一安排下进行。注意与企业公共关系战略相互配合，与促销策略相互呼应。在进行综合信息交流的思想指导下，善于运用各种媒介，发挥整体效用。

第四节　广告媒介的发布计划

一、广告发布时间策略

广告发布时间策略是指对广告发布的具体时间、频率以及广告节目内容编排的次序等内容所采取的策略。广告发布时间策略运用是否得当，对广告的效果有很大影响。因此，制定广告时间策略要视广告产品的生命周期阶段、广告的竞争状况、企业的公关营销策略等多种因素的变化而灵活运用。常见的广告发布时间策略包括时序策略、时机策略、时限策略、时点策略和频率策略。

(一)广告发布的时序策略

广告发布的时序策略是指广告发布和其他相关活动在时间上的配合，包括提前策略、同步策略、延迟策略三种主要类型。

(1)提前策略，是指广告在相关活动开始之前就开始发布，如产品尚未正式上市就开始发布上市广告、对促销活动进行提前预告等。这种策略有助于进行市场预热，比较适合新产品上市的广告。

(2)同步策略，是指广告的发布与相关活动同步开始，如在产品上市的同时发布广告、在促销活动开始的同时发布广告等。这种策略可以使广告与其他活动密切配合，收到直接的促使消费者采取行动的效果，比较适合于已经有一定知名度和市场占有率的产品。

(3)延迟策略，是指广告在相关活动开始之后再通过媒介发布，如在产品正式上市之后发布广告。这种策略有助于消费者按照广告诉求指名购买产品。

(二)广告发布的时机策略

广告发布的时机策略是指广告发布的市场环境可能给广告发布带来的机会。这种机会并不是来自广告发布本身，而是来自社会、市场或企业的其他行为给广告发布带来的“东风”，如果广告发布能借助这些“东风”，可以取得更好的效果。比如，世界杯期间，是广大足球迷集中看球的时间，而很多的球迷喜欢在看球的时候，能喝上一瓶啤酒，这就是一个发布啤酒广告的好机会。常见的时机策略有新产品上市时机、季节销售时机、事件销售时机和舆论关注时机等。

(三)广告发布的时限策略

广告发布的时限策略是指广告发布持续时间的长短及在总时限内广告发布的长期安排。广告发布总的持续时间由广告活动总体的持续时间和广告主可能支付的广告费用决定。在总的时限内，广告的发布是否分成不同长度的时间单元，各单元的持续时间、发布强度如何，要根据广告目标的要求来决定。各单元发布强度的安排方法包括：

(1)先多后少法。先多后少法就是在先期投入较多的媒介费用，在一定的时期内展开强烈的广告攻势，当产品在市场上有一定知名度之后，再逐渐缩减广告媒介的开支。先多后少法一般适用于新产品的投入期，以期“先声夺人”，一旦产品有一定的知名度后，媒介策略转向注意提醒型，便可逐渐减少暴露次数。

(2)渐次加强法。与先多后少法相反，渐次加强法是选择小范围的广告媒介，或用少量支出进行试探性的广告发布，待广告得到一定范围的认同后，再逐渐增加广告媒介的种类及支出。这种方法一般适用于广告主对需求状况和发展趋势暂时把握不稳的商品广告。当广告主财力有限时，这种发布方法也是一个相对稳当的选择。

(3)水平支出法。采用这种方法进行广告发布，每次广告活动所投入的广告费用都基本相同。这种方法一般适用于销售较稳定的生活用品，由于这些商品日常销售稳定，广告的作用仅在于提醒，除了在促销、季节性、节假日情况下为增加销售而进行追加发布外，一般都选择在固定媒介上进行发布。

(四)广告发布的时点策略

广告发布的时点策略是指广告在某种媒介上发布的具体时间和时段。广告在不同媒介上发布的时间要按照媒介组合的原则来确定，在各媒介上发布的时段则按照不同时段的受众的媒介接触情况确定。一般来说，广告应该选择诉求对象媒介接触最为集中的时段发布。比如，选择黄金时段进行电视广告的投放，选择节假日在市中心发放传单等。

(五)广告发布的频率策略

广告发布的频率策略是指在特定时间内广告在某一媒介上展露的次数。广告的诉求效果受广告发布频率的影响，但并不是广告发布频率越高，广告的诉求效果就越好。广告发布的频率策略有以下三种类型：

(1)连续式排期(Continuous Scheduling)，是指在一段时间内匀速投放广告的形式。比如，连续4周每天在某肥皂剧的播映时间内插播一次广告。与此相似，全年在每期《读者》杂志上都刊登一页广告也属于连续式排期。

(2)起伏式排期(Flighting Scheduling)，是指在一段时间内大量投放广告(通常为期两周)，而后在一段时间内停止全部广告，然后又在下一段时间内大量投放广告。起伏式排期常用于支持季节性销售或新产品上市，以及用于反击竞争对手的活动。使用起伏式排期一方面可以获得经济上的好处，另一方面，由于大量投放广告，广告可以重复亮相，为品牌或产品建立知名度，从而取得有效的传播效果。

(3)脉冲式排期(Pulsing Scheduling)，就是将连续式排期技巧和起伏式排期技巧结合到一起的一种媒介排期策略。广告主在连续一段时间内投放广告，但在其中的某些阶段加大投放量(起伏式)。

二、媒介预算

制定媒介预算通常使用的方法有如下几种。(在此省去具体的计算公式，只介绍制定的依据、基本假设和注意事项等基本内容。)

(一)媒介投资占有率/市场占有率(SOV/SOM 方法)

SOV/SOM 方法从与市场占有率相对应的角度去制定媒介投资占有率，然后计算出所需预算。SOV(Share of Voice)指媒介投资占有率(品牌投资额/品类投资额)；SOM(Share of Market)指市场占有率(品牌销售量/品类销售量)。其基本假设为：

(1)媒介投资占有率与市场占有率成正相关，即媒介投资占有率越高，其市场占有率将随之越高。

(2)各品牌在营销上的条件大致相当，即各品牌在产品力、包装、铺货率、价格等因素上没有太大差距。

(3)各品牌在媒介预算运用效率上大致相等，即各品牌的每单位媒介投资额对销售产出的贡献大致相同。

(4)各品牌在 A&P(Advertising & Promotion)比率上没有显著差异，品牌对于整体促销费用的运用手法及预算大致相等。A&P 比率指广告与促销活动在预算分配上的比率。品牌因营销策略的差异，在 A&P 预算上会有不同，有些品牌以广告为主，而有些品牌则可能以其他促销活动为主。

SOV/SOM 的预算制定方式，主要是以竞争为导向，因此竞争品牌媒介投资量将严重影响预算的制定，在竞争品牌广告量的估算上，必须特别注意竞争品牌的定义。一般说来，竞争品牌是相同品类中相互具有取代作用的品牌，即如果 A 与 B 都可以满足消费者同样的需求欲望，则 A 与 B 互为竞争品牌。但品牌的归类应该从消费者归类的角度出发。以品类扩张为目标的品牌，可以将竞争者确定为欲取代品类中的主要品牌，以防御策略为主的品牌，则主要以本品类中的直接竞争品牌为竞争者。

(二)GRPs 方法

GRPs 方法是根据消费者对广告信息认知所需要的媒介传播量，再将传播量换算成金额，得出媒介所需预算。其具体步骤如下：

(1)GRPs 方法首先根据营销因素、创意因素及媒介因素，设定年度所有广告活动所需的有效频率。不同的广告活动，在有效频率的设定上将有所差异，因此以年度为预算设定期间时，必须考虑年度中各广告活动在有效频率需要上的差异。

(2)然后依品牌所需，制定各广告活动的有效到达率。品牌对有效到达率的需求，基本上根据品牌市场占有率目标加以放大，放大的比率可以根据品牌过去有效到达率对销售的投入产出经验，或广告追踪调查中的媒介到达率与购买意愿的比率加以设定。

(3)根据对象阶层媒介接触习性及收视率资料，得出设定有效到达率所需的 GRP。

(4)根据各市场媒介价格与收视率,计算出每百分点收视率的购买成本(CPRP)。

(5)以 CPRP 乘以 GRPs 方式得出所需媒介预算:列出各市场各广告活动全年所需 GRPs;以各市场 CPRP 乘以所需 GRPs 得出各市场所需预算;加总各市场预算即为全国所需预算。

(三)媒介投资对销售比值方法

媒介投资对销售比值方法完全从销售的产出制定各市场的媒介投资预算。将个别市场视为单一市场,当某市场的销售产出较佳时,即代表该市场具有开发力;反之,当某市场的销售产出不佳时,即代表该市场潜力有限。因此,各市场的媒介预算应该根据该市场的销售产出制定。

媒介投资对销售比值方法以各市场整体品类的销售量除以各市场媒介投资额得出各市场的投资比值(假设为 A)。以同样方式得出各市场销售最佳的前 5 个品牌(或前 10 个品牌)的投资比值(假设为 B)。依品牌在策略上的积极或消极程度,在 A 与 B 之间设定品牌投资比值。用品牌在各市场销售目标乘以各市场所设定的投资比值,得出各市场的媒介预算。加总各市场的媒介预算成为全国所需预算。

(四)预算制定的组合方法

上述的三种预算制定方式,各有其优点与不足,为完整地考虑各层面因素,必须将三种方式所制定出的预算加以整合:以 SOV/SOM 方法从竞争角度得出预算 X;以 GRPs 方法从传播效果角度得出预算 Y;检查 X 与 Y 的差异,并做必要调整;再以媒介投资对销售比值方法从销售角度得出预算 Z,以检查预算的实际可行性;最后调整,并制定合理的预算区间。

三、媒介购买

一旦整个媒介计划和媒介排期准备妥当,活动重心就应该向媒介购买转移。媒介购买即购买排期指定的电子媒介时间和印刷媒介版面。

备案广告公司是媒介购买过程中的一个重要方面。备案广告公司是指广告主为给自己购买媒介时间和版面而选定的代理公司。备案广告公司负责协调、商谈所有的时间和版面购买合同,而参与广告活动的其他广告公司则要在这些合同中提出自己的时间或版面要求。也有一些广告主不通过备案广告公司,而是通过媒介购买服务公司完成媒介购买。媒介购买服务公司专门批量购买媒介的时间和版面。有些广告公司设立了自己的媒介购买部,负责媒介的策划和购买事宜。无论采用哪种公司购买媒介,媒介购买人员都必须对媒介的到达率、千人成本和时机进行评估,负责媒介购买的机构还必须监测广告,测算广告的实际到达率。

对广告策划人员而言,在选择媒介购买服务公司时一定要慎重。一般地,广告策划人员可以参考下面这些建议,作为考察和评估媒介购买服务公司能力的依据。

1.提供效率的能力

效率不仅仅指提供服务的速度,还包括用最低的价格获得最大的媒介效益。前者从工作人员的态度、能力及该公司的通信手段可以考察得到,后者则与该公司的广告投放量及媒介相关。因此,参观一下该公司的办公室是有必要的。

2.科学性媒介分析的能力

不少企业打算或已经使用媒介服务公司的主要原因在于它们能够提供非常科学化的提案,正如股票分析一样,可以降低广告投资的风险。科学性分析需要大量可用数据(独家或共用资料)作为依据,因此该公司媒介调研操作的分析及开发能力尤其重要。由于不少数据是通用的(如收视率),因此这方面的考察未必只是数据的多寡,还包括运用数据的能力。

3. 针对特定的客户市场进行相关媒介选择的能力

这要看媒介购买服务公司的人员是否善于恰当地运用媒介,传达广告信息,从而帮助客户树立品牌及销售规模。关于这一点,最好的证明莫过于其以往的案例。

4. 媒介购买服务公司的形象及对媒介的信用度

由于国内媒介操作仍未达到十分专业的水平,欠款问题时常困扰各合作单位。选择合适的媒介购买服务公司对客户形象及以后与媒介公司的合作是很有帮助的。

5. 媒介购买服务公司的优劣势

媒介运作及广告法规在不同的媒介上或不同的地区内有很大的差异,没有一个媒介服务公司能做到十全十美。它的优势可能在某类媒介(如电视或者户外),也可能在某个地区(如大城市或小城市),关键是找寻最适合自己需要的。

6. 媒介购买服务公司的培训能力

调研数据在不断增多及更新,栏目在不停改动,广告学科也在不断改进,所以培训是必需的,不仅对客户,还要对公司内部的员工进行培训。因此,接受媒介购买服务公司的培训可以从侧面试探该公司的实力。

四、媒介监测

在制订媒介策划与计划时,还需要考虑媒介监测的问题。对广告发布进行监测的目的有两个:一是对广告主刊播的广告进行实时动态的监测,以保证所投入的广告经费能收到应有的效果;二是借此了解竞争对手使用媒介的情况,以便及时调整广告策略和媒介计划。以电视为例,其监测的内容包括是否播出、播出的时段、播出时段前后邻接的广告、播出情况(是否有画面不清晰、画面被剪、画面倒置、声音不清、声带被剪、与其他广告声音重叠等现象)。检测时,可以借助广告监测表格,对广告播出的情况进行记录。

本章小结

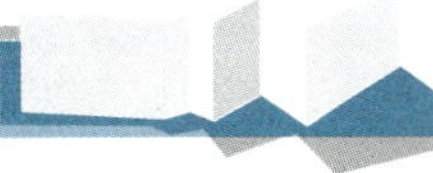

本章主要介绍广告媒介策划。广告媒介策划是广告必不可少的环节,它所要解决的问题就是根据广告目标选择最佳的媒介与媒介组合,在最合适的时候,用尽可能少的广告费用实现广告目标。它主要包括广告媒介策划目标、广告媒介的选择与组合、广告媒介的发布计划。

影响媒介策划的因素包括市场环境因素、媒介环境因素、消费者的媒介习惯、广告预算因素。

广告媒介策划目标的制定一般要回答三个问题:(1)向谁发布——目标受众的确定;(2)在哪里发布——目标区域的确定;(3)发布多少——广告总量(即信息力度)的确定。

广告媒介的选择应综合考虑目标市场、产品品质、传播时机、支付能力、媒介评估等因素;媒介的组合除考虑选择集中式媒介组合或分散式媒介组合外,还应考虑视觉媒介与听觉媒介的组合、瞬间媒介与长效媒介的组合、可控媒介与不可控媒介的组合及"跟随环绕"策略等。

广告媒介发布计划的制定主要包括广告发布时间的安排、媒介费用的预算、媒介购买的安排和媒介监测等内容。

思考与练习

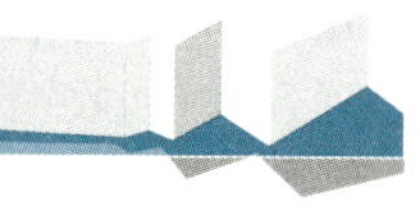

一、名词解释

媒介策略　品类发展指数　品牌发展指数　信息力度　发布时间策略　媒介组合

二、选择题

1. 在对品牌在某地区的发展情况进行评估时，低CDI、低BDI表示的是(　　)。

A. 老练市场，强势品牌　　B. 弱势市场，敌手要挟

C. 弱势市场，大有潜力　　D. 有限市场，有限发展

2. 将全部媒介发布费集中投向一种媒介的组合方式是(　　)。

A. 集中式媒介组合　　B. 分散式媒介组合

C. "跟随环绕"策略　　D. 可控媒介与不可控媒介组合

3. 在先期投入较多的媒介费用，在一定的时期内展开强烈的广告攻势，当产品在市场上有一定知名度之后，再逐渐缩减广告媒介开支的是(　　)。

A. 先多后少法　　B. 渐次加强法　　C. 水平支出法　　D. 随机支出法

4. 在一段时间内大量投放广告，而后在一段时间内停止全部广告，然后又在下一段时间内大量投放广告的是(　　)。

A. 连续式排期　　B. 起伏式排期　　C. 脉冲式排期　　D. 水平式排期

三、简答题

1. 简述媒介计划的内容。

2. 简述媒介策划的过程及影响媒介策划的因素。

3. 简述媒介策划目标的内容。

4. 简述媒介选择的主要依据。

5. 简述媒介组合的概念及组合方式。

6. 简述媒介发布计划的主要内容。

实训项目

1. 实训名称：广告媒介策划与计划的制订。

2. 实训目的：通过实训，使学生掌握媒介策划的基本内容与基本过程以及媒介选择与组合的技巧。

3. 实训要求：

(1)每3～4个人组成一个小组，回顾第十章实训项目调查的媒介情况。

(2)自行选择一个商品，假定其发布的费用预算总额为50万元，试帮助其制订所在城市范围内的广告投放策略与计划。

(3)尽量收集相关数据，无法收集或预测的数据可自行做合理的假设。

(4)注意媒介的组合使用。

(5)注意预算的分配。

(6)撰写计划书。

第五篇

广告组织与管理

第十三章 广告组织

学习目标

知识目标

- 了解广告组织的概念及类型
- 了解广告公司的发展历史
- 熟悉广告公司提供的服务及组织结构
- 了解企业广告业务部门的类型、职责及机构设置
- 了解媒介广告组织的工作任务及机构设置

能力目标

- 能够熟悉我国当前比较著名的广告公司
- 能够了解我国当前比较有名的专业媒介广告组织
- 能够对广告公司进行科学、合理的评价

思政目标

(职业态度、职业能力、职业素养)在广告公司的评价部分,结合广告公司的评价指标及职业素养部分,引导学生从工作态度、策划能力和职业素养上对自己严格要求,从我做起,让自己成为一名优秀的广告从业者,为广告行业的健康、可持续发展贡献自己的力量。

案例导入

奥美与奥美中国

奥美(Ogilvy)由被誉为"现代广告教皇"的大卫·奥格威创建于1948年,为客户提供全方位的传播服务,业务涉及广告、公共关系与公共事务、品牌策略与识别、购物者和零售营销、健康营销、直效行销、数码营销、促销和关系营销、咨询、研究和分析工具、品牌植入与娱乐行销以及专业传播等。在过去的60多年里,奥美与众多全球知名品牌并肩作战,创造了无数市场奇迹,它们包括美国运通(American Express)、西尔斯(Sears)、福特(Ford)、壳牌(Shell)、芭比(Barbie)、旁氏(Pond's)、多芬(Dove)、麦斯威尔(Maxwell House)、IBM、柯达……与此同时,奥美也从只有两名员工、没有客户,发展成为全球最大的传播集团之一,在全球159个城市拥有497间办公室。

1991年,奥美与中国内地最大的国有广告公司上海广告公司合资成立了"上海奥美"。目前,"奥美中国"已在上海、北京、广州、香港、台湾等地建立了办公室,员工多达2 400余名。其在中国的客户包括IBM、宝马、壳牌、中美史克、肯德基、上海大众、联合利华和统一食品等。

奥美矢志建立一个与众不同的品牌：具有非凡的创造力，能激发员工与客户强烈的忠诚感，并具有一流的运作规范。正是这种精神，形成了今日的奥美文化。

问题：你还知道哪些著名的广告公司？

第一节 广告组织概述

一、广告组织的概念

组织是通过协调活动来达到个人或集体目标的社会群体。它依靠自身的组织结构，在发挥组织功能的同时，实现组织目标。组织具有结构性、功能性和目标性等特点。

广告作为一种在现代商业社会中越来越重要的经济活动，无论对于广告主，还是广告经营单位来说，都需要有一定的机构和人员来组织、协调，以便使广告活动能够有序、协调地进行。广告组织便是实现对广告活动进行计划、组织、指挥、监控和调节的管理机构，它是广告行为的主体，一切广告都是由一定的广告组织承担完成的。不同的广告经营活动组织，有不同的性质、作用、任务、职能和工作程序，了解这些内容，对广告实践活动有重要的意义。

在现代广告运行系统中，涉及众多的机构和组织，随着广告业的发展，更多的分工与协作也在广告业内更细密地展开，这些机构都是我们所讲的广告组织。

二、广告组织的类型

广告组织主要包括以下几种类型：

（一）广告公司

广告市场中存在着广告客户、广告公司和广告媒介这三大主体。而在以广告代理制为基础的广告经营机制中，广告公司处于广告市场的主导地位，它是实施广告代理制的中心环节。广告公司就是专门从事广告代理与广告经营的商业性服务组织。广告公司按照服务功能与经营业务的不同，可以分为广告代理公司、广告制作公司和媒介购买公司三类。而不同类型的广告公司，也就相应地具有不同的组织形式和机构设置。

1. 广告代理公司

广告代理公司是为广告主提供广告代理服务的机构。一般又可根据其规模大小分为综合型广告代理公司和专项服务型广告代理公司两类。

（1）综合型广告代理公司。综合型广告代理公司为广告客户提供全方位的广告代理服务，包括产品的市场调查和研究、广告战略的策划与执行、广告计划的具体设计与制作、广告媒介的选用与发布、广告效果的跟踪与反馈等一系列活动。它还能为广告客户提供信息咨询、企业形象设计、大型公关活动等战略层面的服务和建议。随着信息技术的不断发展，全球市场竞争的日益加剧，综合型广告代理公司也开始由纯粹的广告代理越来越趋向于提供综合性的信息服务，日益集广告服务与信息服务于一体。

（2）专项服务型广告代理公司。专项服务型广告代理公司的广告经营范围较狭窄，服务项目较单一，一般不承担广告运作的整体策划和实施。但它能满足特定广告客户的特殊需要，具有一定的专业优势，同时顺应了广告专业化分工的趋势，有利于广告专业水平的提高。一般来说，专项服务型广告代理公司又可分为三种：提供某一特定产业的广告代理专项服务，如房地产广告代理公司；提供广告活动中某一环节的广告服务，如广告创意公司、广告调查公司；提供特定媒介的广告服务，如户外广告制作公司、交通广告制作公司等。

2. 广告制作公司

广告制作公司一般只提供广告设计与广告制作方面的服务。广告制作业务的专业性，要求广告制作公司从一开始就与广告代理公司分离，成为独立的广告业务服务机构。如平面广告制作公司、影视广告制作公司及路牌、霓虹灯、喷绘等专营或兼营制作机构等都属于这一类。它可以直接为广告客户提供广告设计和制作服务，也可以接受广告代理公司的委托，通过提供广告制作服务收取广告制作费用。广告制作公司最大的优势就在于其设备的精良和人员技术的专门化。随着科技和现代广告业的飞速发展，广告客户对广告制作的要求越来越高，广告制作设备和人员的投入也越来越大。所以，即使是大型的广告代理公司，也日益倾向于委托专门的广告制作机构来完成其广告设计，而不再设置专门的广告制作部门。

3. 媒介购买公司

媒介购买公司专门提供媒介研究、媒介购买、媒介策划与实施等与媒介相关的业务服务。它是早期广告代理中媒介代理职能的一种延续，也是适应现代广告业与广告市场变化的一种新发展。媒介购买公司一般设有媒介研究、媒介策划、媒介购买与媒介执行等几大业务部门，对媒介资讯有系统的掌握，能为选择媒介提供依据，能有效实施媒介资源的合理配置和利用，并有很强的媒介购买能力和价格优势。因此媒介购买能力、媒介策划与实施能力以及巨额资本的支持是媒介购买公司生存和发展的必备条件。

从全球范围来看，独立的媒介公司及媒介购买公司呈现快速发展的趋势。而目前在我国，媒介集中购买是广告媒介业务发展的大势所趋，这一点也得到了业界的普遍认同。我国内地的第一家专业媒介购买公司是 1996 年在北京由盛世长城与达彼思广告公司合并成立的"实力媒体"(Zenith Media)。1997 年，智威汤逊与奥美广告公司在上海组建了"传立媒体"。中央电视台的未来广告公司、北京的海润国际、上海的兆力媒体和广州的大网与东升媒体等，都是国内较有影响力的媒介购买公司。

(二)媒介广告组织

媒介广告组织在广告市场中扮演着极为重要的角色，是广告行为主体之一，如报社、电台、电视台等广告组织。其职能包括发布广告、收集广告效果、反馈信息等。媒介最初的广告经营，是集承揽、发布等多种职能于一身。随着现代广告业的不断发展、成熟和广告经营机制的确立，媒介广告经营的职能和角色也相应地转变为专司广告发布之职。

(三)企业广告部门

企业广告部门是指工商企业为推动本企业商品的营销工作而在企业内部设置的广告业务机构，专门负责企业的广告业务活动。企业广告部门作为现代企业营销组织的重要组成部分，在现代企业营销中发挥的作用越来越大。企业的广告管理与组织，受制于企业对广告的认识，也从属于企业的整体管理与组织形式。

(四)广告团体

广告团体主要是指广告行业组织，由从事广告业务、广告研究、广告教育或与广告业有密切关系的组织和人员自愿组成，对促进广告行业的业务交流、沟通协调及增强行业自律和管理具有重要的作用。

广告行业组织按照地域范围可分为国际性广告行业组织、地区性广告行业组织和国内广告行业组织。

1. 国际性广告行业组织

国际性广告行业组织主要有国际广告协会、世界广告行销公司等。它的出现，对于协调、促进各国广告界的交流与合作，提高广告业务水平做出了重要贡献。

(1)创建于1938年的国际广告协会，简称IAA，是目前世界上最大的和最权威的国际广告组织，总部设在美国纽约。它是由个人会员和团体会员组成的非营利性组织，会员遍布世界近80个国家和地区。该协会每两年召开一次世界广告会议，交流广告经验并探讨有关广告理论与实务方面的问题。我国于1987年5月12日以“国际广告协会中国分会”的名义加入了国际广告协会。

(2)世界广告行销公司，简称WAN，由世界各地著名的广告公司组成，总部设在英国伦敦。该组织主要为成员提供业务帮助，如培训人员、交流国际经济与市场动态的信息等。

2. 地区性广告行业组织

地区性广告行业组织如亚洲广告协会联盟等。亚洲广告协会，简称亚广联，成立于1978年，是由亚洲地区的广告公司协会、与广告有关的贸易协会和国际广告协会在亚洲各国、各地区的分会等联合组成的洲际广告行业组织，每两年召开一次广告会议。它是一个松散型的组织。我国于1987年6月14日以“亚洲广告联盟中国国家委员会”的名义加入亚广联。

3. 国内广告行业组织

(1)广告协会。广告协会是广告经营单位联合组成的行业组织，是代表政府对广告行业进行指导、协调、咨询、服务活动和执行行业自律的广告行业组织。我国最早的广告行业协会组织是1927年由上海六家广告社成立的“中华广告公会”，后几经改名，于1933年定名为“上海市广告同业公会”，中华人民共和国成立后更名为“上海市广告商业同业公会”。1979年我国的广告市场得以恢复和发展，广告行业组织也获得飞速发展。1981年，中国对外经济贸易广告协会成立；1983年，中国广告协会成立。随后，全国相继成立了省、市、地、县等各级广告协会，各地区的媒介也先后成立了广告协会组织。其中，中国广告协会是我国最大的全国性广告行业组织，会员为团体会员，由国内的广告经营单位联合组成，每两年举行一次会议。其最高权力机构是会员代表大会。它对我国的广告行业具有较强的指导力和监督力。

(2)广告学会。广告学会主要由广告行业中有关广告理论研究、广告管理部门联合组成的民间学术研究组织，是从事广告工作的艺术人员、业务人员、科研人员、教育工作者以及广告专业企业、兼营单位、大专院校有关广告专业科系等组成的团体。其目的是联络上述广告人员和组织，积极开展广告理论的学术研究，提高广告的专业水平和理论水平。

第二节　广告公司

广告公司，又称广告代理公司，是广告业的核心组织。美国《现代经济词典》将广告公司定义为：广告公司是“以替委托人设计和制作广告方案为主要职能的服务性行业”。我国《广告法》中所说的广告经营者，也多指广告公司，即受委托提供广告设计、制作、代理的经济组织。广告公司是商品经济发展的必然产物，在现代商业社会和广告运动中的作用日益重要。

一、广告公司的产生和发展

在欧美，早期的广告公司是随着报纸传播业的发展而出现的。

在美国，沃尔尼·B. 帕默最早是为各家报纸招揽广告，并于 1841 年在费城开办了一家广告公司。在许多著述中，都视帕默的代理报纸广告公司为世界上第一家广告公司。在 1845 年和 1847 年，帕默又先后在波士顿和纽约开办了公司。他不仅是报纸和广告界的中介人，而且常为客户撰写文案，并抽取 25%的佣金（后逐渐减至 15%）。乔治·P. 罗威尔在自己的广告代理活动中，从报纸、杂志社大量购进版面，随后以略高的价格转卖给广告主，他的广告活动在当时很受出版商欢迎。1888 年，罗威尔创办了美国第一家广告专业杂志《印刷者油墨》（Printers Ink）。

近似现代意义上的广告代理公司，应该首推 1869 年在美国费城出现的艾耶父子广告公司。当时年仅 20 岁的年轻人 F. 魏兰德·艾耶向他父亲借了 250 美元，开办了一家广告公司，由于害怕别人认为他年轻不可信，便打出了他父亲的名义，即艾耶父子广告公司。起初，艾耶也是做中介生意，1890 年左右，他设计了一份公开的广告费率，告诉客户自己购买版面的底线和包含自己佣金在内的转变价。他为客户提供设计、撰写文案、建议和安排适当媒介等多种服务。因此，艾耶父子广告公司被广告历史学家称为“现代广告公司的先驱”。

19 世纪末和 20 世纪上半叶，广告公司得到了较快的发展，公司数量不断增加，其服务功能不断完善，服务领域不断扩大，广告公司开始国际化，一些跨国广告公司更是以惊人的速度展现在世人面前。

早在 1849 年，英国的美瑟暨克劳瑟广告公司（Mather & Gowther），已有员工 100 人，并提供类似于美国艾耶父子广告公司的广告服务。1880 年，日本第一家广告代理店“空气堂组”在东京开业，随后“弘报堂”“广告社”“三成社”“正喜路社”纷纷出现。1895 年 10 月，“博报堂”正式开业，1901 年 7 月，“日本广告株式会社”成立。在美国，此时期出现了一系列的专业广告公司，如洛德暨托马斯广告公司（Lord & Thomas）、J. W. 汤逊广告公司（J·Walter Thompson）、扬·罗必凯广告公司（Young & Rubicam）、BBDO 广告公司、李奥·贝纳广告公司、麦肯广告公司、本顿暨鲍尔斯广告公司、奥美广告公司、DDB 广告公司（Doyle Dane Bernbach）、达彼思广告公司（Ted Bates）等。

当今世界有三大城市被称为世界广告中心，即纽约、东京和伦敦，每年几百亿美元的广告均出自这三大城市。纽约是广告业的摇篮和首府，拥有许多广告公司。长驻多家世界级著名广告公司的“麦迪逊大道”早已成为世界广告业最高水准的代名词。世界广告行业组织——国际广告协会总部就设在纽约。20 世纪 70 年代以来，伦敦出现了一批新型的广告公司，J. W. 汤逊广告公司伦敦公司、劳尔·霍华德斯宾克公司等都驻于伦敦。伦敦已开始享有“广告艺术中心”的美称。但是，在广告本质上，有人认为“美国的广告业是商业，而英国的广告业则是娱乐业”。东京，也已成为世界广告中心之一。世界上最大的广告公司之一——电通广告公司就在东京。电通广告公司自 1973 年起，广告营业额就一直位居世界广告公司前列。

二、广告公司提供的服务

作为服务性企业，广告公司的主要业务是向广告客户提供服务。现代社会传播事业极为发达，广告客户需要广告公司提供全面的服务，以满足其各方面的需要。只有具备一定规模和水准的广告公司，才有条件和能力为客户提供全面的广告策划和执行计划。广告公司的全面服务过程，一般可归纳为五个程序，即研究—建议—提呈—执行—总结，按照“承揽业务—制定策略—设计制作—发布广告—效果调查”等几个环节来进行，有利于各部门围绕一个中心协同作战，形成一整套为客户提供全面服务的体制。它收集市场信息，分析消费趋势，把握流行动向，提出产品开发的意见。同时针对企业形象建设、企业的发展战略、企业文化建设、售后信息收集与分析等方面提供咨询服务和建议。

具体而言，以综合性广告公司为例，其提供的服务主要包括以下几个方面：

1. 代理广告客户策划广告

广告公司以广告代理为工作核心，代理广告客户策划广告是广告公司最本质的功能。具体包括为广告客户进行有关商品的市场调查和研究分析工作，为企业发展确立市场目标和广告目标，为代理客户制订广告计划和进行媒介选择。广告公司从自己专业领域出发，为广告客户提供广告主题和实现广告主题的广告创意、构思和策划。

2. 为广告客户制作广告

为广告客户制作广告是指广告公司将创造性构思和创意转换为具体外在表现的广告产品的活动。广告公司选择最具表现力、影响力和感染力的手法，客观、真实、具有美感和艺术性地表现创造性广告思想的广告形式，是制作广告的根本要求。

3. 为广告客户发布广告

广告公司在策划和制作出广告作品之后，通过广告媒介的合理选择和应用，把广告信息及时、迅速地传递给广大社会公众。发布广告时，广告公司要为客户利益着想，注意选择最具表现和传播效果且投入最低的媒介，将广告信息传递给最多的潜在购买者，从而引导社会公众对于广告客户信息的认可、接受，以产生购买行为。

4. 为广告客户反馈广告信息、评估广告效果

广告公司在代理客户发布广告之后，要对所发布的广告进行市场调查和研究，对广告效果进行科学的测定和评估，及时向广告客户反馈有关市场的销售信息及相关的变动信息。

5. 为广告客户提供咨询服务

广告公司要为广告客户的产品计划、产品设计、市场定位、营销策略、广告活动和公共关系等方面提供全方位的综合信息，为客户提供各方面的咨询服务，从而实现企业资源的合理流向与最佳配置，推动经营企业的发展。

三、广告公司的组织结构

综合型广告代理公司的组织结构通常根据不同的职能来设置，不同的公司因规模、性质的不同，其组织结构也存在很大的差异，剔除其他的职能部门，如财务部、行政部、人事部、市场部外，广告公司中为客户提供服务的业务部门主要包括客户服务部门、创意部门和媒介部门。

(一)客户服务部门

客户服务部门的主要工作是与客户联络及制定创意指导。重点人物是客户主管

(DCS),其下按不同客户划分为客户总监(AD)、副客户总监(AAD)、客户经理(AM)及客户主任(AE)。

(二)创意部门

创意部门负责构思及执行广告创意。重点人物是执行创意总监(ECD),其下会根据人手情况而分为若干组,每组由一至两位创意总监(CD)或副创意总监(ACD)带领,其中一位是文案出身,另一位是美术出身,但也有不少人员身兼两职。其工作除构思广告外,还负责指导及培训下属。

创意总监下设有不同的小组,每一小组由一位文案(CW)及一位美术指导(AD)组成。基本上由这两人共同构思广告。由于美术指导的执行工作一般都较繁复,因此一般都有一位助理美术指导(AAD)协助。有经验的文案及美术指导将会晋升为高级文案(SCW)及高级美术指导(SAD),但工作与以前大同小异。

创意部门还包括电视制作(TV Production)、平面制作(Print Production)、画房(Studio)及平面统筹(Traffic)四个小部门。电视制作部设有监制(Producer),负责电视广告的统筹,但实际上广告拍摄由广告制作公司负责。平面制作部设有平面制作经理(Print Production Manager),主要负责跟进平面广告的印制工作。画房设有绘图员(Visualizer)、计算机绘图员(Computer Visualizer)、正稿员(Artist)等职位。平面统筹(Traffic Coordinator)则负责统筹平面制作事宜。

(三)媒介部门

媒介部门主要为客户建议合适的广告媒介(如电视、报纸、杂志、海报、直销等),并为客户与媒介争取最合理的收费。重点人物是媒介主管(Media Director),下设媒介主任(Media Supervisor)及媒介策划(Media Planner)等。

有些公司也可以按小组制形式进行组织架构。小组制形式是将广告公司以个别客户或一组广告客户为服务对象,分成若干个专户小组。每一个专户小组就是一个功能齐全的独立服务单位,为特定的客户提供系统的广告代理服务,包括调研、策划、创意、媒介、SP 等各类人员,由一客户主管或客户监督协调工作,还可以根据具体情况下设若干品牌经理或客户执行人员来具体负责一家客户或一组客户不同品牌产品的广告运作。专户小组服务制度比较适合较大的广告客户或较大的广告业务项目,运作较为协调、灵活,能适应各种不同广告客户的不同需求。

科技发展的日新月异,广播、电视、电影、录像、卫星通信、电子计算机等电子通信设备的发明,以及由此带来的信息技术革命,使广告作为一种行业得以成熟,广告公司也彻底摆脱了媒介中介的角色,最终成为现代信息产业的重要组成部分。

四、广告公司的评价

(一)公司实力

实力决定着广告公司是否能出色、有效地完成广告任务。一个广告公司的实力的可以从以下维度去评价。

(1)资源数量。广告媒介资源的数量与质量,与广告公司的实力息息相关,拥有大量优质资源点位的广告公司,可以结合广告主需求、目标人群、消费场景等,迅速筛选并匹配出适合的投放位置;同样广告公司客户资源的数量与质量也能反映广告公司的实力,如果广告公司客户资源的数量多、质量高,那么其实力也相应会强。

(2)业务架构。业务架构可以直观地反映一家公司的实力。如果是不靠谱的、体量较小的广告公司,其业务架构一般都不成体系,所覆盖的业务范围也很有限。而实力强大的公司,业务架构十分完善,可最大效率地整合资源,实现精准广告投放。

(3)财务状况。如果可能的话,对广告公司的财务状况有一定的了解也有助于判断该公司的实力情况。

(二)工作态度

工作态度是广告主和广告公司合作的基础,广告公司的工作态度,可以从以下几个方面观察:

(1)合作态度与责任心。公司是否遵守合同精神和约定,尊重合作团队,认真对待工作,能否积极协助甲方工作,团队是否具有极强的责任心。

(2)工作进度推进。公司是否能积极配合工作,按要求进度保质完成各项计划工作,返工工作较少。

(3)报告及设计质量。公司完成的报告及设计中措辞是否正确,条理是否清晰,排版是否符合要求,且无错字、错句和错误的标点符号。

以上观察可以从它以往合作的案例、合作时间长短、团队工作效率和调查研究时所采用的工具和手段等方面做出判断。

(三)策划能力

优秀的策划和创意是广告的灵魂,别出心裁的广告创意是广告获取成功的关键要素,广告公司策划能力的评价可以从以下几个方面观察:

(1)策略能力。策略决策能否做到:具有高度的策略能力,能为甲方提供外脑支持,能够挖掘公司及项目核心价值点,制定相应营销推广工作,且可执行性较强。

(2)文案能力。文案工作能否做到:能够运用合理的新闻的和广告语言传达项目卖点,文案中没有不符合公司目标和策划项目的信息,没有违反《广告法》的内容,无错字和别字。

(3)视觉创作能力。设计工作能否做到:设计工作符合视觉运用环境要求,卖点突出,视觉影响力明显,达到宣传效果,设计中文案表达无误,无不当措辞,无触犯《广告法》条例。

(四)职业素养

职业素养应是对广告公司进行评价的第一要素,没有职业素养,其实力、能力与态度都是空谈。职业素养的评价,可以从以下几个方面进行:

(1)计划性。工作计划性强,并按照计划及时完成工作。职业素养高的公司通常拥有一套专业标准化流程,一旦承接广告主的业务,就会按照既定的制度和标准从严负责落实。从前期的方案制订、媒介选择,中期的实地考察、施工发布,再到后期的质量监管、工程维护,每一个环节都精准把控。不靠谱的广告公司只关心利益,对工程的进度、广告的存在状态、效果的评估反馈等不以为意,抗风险能力极差,投放效果堪忧。

(2)保密性。具备良好的职业道德,能为广告主保守商业秘密,可以长期信赖。

(3)积极性。一个合适的广告公司不仅要业务优秀、管理规范,而且其负责该项目的核心人员更应该具有极强的领导能力和全局观念,其工作人员要容易合作共事,能积极与甲方进行沟通,主动配合各项工作,凡事以身作则,以团队利益为重,顾全大局。

当然,广告公司最终还是由公司的所有员工构成的,对广告公司的评价很大程度上还体现在对广告公司的团队及每一个具体执行人员的评价上,如果我们是广告公司的一名员工,也需要结合以上相关的评价标准,从工作态度、策划能力和职业素养上对自己严格要求,从我做起，让自己成为一个优秀的广告从业者，为广告行业的健康、可持续发展贡献自己的力量。

第三节　企业的广告业务部门

目前，我国企业广告主要有自我执行和委托代理执行两种方式。所谓的自我执行，就是企业配置了功能齐全的广告组织部门，其广告部门承担了企业广告运作的一切工作和职责。这与我国的广告代理制度尚未完全成熟有关。而实际情况是，企业广告运作要达到完全自我执行，难度极大，因此有必要实行部分代理，把企业依靠自身力量难以完成的广告运作环节（如广告策划与制作等）委托广告代理公司处理，以减少不必要的损失。相应地，委托代理执行方式能极大地提高企业的广告效率，增强企业广告的投入产出比，是现代广告发展的需要，也符合企业发展的根本利益。

无论是自我执行，还是委托代理执行，为了对企业的广告活动进行有效的管理，都需要设置相应的广告业务部门。企业广告业务部门就是设置在企业内部、负责本企业广告业务活动的部门。企业广告组织部门是企业统一负责广告活动的职能部门，是企业广告计划与战略的制定者、广告策略的谋划者和具体实施广告活动的组织者。国外的工商企业大部分都设置专职的广告部门，负责筹划本企业的广告活动，积极协助广告代理公司实施本企业的广告计划。目前，我国也有相当一部分大中型企业设置了专门的广告部门，有的企业配备了专职的广告人员，与发达国家相比，我国企业广告业务部门建设的水平还比较低。

一、广告业务部门的类型

从我国企业的广告管理现状来看，企业广告业务部门大致可分为公关宣传型、销售配合型和营销管理型三类。

（一）公关宣传型

公关宣传型的广告管理组织模式是基于企业广告的宣传功能定位，将企业广告纳入企业的行政管理系统，是企业行政职能部门的一个分支机构。这种模式比较注重企业的形象推广和企业的内外信息沟通，但也存在着广告运作缺乏实效性和针对性、脱离市场等缺陷。

（二）销售配合型

销售配合型是目前国内外较多采用的一种模式，企业的广告组织从属于企业的销售部门，其主要作用在于配合销售。也就是说，企业的广告组织在行销主管的管理下，与企业的其他行销部门一起，共同为企业行销服务。在实际操作中，销售配合型又可以分为以市场和产品为基础的两种组织管理类型。

如美国大部分消费品行销组织实行的“品牌经理制”就是以产品为基础的组织管理类型，它最早始于1929年的美国P&G公司。而目前国内企业较多采用的则是以市场为基础的广告管理组织模式，其广告的管理与执行，表现出明显的层级性，企业的广告部门，既是企业的广告管理部门，又是企业的广告执行与行销服务机构。销售配合型的广告管理模式能更好地发挥广告的直接销售效果，但因过分强调广告对销售的配合，影响了企业对广告的长期规划管理，并且由于管理与执行层次繁多，因此也影响了广告传播的整体效果。

(三)营销管理型

营销管理型的广告管理组织模式是将企业广告部门从具体的销售层次中分离出来,提升为与其他职能部门并列的独立机构,是企业营销的重要推广组织和企业实施整体发展战略的重要组成部分。它注重将企业广告的宏观决策、组织管理和具体实施结合起来,减少了企业广告的管理层次,加强了企业广告的统一管理和长远规划,有利于企业广告资源的充分开发与合理调配。

二、广告业务部门的职责

不管企业采取何种广告管理模式,其广告基本运作程序都是大体一致的,即企业广告运作一般都要经过广告决策——确立企业广告基本战略思想和总体战略目标、广告计划——确立并制订切实可行的具体广告计划、广告执行——广告计划的具体实施三个阶段。对一个比较完整的企业广告业务部门来说,它与企业其他职能部门共同构成企业组织系统。在整个广告运作过程中,其承担的职责大致包括以下几项:

(1)参与制定企业宣传决策。宣传活动是企业经济活动的重要内容之一,广告活动寓于宣传活动之中。为了推动企业生产经营的顺利发展,广告部门要参与制定企业宣传活动的内容、形式、方法与措施,并直接负责广告活动的执行与管理。

(2)确定广告目标,制订广告计划。为了使广告活动有针对性地开展,企业广告部门必须根据营销战略制订广告活动计划,包括广告的方针、目标、战略以及具体实施方法、步骤和措施,并与其他方面的促销活动、宣传活动广泛协调与合作。同时通过编制广告预算为广告活动的评价和控制提供更为具体、明确的标准。

(3)选择广告代理公司。在现代企业活动中,企业的广告组织虽然承担着十分重要的责任,但是广告部门并不能取代广告代理公司。一般来说,广告主会把监督的责任赋予本公司的广告组织,而把策划、创意、制作等业务委托给专业的广告代理公司。虽然由哪一个广告代理公司来代理广告业务需要由企业的管理层决定,但广告业务部门需要承担考察、推荐、沟通的职责。

(4)选择广告媒介。企业广告部门必须对所使用的媒介有详细的了解,包括媒介的性质、特点、传播范围、传播对象、收费以及最终的反馈效益等,及时与广告公司沟通,选择最能使广告信息有效渗透到目标市场的媒介。

(5)监督和控制广告活动。包括对广告计划的审定、广告作品的审核、广告效果的测定与信息反馈等。通过广告部门对广告的监督和控制、确保广告计划的科学制订和正确实施,及时发现问题并加以解决,保证广告作品的质量和广告活动的效果。

(6)保持与有关广告团体的良好关系。企业广告部门与有关部门的关系是否融洽,也与广告的效果密切相关。就企业与广告公司来说,双方应该是营销的伙伴,平等合作、共同努力,才能达到最佳的营销效果。

三、企业广告业务部门的机构设置

(一)功能型组织

这一广告组织形式是根据广告的职能加以分工确定的,即按照企业广告活动的全过程或设计、制作和发布广告活动过程中所必须具备的功能结合而成的,如图 13-1 所示。

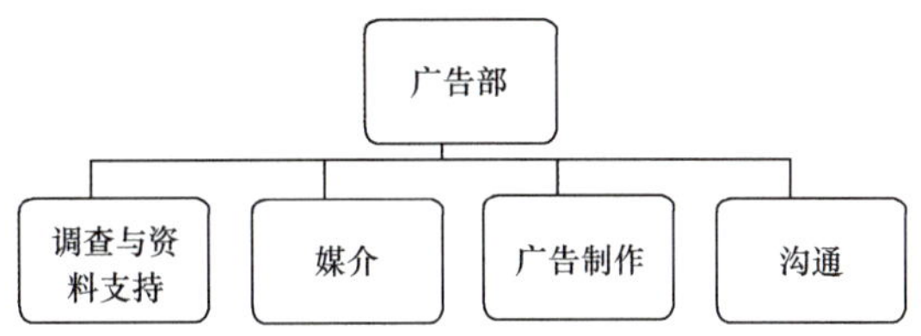

图 13-1 功能型组织

功能型组织形式的优势在于：有利于发挥各广告职能部门的专业特长，提高创造广告的质量，发扬集体协作的优势。这种组织结构在大型企业中比较完善，在一些中小型企业中，由于广告业务量不大，广告组织规模较小，采用这种组织形式，往往需要将各种职能合理调配。

(二)地区型组织

这一广告组织形式是根据地区加以分工确定的，即根据企业产品销往各个地区的业务需要而组建的，如图 13-2 所示。

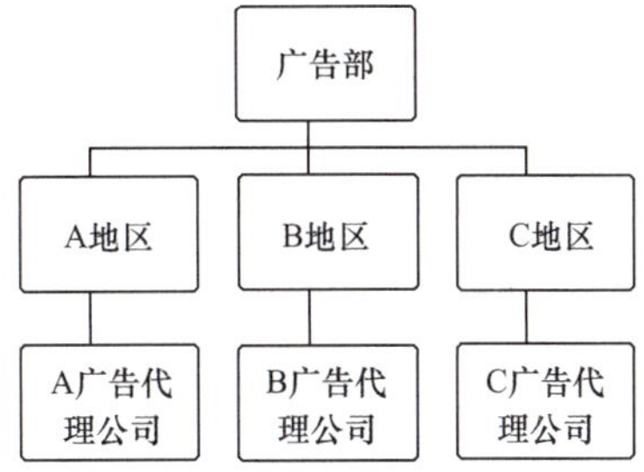

图 13-2 地区型组织

地区型组织形式的优势在于：可以根据不同地区的市场特点分别实施不同的广告传播和广告发展策略，有针对性地进行广告诉求，强化广告活动的适应性。这种组织结构适用于产品品种单一，而又同时销往不同地区市场的企业。

(三)产品型组织

这一广告组织形式是以企业生产经营的产品加以分工确定的，即按照企业所生产经营各种不同性质产品的要求进行组建的，如图 13-3 所示。

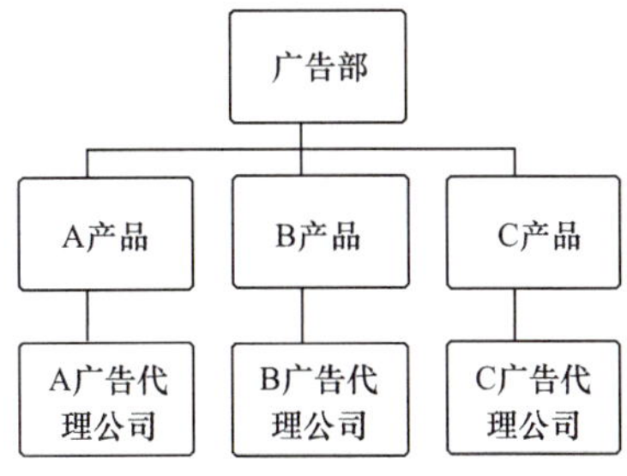

图 13-3 产品型组织

产品型组织形式的优势在于：可以集中企业各种专业广告人才，针对不同性质产品的不同情况和要求，有条不紊地开展产品广告活动，有利于确定不同产品目标市场进行广告传播，有利于企业掌握各种产品的市场信息。这种组织结构主要适用于生产经营不同产品的大型企业或特大型企业。

(四)对象型组织

这一广告组织形式是以广告的对象加以分工确定的,即根据产品的最终使用者的不同加以组建的,如图 13-4 所示。

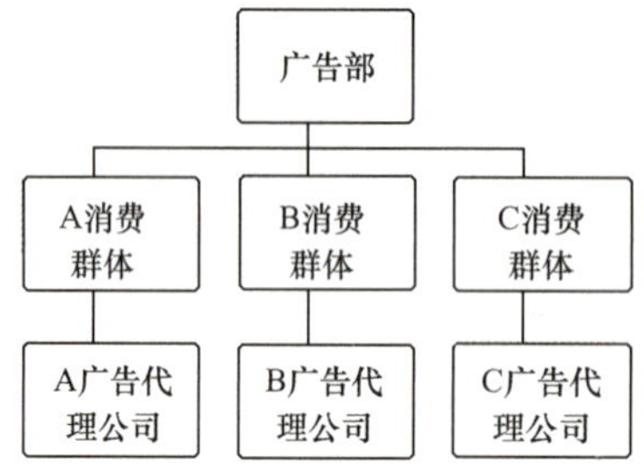

图 13-4　对象型组织

这种广告组织形式的优势在于:可以根据不同消费对象的消费动机和购买行为而分别采取不同的广告策略、诉求重点、诉求方式等,获得较佳的广告效果。这种广告组织形式适用于产品销售对象较为集中,销售量较大的工业企业或大型批发企业。

(五)媒介型组织

这一广告组织形式是按照企业的广告所采用不同媒介加以组建的,如图 13-5 所示。

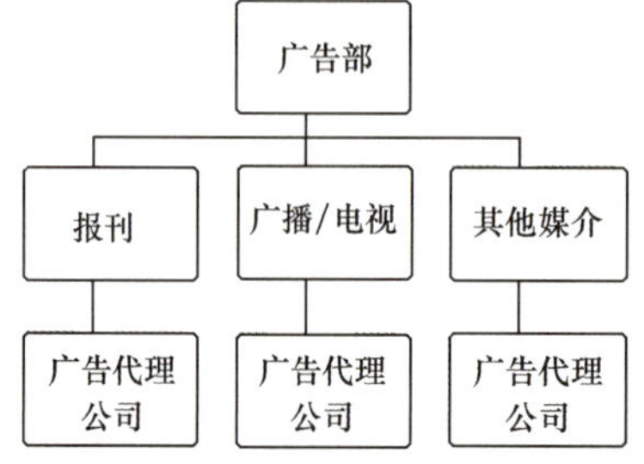

图 13-5　媒介型组织

这种广告组织形式的优势在于:可以集中企业广告调研、设计制作、广告管理、广告分布等各种专业人员,对企业经常采用的媒介分别进行全面的研究,充分发挥各种媒介的功能。与此同时,这些不同广告单位可以根据自己所采用媒介的具体要求和特点,或直接与广告媒介单位进行广告业务交往,或委托广告公司与广告媒介单位进行广告业务联系。这种广告组织形式适用于广告预算费用较高且采用多种媒介的大型或特大型企业(公司)。

第四节　媒介广告组织

媒介广告组织是指各种主要媒介部门设置的专门性广告组织,主要是广播、电视、报纸、杂志四大媒介部门所设立的广告组织。它是随着商品市场的扩大、广告业务量的增加而逐渐分工形成的。广告媒介中发展最早的大众化传播媒介是报刊,媒介广告组织最早也在报刊部门出现。早期的报刊广告是由广告主起草,送由报刊发行单位编辑审定,不设广告专职部门,也没有专职广告人员。随着商业的发展,报刊广告数量增多,逐渐开始讲究排列,注重广告效果。为了加强管理,提高广告作品水平,报刊单位开始出现专职的广告组织。在广播、电视、报纸和杂志四大媒介发展起来后,这些媒介单位也相应地设立了媒介广告组织,并且日臻完善和复杂化，成为这些媒介组织的有机组成部分。

一、媒介广告组织的工作任务

一般来说，媒介广告组织在整个广告运作系统中担负的职责有以下几个方面：

(一)发布广告

广告媒介是实施广告的工具和手段，是传播广告信息的载体。因此，媒介广告组织的主要任务就是发布广告。广告的来源主要有两方面：一是直接受理广告客户的广告，二是广告公司代理承揽的各项广告业务。媒介广告部门与本地或外地的广告公司签订合约出售一定的广告版面或广告时间，以便各广告公司有计划地安排版面或时间发布广告。

(二)查验广告的合法性与真实性

无论是媒介单位直接承揽的广告，还是广告公司代理的广告，媒介广告组织都要依照有关广告发布的规定，查验有关证明，审查广告内容，对证明不全、内容不健康甚至违法的广告，不予发布。

(三)开展媒介自身广告效果的调查研究

准确把握媒介自身的覆盖率、收视率、发行量、试听众数量及其构成特征，并提供给广告公司、广告客户，为其制订广告媒介计划和检验广告运作效果提供参考。

(四)设计制作广告

广告媒介单位在接受广告任务时，一部分广告已制作成广告作品，这时只需负责安排版面或时间即可。但有的广告客户只提供广告资料和广告要求，需由广告部门负责策划、设计和制作广告。如报纸、杂志、广告的文稿撰写、美工设计；电台、电视广告的脚本撰写、演员排演、录音录像、拍摄、剪辑等。

(五)收集广告反应

广告媒介单位在发布广告之后，往往会收到许多人来函、来电，提出查询或投诉，广告媒介单位应定期整理，向广告主反映，加强与广告主或广告代理公司之间的联系，及时掌握广告反应，稳定广告客户的信心。

二、媒介广告组织的机构设置

由于各个国家和地区的具体情况不同，因此广告经营运作方式也不同。媒介广告组织也应根据媒介在广告经营中所承担的具体职能来设置。不同的国家和地区的媒介广告职能不同，决定了组织的广告机构设置的不同。媒介广告组织广告业务规模不同，有的比较精简，有的则发展得很完善，职能齐全，机构也很复杂。

在实行完全广告代理制的国家和地区，媒介在广告经营中一般只承担广告发布的职能，向广告代理公司和广告客户出售媒介版面和时间，是媒介广告版面和时间的销售部门。如在最先实现和完成媒介广告职能和角色转换的美国，其广告业高度发达，实行着完全广告代理制，媒介以不直接与广告主接洽为原则，除分类广告外，媒介只承担广告发布的职责。由于职能和业务内容的单一，这类媒介的广告部门机构设置就较为简单，称为广告局或广告部，下设营业部门、编排部门、行政财务部门等几大部门。营业部门负责对外的业务联络和接洽，编排部门负责广告的刊播，行政财务部门负责行政财务方面的管理，督促广告费的及时回收。

而在没有推行广告代理制或没有实行完全广告代理制的国家或地区，媒介不仅负责广告的发布，还兼任广告承揽与广告代理之职，其媒介广告部门的机构设置就较为复杂。日本与我国媒介广告部门的机构设置大体相同。在日本，其广告产业结构与美英等国截然不同，媒介的广告经营职能与广告公司并没有明确划分，几乎与广告公司相同。日本的媒介不仅接受广告公司的广告代理，发布广告，也直接向广告主承揽广告，为广告主提供广告制作及市场调查等多种服务。在我国大陆，广告代理制还处于逐步推行阶段，除规定外商来华做广告必须经由广告代理外，媒介的广告经营几乎与广告公司没有差别。实行严格意义上的广告代理制，即对媒介的广告经营实行广告承揽与广告发布职能的真正分离，使媒介专司广告发布，应是我国广告业今后发展的努力方向。

(一)报纸

报纸广告组织的机构设置制度一般有以下两种类型：

1.列举制

这种机构设置制度是在报社总编辑下设编辑部、发行部、印刷业务部、广告部等主要业务部门。编辑部负责报纸各版面的编辑出版，在广告业务方面则负责为广告安排版面。发行部专门负责报纸的发行、收订以及发行事务的安排、发行渠道的组织、报纸的发放等。印刷业务部则负责报纸的印刷事务，包括与印刷厂的联系工作、印刷时间安排和印刷计划安排，并监督印刷工作，检查印刷质量。广告部是专门负责报纸广告业务的职能部门，它承担广告业务的接洽、签约、设计制作和实施发布等工作，并对外来的广告作品负责编辑、检查审核和安排发布时间与版面的事宜。大型的报纸单位一般还在广告部下设调研、艺术、分类广告、策划、普通广告、娱乐广告、广告编辑、校对、分发、印刷监制和出纳等专业小组，分别负责广告的调研、策划、设计制作、实施发布和财务管理等业务。

2.综合制

综合制为一般小报所采用，在总编辑下设编辑部，编辑部内设广告组，其下再设编辑、营业、分类广告等专业小组。

(二)杂志

杂志广告组织也同报纸一样，根据机构大小、业务量多少而设置。

1.小型杂志社

小型杂志社业务量小，一般不单独另设广告机构，由编辑、美工和发行人员兼办广告业务。

2.大型杂志社

大型杂志社一般有一套与大型报社相类似的机构设置，即总编辑室下设编辑组、美工组、印刷业务组、发行组和广告业务组等专业小组。编辑组负责文字编排，而美工组则负责美工设计和杂志版式设计，都在一定程度上参与广告的编排制作工作。尤其是美工组，杂志广告的版式设计、图画创作一般由美工去完成。印刷业务组负责杂志的印刷事宜。发行组专责发行。广告业务组则负责广告业务的联系接洽、签约、策划和设计制作，以及广告实施发布等事宜。

(三)广播

由于业务量相对较大，一般广播媒介单位的机构设置都很健全，有独立的广告部。在广告部下设业务、编辑、导演、录音、制作合成、财务等部门，并按工业、农业、商业、外贸等设立专业小组，负责接洽业务、制作广告和实施发布等工作。

(四)电视

电视媒介单位的广告机构设置基本与广播单位相同,但多了摄影、摄像、美工人员等。

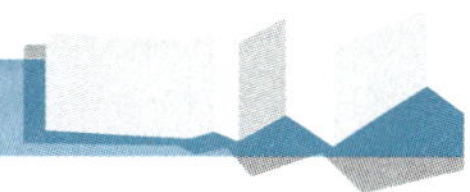

本章小结

广告组织是实现对广告活动进行计划、组织、指挥、监控和调节的管理机构,包括广告公司、媒介广告组织、企业广告部门和广告团体等。

广告公司是专门从事广告代理与广告经营的商业性服务组织,其提供的服务包括:代理广告客户策划广告、为广告客户制作广告、为广告客户发布广告、为广告客户反馈广告信息并评估广告效果、为广告客户提供咨询服务。综合型广告代理公司的组织结构通常根据不同的职能来设置,不同的公司因为规模、性质的不同,其组织结构也存在很大的差异,剔除其他的职能部门,如财务部、行政部、人事部、市场部外,广告公司中为客户提供服务的业务部门主要包括客户服务部门、创意部门和媒介部门。广告公司的评价,可以从公司实力、工作态度、策划能力和职业素养四个方面展开。

从我国企业的广告管理现状看,企业广告部门大致可分为公关宣传型、销售配合型和营销管理型三类。其承担的职责大致包括:参与制定企业宣传决策;确定广告目标,制订广告计划;选择广告代理公司;选择广告媒介;监督和控制广告活动;保持与有关广告团体的良好关系。机构设置常采用的组织类型有:功能型组织、地区型组织、产品型组织、对象型组织、媒介型组织。

媒介广告组织是指各种主要媒介部门设置的专门性广告组织,主要是广播、电视、报纸、杂志四大媒介部门所设立的广告组织。媒介广告组织在整个广告运作系统中担负着发布广告、查验广告的合法性与真实性、开展媒介自身广告效果的调查研究、设计制作广告和收集广告反应等职责。

思考与练习

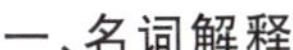

一、名词解释

广告组织　广告公司　广告业务部门　媒介广告组织　广告团体

二、选择题

1. 国际广告协会(简称 IAA)创建于(　　)。

A. 1987 年　　B. 1965 年

C. 1938 年　　D. 1978 年

2. 中国广告协会成立于(　　)。

A. 1933 年　　B. 1979 年　　C. 1981 年　　D. 1983 年

3. 按照企业广告活动的全过程或设计、制作和发布广告活动过程中所必须具备的功能进行广告部门机构设置的方式是(　　)。

A. 功能型组织　　B. 地区型组织

C. 产品型组织　　D. 对象型组织

4. 从具体的销售层次中分离出来,提升为与其他职能部门并列的独立广告业务部门的类型是(　　)。

A. 公关宣传型　　B. 销售配合型
C. 营销管理型　　D. 综合协调型

三、简答题

1. 简述广告组织的类型。
2. 简述广告公司所提供的主要服务。
3. 简述评价广告公司的主要内容。
4. 简述广告业务部门的主要职责。
5. 简述广告业务部门的集中机构设置方式及其优缺点。
6. 简述媒介广告组织的主要工作职责。

实训项目

1. 实训名称：广告组织调查。

2. 实训目的：通过实训，使学生了解我国当前广告公司和媒介组织的发展状况，对广告公司/媒介组织的具体职能有更直观的认知。

3. 实训要求：

(1)每3～4个人组成一个小组，每个小组从广告公司和媒介组织中任选其一作为研究对象。

(2)了解目前我国广告公司/媒介组织的总体发展状况。

(3)搜集十大广告公司/十大媒介组织的相关资料。

(4)从十大广告公司/十大媒介组织中选择一家，了解其组织结构、工作流程、公司特色、所提供的服务等。

(5)撰写调查报告并进行组间交流与讨论。

第十四章 广告实施与控制

学习目标

知识目标

- 了解广告实施的程序与原则
- 了解广告监控与管理的方法和内容
- 理解广告预算编制的两种态度
- 掌握编制广告预算的常见方法
- 掌握广告预算分配的方法

能力目标

- 能明确把握广告预算与企业效益之间的关系
- 能树立科学合理的广告投入观
- 能根据具体的要求进行简单的广告预算

思政目标

(协调精神,创新精神与反省精神、科学合理的广告投入观)在案例导入部分,通过秦池酒失败的案例,引导学生对案例进行反思,培养学生自律、反思、改过的反省精神;在广告实施的原则部分,通过协调性原则和创造性原则的内容,引导学生强化其协调意识和创新意识;在广告预算管理部分,通过相关内容的介绍,帮助学生建立科学合理的广告投入观。

案例导入

秦池酒的成与败

1995 年 11 月 8 日,秦池以 6 666 万元的最高价击败众多对手,勇夺 CCTV 标王。业绩充分体现了标王的影响力,巨大的广告投入使秦池的销售额从 1.7 亿元猛升到 9.5 亿元。尝到了甜头的秦池人,开始有了“标王”情结,以为得“标王”者得天下。

1996 年 11 月 8 日,秦池集团以 3.2 亿元的天价再夺标王。与首夺标王的反应截然不同的是舆论界对秦池更多的是质疑,要消化掉 3.2 亿元的广告成本,秦池必须在 1997 年完成 15 亿元的销售额,产、销量必须在 6.5 万吨以上。秦池准备如何消化巨额广告成本?秦池到底有多大的生产能力?广告费会不会转嫁到消费者身上?消费先知先觉者和理论界都充满了疑问。

1997 年初,一则关于“秦池白酒是用川酒勾兑”的系列新闻报道,将秦池酒厂推向了覆灭的深渊。当年,尽管秦池的广告仍旧铺天盖地,但秦池完成的销售额不是预期的 15 亿元，而是6.5亿元，比上年锐减了3亿。

1998年，秦池的销售额更是下滑到3亿元，从此一蹶不振，开始从大众的视野中消逝。

2000年7月，据《法制日报》报道，一家金属酒瓶帽的供应商指控秦池酒厂拖欠300多万元货款，地区中级人民法院判决秦池败诉，并裁定拍卖“秦池”注册商标。

2004年5月，在鲁浙民企国企合作发展洽谈会上，秦池酒厂被“资产整体出售”，但无人问津。

2009年12月，中国长城资产管理公司济南办事处发布债权营销公告称，公司拟对所持有的秦池酒厂2 000余万元债权进行转让处理。

资料来源：吴晓波. 大败局. 浙江：浙江人民出版社，2007.

问题：

(1)我们该从哪些角度反省“秦池”酒的经历？

(2)你如何看待广告的投入与预算问题？

第一节　广告的实施与监控

任何一个广告活动都有从策划创意、设计制作、组织发布到效果评估的过程。广告实施是广告活动的最后执行阶段，实施阶段主要是通过执行广告计划以实现广告目标。

一、广告实施的程序与原则

广告计划、创意经过批准之后，即可进行广告设计、制作，形成广告作品。在对广告作品进行事前测定与评估后，经由广告主认可，按广告计划实施发布。

(一)广告实施的程序

一般情况下，广告实施大致可以分为以下三个阶段：

(1)准备阶段。该阶段的主要工作是依据广告策划创意的结果，进行广告设计制作、广告活动组织准备和媒介的预订购买工作。

(2)发布阶段。该阶段的主要工作是依据广告策划中确定的广告活动计划、广告发布计划时间表等，正式将广告推出，在各媒介上发布广告。

(3)总结阶段。该阶段的主要工作是对广告发布后的传播效果和销售效果进行测定评估。广告作品发布后，要运用各种方法对广告效果进行调查，并根据调查结果撰写总结报告。

在具体操作中，该程序又可以细化为以下十个阶段：确定广告设计方案；制作广告作品；确定广告发布时间、空间和广告量；进行事前测定；取得广告主认可；进行媒介购买；正式推出广告；对广告发布效果进行跟踪监控，征集反馈意见；测定、分析、评估广告效果；总结经验教训、撰写总结报告。

(二)广告实施的原则

在广告实施过程中，为保证实施工作的科学、高效，应遵循以下原则：

(1)系统性原则。系统性原则要求实施过程从全局的角度、系统的观点来看待广告实施中不同性质的各项具体工作，即要从全局的角度协调实施中的各项工作，用系统的观点分析、判断各项工作之间的相互关系和相互影响。

(2)协调性原则。广告实施要注意与企业市场营销方面工作进展的协调，要认清广告是为企业营销服务的。此外，要注意与企业各种传播活动的协调，以整合传播的观点来看待广告与其他传播活动的关系，保证企业整体利益的最大化。

(3)创造性原则。广告实施虽然是广告策划的执行步骤，原则上必须严格按照计划执行，但任何计划都无法保证其完全精准。因此，在实施过程中面对环境的变化，就必须创造性地、及时果断地应对各种突发状况，保证计划的顺利实施，以实现广告的预期目标。

二、广告实施的监控

如今，广告实施的监控已从简单的事后效果评估发展到事前预测、事中的全程跟踪。有关效果评估方法的内容将在本书第十五章详细介绍，此处，仅对广告实施的监控管理做简要介绍。

(一)广告实施监控的意义

在广告实施过程中，广告人员应积极参与实施过程，并发挥监控的作用，以确保整个实施过程的有序进行。一般而言，对广告的实施过程进行监控有着以下非常重要的意义：

(1)有助于提高广告质量；

(2)有助于避免广告的失误；

(3)有助于提高广告执行的反应能力；

(4)有助于执行者对预期效果的把握。

(二)广告实施的监控方法

广告实施的监控方法主要包括：

1.现场控制

主管人员在执行过程中直接深入现场检查和指导下属活动的监控方法称为现场控制。广告实施过程中，广告部门的负责人可以定期或不定期地到设计现场、制作现场等，告诉下属什么是适当的工作方法与工作程序，监督下属的工作，一旦发现偏差，及时纠正。

2.前馈控制

主管人员对即将出现的偏差有预见性的认知，预先防止问题发生的监控方法称为前馈控制。在广告实施过程中，监控人员预先对整个活动的过程、活动的内容、活动面对的内容及活动方法等进行透彻的了解与分析，如果发现有可能出现问题的地方，则预先采取措施，尽可能地降低在执行过程中出现偏差的可能性。

3.跟踪监控

广告跟踪监控是指通过开展一系列的广告效果的跟踪研究来实现对广告实施过程进行监控的方法。由于各阶段广告发布量、发布媒介有所不同，广告效果的形成也有一个过程，广告效果的跟踪研究如果按照事前制定的日程有序地进行，就可测定出不同发布量、不同媒介对广告效果的影响，进而了解广告过程中广告效果发展的变化。

4.日记调查

如果广告是以尝试改变消费者的消费习惯、消费态度为目标的，还可以采用消费者日记调查的方法。消费者日记调查是指在一定时期内让被调查者逐日记录消费情况，然后进行分析的调查方法。日记调查法的调查对象一般以家庭为单位，用随机抽样法选出。调查员发给被调查者一份设置了各种需要了解的问题的问卷，让被调查者按表上所列的问题如实一一填写，然后由调查员把调查表收集上来，整理并统计调查结果。

(三)广告实施监控过程中应搜集的反馈信息

监控过程离不开对反馈信息的搜集,监控过程中应搜集的反馈信息主要包括以下几个方面:

1. 公众的反应

主要包括:反应的性质是正面、反面还是独立的?反应是强烈的、轻微的还是无反应?产生了何种情绪体验或态度变化(如喜欢还是厌恶、愉快还是沮丧、兴奋还是平静、亲近还是疏远、认同还是抗拒等)?

2. 市场的反应

通过了解产品的销售额、销售量、市场占有率、指名购买率等方面的变化,来跟踪评估广告实施对市场的影响力,或在销售中起到的促销作用。

3. 运转的情况

从操作角度、运作状况来观察、判断整个广告过程中各项具体工作实施是否具有计划性、是否体现战略意图、是否井然有序、是否具有效率等。

4. 综合效果

综合判断广告实施的每一阶段是否达到了预期的目标,是否改善了企业的营销环境,是否提高了产品、品牌或企业的知名度、美誉度、信誉度和忠诚度等。

三、广告实施的管理

为保证广告效果,在实施过程中,企业不能对策划或计划的实施放任自流,而应该融入管理的思想、遵循管理的基本原则、采用科学的管理方法,对整个实施过程进行有效的管理。在对广告实施过程的管理中,尤其应重点注意以下几个方面的管理。

1. 计划管理

计划管理是广告管理的核心,在广告策划阶段,我们就制订了各种计划,如中长期的广告规划、某产品的广告计划、预算计划、媒介计划以及执行计划等。一般情况下,企业必须按照计划的要求来实施广告,即使环境发生了重大的变化,需要改变广告方向或策略,也不能轻易地完全放弃已有的计划。

2. 预算管理

广告预算是对广告费用的匡算,它是企业广告支出决策的基础工作。广告费用支出能否控制在广告预算范围之内,除了决策的科学性之外,还取决于实施过程中的预算控制。科学的预算管理给企业的广告费用控制奠定了基础,而实施过程中按照预算有计划、有效地利用资金则为广告费用的支出提供了保证。一般而言,广告部门或财务部门应该编制一个费用的支出计划,使广告费用能得到科学合理的使用,有效地控制浪费。

3. 组织与协调管理

广告的实施要靠人与人之间的合作,要想在广告实施过程中产生比个体总和更好的结果、更高的效率,就应根据工作的要求和人员的特点,科学地进行授权、分工与合作,用规章制度规定每一个成员的职责及各成员之间的相互关系,形成一个有机的组织结构,使整个组织能协调地运转。除此之外,在广告实施过程中,还需注意广告与其他促销活动之间的协调,以及企业与广告公司、企业与消费者、企业与政府等之间工作与关系的协调。

4. 动态管理

环境的变化、策划自身的不周或执行过程中各种可能因素的干扰,导致无论广告策划如何周密，在实施过程中总会发生一些意想不到的状况，使得广告策划者不得不对原计划做出一定的改进，甚至全部否定原有的方案。这就要求在广告实施过程中，不能过于机械，要有动态管理的思想，在尽可能保持执行过程严肃性的同时，又不失灵活性。

第二节　广告预算

一、广告预算编制的两种态度

广告预算是企业广告计划对广告活动费用的匡算，是企业投入广告活动的资金费用使用计划。它规定在广告计划期内从事广告活动所需的经费总额、使用范围和使用方法，是企业广告活动得以顺利进行的保证。

广告预算是广告计划的核心组成部分，广告计划的实施要以广告预算来支持。很多企业是根据广告预算来确定和制订广告计划的。有时也可以根据广告计划来确定广告预算，即在预计广告活动的规模之后，依据广告活动的费用要求来编制广告预算，这种预算方法可使企业能够主动地发动广告攻势，强有力的开拓市场与维持市场，进行产品的强有力推销。

广告预算与广告费用是两个紧密相连的概念，但两者也有着很大的区别。广告费用，一般是指广告活动中所使用的总费用，主要包括广告调研费、广告设计费、广告制作费等；广告预算，是企业投入活动的费用计划，它规定着计划内从事广告活动所需总额及使用范围。因此可以说，广告费用是广告活动中所需经费的一般概念，是企业财务计划中的一种。

广告预算在广告活动中具有重要的现实意义，广告预算多了，会造成浪费，广告预算少了，则势必会影响必要广告活动的顺利开展，甚至影响整个销售环节，在竞争中处于不利地位。

高层决策者在制定广告预算时，以公司的赢利作为最终目的，希望以广告活动替公司带来更大的利润，在这个大前提下，通常对广告费用有两种不同的态度——一种认为广告是一项支出，一种认为广告是一项投资。

(一)支出说

支持支出说者认为，广告费用应维持在最低水平，因为广告费用并不会对公司的操作产生即时的影响，是公司各种开支中最可有可无的，广告的支出不能确保一定的收益。如果需要缩减开支的话，第一个想到的就是广告费用了。所以他们把广告费用列入支出一项，并且以一种剩余方法来分配广告预算。首先他们把公司的必须支出加起来，包括行政费用、发展及研究支出、税款、贷款利息等，然后以公司预算的营业额计算出毛利，减去上述必须支出，得到公司纯利，再减去股东利益等，剩下来的才是广告费用。

(二)投资说

支持投资说者认为，广告同公司的其他投资一样，会为公司带来一定的收益。在他们心中，广告和股票或债券等相似，投资了某个数目的金钱就有可能拿到某个数目的收益。他们对广告存有一个很乐观的看法，并且把广告的效果数量化。

然而，广告所具有的特质却不容许他们这样做，因为广告只是市场推广因素之一，是一项与其他因素共同作用、替公司赚取利润的投资。他们在制定广告预算时，会根据经验首先订立营业额的增长率，再根据经验订出广告费用的增长率。例如，他们希望来年营业额增加

10%，根据经验，要增加营业额，必须有同样程度的广告费用增长率，于是便把广告预算增加10%。因此，广告预算的制定，应根据该公司的特别环境与市场状况而决定。

二、广告预算的编制方法

制定广告预算的方法目前有数十种之多，常见的有销售额百分比法、力所能及法、目标任务法、竞争平衡法、利润百分比法、销售单位法、随机分摊法等。其中，前四种方法是较传统的广告预算制定方法，我们这里将重点加以介绍。

（一）销售额百分比法

销售额百分比法是一种运用范围最广的广告预算方法，这种匡算方法是以一定期限内的销售额的一定比例计算广告费总额。根据执行的内容与形式不同，又可以具体分为计划销售额百分比法、上年销售额百分比法等。计划销售额百分比法，就是依照广告主制订的下一年的销售计划所要达到的产品销量，确定一定百分比数额的费用作为广告预算经费；上年销售额百分比法，是依照上一年度产品销量状况确定一定百分比数额的费用作为现年度的广告预算。此外，还有平均折中销售额百分比法（计划销售额百分比法与上年销售额百分比法的综合）以及计划销售增加百分比法等销售百分比预算法。

采用销售额百分比法，将广告费用投入直接与产品销售效果相联系，体现了广告主对广告在产品销售中的地位的深刻认识。但问题是：广告成了销售的结果，而不是一种主动促销的措施。其结果是：市场景气，销量上升时，广告经费越多；而市场萎缩，产品滞销时，广告投入反而越少，无法完成刺激消费，抑制或延迟企业的萧条、衰退，形成恶性循环。

（二）力所能及法

这是根据企业的财力状况可能支出多少广告费来设定广告预算的方法，适宜一般财力的企业。所谓“力所能及”，就是广告主将不可避免的投资及支出去除后再确定广告预算的具体规模。其计算方法大致如下：

批发价＝销售价－零售商利润

制造商价＝批发价－批发商利润

制造商收益＝制造商价－生产成本

推广费用（包括广告费用）＝制造商收益－目标收益

例如，某企业主本年的净销售额是100万元，其中包含了销售成本、管理/销售费用、广告费用、纯利润等，它们各占一定比例。假设广告主将下一年度的预期销售额定为125万元，那么增加的25万元将分解到这几项费用及纯利润中。若采用力所能及法，广告主首先考虑销售成本的增加，并保证所希望的纯利润比例，划出管理/销售增加的费用，最后再将剩余费用分摊到广告预算中。

力所能及法尽管比较保守，但体现了一种财务安全的稳健观念，操作也比较容易，一方面能够达到公司的目标收益，另一方面又可以令公司达到量入为出的目的，是一般小型企业计算广告费用的好方法。广告主可以在广告支出减少的情况下，实现预定的销售额目标。因而除了颇受中小型企业欢迎外，甚至有的大型企业也乐于采用此种方法。

（三）目标任务法

这种方法是根据企业的市场战略和销售目标，确立具体的广告目标，再根据广告目标要求所需要采取的广告战略，制订广告计划，最后进行广告预算。这种方法比较科学，尤其对新上市产品发动强力推销是很有益处的，可以灵活地适应市场营销的变化。广告阶段不同，

广告攻势强弱不同，费用可自由调整。目标任务法是以广告计划来决定广告预算，广告目标明确也有利于检查广告效果。其计算公式为

广告费＝目标人数×平均每人每次广告到达费用×广告次数

对市场和产品进行彻底调查、分析是目标任务法的基础。使用这种方法可以使广告目标与预算密切配合，将广告投资与效益目标联系起来。尤其对于新上市产品发动强力推销是很有好处的，可灵活适应市场营销的变化。广告阶段不同、攻势不同，费用可自由调整。费用的投入自广告目标出发，是相对比较科学的广告预算制定方法。

(四)竞争平衡法

这一方法根据产品的竞争对手的广告费开支来确定本企业的广告预算。在实际运用中有以下两种主要形式：

1. 市场份额法

这是由尼尔森公司行政总裁佩卡姆于 20 世纪 60 年代中期在竞争对比概念的基础上归纳出来的。他的市场份额理论又称为“拇指法则”或“佩卡姆法则”。根据这一法则，广告主如果想要保持现有的市场份额或扩大现已占有的市场份额，则必须使其在市场中所占有的广告份额高于该广告主所占有的市场份额。如果是广告主希望以新产品来占有市场，那么就应该将其所付出的广告份额两倍于所希望达到的份额标准。这种方法说明了广告份额与市场份额之间的关系，使广告主注意广告投入的持续性，在相当程度上保证了广告预算的收益。但是，佩卡姆法则又多多少少忽视了广告质量、营销组合中其他因素在产品总体营销中的作用。

2. 竞争平位法

它是指广告主根据主要竞争对手的广告预算规模，或者根据同行业各个企业用于广告预算的平均值来考虑自己的广告经费的大致预算规模。这种方法立足于进攻型的营销广告决策，当某个行业内仅有几个竞争寡头时，这几个强有力的企业经常会利用各种方式试探对手的广告投入量，以作为自己进行预算时的重要参考。这种方法最大的困难就是如何尽可能准确、快速地了解对手的广告预算情报，并能科学地评估采用不同广告策略时广告预算的差异。

(五)利润百分比法

利润百分比法是一种体现投资收益的方法，即将利润额(利润或纯利润)划出一定百分比费用作为广告费用。其计算方法与销售额百分比法类似。这种方法使广告费用与利润挂钩，适宜不同产品之间的广告费用分配。但这种方法对于新上市产品不适用，新产品上市要大量做广告，掀起广告攻势，广告开支比例自然就大。

(六)销售单位法

销售单位法是以每件产品的广告费分摊来计算广告预算。按计划销售数为基数计算，方法简便，尤其适用于薄利多销的产品，并易于掌握各种商品的广告费开支及其变化规律。其计算公式为：

广告预算＝上年广告费/上年产品销售件数×本年产品计划销售件数

(七)随机分摊法

对广告决策人员来说，敏锐的触觉与实际工作经验是非常重要的。这种方法是以前期广告费用为基数，根据财力和市场需要，由企业决策者凭“经验”与“直觉”进行增减，来匡算广告预算。此方法较缺少科学依据，通常被小企业主或应付临时性广告开支时采用，是各种

方法中最简单的，但往往由于过于主观而产生偏差，造成浪费。

三、广告预算的分配

一旦确定了广告经费的总数额，就应当进行广告预算的分配，具体将广告费用落实到预算的每一个项目中。预算分配是通过广告预算对广告活动进行组织、协调和控制广告计划实施的手段，根据侧重点的不同，主要采用以下几种分配方式。

(一)媒介预算分配

首先是媒介间分配，即根据广告的媒介策略及广告计划，将广告预算分配用于选定的几个媒介上。比如，报纸广告占多少，电视广告占多少。其次是媒介内分配，即将分配在同一类媒介的预算，再分配到同类媒介的不同单位中。比如，电视广告预算中，各个电视台分配多少。

(二)时间预算分配

这其实是运用广告预算的纵向计划。广告主一般应将某一特定时间分为若干个时间段，按照时间流程有所侧重地分配预算。这个时间段可长可短，长期的广告计划有年度广告费用的分配，年度计划则有季度、月度广告费用的分配等。另外，在时间预算分配中，还应该注意的是，比如，在一些时间段内有重要节日、纪念日、假期等，广告主应该针对这些特殊时间段的广告预算另行决策。结合媒介策略与相应的媒介预算分配，广告频次及广告连续性的问题也是时间预算分配要着重考虑的方面。

(三)地域预算分配

这种预算分配方法是广告主将某个市场或市场分割部分分解成若干个地理区域，而后再将广告经费对各个地理区域予以分配。采取平均分配方法，虽简单但无法兼顾各个地区的不同实际情况；为解决与各地区实际情况脱节的问题，广告主通常将某几个地区的广告经费拨给在某一特定区域的经营机构(地区性业务部、代表处等)，由这些机构再进行重新分配。地域的切块有国内外、南北方、城乡间等。

(四)产品预算分配

这是一种按照生产的产品数量，按比例、有侧重地在不同产品之间分配广告预算的方式。这主要涉及企业产品结构、产品策略等问题。除此之外，公共关系、企业形象广告等也要分摊一部分费用。

(五)广告对象预算分配

按照广告计划中的不同广告对象，如团体用户、生产企业用户、最终消费者等分配广告预算。一般来说，最终消费者应分配较多广告费用，团体用户、生产企业用户则会在其他营销费用中得到更多份额。

(六)部门内预算分配

广告业务部门进行费用细分，如行政管理及财务部、客户服务部、创作部、媒介部等。

四、广告预算管理

首先，广告预算对计划具有管理职能的作用。许多企业在制订各类经营计划时，将预算放在第一位来考虑，而后再根据预算给予的可行性空间进行具体详细的计划。在这种意义上，广告预算对广告计划有先行的宏观规划作用。目前较推崇的是，依据广告计划来制定广告预算，使企业在发动广告攻势以开拓或维持市场时更有主动权。预算的定期检查，能够在计划执行过程中起到即时监测、管理作用，为企业调试策略提供参照。

其次，广告预算本身需要有效管理。在预算执行的管理中，方案自身的伸缩性是调控的前提，企业财务制度、决策制度是预算管理的机制保证；预算具体管理应明确每个环节、项目的有效期限。与这种严格的计划性相对应的是灵活的调试性，有关部门在一定时间段结束时，都要将预算实施情况加以整理总结，对比预算方案的各个具体项目，以此作为原始数据拟定下一阶段的预算安排。如此反复，使企业的预算得到科学管理，而充分发挥管理职能。

广告预算受到多方面因素的制约，主要包括：

(1)经济发展状况。大体而言，当经济形势好，市场兴旺，产品供不应求时，广告预算会有缩小的趋势；反之，广告预算投入将增多。

(2)市场竞争状况。如果同类产品市场竞争激烈，这类产品整个市场广告投入总量必然相应较大；反之，则少。

(3)市场覆盖面。覆盖面大的市场将投入更多的广告费用。地方性广告费用少于区域性广告费用，区域性广告费用少于全国性广告费用，依次类推。

(4)产品生命周期。产品间的广告预算分配，取决于产品所处的生命周期阶段。通常状况下，处于导入期和成熟期的产品，其广告费用应多于处于成长期和衰退期的广告费用。

本章小结

广告实施是广告活动的最后执行阶段，实施阶段主要是通过执行广告计划以实现广告目标。广告实施应遵循系统性原则、协调性原则和创造性原则。实施过程中尤其要注意对广告实施的监控和管理。广告实施的监控方法主要有现场控制、前馈控制、跟踪监控和日记调查。广告实施过程的管理需注意：计划管理、预算管理、组织与协调管理及动态管理。

广告预算是企业广告计划对广告活动费用的匡算，是企业投入广告活动的资金费用使用计划。它规定在广告计划期内从事广告活动所需的经费总额、使用范围和使用方法，是企业广告活动得以顺利进行的保证。广告预算包括总额预算和预算分配两个基本层面。总额预算的方法主要有：销售额百分比法、力所能及法、目标任务法、竞争平衡法、利润百分比法、销售单位法和随机分摊法等。预算分配的方式主要有：媒介预算分配、时间预算分配、地域预算分配、产品预算分配、广告对象预算分配和部门内预算分配等。

思考与练习

一、名词解释

跟踪监控　日记调查　广告业务部门　媒介广告组织　广告团体

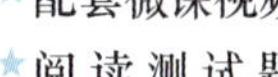

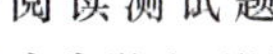

二、选择题

1. 主管人员在执行过程中直接深入现场检查和指导下属活动的监控方法是（　　）。

A. 现场控制　　B. 前馈控制

C. 跟踪监控　　D. 日记调查

2. 以一定期限内销售额的一定比例计算广告费总额的预算方法是（　　）。

A. 目标任务法　　B. 竞争平衡法

C. 力所能及法　　　　D. 销售额百分比法

3. 按照生产的产品数量，按比例、有侧重地在不同产品之间进行广告预算分配的方式是（　　）。

A. 地域预算分配　　　　B. 产品预算分配

C. 媒介预算分配　　　　D. 时间预算分配

三、简答题

1. 简述广告实施的监控方法。
2. 比较广告预算编制的两种态度。
3. 简述常见的广告预算方法。
4. 简述广告预算分配的几种方式。
5. 简述广告预算的影响因素。

实训项目

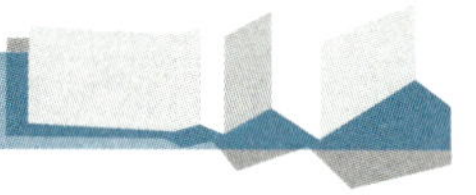

1. 实训名称：广告发布监测。

2. 实训目的：通过实训，使学生加深对广告监测的作用和意义的认识与理解，通过监测对广告的发布情况进行分析。

3. 实训要求：

（1）每3～4个人组成一个小组，每组申请一个梅花网广告监测的免费试用账户。

（2）选择某一特定的品牌，了解该品牌的广告发布情况。

（3）对选定品牌的所有广告作品进行分析。

（4）对选定品牌广告投放所选择的媒介进行分析。

（5）撰写总结报告并进行组间交流。

第十五章 广告效果评估

学习目标

知识目标

- 了解广告效果的含义、特点及类型
- 理解广告效果评估的原则和意义
- 了解事前、事中及事后评估的概念及内容
- 掌握事前效果评估和事后效果评估的主要方法

能力目标

- 能区分不同广告效果评估类型的特点
- 能根据具体的评估要求选择相对应的评估方法
- 能结合实例对广告的事前效果进行测试与评估

思政目标

(科学发展与可持续发展)在广告效果部分,通过对广告效果评估意义的分析,引导学生对广告行业的“科学发展”与“可持续发展”进行思考,帮助学生形成强化“科学发展”与“可持续发展”的意识;并通过思考与练习中相关习题的设置,强化学生对“科学发展”与“可持续发展”的理解和印象。

案例导入

绿箭口香糖广告效果监测

2008 年 7 月至 8 月,绿箭口香糖委托晶立中国在全国 10 个城市投放电梯平面广告,发布了“办公室篇”和“餐厅篇”两个版本。为了了解电梯媒体的受众接触率及到达状况,以及受众对该媒体形式的评价,同时深入了解绿箭口香糖电梯广告的效果,晶立聘请第三方调研公司,对绿箭口香糖电梯广告进行了广告效果监测。

调查显示:

(1)本次绿箭口香糖广告投放的目标受众人群为公司职员、中高级管理人员、个体经营者、专业人士等,他们都是绿箭口香糖的目标消费人群,因此受众特征和目标人群十分吻合。从调研结果来看,被访者每周出入该楼 7 天的占 56%,5 天的占 13%,平均每周天数为 6.2 天。而每天乘坐该楼电梯 4 次以上的被访者占总比例的一半以上,1～2 次的仅占 15%,平均每天约为 4 次。在发布广告的一个月内,受众平均每周能接触到广告的频次约为 24 次。

(2)电梯平面广告和电视广告是被访者接触最多的广告形式,分别达到 100%和 98%。

在现有口香糖品牌当中，绿箭品牌已有较高的市场知名度，从市场调研中获悉，第一提及率已达90%，提示后的提及率为100%，稳居市场第一，说明这个品牌已经深入人心。同类产品的品牌还有益达、黄箭、乐天等紧随其后。

(3)电梯媒体是封闭空间内唯一的信息窗口，也就是变相的强制传达，让受众从被动接收转化为主动阅读广告，再加上电梯内部的环境干扰较低，从而大大提高了传播效率。从此次绿箭口香糖电梯媒体投放一个月后的效果来看，84%的受众表示看过绿箭口香糖的电梯平面广告。其中看过广告者对绿箭口香糖的第一提及知名度明显高于没看过广告者。可见，广告对于绿箭口香糖品牌知名度有一定的拉动效应。

(4)从投放广告以后到实地访问期间，绿箭口香糖广告的平均到达频率为3.3次，其中4～10次占到总比例的一半。业内人士认为，广告短期内到达次数在3次及以上就能明显激发目标受众的购买意向。

(5)对于广告购买效果的调查结果显示：喜欢广告的受众高达85%，看后马上购买的占60%，88%的人认为广告对其购买决策有一定影响。电梯平面媒体能让受众在短时间内多次阅读到广告，反复加深印象，从而激发目标受众的购买意向。

(6)在广告内容回忆方面，绿箭口香糖广告整体画面简洁，色调配合产品主题，倡导绿色、健康、环保的理念。画面以绿色薄荷草点缀人物来营造和谐清爽的办公环境，重点突出"清新口气"的产品功效，视觉效果出众。调查中，被访者对此次广告的回忆情况良好，在未出示广告画面的情况下，受访者对广告内容、产品画面和广告文字等方面均有较清晰的回忆。

(7)在广告信息传递方面，此次电梯广告成功传递了绿箭口香糖作为健康产品能令口气清新的信息。结合受众对广告信息的回忆来看，受众对广告中所传达的信息有着较好的记忆，这也体现了电梯平面媒体适宜传播详细深入的产品信息特点。

(资料来源：案例分析——绿箭口香糖.中国广告网)

问题：在这次广告效果监测中，调研公司对广告的哪些方面进行了测试？通过测试，又发现了哪些广告效果？

第一节　广告效果概述

一、广告效果的含义及特性

(一)广告效果的含义

广告界人士经常引用19世纪成功的企业家约翰·瓦纳梅克的一句名言："我明知自己花在广告方面的钱有一半是浪费了，但我从来无法知道浪费的是哪一半。"为了查明究竟在广告费里有哪一半是浪费掉了，哪一半在起作用，广告人员每年要花费大量的时间和资金进行调查研究工作，更确切地说，他们在设法查明某一则或一组广告是否达到了其预期的效果。广告效果评估或测定在整个广告活动中占有重要的地位，广告活动要落实到广告效果上，只有靠效果评估，广告主及广告公司才有改进广告运动的指南针——才能选择最好的诉求、创作最有说服力的信息、选择最恰当的媒介及媒介组合、达到预定的广告目标。

何谓广告效果？笼统地说，所谓广告效果，是指广告信息在传播过程中刺激和引起的直接或者间接的变化的总和。广告主利用媒介传播某个广告，会给受众带来各种变化，也会给企业带来某些经济效益，同时还会给社会环境带来文化上的影响等，这都可以称之为广告效果。

（二）广告效果的特性

广告活动是一项复杂的系统工程，广告效果的取得具有多方面的影响因素，这就决定了广告效果具有复杂的特性。而要对广告效果有清晰的把握，进行科学合理测定，必须了解广告效果的基本特性。具体来说，广告效果的特性表现在以下几个方面：

1. 迟效性

迟效性是指广告活动的效果通常在广告活动进行后的一段时间内才能充分地表现出来。在通常情况下，大多数人看到广告后，并不会立即就去购买该商品，这主要是因为：该消费者正在使用的某种品牌的商品还可以继续使用；消费者通常要确认使用广告商品能够给他带来更多的利益时才会购买。广告效果的迟效性使广告效果不能很快、很明显地显示，而是必须经过一定的时间周期之后才能反映出来（某些特殊的促销广告除外）。因此，评估广告效果首先要把握广告产生作用的周期，确定广告效果发生的时间间隔，这样才能准确地评估广告活动的效果。

2. 累积性

大多数广告通常不能立竿见影，其效果是逐渐累积而成的。也就是说，从广告播出开始，一直到消费者实际从事购买的这段时间，就是广告的累积期。如果没有“量”的累积就很难有效果的“真正体现”。比如，有一个企业在一段时期内连续播放了五次广告，但市场没什么反应，直到第六次广告播出后才有较为明显的反应，但这并不意味着第六次的广告效果就好于前几次。可口可乐品牌价值高达几百亿美元，这是 100 多年来用同等甚至超过这一数目的广告费累积起来的，而且会在相当长一段时间内起到提醒购买的促销作用。正因为消费者的购买行为是多次广告信息、多种广告媒介综合作用的结果，所以很难测定某一次广告的单一效果。

3. 间接性

广告效果不仅具有累积性，而且还具有间接性。如某消费者接受广告活动的影响，购买广告的商品，使用一段时间后，觉得质量稳定，物美价廉，便向亲朋好友推荐，从而激起他们的购买欲望。或者有的消费者接受广告的影响后，在自己不需要该商品的情况下，也会鼓励别人购买。这些都是广告间接效果的表现。

4. 复合性

复合性是指广告效果是由企业的广告活动与本企业或竞争企业的其他营销活动相互作用而体现出来的。主要表现为：企业整体广告效果是由于采用了多种广告表现形式、多种媒介等因素综合作用所产生的结果；企业广告活动与同时开展的其他营销活动（如公共关系、促销员推销等）是相辅相成的，因此广告效果也就必然会由于其他营销活动效果的好坏而增强或减弱；同行业其他竞争企业所进行的同类产品的广告或其他营销活动也会对本企业产品的广告活动效果带来影响。如竞争产品的广告攻势强大，就会给本企业广告商品的销售带来影响，而竞争产品的广告投入量少且缺乏新意，就会反衬出本企业广告产品的特色。

5. 两面性

两面性是指广告不仅具有促进产品或劳务销售增加的功能，同时还具有延缓产品或劳务销售下降的功能。促销是广告的基本功能，促销效果是测定广告效果的一项重要内容。在市场疲软或产品进入衰退期阶段，广告的促销效果表现在减缓商品销售量的急速下降。在这种情况下，如果再从产品销售量的提高方面来评价广告效果，显然是不客观的。因此，在评估广告效果时，必须充分分析市场的状况以及产品的生命周期，才能测定较为客观和全面的广告效果。

掌握以上广告效果的特性，对于正确、有效地测定广告效果是十分必要的。广告效果测定的时间、对象、指标等的选取以及对测定结果的评估，都应结合广告效果的特性进行综合考虑，使测定结论更符合客观实际情况。

二、广告效果的类型

为了有效地对广告效果进行评估，必须首先对广告效果进行科学的分类，按照广告效果的不同类型采取不同的测定方法，才能取得较好的测定效果。广告效果从不同的角度研究有多种分类，主要的广告效果分类包括以下几种：

（一）按广告效果的性质划分，可分为心理效果、经济效果和社会效果

广告效果是作用于受众的，因此它的效果可以分为三个方面：心理效果、经济效果、社会效果。这三个方面既是相互独立的，又相互有着密切联系，在任何一则广告的效果中，都离不开这三个方面。

1. 心理效果

心理效果是广告对受众心理认知、情感和意志的影响程度，是广告的传播功能、经济功能、教育功能、社会功能等的集中体现。这也是广告作品要实现广告目标的第一步。只有让受众对广告有一个正面的、积极的心理感受，让消费者对产品和品牌产生好感，引起共鸣，并产生购买和使用的欲望，才有可能实现下面两个效果。在广告理论中，无论是制造需求还是创造消费者欲望，无论是 USP 理论还是定位理论，目的都是在消费者心目中占据属于品牌和产品的空间，培育这种好感，引导购买，从而实现广告的经济效益。

2. 经济效果

经济效果是广告效果中广告主最关注的效果。它是指通过广告传播之后，所引起的产品销量和利润的变化。销量和利润的变化，很容易从数字上体现出来，因此这部分的效益，又是最容易评估和衡量的。值得注意的是，在广告效果中，不能过分关注经济效果，否则会导致企业采取一些极端方式促进销售，比如虚假广告等。这在短期内可能会产生利益，但是长期来看，却是自毁品牌。

3. 社会效果

良好的社会效果也能给企业带来良好的经济效益。广告传播作为大众传播的一个重要组成部分，面对的是整个社会公众，因此广告的社会效果就是广告作品对整个社会文化、道德等方面所引起的影响。在广告中，这部分的影响是应该予以重视的，因为它代表了社会公众对广告和品牌的看法，是接受或者是反对。企业应该根据公众的态度，对自己的营销策划进行调整，给自身发展创造一个有利的社会环境。

（二）按广告活动过程划分，可分为事前效果、事中效果与事后效果

按广告活动的总体过程来划分，广告效果可分为事前效果、事中效果与事后效果。与此

相对应，广告效果评估可分为事前评估、事中评估、事后评估。这种分类方法是在实际广告效果评估中经常采用的方法。

1. 事前评估

事前评估除了市场调研中所包括的商品分析、市场分析、消费者分析之外，还可能需要探究消费者的心理与动机，以及设法测验信息在传播过程中可能产生什么作用，以找出创作途径，选出最适当的信息。

2. 事中评估

广告进行中的效果评估，主要目的在于设法使广告战略与战术能够按预定计划执行，而不至于离题脱轨，即使出现这种情况，亦可设法予以修正。

3. 事后评估

广告运动进行后的效果评估，重点在于分析与评定效果，作为管理者决策的参考，以及在决定与分配广告预算时作为决策的基础。

广告活动期过后，有时仍需追踪广告的余波在市场上的冲击效果。例如，品牌追踪研究是美国企业常用的一种研究工具，因为它可以用来测量一个产品在市场上销售情况的变化。品牌追踪研究的结果，可以精确地作为产品潜在消费的指数。此种研究需要持续不断进行。

（三）按广告活动构成因素划分，可分为广告表现效果和广告媒介效果

1. 广告表现效果

广告表现效果是指广告剔除媒介作用后由广告信息本身带来的效果，即广告表现能达到预先制定的认知率、显著程度、理解度、记忆率、唤起兴趣、形成印象等具体目标的程度。

2. 广告媒介效果

广告媒介效果是指纯粹由媒介本身给广告带来的效果。1961 年，美国广告调查财团（ARF）发表了 ARF 媒介评价模式。这一评价模式包括下述六个指标：媒介普及、媒介登出、广告登出、广告认识、广告报道和销售效果。

（1）媒介普及在电波媒介里是指广播和电视总的普及台数，或者拥有收音机和电视机的总户数，在印刷媒介里是指报纸、杂志发行份数或者实际售出份数。

（2）媒介登出是指潜在的听众、观众的总数。具体而言，电波媒介的情况是在特定的时间内电视观众和广播听众的总数，或者在特定的时间内打开收音机、电视机的总数。印刷媒介的情况包括被传阅的读者总数。

（3）广告登出是指一则广告所接触的观众、听众总数以及观众接触一则广告的频度总数。

媒介普及、媒介登出和广告登出这三个指标是纯粹的媒介广告效果，而广告认识、广告报道和销售效果三个指标则是媒介和广告表现综合的结果。

三、广告效果评估的意义

从世界范围的广告发展来看，在 20 世纪 50 年代以前，人们对广告效果的测定与评价往往是凭经验、直觉进行的主观判断。20 世纪五六十年代，世界广告业发生了一个重大变化，即一些研究人员从广告公司、媒介单位和广告主企业中脱离出来，组织独立的广告研究所，专门从事对广告效果的研究和测定工作，从而将广告业的发展推进到一个新的历史阶段。另一方面，随着市场竞争的加剧，广告投入的大幅增加以及广告业务的丰富和拓展，以科学的方法和手段进行广告效果的评价也越来越成为广告主和广告公司所关注的问题。这些都

说明了广告效果的评估工作对于广告主的营销活动、广告单位的经营发展和广告水平的不断提高，有极为重要的意义和作用。

具体而言，进行广告效果评估具有以下重要意义：

(一)有利于加强广告主的广告意识，提高广告信心

一般而言，广告主对广告的效果是有一定认识的，但对广告的效果究竟有多大、是否划算，却没有多大把握。广告信心影响企业的信心，也影响对广告费用预算的确定。企业决策总是倾向于以事实为依据，如果能对广告效果进行评估，具体说明广告的效力，就能使广告主加强广告意识，提高对广告的信心。

(二)为实现广告效益提供可靠的保证

广告效果评估，可以检查和验证广告目标是否正确、广告媒介的运用是否合适、广告发布时间与频率是否得当、广告主题是否突出、广告创意是否新颖独特等。因而，广告效果评估为实现广告效益提供了可靠的保证。首先，广告效果的事前评估可以判断广告活动各个环节的优劣，以便扬长避短、修正不足，从而避免广告活动的失误，使广告活动获得更大的效率。其次，广告效果的事后评估，还可以总结经验、吸取教训，为提高广告水平提供借鉴。最后，广告效果的评估还可以为广告活动提供约束机制，监督并推动广告质量的提高。

(三)保证广告工作朝着科学化方向发展，促进广告业的繁荣

广告效果评估，是运用科学的方法和科技手段对广告活动进行定性与定量分析，以判定广告的传播效果和销售效果，其涉及的学科包括统计学、心理学、传播学、社会学、计算机技术等。因而，这种评估必将推动广告事业的发展。首先，广告效果评估必将融合多学科的专业技术，促进评估手段、技术和方法的发展进步。其次，广告效果评估还可以促使广告策划、设计、制作、传播水平的提高，从而使广告活动更加科学化、规范化、系统化，促进广告业的可持续发展。

四、广告效果评估的原则

明确了广告效果的特性及其分类后，在具体的广告评估过程中还必须遵循一定的原则，才能保证广告效果评估的科学性，达到广告效果评估的预期目标。

(一)目标性原则

由于广告效果具有迟效性、复合性与间接性等特点，因此对广告效果的评估就必须有明确具体的目标。例如，广告效果评估的是长期效果还是短期效果？如果是短期效果，是评估销售效果还是心理效果？如果是心理效果，是测定认知效果还是态度效果？如果是认知效果，是商标的认知效果还是产品特性的认知效果？等等。只有确定具体而又明确的广告效果评估目标，才能选定科学的评估方法与步骤，取得预期的评估效益。

(二)综合性原则

影响广告效果评估的因素是复杂多样的，在具体评估过程中还有许多不可控因素的影响。因此，不管是评估广告的经济效果、社会效果还是心理效果，都要综合考虑各种相关因素的影响。即使是评估某一具体广告，也要考虑广告表现的复合性能、媒介组合的综合性能以及时间、地域等条件的影响，进而准确地测知广告的真实效果。另外，从全面提高广告效益的角度来说，广告效果评估也应该是广告的经济、社会、心理效果的综合评估。影响广告效果评估的各种因素，时刻处于运动与变化当中，且各种因素相互关联、相互影响、相互依赖、相互制约，形成一个复杂的有机体。因此，我们对广告效果的评估切忌主观片面，不能以

经验来处理现时的效果评估问题，必须以客观的方法，对现实中复杂的广告活动进行综合的科学分析，从而找出各因素之间必然性、规律性的联系，才能对广告效果进行科学的评估。

（三）可靠性原则

广告效果评估的结果只有真实可靠，才能起到提高经济效益的作用。因此，在广告效果评估中，样本的选取一定要有典型性、代表性，也要根据评估的要求尽量选取数量较多的样本。对于评估的条件、因素要严加控制，使得标准一致。评估要多次进行，反复验证，才能获得可靠的评估效果。

（四）经常性原则

因为广告效果在时间上具有迟效性、在形式上具有复合性、在效果上具有间接性等特点，因此对广告效果的评估，就不能有临时性观点。具体而言，某一时间和地点的广告效果，并不一定就是此时此地广告的真实效果，它还包括前期广告的延续效果和其他营销活动的效果等。因此，我们必须保存前期广告活动和其他营销活动及其效果的全部资料，才能真正测定现实广告的真正效果。同时，广告效果评估的历史资料，含有大量的评估经验与教训，对现时的广告效果评估具有很大的参考价值。而且，长期的广告效果评估，只有在经常性的短期广告效果评估并保存有详细的评估资料的基础上才能进行。

此外，在制订广告效果评估计划时，在不影响评估要求和准确度的前提下，评估方案要尽可能地简便易行。同时，进行广告效果评估时，所选取广告样本的评估范围、地点、对象、方法以及评估指标等，既要考虑满足评估的要求，又要充分考虑企业经济上的可行性，尽可能做到以较少的费用支出取得尽可能满意的评估效果。

第二节　广告效果的事前评估

一、广告效果的事前评估的含义及意义

（一）广告效果的事前评估的含义

广告效果的事前评估，主要是指对印刷广告中的文案，广播、电视广告中的脚本以及其他形式广告信息内容的检验与测定，对于这些信息内容的检测，都是在未经正式传播之前进行的，所以叫事前评估。广告效果的事前评估可以测知广告信息的心理效果和部分社会效果，因而也就可以间接地测知广告的经济效果。同时，广告效果的事前评估，可以将广告创意策略、传播策略中的某些错误及不当之处消灭在襁褓之中，并及时予以纠正，可以有效地提高广告的最终效果。

（二）广告效果的事前评估的意义

广告效果的事前评估对于整个广告活动的实施具有十分重要的意义。

1. 防止出现大的失误

一般而言，事前评估广告只能给予有限数量的资讯，但这种资讯却十分重要，其主要目的是确认这一广告活动是否存在致命性的失误，是否会给商品或企业引来灾祸。如果有，事前评估则可以提供一个机会，在广告运动发起之前确认这些缺陷并加以改正。

2. 确定广告达成目标的程度

就达成所制定的广告目标而言，事前评估能为广告运动计划者提供一个机会，以确认将要展开的新的广告运动将可能达到什么目标以及程度如何、有没有偏离、有何偏离等。

3. 评价传达某品牌销售信息的可选方法

传播某品牌的销售信息，往往有多种可供选择的方法。对广告传播而言，如果不是实际对所有可选择的方法通过市场彻底加以检验，就不可能确定哪种方法最好。因此，广告主完全有必要对诸如可供选择的创意策略、媒介组合方案等通过市场进行试验，取得消费者可能的反应，以判定哪种方法、策略或方案最优。

二、广告效果的事前评估方法

广告发布前测试主要包括两类内容——概念测试和文案测试。

（一）概念测试

在广告策划的决策阶段，我们首先要决定应该向广告诉求对象说什么。概念测试是寻求和确定品牌价值主张的有力工具。概念测试一般按小组进行，通过书面问卷和小组讨论这两种方式相结合来收集数据。这种测试的宗旨是：预防重大失误，预防广告创意人员熟视无睹而第一次看到这条广告的消费者却完全能明显感觉到的东西，诸如无意的双重指向，或在广告跨越国界时对其中视觉图像的出人意料的理解。广告策划者可以参照概念测试的结果，寻求最贴切的方式、最具冲击力的诉求策略，以便作为广告推出的依据。

概念测试常用的测试方法包括小组讨论法、语句完成法、认知列表法。在实际操作中，我们常将这三种方法结合起来使用。

1. 小组讨论法

小组讨论法，是指由 7～8 人组成小组，在良好的气氛下自由讨论。当然，主持者以能把握会场的心理专家为宜。例如，提供两条不同表现策略的广告，然后让他们对这一对广告进行评论。

小组讨论法通常要先备妥询问项目，由主持人逐一提出讨论，并将之录音或记录，同时也可以利用单面玻璃及隐秘式麦克风，观察小组成员的表情及发言情形。小组成员应以具有同性质者为佳，如年龄、嗜好、学历、职业等，以免造成沟通障碍，影响讨论的气氛。

这种方法可以使每一个人自然地流露出潜意识的动机，可以激发思考，防止个人面谈时的过度夸大，减少人力等。不过，在实施过程中，要考虑到发言机会的均等，在选择受测验对象时要慎重，各项的准备工作也要周全等。

2. 语句完成法

语句完成法是指利用不完全的提示、刺激表现出隐藏在心理的动机。其做法是向受访者提示不完全的或未完成的文句，然后，由受访者按照自己的意思，完成未完成的部分，以此了解其动机。测试回答的范围有的受限制，即限制完成法；有的则不受到限制，即自由完成法。

下面所举各例是对汽车所做的自由完成法的测试。

(1)汽车是________。

(2)最适合的汽车颜色是________。

(3)拥有汽车时，最感到困扰的是________。

(4)将汽车命名为________，理由是________。

(5)拥有汽车时,最感到满意的是________。

限制完成法的测试如下:

(1)老了以后,将________。

(2)家庭主妇的工作是________。

(3)包装良好的香皂是________。

语句完成法,侧重了解被访者感情、态度的倾向及注意的范围或对象等。

3. 认知列表法

人们普遍认为,广告会在人接触广告期间或之后引起某些思维或认知活动。认知列表或认知反应分析是一种信息调查方法,它试图探明广告所引起的具体认知。

在这种调查中,调查人员关心的是已经完成或快完成的广告在消费者心里引起的认知活动。一般的做法是,调查人员将受试者分成几个小组,让他们观看广告,一旦广告结束,调查人员便要求受试者写下他们在看广告时心里产生的所有想法,从而了解潜在受众如何理解广告以及如何做出反应。

然后,他们可以运用多种方法对这些反应进行分析。一般来说,调查人员会采用简单的百分计数或字符计算得分记录表的形式,他们最为关心的是好与恶的比例,或者记录受试者将自己与广告产生联系的次数,即"那对我有好处"或"那看上去像我想要的东西",并比较不同的广告实施所产生的这类数字。

(二)文案测试

广告文案测试主要在实验室中进行,也可以在自然情景中进行。我们可以比较、评价候选广告方案,从而在数则广告稿中,选出最佳的广告。决定之后,再进行大规模的广告投放,以避免浪费。

影视广告的测试一般又称故事板录像测试,是专门为试验电视广告初稿而设计的。故事板录像测试通过故事板和配乐声带准备出广告片,然后在受试者通过电视监视器看过故事板广告之后,逐一对他们进行面访,提出的问题涉及广告的劝服力、喜爱度、可信度以及其他特点。故事板录像测试可以充当评判试验广告的依据,为其他同类产品提供测量基准。

1. 实验室中的测试

(1)专家意见综合法。在广告作品或媒介组合计划做好后,通常是拿出几种可供选择的方案,请有经验的广告专家、权威人士、营销专家等进行测定,对广告作品和媒介组合方式将会产生的效果做出多方面、多层次的预测。

(2)小组讨论法。小组讨论法具有多种功能,被广泛地应用。在文案测试中,请被测试小组的成员对广告表现内容进行评论。例如,提供两条有不同表现策略的广告,然后让他们对这一对广告进行评论。

(3)语句联想法。语句联想法是指将一幅广告作品向消费者展示几秒钟,然后收回广告作品,并且要求消费者马上讲出或写下几个他当时想到的言辞,测试人再将各位消费者的反应词汇总结起来进行心理分析,可以通过消费者受广告的刺激所产生的联想,判断消费者对所看到广告的心理反应,测定其对产品的态度。

(4)机械测试法。较常使用的机械测试法有眼动仪、瞬间显露器、GSR 法及节目分析器法等。

①眼动仪。这是一种记录眼球活动的装置。从侧面向被测试者的瞳孔投射光束,利用眼球运动时折射的光线,记录下眼球运动的轨迹及停顿的时间。

②瞬间显露器。这是一种能够在较短的时间内向被测者显示广告物的装置。该装置的开闭处要有像照相机快门似的机关,可按操作要求在 1/1 000 秒至数秒间,向被测试者显示

广告海报、实物广告等。调查员用这种装置测试调查对象在瞬间提示后的广告印象。

③GSR法(皮肤电流反应法)。GSR法是根据人们在感情变化时引起皮肤的汗腺扩张而出汗,造成皮肤电阻减小,电流容易通过这一生理反应来测定广告效果(其原理与测谎器一样)。被测者手指夹上电极,通微量的电流,当他接触广告表现时感情上发生变化,在记录纸上记录皮肤电阻的微小变化。

④节目分析器法。节目分析器法也称为节目分析机,是和电子计算机连接在一起使用的测定装置。被测验者20～50人集合在一个实验室里,给每人3～5个按钮的开关,对提示的广告(电视或电影中的商业广告)表现内容,根据每个人的兴趣,按开关上说明的按钮,计算机在一秒钟内进行集中分析。这个被试验的商业广告和集中分析的结果马上一起在荧光屏上显示出来。这种方法有迅速处理信息的特点,但是在一般情况下并不仅只用这种装置来测定,而是同时让被测者回答更详细的提问内容,从而测量兴趣程度的大小。

在广告效果研究中,机械法是一种重要的测量手段,可以比较客观、准确地记录下消费者与广告接触时的反应状态。然而,机械法也有其不足之处。比如,机器可以记录下被测者心跳加速之类的现象,却说明不了这是因为对所接触的广告抱有好感还是厌恶。另外,机械法不适宜做大量的调查,只能局限在实验室里进行。

2. 仿真环境中的测试

广告文案测试在国外已经相当成熟,并且由专业的调查公司进行操作。这对在仿真环境中进行文案测试起到了重要的推动作用。仿真环境中的文案测试主要有影视广告测试和印刷广告测试。

(1)影视广告测试

①分裂式有线传输法(Split-cable Transmission)。这种方法通过有线网络,直接向同一个市场内两组相似的家庭样本分别传输同一条广告的两个不同版本,从而对这两个不同的版本进行测试。这种方法为广告的暴露提供了高度真实的自然环境,调查人员可以控制传输频率、传输时间等因素。然后,调查人员可以根据测量到的暴露度、回忆度以及说服力度等对广告进行比较。

美国Gallup & Robison(盖洛普)公司提供了一种In-view的测试服务。这种服务可以对电视广告初稿和文稿进行无线广播测试。调查人员分别在美国东部、中西部和西部各选取一个市场,然后随机选择100～150名受试者。将试验广告连同某一个目前已进入联播体系的昔日黄金档节目拿到某家独立的联播台播出,在节目播出之前,调查人员给受试者打电话,请他们收看节目,准备对节目本身进行评价。第二天,调查人员收集次日回忆率,并针对试验广告的创意传播能力和劝服能力向受试者提出相关的问题。

②剧院测试(Theater Test)。调查人员可以在购物中心内或商业街附近的影剧院中对广告进行测试,参加测试的观众利用一种电子仪器表示他们对放映的广告的好恶。剧院测试的问题在于,我们难以判断受试者表示的是他们对广告的真实感受还是对广告产品的真实感受,因此必须要靠资深的调查人员来解释调查结果。

(2)印刷广告测试

①多胞胎版发行法(Split-run Distribution)。这种方法是针对印刷媒介的,调查人员在两本相同的杂志中分别放入同一条广告的不同版本。这种测试方法的优点在于,它把即时反应当作一种试验标准,在设计广告时附带一份回执卡,以此充当评估广告的依据。另外,也可以采用赠券和免费电话号码的方式。这种方法的真实性是测试活动的一大优点。

②仿真广告载体(Dummy Advertising Vehicles)。有时,调查也会采用仿真广告载体。

例如,一种仿真杂志,它含有各种内容和广告的杂志仿真品。调查人员在仿真载体中插入一条或几条受试广告,然后要求被测试者像平常那样阅读。这种测试通常在消费者的家中进行,因此具有一定的真实感。一旦阅读完毕,调查人员就向消费者提出与仿真载体内容和广告有关的问题,比较典型的问题包括受试广告的回忆度和对广告及产品的感觉。这种方法最有利于比较不同的广告信息。

例如,美国的 Gallup & Robison(盖洛普)公司的调查人员从 5 个大都市区域内挑选出《时代周刊》和《People》杂志的固定读者参加调查活动。广告主可以在这两种杂志的试验期中购买广告版面,盖洛普公司把这些杂志投递到每个实验区中的 150 名受试者家中,在投递的第二天,经核实这位受试者确实读过试验杂志之后,调查人员开始进行电话采访,询问受试者是否能回忆起一批品牌和公司的广告。调查人员可以通过这种方法测量试验广告在回忆度、创意沟通力和劝服力方面的详细情况。

以上这些测试方法都尽量模拟真实的环境,因此测量结果也更加接近真实。但是由于调查人员无法控制市场中竞争因素或其他因素的影响,因此调查结果仍有局限。当然这并不能阻碍这些测试变得日益流行。即使测试有时会错误地估计广告的效果,但广告主使用这种方法取得成功的概率也肯定比不使用的时候高。

三、广告效果事前测试的主要优点和局限

(一)广告效果事前测试的主要优点

第一,能以相对低的费用(与事后测试相比)获得反馈。此时,广告主还未花大量的钱刊播广告,事前测试可以帮助广告主及时诊断并消除广告中的沟通障碍,有助于提高广告的有效性。

第二,预测广告目标的实现程度。例如,如果广告的主要目标是提高品牌的知名度,那么就可在事前测试中加以测定。

(二)广告效果事前测试的缺点

第一,广告事前测试大都是在受测者看了一次广告之后进行的,无法测出他们接触多次广告后或在其他营销活动配合情况下的广告反应。因此,所测试的是个别广告的效果,而不是广告战役的效果。

第二,事前测试可能会延误时间。许多广告主认为,第一个占领市场会给其带来压倒竞争者的独特优势,因此,他们常常为了节省时间,确保这种地位而放弃测试。

第三,事前测试效果与实际效果往往不一致。例如,否定诉求广告在事前测试中往往分数不佳,而其实际效果可能颇为成功。相反,幽默、轻松、娱乐性广告的事前测试效果往往比实际效果好。因此,对广告事前测试的效果还要加以分析。

第三节 广告效果的事中评估

一、广告效果的事中评估的含义

广告效果的事中评估是在广告作品正式发表后直到广告活动结束前,在广告活动进行的同时对广告效果进行的效果评估与测试。它的目的是检测广告计划的执行情况,以保证广告战略正常实施,也可以测评广告事前效果测评中未能发现或确定的问题。它虽然不能

对整个广告活动的最终效果进行评定，但是却可以检验广告效果的事前评估和预测事后测定的结果，并为事后评估广告积累必要的数据和资料，以保证广告效果事后评估的顺利进行和取得较科学的鉴定结果。事中评估大多是在实际情景中进行的。

二、广告效果的事中评估方法

由于广告媒介费用高昂，营销状况各异以及市场竞争的加剧，因此越来越多的广告主在广告活动的进行过程中不断对广告进行测定、评估和修正。事中评估常见的内容与方法大致有以下几种：

（一）销售效果测评法

销售效果测评一般采取销售地区实验法，是实地实验法的一种，即选择某一特定地区和时间推出广告，对被确定的广告因素做推出前后的销售情况对比调查，根据销售变化的大小，考察广告活动的效果。

其具体做法是，先将销售地区分为实验城市与控制城市，在新的广告运动发起的一个月或一个半月前，在实验城市进行新的广告运动。而在控制城市保持与实验城市大体相同的环境条件，但并不发布新的广告。最后将实验城市与控制城市两者在广告活动前后的销售量加以统计比较，便可测定新的广告运动或新的广告的相对效果。

这种方法的优点在于能够比较客观地实际检测广告的销售效果，尤其是对一些周转率极高的商品，如节令商品、流行商品等更为有效。但这种方法也存在着缺陷，这主要是因为检测时间长短不易确定，如果检测的时间太短，可能广告的真正效果还未发挥，如果时间过长，市场上各种可变因素又不易控制。再者，要找到与实验城市条件大致相同的控制城市也相当困难。因此，要想采用销售地区实验法，就必须舍去一些次要变数，但这些次要变数的取舍恰当与否又在相当程度上决定了评估效果的有效性。

（二）函索测定法

函索测定法是邮寄调查法的一种，其目的是检测不同的广告作品、广告文案的构成要素在不同广告媒介上的效果。

具体做法是，在不同的媒介上刊登两幅或两幅以上的广告，其中有一个广告构成要素（如文字、图画、标题、布局、色彩或广告口号等）是不同的。每幅广告中含有以下两个项目：

（1）广告主希望消费者对其广告产生反应而做的邀请或提供物。

（2）便于核对广告及刊登媒介的编号。

最常见的提供物是赠券，赠券中含有表格，以备消费者填妥寄回索取样品、赠品或其他资料，而编号可以是门牌或信箱号码，也可以是函索表格上的一个暗记。函索的表格寄回后，由于上面有不同的编号，所以可以查知是在哪一家报纸上所刊登的广告产生的效果。最后进行统计，就能判断哪幅广告、哪种标题或哪家报纸最有效果。

这种方式的评估适合报纸、杂志及直邮这类印刷媒介，若是再附上“回邮由厂商代付”或“回邮邮资已付”，或者直接在信函中加附“商业回信卡”，回收率可能更为显著。而每幅广告的函索回收率愈高，所负担的成本也就愈少。

这种方法的优点是简便易行，可以在各种印刷媒介上同时进行，而且可以用来比较广告任何构成要素的相对功能与效果。其缺点是只适用印刷媒介，回函期较长，而且若广告主提供的赠品具有高度注意价值，则儿童、竞争者、搜集样本者等这些回函者并不一定都具有广告主目标市场意义,因而测定结果的准确度会受到影响。

(三)分割测定法

分割测定法也是邮寄调查法的一种,它的目的是检测同一媒介上某一构成要素不同的广告效果。实际上它是函索测定法的分支。

其做法与函素测定法基本相同,只不过一幅广告刊登在同期一半份数上,另一幅广告刊登在同期的另一半份数上。然后将两者寄给各市场的读者,这就意味着每个市场的读者有一半人可见到第一幅广告,而另一半人可看到第二幅广告。每幅广告附有编号和商品说明书,根据回函统计后即可得出两幅广告销售效果的比较值。

这种方法的优点是检测的对象比较明确,检测的条件比较一致,即除了被测者之外,其他所有的变数都在控制之中;杂志报纸分别寄给读者,两幅广告几乎同时出现,刊在同样页次、同样版位,但彼此互不影响。同时,读者也不会觉察,而会在自然情况下接受测试,回收率可能很高而且迅速。当然,采取这种方法可能要花上一笔相当大的费用,同时愿意提供这种服务的媒介也十分有限,这些都是在进行测定前需加以考虑的。

(四)固定样本连续调查法

这是研究消费者购买行为的基本手段之一。按简单随机抽样方法,抽出所要调查之人或家庭,对被调查人或家庭长期跟踪调查。比如,对所选中的家庭主妇发购物日记簿,请她们按照下列项目进行记录。

(1)每日所购买的日用品的品牌、包装单位、价格、数量、购买的店铺、所提供的赠品等。

(2)对所阅读的报纸、杂志、视听的电台、电视节目等媒介接触事项。

调查员定期访问被调查家庭,收回所记录日记簿,收齐所有日记簿后,加以统计。此项资料能表示各种商品消费者的市场动向、需要量、长期动向、季节变动以及其他的短期变动。由于这种调查是针对同一家庭进行的连续调查,能较清晰地描绘出各商品品牌在某家庭里的使用率、市场占有率、品牌忠诚度等,类似于个案研究调查。

消费者固定样本连续调查可以应用于广告效果评估中。如要研究某一报纸广告在某一段时期的效果,可将所有样本户分为接触该广告的家庭和未接触该广告的家庭两组。在刊出广告前后,统计两组家庭购买新产品的数值,分析广告影响的情况。

固定样本连续调查除了采用消费者日记的方法外,还可以采用电话访问。

例如,假设从9月1日起对"雅倩"亮发保湿摩丝进行一项新的广告活动,该活动到次年6月1日结束。于是,确立11月1日和次年3月1日进行电话访问式的追踪研究计划。

在11月1日选择有代表性样本对消费者做一系列的随机电话访问。首先提问:受访者在"雅倩"所选择的媒介中是否看过或听过摩丝类的广告?如果是,是哪几则?一旦受访者指出记得的广告后,继续问受访者下列问题:

(1)这则(些)广告说了些什么内容?

(2)当您看完(听完)这则(些)广告后,心理有何反应?

(3)当您看(听)完这则(些)广告后,购买该产品的欲望是提高还是降低?

(4)广告中,什么因素影响了您购买的欲望?

(5)您最近购买了什么品牌的摩丝?

在对这些问题的答案进行综合分析整理后,可大致衡量出下列三种广告效果:

(1)吸引受访者记住或想起某些广告的能力。

(2)受访者对某广告的心理反应或对销售重点的了解程度分析。

(3)说服购买产品的能力,即受访者看了某广告后,购买该产品的欲望、受影响的程度。

到次年6月1日进行第二次一系列的随机电话访问,询问同样的问题。在样本是可比的前提下,对两次调查结果进行比较和研究,以确定可能发生的任何改变。此外,还可以了解到,第一次调查所发现的问题,在采取措施改正后,是否已得到了相应解决。

这种追踪研究,一般可以在广告活动约2个月的正常时间隔期内任何时间进行,而针对不同情况、不同产品,追踪研究的间隔时间也可做相应调整。

第四节　广告效果的事后评估

广告效果的事后评估是指在整个广告活动进行之后所做的效果评估。广告效果的事后评估,是整个广告活动效果测定的最后阶段,是评价和检验广告活动的最终指标,是人们判断广告活动效益的依据。

广告效果的事后评估,是对整个广告活动成果的评定,亦即对广告活动达成预定计划与目标的测定。因此,广告效果的事后评估,基本上采用目标测定法。就企业而言,一项广告活动要达成的目标可分为两大类:一是提高商品的销售额;二是改进商品或企业在消费者心目中的形象,即改进消费者对商品品牌或企业的态度。因此,广告效果的事后评估基本上也就是对广告销售效果的事后评估和对广告接触与沟通效果的事后评估。

一、广告销售效果的事后评估

在信息传播过程中,广告效果的最终阶段是行动,换言之,就是人们受广告影响,实施购买广告商品或者响应广告的募集的行动。在行动阶段,广告效果是备受关注的。从支付了广告费用的广告主的立场来说,将行动阶段的效果(如营销额等)当作衡量广告效果的标准是很自然的事情,然而,简单地用营销结果来衡量广告效果还是有欠准确的。由于在整个信息传播过程中,行动只是众多种广告效果中的一部分。此外,促使购买行动发生的效果是多方面的。在营销活动中,企业通常运用价格战略、流通战略、产品战略和广告战略来促进商品的销售。正因为在行动阶段各种影响的多重性、复杂性,所以调查在这个阶段中广告对于营销的效果是相当困难的。

虽然有理论和测量上的困难,但从对企业负责的角度出发,我们还是有必要对广告的销售促进效果进行定量的把握。

广告销售促进效果的调查方法包括事前事后法和统计分析法。

(一)事前事后法

事前事后法,就是实际调查广告活动前后的销售情况,以事前事后的销售额、利润额,结合广告费等因素,作为衡量广告效果的指数。具体包括以下几种方法:

1. 广告费用比率法

广告费用比率法的计算公式为

销售(或利润)费用率=本期广告费总额/本期广告后销售(或利润)总额×100%

单位费用销售(或利润)率=本期广告后销售(或利润)总额/本期广告费总额×100%

从以上公式可以看出,销售(或利润)费用率越小,单位费用销售(或利润)率越大,就说明广告效果越好；反之，则说明广告效果越差。

2. 广告效果比率法

广告效果比率法的计算公式为

销售（或利润）效果比率＝本期销售（或利润）额增长率/本期广告费用增长率×100%

例如，某公司为配合旺季销售，第四季度投放的广告费用比第三季度增加了40%，同时，第四季度的销售额比第三季度增长了20%。由此，我们可以计算出该公司广告销售效果比率为50%。

销售效果比率越大，说明广告效果越好；反之，则说明广告效果越差。

3. 广告效益法

广告效益法的计算公式为

单位费用销售（或利润）增加额＝[本期广告后销售（或利润）总额－上期广告后（或未做广告前）销售（或利润）总额]/本期广告费总额

例如，某企业第三季度销售额为180万元，第四季度投入广告费0.8万元，销售额上升为200万元，则该企业单位费用销售增加额为25元，即每元广告费取得25元效益。

由此可见，单位费用销售（或利润）增加额越大，说明广告效果越好；反之，则说明广告效果越差。

4. 盈亏分界点计算法

用 A 表示基期广告费，ΔA 表示报告期广告费增加额，S 表示报告期销售额，R 表示平均销售费用率，则销售费用率＝广告费用额/销售额，用公式表示为

$$R=(A+\Delta A)/S$$

$$RS=A+\Delta A$$

所以

$$\Delta A=RS-A$$

如果 ΔA 为正值，说明广告费使用合理，经济效果好；如果为负值，则说明广告费未能有效使用，需考虑压缩广告开支。

例如，有甲、乙、丙三家公司，其广告费投入和销售额情况见表15-1。

表 15-1　　广告费投入和销售额情况

公司	平均销售费用率（%）	报告期销售额（万元）	基期广告费（万元）
甲	1.3	1 000	15
乙	1.1	2 000	18
丙	1.2	1 800	14

则各公司 ΔA 值为：

甲公司：$\Delta A=1\,000\times1.3\%-15=-2$（万元）

乙公司：$\Delta A=2\,000\times1.1\%-18=4$（万元）

丙公司：$\Delta A=1\,800\times1.2\%-14=7.6$（万元）

由此可见，丙公司广告费利用情况最好，乙公司次之，而甲公司的广告费投入超过了前期平均投入，但销售效果却没有太大的变化，因此应压缩广告费用支出。

（二）统计分析法

统计分析法主要包括使用牵引率法、PFA（Plus for AD）法和广告效果系数法。

1. 使用牵引率法

使用牵引率法是由通过在广泛的领域里进行抽样，把所得样本分为两类：一类是对目前所实施的广告一无所知的人，从中寻找使用该产品的人（不知广告却使用产品），计算其百分比（X%）；另一类是对所实施的广告有深刻记忆的人，从中寻找使用该产品的人（既知广告又使用产品的人），计算出百分比（Y%）。由以上可知，假如不做广告时，只有 X%的人购买该产品，一旦做广告，另有额外（Y－X）%的人受广告所吸引而使用该产品。两组百分比之差称为使用牵引率。

2. PFA(Plus for AD)法

PFA 主要用来测量广告使用上的吸引力。对调查对象，首先要确认其是否见到或听到该品牌的广告，然后再问是否购买过该品牌的产品。计算公式为

PFA 的购买率＝(接触广告而购买的比率÷接触广告的总人数)×100%－(未接触广告而购买的比率÷未接触广告的总人数)×100%

对全体 PFA 的比率＝接触广告占总人口的比率×PFA 的购买率

PFA 的购买率＝总人口数×对全体 PFA 的比率

3. 广告效果系数法

根据小组比较法，在广告推出后，调查以下两种情况：看没看过广告；有没有购买广告商品。调查结果见表 15-2。

表 15-2　广告效果系数法　　单位：人

项目	看过广告	未看过广告	合计
购买广告商品	a	b	$a+b$
未购买广告商品	c	d	$c+d$
合 计	$a+c$	$b+d$	n

注：a——看过广告而购买商品的人数；b——未看过广告而购买商品的人数；c——看过广告但未购买商品的人数；d——未看过广告又未购买商品的人数；n——被调查的总人数。

从上表可以看出，即使在未看过广告者当中，也有 $b/(b+d)$ 的比例的人购买了广告商品，所以要从看过广告而购买的 a 人当中，减去因广告以外影响而购买的 $(a+c)\times b/(b+d)$ 人，才是真正因为广告而导致的购买效果。用这一人数除以被调查的总人数所得的值，称为广告效果指数(Advertising Effectiveness Index)，简称 AEI。计算公式为

$$AEI=[a-(a+c)\times b/(b+d)]/n\times 100\%$$

例如，某企业为提高产品销售量，共发起两次广告运动，每次广告运动结束后，经调查所得的资料分别见表 15-3 和表 15-4。

表 15-3　第一次广告运动　　单位：人

项目	看过广告	未看过广告	合 计
购买广告商品	85	48	133
未购买广告商品	101	166	267
合 计	186	214	400

表 15-4 第二次广告运动 单位：人

项目	看过广告	未看过广告	合　计
购买广告商品	96	44	140
未购买广告商品	91	169	260
合 计	187	213	400

分别计算两次广告运动的广告效果指数如下：

$$AEI_1=[85-186\times(48/214)]/400\times100\%=10.82\%$$

$$AEI_2=[96-187\times(44/213)]/400\times100\%=14.34\%$$

由以上可以看出，第一次广告效果指数为 10.82%，第二次广告效果指数为 14.34%，第二次广告效果显然比第一次要好。

二、广告接触与沟通效果的事后评估

回顾 20 世纪 20 年代的广告业，当时的广告主根本无法知道花在广告上的钱究竟有多少可以回收。1914 年印刷媒体发行公信会的设立，代表一项重大的进步。广告主首次确信有多少广告被印刷和分发出去。随着有了广播和电视的视听调查服务和阅听者的测量装置，广告主知道了有多少人收看了他们的广告。但是，广告暴露量测量的发展并没有完全满足今日广告主与日俱增的要求：广告要怎样才有效？为什么有效？人们听到、看到、阅读过广告信息后会产生什么效果？这些效果如何积累，如何与其他刺激融合，最终转化为购买行动？

广告接触与沟通效果实际上包含了两个方面的内容，接触效果更多的与传播效果有关，而沟通是改变消费者心理的基础，所以对广告沟通效果的评估实质上指向的是对目标受众心理变化效果的评估。广告接触与沟通的效果可以在广告活动中测试，也可以在广告活动结束时测试。主要的测试内容和方法包括视听率调查法、认知测定法、回忆测定法、识别法以及态度变化测定法等。

(一)视听率调查法

视听率调查法主要是计算那些接触到广告的人数，包含看到平面媒介广告以及看到和听到电视与广播广告的人数。调查人员可以直接听取被测者对问题的回答和用书面提问法进行的调查，再加上使用各种机器测定家庭电视视听率，也包括在实验室的效果测定。目前比较常用的方法有机械调查法、日记调查法。

1. 机械调查法

如电视视听调查法、(电视)视听自动记录法、电视节目观看状况报告法，是用各个调查公司研制的特殊结构的测定机器，装在电视接收机内，进行对电视视听率测定的方法。在调查对象的家中安置自动记录装置，该装置用电话线与调查机构的计算机相连，按设计的时间自动记录电视节目的收视状况，然后由计算机汇总统计，向需要的客户提供统计数据。

2. 日记调查法

将调查表交给调查对象家庭，并告知有关电视收看或收音机收听的记录方法，让调查对象在调查表上记录收看(听)日期、时间、台名以及节目名称，再由调查员按时回收。

如果将日记调查法用于事中评估，通过测试，我们能够对以下几个问题做出判断，并及时纠正失误：

(1)发布时机选择;

(2)发布规模设定;

(3)发布强度适合性;

(4)发布媒介的针对性与号召力。

(二)认知测定法

消费者购买商品的心理活动,首先是从对商品的认知开始的。认识商品的过程,就是消费者对商品个别属性的各种不同感觉加以联系和综合的反应过程,这一过程主要是通过消费者的感觉、知觉、记忆、思维等心理活动来完成的。消费者的认知过程是购买行为的重要基础。认知测定法主要用来测定广告效果的知名度,即消费者对广告主及其商品、品牌的认知程度。其中,最有名的方法是丹尼尔·斯塔齐所倡导实行的读者率调查。

该调查方法经由随机抽样选出调查对象,由调查员访问,如果所调查的是报纸,必须于该报发行次日实施,因为时间拖得久,会受另一天报纸的影响,使记忆减弱。而如果是杂志则在下期出版之前实施调查。调查人员出示报纸或杂志,询问被调查对象是否看过广告,如果回答是肯定的,再问"是否读过这个广告的某一部分?"就这样,针对广告的各要素,即标题、插图、文案等,都加以询问。然后根据调查结果将被调查者分为三类:

(1)注目率。该读者称在该报纸(或杂志)之该期曾见过某广告(即广告主所刊发的广告)。

(2)阅读率。该读者称他已充分看过该广告,知道广告中的商品及广告主企业为何人。

(3)精读率。该读者称他已将广告中文字浏览过50%以上的内容。

最后加以统计,便可决定这三类读者在广告费单位成本中所占的人数。当然,如果精读率项目下的读者数最多,自然就表示广告的效果最佳。

这种测定法的结果,视读者对广告的认知与兴趣而定,当然,这种认知和兴趣与广告的各个组成要素都有极大的关联,测定者可以因此推断读者对标题、布局、色彩等要素的偏爱程度。当然,这种方法也有其严重的缺陷:一方面表现在其结果的有效性上,即调查结果完全建立在读者的记忆力及忠实程度上;另一方面表现在读者对于广告信息是否了解、接受,甚至于由相信而受到影响,这种方法都无法提供令人满意的答案。

(三)回忆测定法

回忆测定法是指在一定时间内,测验消费者对某一广告的记忆度和理解度,包括纯粹回忆法和辅助回忆法。迄今为止,最普及的广告调查方法就是回忆度测试,它的基本思路是:如果广告要产生效果,它就必须被人记住,在这样的前提之下方可进一步假定,人们记得最牢的广告应该是最有希望产生效果的广告。因此,这个测试的目标就是了解受众记住了多少信息。调查人员利用回忆度来测试印刷广告、电视广告和广播广告的表现。

这种测定法,较认知测定法向前推进了一大步,其目的在于广告的冲击力及渗透力。换言之,也就是要查明消费者能够回忆起多少广告信息,以及他们将商品、品牌、创意与广告主联想在一起的能力,甚至于他们相信广告的程度。

这种测定的基本方式,是由访问员询问消费者所能记得其所见或所闻关于某位广告主或其商品的情形。有时访问员会给予消费者某种辅助,这就成了辅助回忆法。最常见的方式便是让受访者在用来测定的杂志上,可以看到他所被问及的广告,或者是只让他看到杂志封面,并请他说出他记得的广告,然后再让他看列有品牌名或广告主名称的卡片,请他人指出哪些是他能记得的。对他所记得的广告,再询问其所知的广告布局及内容等。然后访问员将杂志打开，对该消费者做一番查证工作。这种询问愈复杂，愈见深度，所得情报也愈多，也愈能证实已刊发的广告是否有效果。

但是这种方法也有缺陷，因为很少人有极强的记忆力，因此这种测定方法仍旧可能强调的是广告引人注意的力量，而不是广告的说服力。

（四）识别法

识别法是将已经推出的广告作品或品牌与其他广告或其他品牌混在一起，然后一一向消费者展示，看有多少消费者可识别出已经推出的广告或品牌。

（五）态度变化测定法

典型的态度变化调查（Attitude-change Study）采用在广告暴露前、暴露后对广告进行测试的设计方案。调查人员从目标市场中请来一些受试者，记录下他们在接触广告前对广告品牌和竞争品牌的态度，然后，让他们接触试验广告和一些广告样本，在接触之后再一次测量他们的态度。这样做的目的是推测特定的广告版本在改变品牌态度方面有多大的潜力。

这种方法主要用来测定广告心理效果的忠诚度、偏爱度及品牌印象等。态度测定法所采用的具体形式有问卷、检核表、语意差异试验、评等标尺等。其中语意差异试验是比较常用而又简便易行的方法。此方法是由美国伊利诺斯大学奥斯吉等研究制定的。其原理是，根据广告刺激与反应之间必有一联想传达过程的原理，通过对这种过程作用的测定，就可以得知消费者对广告所持的态度。它主要是用来判断消费者对广告的印象是否与广告创作者的原意相符。如测定广告作品中的人物给人的印象如何，可令消费者在一系列相反的评语中进行挑选：美丽、丑恶、健康、衰老、快乐、忧伤等（并从相反词中标出若干等级），最后根据结果进行统计。

知识拓展

广告注意率与认知率调查流程

广告注意率与认知率调查具体做法可参考如下的实例：

1. 确定调查题目：关于A报广告的注意率调查。
2. 从居民登记（户口登记）中抽样。
3. 记录下样本的地址或电话号码。
4. 用电话或直接访问的方式，了解调查对象家庭的报纸阅读情况，从中选出A报的读者。
5. 直接派调查员访问A报的读者家庭，做调查说明，请求对方配合，同时将对方的年龄、学历、职业以及消费特点记录下来。
6. 根据调查需要，将调查对象划分为各种小组，并确定实施调查的时间，但不必向调查对象预告。
7. 确实调查所用的A报广告。
8. 调查当天，用电话或直接访问，提示昨日的A报广告，询问读者对有关广告的阅读状况。比如，“昨天的A报读了没有？”对做肯定回答的对象，可继续提问“××的广告看了吗？请在调查卡上选择合适的项目打钩”。调查卡片一般宜设计包含三个项目的选择（①确实看到过；②似乎看到过；③看到过，但没有记住）。

9. 回收调查问卷，做统计并撰写调查报告书。

假设 a 为阅读报纸总人数，b 为似乎看过报刊广告的人数，c 为确实看到报刊广告的人数，则关于注意率和认知率的统计公式如下：

$$认知率=c/a\times100\%$$

$$注意率=(b+c)/a\times100\%$$

本章小结

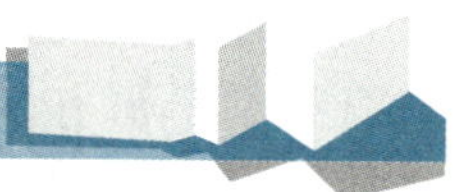

所谓广告效果，是指广告信息在传播过程中刺激和引起的直接或者间接的变化的总和。广告效果具有迟效性、累积性、间接性、复合性和两面性等特点。广告效果评估有利于加强广告主的广告意识，提高广告信心；可以为实现广告效益提供可靠的保证；能保证广告工作朝着科学化的方向发展，促进广告业的繁荣。从不同的角度划分，广告效果也有不同的类型。广告效果的评估应遵循目标性原则、综合性原则、可靠性原则和经常性原则。

广告效果的事前评估，是在广告未正式传播之前进行的，主要是指对印刷广告中的文案，广播、电视广告中的脚本以及其他形式广告信息内容进行检测。广告效果的事前评估可以防止出现大的失误、确定广告达成目标的程度、评价传达某品牌销售信息的可选方法。广告发布前测试主要有两类内容——概念测试和文案测试。

广告效果的事中评估是在广告作品正式发表后直到广告活动结束前，在广告活动进行的同时对广告效果进行的效果评估与测试。常见的内容与方法有销售效果测评法、函索测定法、分割测定法、固定样本连续调查法等。

广告效果的事后评估是指在整个广告活动进行之后所做的效果评估，主要包括广告销售效果的事后评估和广告接触与沟通效果的事后评估。

思考与练习

扫码领取

★配套微课视频

★阅读测试题

★广告学公开课

一、名词解释

广告效果　广告效果的事前评估　广告效果的事中评估　广告效果的事后评估　追踪评估

二、选择题

1. 广告不仅具有促进产品或劳务销售增加的功能，同时还具有延缓产品或劳务销售下降的功能，这说明广告效果具有(　　)。

A. 累积性　　B. 间接性　　C. 复合性　　D. 两面性

2. 向受访者提示不完全的或未完成的文句，由受访者按照自己的意思，完成未完成的部分，以此了解其动机的测试方法是(　　)。

A. 语句联想法　　B. 语句完成法

C. 认知列表法　　D. 机械测试法

3. 将一幅广告作品向消费者展示几秒钟，然后收回广告作品，并且要求消费者马上讲出或写下几个他当时想到的言辞，测试人再将各位消费者的反应词汇总起来进行心理分析的测试方法是(　　)。

A. 语句联想法　　B. 语句完成法

C. 认知列表法　　D. 机械测试法

4. 以下不是主要用于概念测试的方法是(　　)。

A. 小组讨论法　　B. 语句完成法

C. 认知列表法　　D. 机械测试法

5. 在一定时间内,测验消费者对某一广告的记忆度和理解度的测试方法是(　　)。

A. 认知测定法　　B. 识别法

C. 回忆测定法　　D. 态度变化测定法

三、简答题

1. 简述广告效果的特点。
2. 简述广告效果的类型。
3. 简述广告效果评估的意义。
4. 简述广告效果事前评估的优点和缺点。
5. 简述广告效果事中评估的常见内容与方法。
6. 简述接触与沟通效果的事后评估方法。

实训项目

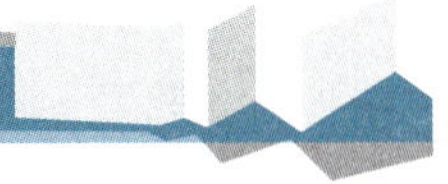

1. 实训名称:广告效果测试实验。

2. 实训目的:通过实训,使学生能够对广告效果有更直观的感受,从而进一步加深对广告信息策略的理解。

3. 实训要求:

(1)每10~12人组成一个小组,任命其中一人为组长。

(2)组长负责搜集一则较新的电视广告,并结合本章所学知识,从认知、理解、记忆、联想、感受等角度拟定10~12条问题。(此步骤可在教师指导下完成)

(3)组织全组成员,集中观看一次广告,然后要求成员各自对组长拟定的题目进行回答。

(4)组长对所有成员的回答进行汇总。

(5)组织成员对这则广告的信息策略进行讨论,并在实验和讨论的基础上对广告进行评价。

(6)撰写报告并进行组间交流。

参考文献

[1] 阿瑟·伯格.媒介分析技巧.北京:清华大学出版社,2011

[2] 艾·里斯,杰克·特劳特.定位.谢伟山,苑爱冬,译.北京:机械工业出版社,2011

[3] 大卫·奥格威.一个广告人的自白.林桦,译.北京:中信出版社,2008

[4] 杰拉德·J.泰利斯.广告效果评估.李洋,张奕,晓卉,译.北京:中国劳动社会保障出版社,2005

[5] 路克·杜邦著.赵静译.1001个广告法则:来自全球最成功的广告宣传创意和策略.北京:中国华侨出版社,2012

[6] 乔治·贝尔奇,迈克尔·贝尔奇.广告与促销:整合营销传播视角.郑苏晖,译.北京:中国人民大学出版社,2009

[7] 威廉·阿伦斯,迈克尔·维戈尔德,克里斯蒂安·阿伦斯.当代广告学.丁俊杰,程坪,陈志娟,译.北京:人民邮电出版社,2013

[8] 威廉·阿伦斯,迈克尔·维戈尔德,克里斯蒂安·阿伦斯.广告与营销策划.丁俊杰,程坪,陈志娟,译.北京:人民邮电出版社,2013

[9] 威廉·威尔斯,桑德拉·莫里亚提,约翰·伯奈特.广告学原理与实务.桂世河,王长征,译.北京:中国人民大学出版社,2009

[10] 陈俊良.传播媒体策略.北京:北京大学出版社,2010

[11] 陈培爱.广告传播学.厦门:厦门大学出版社,2009

[12] 陈培爱.中外广告史新编.北京:高等教育出版社,2009

[13] 陈尚荣.广告传播概论.北京:国防工业出版社,2012

[14] 樊志育.广告效果测定技术.上海:上海人民出版社,2000

[15] 宫承波.新媒体概论.北京:中国广播电视出版社,2012

[16] 黄合水.广告心理学.厦门:厦门大学出版社,2010

[17] 江波,曾振华.广告效果测评.北京:中国广播电视出版社,2002

[18] 姜智彬.广告公司经营与管理.郑州:郑州大学出版社,2009

[19] 蒋艳君.广告目标与效果测定.北京:中国商业出版社,2007

[20] 柯惠新,王锡苓,王宁.传播研究方法.北京:中国传媒大学出版社,2010

[21] 李名亮.广告传播学引论.上海:上海财经大学出版社,2007

[22] 马谋超.广告心理.北京:中国市场出版社,2008

[23] 苗杰,李国强.现代广告学.北京:中国人民大学出版社,2008

[24] 潘强.广告设计:实践经验+商业案例.北京:科学出版社,2011

[25] 宋玉书,张晓东.广告管理法规.长沙:中南大学出版社,2008

[26] 唐绪军.新媒体蓝皮书:中国新媒体发展报告.北京:社会科学文献出版社,2013

[27] 吴柏林.广告心理学.北京:清华大学出版社,2011

[28] 徐朣.广告学.合肥:合肥工业大学出版社,2010

[29] 徐凤兰.广告策划学.杭州:浙江大学出版社,2009

[30] 张金海,程明.新编广告学概论.武汉:武汉大学出版社,2009

[31] 张文俊.数字新媒体概论.上海:复旦大学出版社,2009

[32] 周茂君.中国广告管理体制研究.北京:人民出版社,2012